普通高等教育“十一五”国家级规划教材

21世纪普通高等教育
法 学 系 列 教 材

证据法学（第三版）

主　编　廖永安
副主编　李训虎　李　蓉
撰稿人　（以撰写章节先后为序）
邓和军　穆远征　廖永安　李训虎
王杏飞　刘树德　刘学在　王国征
徐继敏　李　蓉

中国人民大学出版社
·北京·

主编简介

廖永安，教授，博士研究生导师，湘潭大学党委副书记、校长。享受国务院政府特殊津贴，入选国家高层次人才特殊支持计划哲学社会科学领军人才、国家百千万人才工程、教育部新世纪优秀人才支持计划，获评国家有突出贡献中青年专家、全国十大杰出青年法学家提名奖（两届）、湖南省优秀社会科学专家。荣获教育部霍英东教育基金会青年教师奖、宝钢优秀教师奖、国家级教学成果奖二等奖、中国法学优秀成果奖一等奖、司法部全国法学教材与科研成果奖一等奖、教育部第九届高等学校科学研究优秀成果奖（人文社会科学）二等奖、方德法治研究奖一等奖、湖南省社会科学优秀成果奖一等奖等奖励40余项。

第三版修订说明

《证据法学》第二版出版后的三年多时间里，我国的相关证据立法发生了重要变化，证据法学理论研究也取得了许多新成就。为吸收近年来司法改革的重要成果，反映证据立法的最新变化，体现最新的理论研究成果，需要对本教材进行修订，以更好地适应教学的需要。新版教材在保持原版篇章结构稳定的基础上，对内容进行了全面修订。由于第二版的部分作者工作情况发生了变动，不便参与此次修订，为了体现教材作者群的代表性，确保教材内容能够全面、准确地反映学科知识体系，满足不同学习者的需求，我们邀请了数位从事证据法学研究的同仁参与此次教材修订工作。本版作者具体分工如下：

邓和军（海南大学法学院教授、博士研究生导师）：第一章；

穆远征（湘潭大学法学学部教授、博士研究生导师）：第二章、第十二章；

廖永安（湘潭大学法学学部教授、博士研究生导师）：第三章；

李训虎（中国人民大学法学院教授、博士研究生导师）：第四章；

王杏飞（厦门大学法学院教授、博士研究生导师）：第五章；

刘树德（中国应用法学研究所副所长、湘潭大学法学学部教授、博士研究生导师）：第六章；

刘学在（武汉大学法学院教授、博士研究生导师）：第七章；

王国征（湘潭大学法学学部教授、博士研究生导师）：第八章、第十章、第十三章、第十四章；

徐继敏（重庆大学法学院教授、博士研究生导师）：第九章；

李蓉（湘潭大学法学学部教授、博士研究生导师）：第十一章。

编者

2025 年 7 月于湘潭大学

主要法律文件全称简称对照表

刑事证据法律文件

序号	全　称	简　称
1	《中华人民共和国刑事诉讼法》(1979 年)	1979 年《刑事诉讼法》
2	《中华人民共和国刑事诉讼法》(1996 年)	1996 年《刑事诉讼法》
3	《中华人民共和国刑事诉讼法》(2012 年)	2012 年《刑事诉讼法》
4	《中华人民共和国刑事诉讼法》(2018 年)	《刑事诉讼法》
5	《中华人民共和国刑法》(2023 年)	《刑法》
6	《最高人民法院、最高人民检察院、公安部、国家安全部、司法部关于办理死刑案件审查判断证据若干问题的规定》(法发〔2010〕20 号)	《死刑案件证据规定》
7	《最高人民法院、最高人民检察院、公安部、国家安全部、司法部关于办理刑事案件排除非法证据若干问题的规定》(法发〔2010〕20 号)	《排除非法证据规定》
8	《最高人民法院、最高人民检察院、公安部、国家安全部、司法部关于办理刑事案件严格排除非法证据若干问题的规定》(法发〔2017〕15 号)	《严格排除非法证据规定》
9	《最高人民法院关于执行〈中华人民共和国刑事诉讼法〉若干问题的解释》(1998 年,已废止)	1998 年《刑诉解释》
10	《最高人民法院关于适用〈中华人民共和国刑事诉讼法〉的解释》(2012 年,已废止)	2012 年《刑诉解释》
11	《最高人民法院关于适用〈中华人民共和国刑事诉讼法〉的解释》(法释〔2021〕1 号)	2021 年《刑诉解释》
12	《关于建立健全防范刑事冤假错案工作机制的意见》(法发〔2013〕11 号)	《防范冤错案件意见》
13	《关于适用认罪认罚从宽制度的指导意见》(高检发〔2019〕13 号)	《认罪认罚意见》
14	《最高人民法院、最高人民检察院、公安部、国家安全部、司法部办理刑事案件排除非法证据规程》(法发〔2024〕12 号)	2024 年《排除非法证据规程》
15	《人民检察院刑事诉讼规则》(高检发释字〔2019〕4 号)	2019 年《高检规则》
16	《公安机关办理刑事案件程序规定》(公安部令第 159 号)	2020 年《刑事案件程序规定》

民事证据法律文件

序号	全　称	简　称
1	《中华人民共和国民事诉讼法（试行）》（1982 年）	1982 年《民事诉讼法（试行）》
2	《中华人民共和国民事诉讼法》（1991 年）	1991 年《民事诉讼法》
3	《中华人民共和国民事诉讼法》（2007 年）	2007 年《民事诉讼法》
4	《中华人民共和国民事诉讼法》（2012 年）	2012 年《民事诉讼法》
5	《中华人民共和国民事诉讼法》（2017 年）	2017 年《民事诉讼法》
6	《中华人民共和国民事诉讼法》（2021 年）	2021 年《民事诉讼法》
7	《中华人民共和国民事诉讼法》（2023 年）	《民事诉讼法》
8	《中华人民共和国民法典》（2020 年）	《民法典》
9	《中华人民共和国公证法》（2017 年）	《公证法》
10	《中华人民共和国侵权责任法》（2009 年）	《侵权责任法》
11	《中华人民共和国海商法》（1992 年）	《海商法》
12	《最高人民法院关于适用〈中华人民共和国民事诉讼法〉若干问题的意见》（法发〔1992〕22 号，已废止）	1992 年《民诉意见》
13	《最高人民法院关于民事经济审判方式改革问题的若干规定》（法释〔1998〕14 号，已废止）	1998 年《审判方式改革规定》
14	《最高人民法院关于民事诉讼证据的若干规定》（法释〔2001〕33 号，已被修订）	2001 年《民事证据规定》
15	《最高人民法院关于开展〈人民法院统一证据规定（司法解释建议稿）〉试点工作的通知》（法〔2008〕129 号）	《人民法院统一证据规定》
16	《最高人民法院关于适用〈中华人民共和国民事诉讼法〉的解释》（法释〔2015〕5 号，已被修订）	2015 年《民诉解释》
17	《最高人民法院关于民事诉讼证据的若干规定》（法释〔2019〕19 号）	2019 年《民事证据规定》
18	《最高人民法院关于适用〈中华人民共和国民事诉讼法〉的解释》（法释〔2020〕20 号）	2020 年《民诉解释》
19	《最高人民法院关于适用〈中华人民共和国民事诉讼法〉的解释》（法释〔2022〕11 号）	2022 年《民诉解释》
20	《最高人民法院关于知识产权民事诉讼证据的若干规定》（法释〔2020〕12 号）	《知识产权民事证据规定》

行政证据法律文件

序号	全　称	简　称
1	《中华人民共和国行政诉讼法》（1989 年）	1989 年《行政诉讼法》
2	《中华人民共和国行政诉讼法》（2014 年）	2014 年《行政诉讼法》
3	《中华人民共和国行政诉讼法》（2017 年）	《行政诉讼法》

续表

序号	全　称	简　称
4	《最高人民法院关于执行〈中华人民共和国行政诉讼法〉若干问题的解释》（法释〔2000〕8 号，已废止）	2000 年《行诉解释》
5	《最高人民法院关于行政诉讼证据若干问题的规定》（法释〔2002〕21 号）	《行政证据规定》
6	《最高人民法院关于适用〈中华人民共和国行政诉讼法〉若干问题的解释》（法释〔2015〕9 号，已废止）	2015 年《行诉解释》
7	《最高人民法院关于适用〈中华人民共和国行政诉讼法〉的解释》（法释〔2018〕1 号）	2018 年《行诉解释》
8	《公安机关办理行政案件程序规定》（公安部令第 149 号）	2019 年《行政案件程序规定》

目　　录

第一章

证据法学概述

第一节　证据法学的研究对象

每个学科都有自己特定的研究对象，不同的研究对象造就不同的学科。毛泽东同志曾指出："对于某一现象的领域所特有的某一种矛盾的研究，就构成某一门科学的对象。"① 证据法学作为一门独立的学科，也有自己不同于其他学科的研究对象。通常认为，证据法学的研究对象包括证据理论和证据知识、与证据和证据运用有关的法律规范、证据运用的司法实践及其规律。

一、证据理论和证据知识

在长期的研究和发展过程中，不论是外国还是我国都形成了很丰富的证据理论和证据知识，如证据属性论②、证明责任论③、证据法学体系论等，但有些理论尚未达成共识，有些知识还有待进一步拓展，证据法学者应该对有关理论和知识继续加以研究，以使其更好地指导证据实践。

证据法学对证据理论和证据知识的研究要追求构建中国证据法学自主知识体系。习近平曾指出："要按照立足中国、借鉴国外，挖掘历史、把握当代，关怀人类、面向未来的思路，着力构建中国特色哲学社会科学，在指导思想、学科体系、学术体系、话语体系等方面充分体现中国特色、中国风格、中国气派。"④ "加快构建中国特色哲学社会科学，归根结底是建构中国自主的知识体系。要以中国为观照、以时代为观照，立足中国实际，解决中国问题，不断推动中华优秀传统文化创造性转化、创新性发展，不断推进知识创新、理论创新、方法创新，使中国特色哲学社会科学真正屹立于世

---

① 毛泽东选集：第1卷．2版．北京：人民出版社，1991：309.

② 陈学权．诉讼证据属性的中国表达．法制与社会发展，2024（1）；周洪波．证据属性的中国法律之道．中国法学，2022（6）；郑飞．证据属性层次论：基于证据规则结构体系的理论反思．法学研究，2021（2）；何家弘，马丽莎．证据"属性"的学理重述：兼与张保生教授商榷．清华法学，2020（4）；张保生，阳平．证据客观性批判．清华法学，2019（6）.

③ ［德］莱奥·罗森贝克．证明责任论．5版．庄敬华，译．北京：中国法制出版社，2018.

④ 习近平．在哲学社会科学工作座谈会上的讲话．北京：人民出版社，2016.

界学术之林。”① 如何按照习近平的要求构建中国证据法学自主知识体系？这是摆在广大证据法学研究人员面前的时代课题，有巨大的研究空间。

二、与证据和证据运用有关的法律规范

为达到妥善运用证据以准确认定案件事实的效果，每个国家都有与证据和证据运用有关的法律规范，如美国联邦证据规则、加拿大统一电子证据法、我国三大诉讼法中有关证据的规定、我国《民法典》等实体法中有关证据的规定等。这些规范浩繁复杂，非常值得证据法学者深入研究。证据法学不仅要研究现行有效的相关法律规范，也要研究历史上的相关法律规范；不仅要研究我国的相关法律规范，也要研究外国的相关法律规范。当然，我国证据法学研究还是要以现行有效的相关法律规范为主。目前我国并没有制定统一的证据法②，证据法律规范散见于诉讼法（如《刑事诉讼法》《行政诉讼法》《民事诉讼法》《海事诉讼特别程序法》等）、实体法（如《民法典》《刑法》《海商法》《著作权法》《商标法》《专利法》等）、司法解释（如 2019 年《民事证据规定》、《知识产权民事证据规定》等）、地方性法规（如《上海市促进多元化解矛盾纠纷条例》《海南省多元化解纠纷条例》等）、部门规章（如 2020 年《刑事案件程序规定》、2019 年《行政案件程序规定》等）、国际条约（如我国已经参加的《联合国打击跨国有组织犯罪公约》《联合国反腐败公约》等）中。

三、证据运用的司法实践及其规律

虽然有证据理论予以指导，有证据法律加以规范，但证据运用的实践自有其独特之处，并不全然按照证据理论和证据法律的要求进行，因而对证据运用的司法实践及其规律很有深入研究的必要。古今中外有很多产生过很大影响的案例，如美国 1994 年辛普森案，我国 2000 年杜某武案、2003 年莫某军案、2005 年佘某林案、2006 年邱某华案、2007 年彭某案、2010 年赵某海案、2013 年张氏叔侄案、2014 年呼某吉勒图案等。其之所以产生很大影响，是因为其或多或少都与证据运用有关，这些案例涉及哪些证据法知识？这些案例中证据的运用有无问题以及有哪些问题？可以从这些案例中总结哪些经验或吸取哪些教训？等等。这都值得认真研究。当然，我们不仅要研究重大案例中涉及的证据运用问题，也要研究普通案例中与证据运用有关的类型化问题。证据法学研究要结合证据理论，不断发现司法实践中证据运用产生的新情况，总结其中的新经验，解决新问题，在这个过程中，证据法学理论才能不断得到检验、丰富和发展。

---

① 习近平在中国人民大学考察时强调 坚持党的领导传承红色基因扎根中国大地 走出一条建设中国特色世界一流大学新路 王沪宁陪同考察. 人民日报，2022－04－26（1）.

② 关于我国证据立法问题，有不同的观点。有的主张制定统一的证据法典，有的主张分别按刑事、行政、民事制定专门的证据法，有的主张仍维持现有的立法模式但在此基础上进一步予以完善。中国人民大学部分学者曾牵头起草了《中华人民共和国证据法（学者建议稿）》，最高人民法院曾起草了《人民法院统一证据规定（司法解释建议稿）》并委托全国 7 所法院开展了一年多的试点工作。但目前证据立法并未被列入第十四届全国人民代表大会常务委员会立法规划。

第二节　证据法学的体系

一、证据法学的体系概述

形成有机的体系是一个学科的理论相对成熟的标志，诚如论者所言：“理论的体系化是将理论按照特定的框架结构组织起来，形成一个有机的整体，彼此之间依据一定的基本原理予以连接，从而使人们的实践活动能够在体系化的理论指导下实施，以保证实践活动的协调和统一。”[①] 证据法学的体系，是指针对证据法学研究对象之间的内在规律和相互关联进行研究和阐述的内在协调统一的有机整体和理论系统。通常而言，证据法学的体系具有三个方面的特征：第一，逻辑性。证据法学各部分内容应具有内在逻辑性，且相互衔接、相互联系、相互补充、相互制约。第二，完整性。证据法学各部分内容应是完整的，能科学包容证据法学的研究对象。第三，开放性。应以发展的眼光来看待证据法学，对证据法学的研究对象持谨慎开放的态度，不宜故步自封。

目前，证据法学的体系尚未定型，对证据法学体系的研究还并不成熟，学界对证据法学的体系也并没有完全一致的看法。例如，陈光中教授主编的《证据法学》由三编十六章构成[②]，其中第一编“总论”包括证据法学概述（第一章）、证据法的历史沿革（第二章）、证据法学的历史发展（第三章）、证据法的基础理论（第四章）、证据法的基本原则（第五章）等五章内容；第二编“证据论”包括证据概述（第六章）、证据的种类（第七章）、证据的分类（第八章）、证据规则（第九章）等四章内容；第三编“证明论”包括证明概述（第十章），证明对象（第十一章），证明责任（第十二章），证明标准（第十三章），刑事诉讼证明过程（第十四章），民事、行政诉讼证明过程（第十五章），推定与司法认知（第十六章）等七章内容。再如，陈卫东教授主编的《证据法学》由三编二十一章构成[③]，其中第一编“绪论”包括证据法学概述（第一章）、证据法学的理论基础（第二章）、证据制度的历史发展（第三章）等三章内容；第二编“证据论”包括证据概述（第四章），证据种类和证据分类（第五章），当事人的陈述（第六章），证人证言（第七章），物证（第八章），书证（第九章），勘验、检查笔录（第十章），鉴定意见（第十一章），视听资料（第十二章），电子数据（第十三章）等十章内容；第三编“证明论”包括证明对象（第十四章）、证明责任（第十五章）、证明标准（第十六章）、司法认知与推定（第十七章）、取证（第十八章）、举证（第十九章）、质证（第二十章）、认证（第二十一章）等八章内容。

二、本教材的体系

本教材大致按照总论、证据论、证明论的逻辑框架来构建自己的体系，共分为十

---

① 张卫平. 民事诉讼法. 5版. 北京：法律出版社，2019：36.

② 陈光中主编. 证据法学. 5版. 北京：法律出版社，2023.

③ 陈卫东主编. 证据法学. 北京：高等教育出版社，2024.

四章：

第一章“证据法学概述”重点阐述证据法学的研究对象、证据法学的体系、证据法学的研究方法、证据法学与近邻法学学科的关系等内容。

第二章“证据制度的历史发展”重点阐述神示证据制度、法定证据制度、自由心证证据制度、中国古代证据制度、中国现代证据制度等内容。

第三章“证据法的理论基础”重点阐述证据法的认识论基础、证据法的价值论基础等内容。

第四章“证据法基本原则”重点阐述证据法的基本原则概念、发现真实原则、证据裁判原则、自由心证原则等内容。

第五章“证据概述”重点阐述证据的概念和功能、证据的基本属性、证据能力与证明力等内容。

第六章“证据的分类”重点阐述证据分类的概念和意义、原始证据和传来证据、直接证据和间接证据、言词证据和实物证据、本证和反证等内容。

第七章“法定证据种类”重点阐述法定证据种类的概念、法定证据界定标准、法定证据种类的发展、物证、书证、证人证言、当事人陈述、视听资料、电子数据、鉴定意见、笔录证据等内容。

第八章“证明对象”重点阐述证明对象的概念和免证事实、自认、司法认知、推定等内容。

第九章“举证与证明责任”重点阐述举证与证明责任的概念、刑事案件中的举证与证明责任、民事案件中的举证与证明责任、行政案件中的举证与证明责任等内容。

第十章“证明标准”重点阐述证明标准的概念和意义、刑事诉讼的证明标准、民事诉讼的证明标准、行政诉讼的证明标准等内容。

第十一章“证据的收集和提供”重点阐述收集证据的主体、收集证据的原则与方法、证据的提供、法院调查取证、证据保全、证明妨碍等内容。

第十二章“证据运用规则”重点阐述证据规则的概念和作用、关联性规则、非法证据排除规则、传闻证据排除规则、意见证据规则、最佳证据规则、补强证据规则等内容。

第十三章“质证”重点阐述质证的概念和构成要素、质证的功能、质证的保障性规则、刑事诉讼的质证、民事诉讼的质证、行政诉讼的质证等内容。

第十四章“证据的审核认定”重点阐述证据的审核认定的概念和特点、刑事诉讼证据的审核认定、民事诉讼证据的审核认定、行政诉讼证据的审核认定等内容。

第三节　证据法学的研究方法

研究证据法学，应以包括辩证唯物主义和历史唯物主义在内的马克思主义世界观和方法论为根本指导，以习近平新时代中国特色社会主义思想特别是习近平法治思想为根本遵循[①]，采用不同的研究方法。这些方法是多样的，在实际研究中可根据具体情况采用。本教材主要介绍四种研究方法：比较研究的方法、系统研究的方法、实证研究的方法、跨学科研究的方法。

一、比较研究的方法

比较研究的方法，是指通过对学科研究对象的中外对比、古今对比的方式来开展研究的方法。证据法学研究采用比较研究的方法，可以适用于以下几方面：第一，比较中外证据制度和证据实践的异同；第二，比较现行证据制度与历史上证据制度的异同；第三，比较证据法学与诉讼法学、实体法学等近邻学科的异同。通过比较，可以深化证据制度、证据理论和证据实践的认识，有助于发现证据法学的学科特性与规律。美国知名法律学者米尔建·R. 达马斯卡撰写的《漂移的证据法》[②] 和《比较法视野中的证据制度》[③] 可以说是运用比较研究方法研究证据法学的经典著作。

证据法学的比较研究要建立在事先大量收集相关资料的基础上。正如恩格斯所说："只有当自然和历史的材料搜集到一定程度以后，才能进行批判的整理和比较，或者说进行纲、目和种的划分。"[④] 只有积累了相当多的与证据法学比较研究相关的资料，才"使得运用比较的方法成为可能，同时也成为必要"[⑤]。

二、系统研究的方法

系统研究的方法，是指要从学科整体出发，全面系统把握学科研究对象的研究方法。党的二十大报告也强调"必须坚持系统观念"，并指出要"用普遍联系的、全面系统的、发展变化的观点观察事物"，"透过现象看本质，把握好全局和局部、当前和长远、宏观和微观、主要矛盾和次要矛盾、特殊和一般的关系"。证据法学研究要坚决贯彻党的二十大精神，坚持系统研究的方法，避免"只见树木，不见森林""头痛医头，脚痛医脚"的割裂式研究。

当然，证据法学的系统研究并不排斥对其中某一制度或原则等具体问题的研究，只是要求对具体问题的研究要服从于证据法学系统化的总体要求，保证各项具体研究在整个证据法学体系中的统一性和协调性。

---

① 习近平关于证据的论述如："健全错案防止、纠正、责任追究机制，严格实行非法证据排除规则"（习近平：《关于〈中共中央关于全面深化改革若干重大问题的决定〉的说明》）。"在司法实践中，存在办案人员对法庭审判重视不够，常常出现一些关键证据没有收集或者没有依法收集，进入庭审的案件没有达到'案件事实清楚、证据确实充分'的法定要求，使审判无法顺利进行。""推进以审判为中心的诉讼制度改革，目的是促使办案人员树立办案必须经得起法律检验的理念，确保侦查、审查起诉的案件事实证据经得起法律检验，保证庭审在查明事实、认定证据、保护诉权、公正裁判中发挥决定性作用。"（习近平：《关于〈中共中央关于全面推进依法治国若干重大问题的决定〉的说明》）习近平关于司法公正等与证据相关的论述就更多了，这里不再逐一列举。

② ［美］米尔建·R. 达马斯卡. 漂移的证据法. 李学军，刘为军，刘晓丹，译. 北京：中国政法大学出版社，2003.

③ ［美］米尔吉安·R. 达马斯卡. 比较法视野中的证据制度. 吴宏耀，魏晓娜，等译. 北京：中国人民公安大学出版社，2006.

④ 马克思恩格斯选集：第3卷. 北京：人民出版社，1995：734.

⑤ 马克思恩格斯选集：第4卷. 北京：人民出版社，1995：269.

三、实证研究的方法

实证研究的方法，是指在理论指导下，以准确观察或实验的客观现象为前提，基于经验或量化数据进行研究，通过观察或实验来产生科学知识的研究方法。[①] 实证研究的具体方式包括实地调研、访谈、参与观察、问卷调查、查阅档案、数据统计等。证据法学一般从以下几个方面进行实证研究：第一，有关证据和证明的法律现象的描述性研究；第二，有关证据和证明的法律原因的解释性研究；第三，有关证据和证明的法律后果的预测性研究；第四，有关证据和证明的法律效果的评估性研究。

实证研究是证据法学研究经常采用的一种方法，对于了解、观察、分析证据和证据实践以及归纳相关经验具有很重要的意义，但也要防范实证研究的一些不足之处，如问题意识不够、缺乏体系思维、缺乏理论贡献、事实发现与理论分析脱节、研究方法运用不熟练、解释性实证研究数量很少、描述性实证研究“过度概化”现象突出、解释性实证研究极少进行相关性检验等[②]，争取产出高质量的证据法学实证研究成果。

四、跨学科研究的方法

跨学科研究的方法，是指从其他学科的维度对某一学科展开研究的方法。证据和证据运用与社会、经济、管理、计算等紧密相关，因而证据法学的研究不能只囿于证据法学的范围，而要从哲学、逻辑学、政治学、社会学、经济学、管理学、历史学、心理学、数学、医学等学科的维度展开研究。将其他学科的概念、观点、材料、研究方法融入证据法学研究，能丰富证据法学的基本理论和内容，会拓展证据法学研究的深度，可形成证据法学的不同学派。要通过跨学科研究提升证据法学的真理性和科学性，增强证据法学的通透性和论证力。这方面有代表性的著作可参考波斯纳的《证据法的经济分析》[③]、栗峥的《超越事实：多重视角的后现代证据哲学》[④]、房保国的《证据法的多重视角》等。[⑤]

第四节　证据法学与近邻法学学科的关系

证据法学虽然是一门独立的学科，但并不是孤单发展的，而是与其他不少学科关系密切，相互之间“融合共生”。与证据法学关系最密切的近邻法学学科包括宪法学、诉讼法学、实体法学、仲裁法学、公证法学等。

---

① 刘建宏，余频. 正本清源：回归“实证研究”原意. 湖湘法学评论，2024（2）.

② 徐文鸣. 法学实证研究之反思：以因果性分析范式为视角. 比较法研究，2022（2）；余歌，宋朝武. 诉讼法学实证研究的反思与改良：兼论法学研究中复杂系统仿真技术的应用. 证据科学，2022（4）.

③ ［美］理查德·A. 波斯纳. 证据法的经济分析. 徐昕，徐昀，译. 北京：中国法制出版社，2004.

④ 栗峥. 超越事实：多重视角的后现代证据哲学. 北京：法律出版社，2007.

⑤ 房保国. 证据法的多重视角. 北京：中国政法大学出版社，2024.

一、证据法学与宪法学的关系

宪法学主要研究宪法规范和宪法实践等内容。宪法是国家的根本大法，是治国安邦的总章程，具有最高法律效力，一切法律、行政法规、地方性法规、自治条例和单行条例、规章都不得同宪法相抵触。宪法只规定国家的根本制度和根本任务，确认和保障公民的基本权利。证据法学与宪法学在两个方面会有比较密切的关联：第一，研究现行证据法律规范是否与宪法相抵触；第二，研究证据方面的哪些权利可以上升到宪法的高度，并由宪法加以规定。

二、证据法学与诉讼法学的关系

诉讼法学包括刑事诉讼法学、民事诉讼法学和行政诉讼法学。诉讼法学主要研究诉讼理论与制度、诉讼法律规范、诉讼实践等内容。我国刑事诉讼法、民事诉讼法和行政诉讼法都分别有专章对证据相关内容进行规定，相关司法解释还有进一步的详细规定，主要体现在：

第一，在证据种类方面，诉讼法通常会有具体规定。如《刑事诉讼法》第 50 条第 2 款规定："证据包括：（一）物证；（二）书证；（三）证人证言；（四）被害人陈述；（五）犯罪嫌疑人、被告人供述和辩解；（六）鉴定意见；（七）勘验、检查、辨认、侦查实验等笔录；（八）视听资料、电子数据。"《行政诉讼法》第 33 条第 1 款规定："证据包括：（一）书证；（二）物证；（三）视听资料；（四）电子数据；（五）证人证言；（六）当事人的陈述；（七）鉴定意见；（八）勘验笔录、现场笔录。"《民事诉讼法》第 66 条第 1 款规定："证据包括：（一）当事人的陈述；（二）书证；（三）物证；（四）视听资料；（五）电子数据；（六）证人证言；（七）鉴定意见；（八）勘验笔录。"

第二，在证据收集和调查主体方面，诉讼法通常会有具体安排。例如，《刑事诉讼法》规定，辩护人认为在侦查、审查起诉期间公安机关、人民检察院收集的证明犯罪嫌疑人、被告人无罪或者罪轻的证据材料未提交的，有权申请人民检察院、人民法院调取。再如，《民事诉讼法》规定，当事人是证据收集和调查的主体，特定情况下人民法院可以依职权或依当事人申请调查收集证据。

第三，在证明对象方面，涉及诉讼法律关系的要件事实和免证情形通常会在诉讼法中进行规定。例如，2019 年《民事证据规定》第 10 条第 1 款规定："下列事实，当事人无须举证证明：（一）自然规律以及定理、定律；（二）众所周知的事实；（三）根据法律规定推定的事实；（四）根据已知的事实和日常生活经验法则推定出的另一事实；（五）已为仲裁机构的生效裁决所确认的事实；（六）已为人民法院发生法律效力的裁判所确认的基本事实；（七）已为有效公证文书所证明的事实。"

第四，在证明责任分配方面，诉讼法会对一般规则进行规定。如《民事诉讼法》第 67 条第 1 款规定："当事人对自己提出的主张，有责任提供证据。"这就是通常所说的证明责任分配的一般规则即"谁主张，谁举证"。

第五，在证明标准方面，诉讼法通常会对案件的证明标准进行具体规定。如我国民事诉讼法律规范分层次规定了“客观真实”证明标准、“高度可能性”证明标准、“排除合理怀疑”证明标准、“较大可能性”证明标准等多元证明标准。

第六，在证明过程方面，证明过程需要在诉讼程序进行中完成。举证、质证、认证等证明过程，一般会在起诉与受理阶段、审理前的准备阶段、开庭审理阶段等诉讼程序中完成。

从上述规定来看，证据规定占据诉讼法的不少篇幅，因而证据也是诉讼法学研究的重要内容之一。因此证据法学与诉讼法学存在比较密切的关联，二者的研究内容相互之间有一定的重叠。

三、证据法学与实体法学的关系

实体法学包括刑法学、行政法学和民法学。实体法学主要研究实体法律理论与制度、实体法律规范、实体法律实践等内容。我国刑法、行政法和民法都分别对证据相关内容有规定，主要体现在：

第一，实体法对证据要求或形式有规定。如《民法典》第 348 条第 1 款规定：“通过招标、拍卖、协议等出让方式设立建设用地使用权的，当事人应当采用书面形式订立建设用地使用权出让合同。”因此，在建设用地使用权纠纷案件中，如果建设用地使用权是通过出让方式设立的，则作为证据使用的建设用地使用权出让合同必须是书面的，不能是口头的。

第二，实体法规定的实体法律关系要件事实是证明对象的重要内容。合同纠纷案件、侵权纠纷案件等，合同成立或消灭的事实、侵权成立的事实都是重要的证明内容，但其要件事实都是实体法规定的。

第三，实体法规定证明责任分配的特殊规则。如《民法典》第 1230 条规定：“因环境污染、破坏生态发生纠纷，行为人应当就法律规定的不承担责任或者减轻责任的情形及其行为与损害之间不存在因果关系承担举证责任。”《专利法》第 66 条第 1 款规定：“专利侵权纠纷涉及新产品制造方法的发明专利的，制造同样产品的单位或者个人应当提供其产品制造方法不同于专利方法的证明。”

第四，实体法规定推定的有关内容。如《著作权法》第 12 条第 1 款规定：“在作品上署名的自然人、法人或者非法人组织为作者，且该作品上存在相应权利，但有相反证明的除外。”这里规定的就是一种推定，在著作权纠纷案件中通常会适用到。

从实体法的上述规定来看，证据也是实体法学研究的内容之一，由此也表明证据法学与实体法学有比较密切的关联；但从目前实际情况来看，从实体法角度研究证据的学者还不是很多。

四、证据法学与仲裁法学的关系

仲裁法学主要研究仲裁理论与制度、仲裁法律规范、仲裁实践等内容。仲裁作为民商事纠纷解决的重要手段之一，证据制度是其中不可或缺的内容，因此仲裁法学也会研究仲裁证据制度，但仲裁证据制度只是仲裁法学研究内容之一。广义的证据法学的研究范畴包括仲裁证据制度，但狭义的证据法学未将仲裁证据制度包括在内，本教材就主要研究诉讼证据。证据法学与仲裁法学在两个方面会有比较密切的关联：第一，诉讼证据制度与仲裁证据制度的异同。《仲裁法》没有构建独立的仲裁证据制度，仲裁中证据的运用、判断等基本参照民事诉讼证据的相关规定，但没有关照仲裁的意思自治性和仲裁机构的民间性在仲裁证据制度上的反映。有论者提出，仲裁程序中的证据制度应从举证、质证、认证等角度进行建构和完善，且必须以厘清诉讼与仲裁之间千丝万缕的联系为基础，其两者之间既矛盾竞争又联系合作的关系将促使仲裁证据制度独立有效地运行，从而带动我国仲裁制度整体发展。① 第二，已为仲裁机构生效裁决所确认的事实在民事诉讼中可作为免证对象，法院应当作为认定案件事实的根据，当事人有相反证据足以推翻或足以反驳的除外。②

五、证据法学与公证法学的关系

公证法学主要研究公证理论与制度、公证法律规范、公证实践等内容。《公证法》第2条规定："公证是公证机构根据自然人、法人或者其他组织的申请，依照法定程序对民事法律行为、有法律意义的事实和文书的真实性、合法性予以证明的活动。"根据该条规定，公证本身是一种证明活动。但公证证明不只是在诉讼中使用，在法律规定的场景和诉讼以外的其他纠纷解决机制中也可以使用；公证证明也只是公证法学研究的重要内容之一。从实际情况来看，证据法学与公证法学在三个方面会有比较密切的关联：第一，经公证的民事法律行为、有法律意义的事实和文书，法院应当作为认定事实的根据，但有相反证据足以推翻该项公证的除外。第二，已为有效公证文书所证明的事实在民事诉讼中可作为免证对象，法院应当作为认定案件事实的根据，当事人有相反证据足以推翻的除外。第三，电子数据的内容经公证机关公证的，法院应当确认其真实性，但有相反证据足以推翻的除外。

小 结

作为一门独立学科的证据法学，其研究对象包括证据理论和证据知识、与证据和证据运用有关的法律规范、证据运用的司法实践及其规律。目前，证据法学的体系尚未定型，对证据法学体系的研究还并不是很成熟，学界对证据法学的体系也并没有完全一致的看法，本教材大致按照总论、证据论、证明论的逻辑框架来构建自己的体系。研究证据法学，应以包括辩证唯物主义和历史唯物主义在内的马克思主义世界观和方法论为根本指导，以习近平新时代中国特色社会主义思想特别是习近平法治思想为根本遵循，采用比较研究的方法、系统研究的方法、实证研究的方法、跨学科研究的方法等不同的研究方法，这些方法是多样的，在实际研究中可根据具体情况采用。证据法学虽然是一门独立的学科，但并不是孤单发展的，而是与宪法学、诉讼法学、实体法学、仲裁法学、

① 姜霞，廖永安. 重构我国仲裁证据制度之探析. 求索，2008（5）.

② 之所以同时用"足以推翻"和"足以反驳"这两个内涵和外延都不完全一致的术语，是因为2022年《民诉解释》第93条和2019年《民事证据规定》第10条的规定不一致，而目前该两部司法解释都在生效中。

公证法学等其他不少学科关系密切，相互之间“融合共生”。

思考题

1. 请谈谈对证据立法的看法。
2. 简述仲裁证据制度与诉讼证据制度的异同。
3. 简述证据法学与诉讼法学的关系。

第二章
证据制度的历史发展

第一节　神示证据制度

一、神示证据制度的产生

神示证据制度是指依据神的启示来判断案件是非曲直的证据制度。它是历史上出现最早的证据制度，普遍存在于亚欧各国的奴隶社会。但是，其适用在各国有所不同，在欧洲封建制度下，有些国家还保留着神示证据制度的残余影响。我国在历史早期也有类似神判的做法，如《周礼·秋官·司盟》记载“有狱讼者，则使盟之诅”，即对神宣誓；《论衡·是应篇》中也有关于“皋陶治狱，其罪疑者，令羊触之，有罪则触，无罪则不触”的记载，但是总体而言，我国的神示证据制度衰落较早。[①]

神示证据制度与奴隶社会的控告式诉讼制度是紧密相关的，控告式诉讼制度是神示证据制度产生的制度基础。在控告式诉讼制度下，诉讼采用私人告诉方式，遵循不告不理原则，法官或其他裁判机构在诉讼中处于消极地位，双方当事人的诉讼地位是平等的。由于当时生产力发展水平极其低下，人们对客观世界的认识能力非常有限，对于疑难案件，基于当时的认识能力，尚不能采取客观科学的证据调查手段。而当时人们普遍信奉神灵，认为神作为万物的主宰者是无所不知的，也是公平和正义的象征。因此，法官在审理疑难案件时借助于神的力量，无疑能够有效解决纠纷。应当指出的是，当时并非对所有案件的审理都需要借助于神的启示，其主要适用于事实真伪不明的案件中。

二、神示证据制度的不同形式

神的启示只能够通过人所确定的方式来表现，因此，在不同国家和地区，在宗教信

---

① 应当指出的是，在1956年前我国部分民族地区仍有神判的存在，如凉山彝族习惯法中的神判方式主要有以下几种：一是棒铧。在嫌疑人手上垫上7根或9根小木棒（一般为单数），再垫上白纸或白布，将烧红的铁铧置于手上，走九步，烫伤者即为作案者。二是嚼米。由毕摩挑一些生米，让有嫌疑的双方在相同的时间内放入口中咀嚼，毕摩念咒语后令其吐出，米上带血者即为作案者。三是抓蛋。将一个鸡蛋放入沸腾的水锅或油锅中，让嫌疑人用手去抓。如鸡蛋沉于锅底，抓者烫伤了手，就表示输了；如鸡蛋未沉于锅底，抓者没有烫伤手，就表示赢了。此外，还有端烧红的石头等神判方式。这些神判方式主要用于头人难以判定的重大偷窃事件和其他疑难案件。实施神判时，诉讼双方要拿出同样的东西打赌，听候毕摩念咒作法，“神意”表达后，败诉方要拿出事先打赌的东西给胜诉方和毕摩。刘广安．对凉山彝族习惯法的初步研究．比较法研究，1988 (2).

仰、风俗习惯等方面存在差异，神的启示的具体表现形式也不尽相同，其中较有代表性的有诅誓、水审、火审和决斗等方式。

（一）诅誓

诅誓是指当事人或证人向神发誓以保证其陈述是真实的。由于人们普遍信奉神灵，对于不敢宣誓，或者宣誓时神态不自然，或者在宣誓后显示出某种被神灵报应迹象的当事人或证人，裁判者可以认定其陈述是虚假的。如果不存在上述情况，其誓言可以成为裁判者认定案件事实的依据。诅誓是神示证据制度中最为常见的方法，许多奴隶制国家和欧洲封建制国家早期的法典都对此有相应的规定。如公元前18世纪古巴比伦王国的《汉穆拉比法典》第126条规定："设若某人并没有失落什么而声称自己失落了某物，并诬陷自己的邻居，则他的邻居应在神前发誓来揭穿他并没有失落什么，而他则应加倍偿还他的邻居自己所贪图的物品。"第131条规定："倘若某自由民之妻被其丈夫发誓所诬陷，而她并没有在与其他男子共寝时被捕，则她应对神宣誓，并得回其家。"公元5世纪法兰克王国的《萨利克法典》第58条规定："如果有人杀了人，而交出其所有财产，但还不够偿付所该交纳的罚金，那么他必须提供12个共同宣誓人，他们将宣誓说，在地上，除已交出的东西以外，并没有其他任何财产。"公元9世纪的英国盎格鲁-撒克逊法律中也有要求当事人宣誓的类似规定。

（二）水审

水审是指让当事人接受水的考验，并根据其结果来判断案情的审判方式。水审可以分为冷水审和热水审两种方式。冷水审是将当事人一方或双方投入河水中，看其是否沉没，以此作为判断案件是非曲直的标准。在冷水审的具体判断标准上，不同国家和地区存在着差异。古巴比伦《汉穆拉比法典》第2条规定："倘自由民控自由民犯巫蛊之罪而不能证实，则被控犯巫蛊之罪者应行至于河而投入之。倘彼为河所占有，则控告者可以占领其房屋；倘河为之洗白而彼仍无恙，则控彼巫蛊者应处死，投河者取得控告者之房屋。"依据上述规定，被告人被投入河中之后，如果沉没，则意味着其陈述是虚假的；如果被告人浮出水面，则可以认定其陈述是真实的。古代日耳曼民族的判断标准与之相反：浮出水面的被告人的陈述被认定为虚假，而沉入水中的被告人的陈述被认为是真实的。其原因在于古代日耳曼人认为水是世界上最为纯洁的，纯洁的水不会接纳有罪的人。热水审要求当事人用手从沸水或油锅中取出物品，在一段时间后根据烫伤的恢复程度来判断其陈述是否真实。如果其烫伤明显好转，那么法官将认定其陈述是真实的。反之，如果烫伤并未好转，则法官会认为其受到了神的惩罚，因此其陈述是虚假的。

（三）火审

火审是指让当事人接受火或者烧热后的铁器的考验来判断其陈述是否真实。例如，公元9世纪法兰克的《麦玛威法》规定："凡犯盗窃罪，必须交付审判。如在审判中为火所灼伤，即认为不能经受火审的考验，处以死刑。反之，如不为火所灼伤，则可允许其主人代付罚金，免处死刑。"

（四）决斗

通过决斗来判断当事人的陈述是否真实或者被告人是否有罪的方法广泛存在于欧洲中世纪的诉讼中。在当事人双方对案情的陈述产生矛盾，而原告愿意以生命为代价来证明其控告是真实的，被告又无法提出无罪的证据时，法官就会命令双方当事人决斗。在决斗中获胜的一方当事人的陈述被认定为真实的或者其本人被认为是无罪的。许多国家的习惯法对决斗的形式有具体规定。如决斗前双方当事人应当向神宣誓，决斗的双方当事人应具有相同的社会地位等。妇女、儿童、老年人和有残疾的人，由于其自身能力的缺陷，往往需要借助“决斗者”来进行。[①] 除上述较有代表性的证明方式外，还有十字形证明、吞咽食品等证明方式。

三、对神示证据制度的评析

神示证据制度以所谓神的意志作为判断案件是非曲直的标准，而神是人们头脑中的虚构之物，这表明神示证据制度是以宗教迷信为基础的，难以准确地查明案件事实。因此，用现代的观点来审视神示证据制度无疑会认为该制度是荒谬的，但是，神示证据制度的产生有其必然性。首先，其产生与当时的社会条件相契合。由于生产力欠发达，人们收集、审查和判断证据的能力十分有限。为了有效地解决纠纷，人们必然要寻求各方当事人都能够接受的方式。而在人们普遍信奉神灵的社会，通过神的意志来判断案件无疑能够为各方当事人所接受。法官借助神的意志来判断案件，不仅可以有效解决纠纷，而且能够确立司法权威。其次，以神示证据作为法官解决纠纷的依据，相对于人类社会早期的血亲复仇而言是历史性的进步，表明当时人们致力于寻求裁判的正当化。因此，从巩固统治阶级统治秩序、有效地解决纠纷的角度而言，神示证据制度有着重要的意义。最后，神示证据制度利用人们对神灵的崇拜和畏惧，使其不敢不如实陈述案件的真实情况，从而在一定程度上保障了陈述的真实性，有助于法官准确认定案件事实。

第二节　法定证据制度

一、法定证据制度的产生

法定证据制度，又称形式证据制度，是指依据证据的不同形式，在法律中明文规定证据的证明力以及审查、判断和运用证据的规则，法官应当依据法定的证据规则作出裁判，而不能够自由取舍的证据制度。欧洲进入封建君主专制时期后，为了适应欧洲封建社会的政治需要，纠问式诉讼制度产生了。法定证据制度与封建社会的纠问式诉讼制度是紧密相关的，纠问式诉讼制度是法定证据制度产生的制度基础。在纠问式诉讼制度下，不论是否有被害人提出控告，国家司法机关都要依职权主动追究犯罪行为；被告人沦为诉讼客体，成为刑讯逼供的对象；法庭的审理往往不公开，不允许当事人在法庭上辩论。“如果说过去的控告式程序是在原告、被告和法官三个主体之间进行，则纠问程序中就只有法官和被控人两方，被控人面对具备法官绝对权力的追诉人，束手无策。对

① ［法］卡斯东·斯特法尼，乔治·勒瓦索，贝尔纳·布洛克．法国刑事诉讼法精义：上册．罗结珍，译．北京：中国政法大学出版社，1999：74．

纠问程序适用的谚语是：‘控告人如果成为法官，就需要上帝作为律师。’”①

伴随着诉讼制度的演进，神示证据制度已经不能满足需要而逐步为法定证据制度所取代。法定证据制度盛行于16世纪到18世纪的欧洲大陆，其在有些国家的影响力一直延续到19世纪中后期。欧洲大陆各国的法典中普遍规定了法定证据制度，其中最具代表性的法典为1532年德国的《加洛林纳法典》、1853年的《奥地利刑事诉讼法》和1857年的《俄罗斯帝国法规全书》。

二、法定证据制度的主要特点

（一）证据的证明力和定案标准法定

依据证据的不同形式对证据进行分类是法定证据制度的主要特征。法官在审判案件过程中，并不需要考虑证据本身的情况如何，也不必考虑其真实的证明力，法律已经事先规定了该证据的可靠性和证明力，法官应当依据法律的规定对其加以使用。英国证据法学家斯通将法定证据制度的基本规则概括为：（1）有了完整的证明就必须作出判决；（2）没有完整的证明就不能作出判决；（3）最好的完整证明是两个可靠的证人，其证言内容的统一是认定被告人有罪或无罪的结论性证明；（4）无论多么可靠，一个证人证言只能构成半个证明，而且其本身永远不足以作为判决的依据；（5）如果除证人证言之外还有另外半个证明，那就足以作为判决的证据，其他可以构成半个证明的证据包括通过刑讯获得的供述、商人账册中的记录、专门为一方当事人的诚实性或其主张之事实所作的誓言、能够证实前半个证明的传闻证据或名声证据；（6）任何两个半个证明加在一起都可以构成完整的证明；（7）其他证据可以构成四分之一或者八分之一的证明，两个或者四个相应的证据相加可以等于半个证明。②

（二）收集审查判断证据的特殊规则

1. 被告人口供

被告人的口供是法定证据制度下最为重要的证据类型，被称为“证据之王”。无论是被告人主动作出的供述，还是通过刑讯的手段获得的口供，都可以作为证据加以使用。基于口供在诉讼中的重要性，许多国家的立法对口供的获取和运用作出了明确的要求。为了获取被告人的口供，刑讯逼供成为各国普遍采用的方法。《加洛林纳法典》第31条规定：“假如某人被怀疑对他人有损害行为，而嫌疑犯被发觉在被害人面前躲躲闪闪、形迹可疑，同时嫌疑犯又可能是犯这类罪的人时，那么这就是足以适用刑讯的证据。”

2. 证人证言

证人证言是法定证据制度下主要的证据类型之一。法律对证人证言的证明力作出了明确的规定，具体如下：有两个可靠证人的证言，就被认为是完全可靠的证据。如果两个人的证言不一致，则男人的证言优于女人的证言，显贵人的证言优于世俗人的证言，僧侣的证言优于世俗人的证言；与案件没有利害关系的证人的证言，即使是一个证人的证言，也被认为是完全可靠的证据；值得信任的人的证言或是经过宣誓的人的证言，被

① ［德］拉德布鲁赫. 法学导论. 米健，等译. 北京：中国大百科全书出版社，1997：121.

② 何家弘主编. 外国证据法. 北京：法律出版社，2003：34－35.

认为是完全可靠的证据；一个可靠的证人的证言算半个证据，当几个可靠的证人的证言相矛盾时，按多数证人的证言来判断案情。[①]

3. 书证

书证在刑事诉讼中的运用相对于被告人口供和证人证言而言较少，但法律也对书证的证明力作出了明确的规定。一般而言，书证原本的证明力应当强于书证副本的证明力。

我国封建社会的证据制度与法定证据制度有类似之处，如我国古代早就有“断罪必取输服供词”的断狱原则，但是我国始终未确立法定证据制度。法律并未对证据的证明力作出详尽规定，法官不必机械地依据法律规定来认定案件事实。西周时期确立的“五听”制度为我国历代封建王朝所传承，“以五声听狱讼”成为对法官的基本要求。据《周礼》记载，所谓“五听”，一曰辞听，观其出言，不直则烦；二曰色听，观其颜色，不直则赧然；三曰气听，观其气息，不直则喘；四曰耳听，观其听聆，不直则惑；五曰目听，观其眸子视，不直则眊然。[②] 换言之，法官个人的内心体验是判断案情的主要依据。这是我国封建社会证据制度与法定证据制度的明显差异。但是我国封建社会的证据制度以有罪推定为原则，口供被认为是证据之王，基于对被告人口供的崇尚，刑讯逼供成为获取被告人口供的主要方法。由此，我国封建社会证据制度与法定证据制度也存在类似之处。基于刑事诉讼对口供的重视，在秦汉时期，我国的法律就已经确定了刑讯制度，依据《睡虎地秦墓竹简》的记载，司法官员可以通过刑讯来获取口供。我国最为完备的封建法典《唐律疏议》也对刑讯的程序、方法进行了严格的规定，如在进行讯问之前，“必先以情，审察辞理，反复参验；犹未能决，事须讯问者，立案同判，然后拷讯”。该条规定表明，在刑讯之前裁判者应当经过慎重的考虑和权衡，并不能够随意通过刑讯来获得供述。此外，在刑讯的过程中要求“诸拷囚不得过三度，数总不得过二百，杖罪以下不得过所犯之数。拷满不承，取保放之”。换言之，法定“拷囚”的次数不能超过三次，总数不能超过二百，拷满后如果被告人仍然不承认，就应当将其释放。此外，《唐律疏议》对刑讯适用的对象、拷打的身体部位和刑讯工具的规格也有着详尽的规定。此后，我国历朝都在法律中明确规定了刑讯制度。

三、对法定证据制度的评析

在法定证据制度下，由求诸所谓神的意志转向依赖法定的证据规则，其建立反映了人们认识客观世界的能力有所提高，对案件事实的认定摆脱了宗教迷信的束缚。而且通过法律明确规定证据规则后，法官必须严格依据法律的规定审查、判断和运用证据来认定案件事实，从而限制了法官的司法专横，消除了各地司法机关在运用证据时的混乱状态，适应了封建君主专制下中央集权的需要。因此，法定证据制度的建立是证据制度发展史上的一大进步。然而，法定证据制度的缺陷也是显而易见的：首先，法定证据制度建立在形而上学的理论基础之上，将证据的外部特征作为判断证据证明力的绝对标准，违背了人类认识活动的基本规律。其次，由于法律预先规定了各种证据的证明力及审

① 宋世杰. 诉讼证据法学. 长沙：中南工业大学出版社，1998：30.

② 郭成伟主编. 中国法制史. 北京：中国法制出版社，1999：54.

查、判断和运用证据的规则，法官在审理案件过程中只能机械地适用法定的证据规则，而难以从具体案件的客观实际出发，准确地查明案情。最后，在法定证据制度下，口供被视为“证据之王”，而刑讯逼供作为获得口供的合法手段导致了大量冤假错案的出现。

第三节　自由心证证据制度

一、自由心证证据制度的产生

自由心证证据制度是指对证据的证明力及取舍，由法官依据良心和理性加以自由判断，在其形成内心确信的基础上来认定案件事实的一种证据制度。自由心证证据制度主要包括两个方面的内容：其一是法官判断证据证明力及取舍的标准是法官的良心和理性，其二是法官在认定案件事实时应当达到内心确信的程度。

随着欧洲资产阶级革命的深入，人权、民主和平等观念深入人心，纠问式诉讼制度受到了资产阶级学者的强烈抨击。针对纠问式诉讼制度下的刑讯逼供，贝卡里亚指出：“一位数学家大概会比一位法官把这个问题解决得更好：他根据一个无辜者筋骨的承受力和皮肉的敏感度，计算出会使他认罪的痛苦量。”[①] 针对纠问式诉讼制度下侦查权、起诉权和审判权合一，司法官员的权力极度膨胀，洛克认为：“如果没有专职的法官，人们由于情欲或利害关系，便会错误地加以引证或应用而不容易承认自己的错误……在每人都是……他自己案件的裁判者、解释者和执行者的情况下，尤其是这样。”[②] 更为重要的是，“……如果同一批人同时拥有制定和执行法律的权力，这就会给人们的弱点以绝大诱惑，使他们动辄要获取权力，借以使他们自己免于服从他们所制定的法律，并且使他们在制定法律和执行法律时，使法律适合于他们自己的私人利益……”[③]。因此，为了巩固资产阶级革命的成果，改革封建司法制度成为新兴资产阶级政权的首要任务。在此背景下，辩论式诉讼制度逐步取代了纠问式诉讼制度，而与纠问式诉讼制度紧密相关的法定证据制度也逐渐被自由心证证据制度取代。

最早提出“自由心证”的是法国的国会议员杜波尔。1791 年，法国制宪会议通过了杜波尔提出的议案，在发布的训令中明确宣布：“法官必须以自己的内心确信为裁判的唯一根据。”1808 年《法国刑事诉讼法》第 342 条对自由心证进行了规定：“法律对于陪审员通过何种方式而认定事实并不计较，法律亦不为陪审员规定任何规则，使他们据以判断证据；法律仅要求陪审员深思细察，并本诸良心，诚实推求已经提出的对被告不利和有利的证据在他们的理智上产生了何种印象……法律仅对陪审员提出这个问题——‘你们内心确信了吗’，这正是陪审员的职责所在。”上述规定被认为是自由心证的经典表述。1808 年《法国刑事诉讼法》对其他欧洲大陆法系国家的刑事诉讼改革产生了深远的影响，德国、俄国和意大利等国家在其本国的刑事诉讼法中也相继确立了自由心证

---

① ［意］贝卡里亚. 论犯罪与刑罚. 黄风，译. 北京：中国大百科全书出版社，2005：33.

② ［英］洛克. 政府论：下篇. 叶启芳，等译. 北京：商务印书馆，1983：84.

③ ［英］洛克. 政府论：下篇. 叶启芳，等译. 北京：商务印书馆，1983：89.

证据制度。意大利在1865年制定的《刑事诉讼法典》确立了自由心证原则。1877年《德国刑事诉讼法》第260条规定："法院应根据从全部法庭审理中所得出的自由心证来确定调查证据的结果。"1892年《俄国刑事诉讼条例》第119条规定："治安法官应根据建立在综合考虑法庭审理时所揭露的情况基础上的内心确信，来裁判受审人有无罪过的问题。"受欧洲大陆法系国家自由心证证据制度的影响，日本从明治九年（1876年）开始实行自由心证证据制度。1948年《日本刑事诉讼法》第317条规定："认定事实，应当依据证据。"第318条规定："证据的证明力，由法官自由判断。"依据上述规定，法官在心证过程中应当依据证据，而不能依据其他材料来认定案件事实；在判断证据的证明力时，应当自由地取舍和判断而不受外界的干扰。2001年通过的《俄罗斯联邦刑事诉讼法典》第17条规定："法官、陪审员以及检察长、侦查员、调查人员根据自己基于刑事案件中已有全部证据的总和而形成的内心确信，同时遵循法律和良知对证据进行评价。任何证据均不具有事先确定的效力。"现行的德国和法国的刑事诉讼法都保留了早期关于自由心证的规定。

二、对自由心证证据制度的评析

自由心证证据制度取代法定证据制度是资产阶级民主、平等和自由思想在证据制度领域的具体表现，具有一定的历史进步意义。自由心证证据制度的建立废除了刑讯逼供的证明方法，确立了证明被告人有罪的责任由控方承担的原则，在法定证据制度下处于客体地位的被告人获得了辩护权。法官或陪审团在听取当事人双方在法庭上的举证、质证和辩论的基础上来认定案件事实，从而实现了诉讼结构的根本性变革。此外，自由心证证据制度的建立使法官摆脱了法定证据制度下烦琐证据规则的束缚，能够依据良心和理性对证据的证明力及取舍进行自由判断，从而使法官能够从具体案件的实际情况出发，较准确地查明案件事实。

自由心证证据制度是证据制度发展史上的一大进步，但也有其内在的局限性。自由心证的主体是法官，通过法官形成"内心确信"来认定案件事实。但法官并不是抽象的人，而是具体的人，如果完全依赖法官的自由心证，那么必然会导致法官对案件事实认定的随意，难以确保获得与案件事实相符的裁判。因此，在现代，无论是大陆法系的代表国家法国和德国，还是英美法系的代表国家英国和美国，都通过立法采取各种措施来确保法官心证的"自由"不被滥用。

第四节　中国古代证据制度

一、中国古代证据的种类

证据制度是中国古代司法、审判制度的重要组成部分，尽管中国古代律典并未明确规定证据种类，加之不同历史时期律法有所区别，但仍可根据现存资料对中国古代证据进行种类研究。整体而言，中国古代证据可以分为以下几种。

（一）盟誓

中国古代社会尤其是夏、商、周时期，受神明裁判观念的影响而存在神判法。西周的盟誓（或称盟诅）则带有神权法的色彩，一旦立誓就要信守诺言。盟誓要将誓言载于册，存于官，而且要有担保人。依据周朝的法律，违反盟誓誓约是要处刑的。陕西省岐山县出土的西周青铜器（亻朕匜）记载的铭文反映了盟誓制度，铭文叙述了一场诉讼案件的始末，法官伯扬父因牧牛违背了先誓，最终给予牧牛鞭五百下，罚铜三百锾的处罚。[①] 但由于中国古代文明发展较早，审判中神明裁判的影响并不大，盟誓这一证据并不占有主要地位，秦汉以后的言词证据逐渐人文化了。

（二）口供

口供即原告、被告双方的供词，是中国古代重要的证据。早于西周时期，法律要求审判官“察辞于差”，“听狱之两辞”[②]。以原告、被告双方的供词作为案件审理的依据。秦汉同样将口供作为重要证据，《睡虎地秦墓竹简·封诊式》载：“凡讯狱，必先尽听其言而书之，各展其辞。”[③] 若经过多次讯问“更言不服”者，则依律“笞掠”。汉朝则在刑讯上注重口供获取，师古云：“定其辞，令服也”，认为“棰楚之下，何求不得”，为强迫犯人招供，可以不择手段。魏晋南北朝时期，口供制度进一步合法化、制度化，其中具有代表性的为“测囚之法”“测定之法”等刑讯方法。唐宋元明清时期，口供亦是判决的基础。《宋刑统》记载“诸拷囚限满而不首者，反拷告人”，宋代官员在断案时注重二竞俱至，先对原告讼牒进行审查，通过听取原告的口供进一步了解案情，若难以判断则令原、被告双方俱至公堂。这表明口供是定罪判刑的前提。

（三）证人证言

在中国古代社会同样存在证人证言的证据种类。《周礼·秋官·小司寇》载：“凡民讼，以地比正之。”[④] 这表明邻里作证在周朝已出现。此后，证人证言成为较重要的证据种类之一，但实践中“避证、匿证、诬证”等现象较为普遍，因此，中国古代律法对证人证言进行了规范。第一，可以拷问证人。中国古代社会允许对证人进行逮捕和拷问，证人的地位普遍较低。《太平御览》中记载项诵作证时“血出滂流，齿皆堕地，太守获免”[⑤]。《唐律疏议》规定：“若前人已拷者，不减，即拷证人亦是。”《宋刑统》规定：“谓虽不拷被告之人，拷旁证之者，虽自引虚，亦同已拷。”[⑥] 第二，对证人采取惩罚性措施。为防止证人作伪证、诬证，古代律法采取了一定措施。《唐律疏议》规定：“诸证不言情及译人作伪，致罪有出入者，证人减二等”，“诸诬告人者，各反坐”。此外，在审理案件时不仅可以刑讯被告人，还可以刑讯证人，《唐律疏议》规定“诸诬告人流罪以下，……若前人已拷者不减，即拷证人亦是。”第三，规定了证人资格。一是年龄等因素受限可免于作证。中国古代社会对于证人的年龄、身体条件等有明确规定。

---

① 来因. 我国法律史上的一篇重要文献：西周青铜器“（亻朕）匜”铭文. 法学杂志，1981（2）.

② 《尚书》卷十二.

③ 睡虎地秦墓竹简整理小组编. 睡虎地秦墓竹简. 北京：文物出版社，1990：148.

④ 《周礼》卷三.

⑤ 《太平御览》卷第三百六十八.

⑥ 《宋刑统》卷二十三.

《唐律疏议》载："年八十以上、十岁以下及笃疾，皆不得令其为证。"[①]《大明律·刑律》规定："其于律得相容隐之人，及年八十以上、十岁以下，若笃疾者，不得令其为证。违者，笞五十。"[②] 二是具有容隐关系者可免于作证。受儒家伦理观念的影响，自汉代以后的法律允许一定范围内的亲属之间相互隐匿犯罪行为，即"亲亲相隐"，如《宋刑统》规定："其于律得相容隐者"，"皆不得令其为证"。

（四）物证

物证是指能证明案件真实情况的物品和痕迹，中国古代社会较为重视物证在案件审理中的作用。在刑事类案件中，物证的地位愈来愈高，其效力甚至大于口供。《宋刑统》规定："若赃状露验，理不可疑，虽不承引，即据状断之。"[③] 明朝万历年间曾规定："各处巡按御史今后奉审强盗，必须审有赃证明确及系当时现获者，照例处决。如赃迹未明，招扳续缉，涉及疑似者，不妨再审。"在民事诉讼案件中的物证主要是各类财物，如在宋代在审理婚姻纠纷案件时，男方若要证明与女方有婚约，则须证明其曾向女方交付过聘财。[④]

（五）书证

书证是以文字、符号、图画、图表等表达的思想内容来证明案件事实的书画或者其他物品。在中国古代社会的审判活动中，尤其是民事诉讼中，书证受到审判官吏的重视。《周礼·地官·小司寇》载："地讼，以图正之。"[⑤] 随着社会经济发展，交易种类繁多，律法对社会生活进行了规范，例：如唐朝的动产或是不动产均须订立契约文书；宋代的"既无片纸干照，其说略无根据"[⑥]；明朝规定在典卖田宅需订立书面契约；《大清律例》规定："事主承报盗案失单，须逐细开明"，"告争家财田产……验有亲族写立分书"[⑦]。

（六）勘验、检查笔录

中国古代社会十分重视勘验、检查工作，并积累了丰富的经验。《睡虎地秦墓竹简》记载了一个案例，检查笔录详细写明："男子丁壮，析（皙）色，长七尺一寸，发长二尺；其腹有久故瘢二所。男子死（屍）所到某亭百步，到某里士五（伍）丙田舍二百步。"[⑧] 由此可见秦朝的勘验、检查制度已初步形成。受秦朝影响，后续的朝代均重视勘验检查工作，例如，唐代立法处罚检验不实者，以确保检查结果的真实性。唐律规定："诸诈病及死、伤，受使检验不实者，各依所欺减一等。若实病、死及伤，不以实验者，以故入人罪论。"

宋代同样非常重视案件检查工作，其在继承唐律关于检验的法律规定之外，又根据实践中出现的新问题颁布了一系列与检查有关的律法，检验制度得到充分发展。《洗冤

① 《唐律疏议》卷第二十九.

② 《大明律》卷第二十八.

③ 《宋刑统》卷二十九.

④ 《名公书判清明集》卷九《户婚门·婚嫁·女家已回定贴而翻悔》.

⑤ 《周礼》卷三.

⑥ 《名公书判清明集》卷九《户婚门·取赎·过二十年业主死者不得受理》.

⑦ 《大清律例》卷二十三.

⑧ 睡虎地秦墓竹简整理小组编. 睡虎地秦墓竹简. 北京：文物出版社，1990：157.

集录》记载："……初情莫重于检验，盖死生出入之权舆，幽枉屈伸之机括，于是乎决。"这部巨著还规定了同检验有关的法令、仵作检验的程序、各类尸伤的检验判断之法等，其自问世以来成为官司检验的金科玉律。明、清均有专门律法规定检查制度，如明律规定："凡检验尸伤，若牒到托故不即检验，致令尸变，及不亲临监视，……正官杖六十，首领杖七十，吏典杖八十。"①

二、中国古代证据的特征

证据历来是审判活动中的关键问题，中国古代社会在收集、保全、运用证据等方面有其自身的特点。

（一）据供词定罪，允许刑讯逼供

中国古代诉讼非常重视口供在定罪判刑中的作用，以刑讯求口供是中国古代审判制度的特点之一。为了获取口供，中国古代社会允许酷刑肆掠作为合法手段，如西周"以五刑听万民之狱讼"②；《汉书·谷永传》记载，"榜箠瘖于炮烙，绝灭人命"③；《唐律疏议》规定，"……事须讯问者，立案同判，然后拷讯"④。

然而，在视口供为最重要证据的时代，无可避免地产生了大量的酷刑以及冤狱。晋朝曹摅在担任临淄县县令时曾处理一件冤案："县有寡妇，养姑甚谨……姑愍之，密自杀。亲党告妇杀姑，官为考鞫，妇不胜苦楚，乃自诬。狱当决，适值摅到，知其有冤，更加辨究，具得情实。"⑤ 唐贞观年间，卫州板桥店主张逖惨遭杀害，而在该店投宿的杨正等三人作为嫌疑人被抓捕，"收禁考掠"后"遂自诬服"。唐太宗在审核后发现该案存在疑点，差御史蒋常复推，后杨正等人被释放。⑥ 这种以刑讯求口供的方式是中国古代审判制度野蛮的体现，但较于神判和盟誓制度是社会的一大进步。

（二）证人到庭

在中国古代社会，证人证言作为证据被广泛使用，因此，司法官在审理案件时需要证人出庭进行质对。质对必须当堂进行，若证人不在庭审现场，即使取得了证词也无法律效力。《周礼》载："凡属责者，以其地傅而听其辞。"⑦ 郑玄注曰："以其地之人相比近能为证者来，乃受其辞为治之。"⑧ 《睡虎地秦墓竹简》中记载："自杀者必先有故，问其同居，以合（答）其故。"⑨ 即司法官必须询问证人关于死者自杀的原因以便于查明真相。唐律规定："诸应讯囚者，必先以情，审察辞理，反复参验。"清朝地方官黄六鸿总结了一套"七字审问法"，即钩、袭、攻、逼、摄、合、挠。对于各类证人要注意

---

① 《大明律》卷二十八.
② 《周礼》卷九.
③ 《汉书》卷八十五.
④ 《唐律疏议》卷第二十九.
⑤ 杨奉琨. 疑狱集·折狱龟鉴校释. 上海：复旦大学出版社，1988：52.
⑥ 杨奉琨. 疑狱集·折狱龟鉴校释. 上海：复旦大学出版社，1988：79.
⑦ 《周礼》卷九.
⑧ 《周礼疏》卷第三十五.
⑨ 睡虎地秦墓竹简整理小组编. 睡虎地秦墓竹简. 北京：文物出版社，1990：160.

“摄”，使证人据实以告；“合”则指把双方证人分开传唤，后质对证词。[①]

（三）重人判轻神判

在古代中国的司法实践中，神示证据较早地退出历史舞台。在审理案件的过程中，司法官多是发挥自身主观能动性，依据案件的具体情况，灵活地对证据进行取舍、运用。中国古代尤为重视官员的道德素质，强调“修身齐家治国平天下”的理念，并从制度层面对官员的主观权限进行约束。[②] 例如，在秦朝，能否“明法令”成为区分良吏与恶吏的标准。与前文所述的古代欧洲神示证据备受推崇的情况不同，中国古代的法律与宗教并未真正融合，即便存在鬼神信仰，这些神祇也更多地被赋予了人格化的特征。因此，神示证据制度难以在中国古代的司法环境中生根发芽，人们更倾向于依赖自身的智慧和努力来收集和判断证据。

（四）疑罪从轻、从赎处理

在古代，由于证据收集和审查技术的限制，犯罪事实往往难以被完全查清。疑罪从轻是指当证据存在疑问时从轻论处，从赎是指当证据存在疑问时可以赎免。《尚书·大禹谟》载：“罪疑惟轻，功疑惟重。与其杀不辜，宁失不经。”[③]《尚书·周书·吕刑》载：“五刑之疑有赦，五罚之疑有赦。”[④]《礼记·王制》载：“疑狱，汜与众共之，众疑，赦之。”[⑤]《唐律》继承了上古时的法律精神，当犯罪事实存在疑问时，嫌疑人可以通过缴纳赎金的方式来减免或免除刑罚。《宋刑统》沿用了《唐律》中关于疑罪的相关规定，包括疑罪从赎的原则。《大明律·问刑条例》载“辨明冤枉条例”，如有冤枉及情罪有要矜疑者，即与之辩理，并照例减等处罚。《大清律·断狱》引述前例，对矜疑之罪也采取减等处罚的原则。中国古代疑罪从轻、从赎的司法原则在一定程度上体现了古代司法的文明与进步，但易引发一些不公正的社会问题，存在局限性。

第五节　中国现代证据制度

一、中国现代证据制度的创立和发展

从革命根据地时期创立至今，中国的现代证据制度经历了长期的发展过程，可以分为创立、发展、停滞、重建、完善和快速发展五个阶段。

（一）创立（1931 年至 1949 年）

中国现代证据制度创立于新民主主义革命时期：1927 年第一次国内革命战争失败后，中国共产党领导人民在长期的武装斗争中建立了十多个革命根据地，并在革命根据地人民政权的领导下开始创立现代证据制度。在 1931 年 12 月 13 日召开的中央执行委

① 郭建. 古代法官面面观. 上海：上海古籍出版社，1993：125.

② 沈大明. 中国古代的证据制度及其特点. 社会科学，2006（7）.

③ 《尚书》卷二.

④ 《尚书》卷十二.

⑤ 《礼记》卷四.

员会非常会议上，就通过了中华苏维埃共和国中央执行委员会训令，该训令指出："在审讯方法上……必须坚决废除肉刑而采用搜集确实证据及各种有效方法。"1941年5月1日颁布的《陕甘宁边区施政纲领》规定："改进司法制度，坚决废止肉刑，重证据不重口供。"1949年1月13日华北人民政府发布了《华北人民政府为清理已决及未决案犯的训令》，该训令指出："有确实反证证明原判根本错误者，应予平反，宣告无罪开释。"尽管我国新民主主义革命时期的证据制度还存在不完善之处，但其所确立的证据制度基本原则为新中国成立后证据制度的发展奠定了基础。

（二）发展（1949年至1956年）

中华人民共和国成立后至1956年，是中国现代证据制度进一步获得发展的阶段。1949年2月，中共中央颁发了《关于废除国民党六法全书与确定解放区的司法原则的指示》，对在全国范围内确立人民民主司法制度提出了明确的要求，并指出司法人员应当在行动上转变司法作风、在思想上转变司法观念。1952年，我国进行了司法改革，并在此改革过程中集中批判了不依靠群众、不深入实际进行调查研究的审判作风。1954年，第一届全国人民代表大会通过了《中华人民共和国宪法》，以及《中华人民共和国人民法院组织法》和《中华人民共和国人民检察院组织法》。上述宪法和法律中关于证据制度的规定，是我国现代证据制度获得发展的重要标志。

（三）停滞（1957年至1976年）

1958年之后，我国的司法制度受到了"左"倾思潮的干扰，重证据、重调查研究的原则受到了冲击，证据的收集、审查和判断受到了严重的干扰。尤其是在"文化大革命"期间，我国的证据制度形同虚设。

（四）重建（1976年至1989年）

中国共产党十一届三中全会以后，我国进入新的历史发展阶段。在法制不断完善的时代背景下，我国证据制度也得到了恢复。1979年《刑事诉讼法》、1982年《民事诉讼法（试行）》和1989年《行政诉讼法》都对证据制度进行了专门规定。

（五）完善（1990年至2011年）

1990年之后，我国由传统计划经济体制向市场经济体制转型。这对我国的法制建设提出了新的要求。伴随司法改革进程的深入，我国的证据制度也日趋完善。1991年第七届全国人民代表大会第四次会议通过的《民事诉讼法》和1996年第八届全国人民代表大会第四次会议通过的《关于修改〈中华人民共和国刑事诉讼法〉的决定》，都着重完善了证据制度。此后，为了适应市场经济对我国证据制度提出的更高要求，最高人民法院以司法解释的方式对证据制度进行了补充规定，如2001年《民事证据规定》和《行政证据规定》。在刑事诉讼领域，最高人民法院于2010年颁布《死刑案件证据规定》和《排除非法证据规定》（以下简称"两个证据规定"），确立了证据裁判原则，并明确了刑事证据的法庭调查程序、审查判断标准等，最重要的是引入非法证据排除规则，为刑事诉讼法典的进一步修订奠定了基础。

（六）快速发展（2012年至今）

2012年和2018年，我国两次对《刑事诉讼法》进行修订，"证据"一章由原来的8条增加至16条，调整幅度极大：修改了证据的概念，完善了证据种类，明确了证明责任的承担规则，细化了证明标准，增加了行政证据与刑事证据的转化规则，构建了证人、鉴定人出庭作证保障机制，并将上述“两个证据规定”中非法证据排除规则的具体内容选择性地吸收进法典中，从而在立法层面确立了独具中国特色的刑事证据体系。① 与此同时，2012 年《民事诉讼法》也进行了修订，对证据制度作了较大的改革和发展，特别是增加了电子数据等证据种类，细化了举证时限，明确了证人、鉴定人出庭制度等，以实现加强保障当事人权利、适应市场经济发展的目的。此后，《民事诉讼法》历经三次修改，2023 年《民事诉讼法》新增了调取涉外证据的相关规定。自此民事证据制度逐步趋于完善。我国对 1989 年《行政诉讼法》的修订略晚，分别于 2014 年和 2017 年进行，强化了被告人的举证责任，确立了原告提供证据的权利，完善了法院调查取证权及其限制，限制了被告提供证据的权利。②

二、中国现代证据制度的特征

（一）形式特征

当前我国证据制度主要规定在《刑事诉讼法》《民事诉讼法》《行政诉讼法》三大诉讼法典以及相应的司法解释中，我国尚未制定统一的证据法典或者单行的证据法。将证据法的内容规定在各部诉讼法中有利于诉讼制度的完整，但给证据制度的体系化造成了较大障碍。我国目前证据制度的相关规范虽然数量众多，但重复规定、彼此冲突之处不在少数。证据法理论虽话语来源丰富，但彼此杂糅、互不兼容。证据法学蓬勃发展，但是学科空间仍然较为狭窄。③ 因此，我国目前亟须通过统一的证据立法，实现法律规范、法学理论以及学科建设的协调和兼容。

（二）内容特征

1. 重视事实的认定，确立证据裁判原则

我国的现代证据制度以辩证唯物主义认识论为理论基础，认为已经成为历史的案件事实，作为客观存在，是能够被人认识的。但是，人的认识能力也是有限的，重视案件事实的认定，并不等同于每个案件最终呈现的案件事实都一定与客观真实相符合。证据裁判原则强调认定案件事实应当以证据为根据，排斥那些缺乏证据基础的主观臆断；主张证据须经诉讼过程中的各种审查环节过滤方能成为定案依据。该原则不仅为案件事实认定提供了合理前提，也有效地奠定了我国证据制度发展的正当性基础。④

2. 重证据，重调查研究，不轻信口供

“重证据，重调查研究，不轻信口供”不仅是我国司法经验的科学总结，也是我国刑事诉讼法的一项重要原则。依据该原则，司法人员在处理案件过程中应当注重深入群众进行调查研究，客观全面地收集相关证据。由于口供的特殊性，司法人员应当正确对待被告人的口供，只有经过查证属实的口供才能够作为定案的依据。在未获得被告人供

① 陈卫东主编. 2012 刑事诉讼法修改条文理解与适用. 北京：中国法制出版社，2012：39.

② 张保生，冯俊伟，朱盛文. 中国证据法 40 年. 证据科学，2018 (2).

③ 吴洪淇. 证据法体系化的法理阐释. 法学研究，2019 (5).

④ 张保生主编. 证据法学. 3 版. 北京：中国政法大学出版社，2018：89-93.

述的情况下，证据确实、充分的，可以认定被告人有罪并处以刑罚。为了防止错案，只有被告人的供述而没有其他证据的，不能认定被告人有罪和处以刑罚。

3. 公、检、法机关收集、审查、判断证据，运用证据定案必须遵守法定程序

此过程中应当摆脱“程序虚无主义”的影响，严格依照法定程序进行。这不仅有助于准确地查明案情，防止错案的发生，而且有助于诉讼中的人权保障，树立司法权威，增强社会公众对司法的认同感。

小　结

神示证据制度是指依据神的启示来判断案件是非曲直的证据制度。它是历史上出现最早的证据制度，普遍存在于亚欧各国的奴隶社会。由于神的启示只能够通过人所确定的方式表现，所以，在不同国家和地区，在宗教信仰、风俗习惯等方面存在差异，神的启示的具体表现方式也不尽相同，其中较有代表性的有诅誓、水审、火审和决斗等方式。法定证据制度是指依据各种证据的不同形式，在法律中明文规定证据的证明力以及审查、判断和运用证据的规则，法官依据法定的证据规则作出裁判，而不能自由取舍的证据制度。依据证据的不同形式对证据进行分类是法定证据制度的主要特征。法官在审判案件过程中，并不需要考虑证据本身的情况如何，也不必考虑其真实的证明力，法律已经事先规定了该证据的可靠性和证明力，法官应当依据法律的规定将证据加以使用。自由心证证据制度是指证据的证明力及取舍，由法官或陪审团依据良心和理性加以自由判断，法官或陪审团在形成内心确信的基础上来认定案件事实的一种证据制度。自由心证证据制度主要包括两个方面的内容：其一，法官判断证据的证明力及取舍的标准是法官的良心和理性；其二，法官在认定案件事实时应当达到内心确信的程度。自由心证证据制度是资产阶级革命胜利之后逐步建立起来的。我国古代司法在长达几千年的社会环境中形成了自身特色的证据制度。司法官吏鞫狱断刑、解决纠纷同样需要于法有据，依证据审判案件。我国的现代证据制度从革命根据地时期创立至今，经历了长期的发展过程，可以分为创立、发展、停滞、重建、完善和快速发展六个阶段。我国现代证据制度的内容特征为：第一，重视事实认定，确立证据裁判原则。第二，重证据，重调查研究，不轻信口供。第三，公、检、法机关收集、审查、判断证据，运用证据定案必须遵守法定程序。

思考题

1. 如何评价法定证据制度？
2. 英美法系国家证据规则的主要内容是什么？
3. 我国古代证据制度与现代证据制度有什么区别？

第三章
证据法的理论基础

对于我国证据法的理论基础，存在不同的观点：第一种观点认为，我国证据制度的理论基础是辩证唯物主义认识论。① 第二种观点认为，证据法的理论基础包括认识论和价值论。②③ 第三种观点认为，证据法理论基础是“三元论”，即认识论、方法论和价值论。④ 第四种观点认为，证据法学的理论基础包括诉讼认识的真理性、诉讼认识的正当性、客观真实与法律真实的同一性。⑤ 第五种观点认为，证据法理论基础包括认识论、价值论、概率论。⑥ 第六种观点认为，证据法的理论基础包括认识论、价值论和道德论。⑦ 本教材接受第二种观点，即证据法的理论基础包括认识论和价值论。

第一节　证据法的认识论基础

一、诉讼证明是一种特殊的认识活动

对案件事实真相的追求是古今中外诉讼中永恒的目标，而对案件事实真相追求的过程也就是司法人员不断接触案件事实直至最终认识案件事实的过程。这个过程无疑是一种认识活动。⑧ 证据的收集、审查判断和运用是一种认识活动。⑨ 诉讼证明活动贯穿于证明活动的始终。证据的收集、保全、审查判断和运用以及案件事实的认定，是一个重现案件事实的认识过程，是一个“求真”的过程。

诉讼证明活动是一种特殊的认识活动。与实验室里的自然科学证明和其他社会科学

---

① 陈一云主编. 证据学. 北京：中国人民大学出版社，1991：95.

② 陈光中主编. 证据法学. 5 版. 北京：法律出版社，2023：369；陈卫东，谢佑平主编. 证据法学. 上海：复旦大学出版社，2005：26；卞建林，谭世贵主编. 证据法学. 4 版. 北京：中国政法大学出版社，2019：51.

③ 有观点认为，诉讼认识论包括辩证唯物主义认识论和法律价值论两个方面的内容，并将诉讼认识论作为证据法的理论基础。樊崇义主编. 证据法学. 5 版. 北京：法律出版社，2012：53，74. 该观点在本质上也是主张证据法的理论基础包括认识论和价值论。

④ 何家弘，刘品新. 证据法学. 7 版. 北京：法律出版社，2022：44－85.

⑤ 叶青主编. 诉讼证据法学. 3 版. 北京：北京大学出版社，2021：40－47.

⑥ 张保生主编. 证据法学. 4 版. 北京：中国政法大学出版社，2023：48.

⑦ 郭华. 证据法学. 2 版. 北京：北京师范大学出版社，2023：40.

⑧ 陈学权. 证据法学理论基础论纲. 西部法学评论，2008（1）.

⑨ 陈光中，陈海光，魏晓娜. 刑事证据制度与认识论：兼与误区论、法律真实论、相对真实论商榷. 中国法学，2001（1）.

证明相比，诉讼证明有自身的特殊性：

其一，诉讼证明必须接受证据规则、法律规范以及其他各种人为因素的制约。

其二，诉讼证明有着场所和时间的限制。① 在自然科学的证明中，人们为发现某一科学原理或定律，可以不受时空限制地进行下去，直到发现客观真理。而诉讼证明是受到法定期限和场所限制的，有可能出现证明主体在法律规定的期限内由于某种原因未能完成证明活动或根据已有证据无法得出明确的证明结论的情况。

其三，诉讼证明的主体为对立的双方当事人与居中裁决的法官。

其四，诉讼证明的性质具有特殊性。从性质上看，诉讼证明是一种回溯性的证明，或曰“历史证明”。诉讼证明的对象是已经发生过的事件，而非事物的规律性。这种回溯性的历史证明具有两个特点：一是作为证明对象的案件事实不可能通过科学实验来证明，司法人员只能运用证据以推论的方式对诉讼中的争议事实加以“追溯”或“再现”，这就不可避免地要受到各种主客观因素的影响，难以达成绝对性的认识。二是对案件事实的证明结论不能通过科学实验来检验。诉讼证明是司法人员依靠经验法则与伦理法则对既往事实进行的主观推导，其结论是否与案件的客观事实完全相符，由于不可能以科学实验或其他实证方法进行验证，因而在一定程度上具有不确定性。②

二、不同证据制度的认识论基础

证据制度的发展不仅受到了历史演进中特定历史条件的制约，而且受到了哲学认识论发展的重大影响。历史上不同的证据制度，体现了不同的认识论。

神示证据制度依靠神意判断案情，其认识论基础是独断论。③ 独断论是不加验证而独断其真实的观念，信奉者完全信赖感觉与知识的结果，认为世界的事实情况与我们所见的和所想的完全一致。④

法定证据制度对证据证明力预先加以规定，也带有独断论的影响。法定证据制度将前人的具体司法经验奉为新的“神明”，将证据的划分标准和证明效力绝对化。法定证据制度对审理具体案件的法官附加了过多的限制和拘束，要求法官只做一个机械、被动适用“完美法律”的“机器人”，而不需要自己的思考，无须发挥自身的主观能动性。法定证明制度将各种证人证言和被告口供的证明力确定为像数学一样严格的各个等级，显然犯了形而上学、形式主义的错误。⑤

自由心证证据制度的认识论基础是唯心主义。自由心证证据制度将心证视为证据，把法官的信念、心态即内心确信看作证据，并将心证视为实质真实和证明标准。唯心主义有句名言为“我的认识就是世界”。将法官的内心信念视为心证，看作证据，就等于说“我的认识就是证据”；把法官心证称为实质真实，等于说“我的认识是实质真实”；把法官心证视为证明标准，等于说“我的认识就是证明标准”。因此，自由心证证据制

① 何家弘，刘品新. 证据法学. 7 版. 北京：法律出版社，2022：46 - 47.

② 廖永安. 民事证据法学的认识论与价值论基础. 北京：中国社会科学出版社，2009：27 - 31.

③ 廖永安. 民事证据法学的认识论与价值论基础. 北京：中国社会科学出版社，2009：40.

④ 张建伟. 证据法学的理论基础. 现代法学，2002（2）.

⑤ 廖永安. 民事证据法学的认识论与价值论基础. 北京：中国社会科学出版社，2009：52.

度是建立在唯心主义认识论基础上的。[①]

三、辩证唯物主义认识论是我国证据法的认识论基础

（一）辩证唯物主义可知论符合诉讼实践

对于思维和存在有无同一性的问题即思维能否认识存在问题的不同回答，哲学上分为可知论和不可知论。尽管不可知论者之间有这样那样的区别，但他们有着本质上的共同性，即怀疑人类科学知识的客观性和可靠性，贬损知识，否认人类能够认识或能够充分认识客观世界。可知论分为唯物主义可知论和唯心主义可知论。唯物主义的可知论承认思维是对存在的反映，即承认反映客观存在的意识与意识所反映的客观存在之间的符合。唯心主义可知论否认物质第一性、意识第二性，把世界看作是感觉或精神。[②]

诉讼程序的一个重要内容就是发现案件事实，在这一点上，不可知论是不符合诉讼实践的，而唯心主义可知论又否认案件事实的客观性。按照唯物主义可知论，案件事实是可以被发现的，发现案件事实的途径是诉讼开始之前已经存在的证据，这是符合诉讼实践的。

诉讼证明要解决的核心问题是如何保证司法人员和当事人能够正确认定案件事实，即主观符合客观。案件事实是客观存在的事实，是不以人的意志发生改变的；证据也是客观存在的，并与案件事实有某种联系；证据与案件事实之间的联系也是不以司法人员的意志为转移而客观存在的。司法人员对案件事实的认识是意识对存在的反映，属于主观范畴。不管是案件事实、证据还是两者之间的联系，司法人员都只能认识它、查明它，而不能改变他，这就是辩证唯物主义认识论的唯物性。[③]

（二）辩证唯物主义能动反映论有利于调动法官查明案件事实的积极性

一切唯物主义认识论都是反映论，但形而上学唯物主义反映论与辩证唯物主义反映论有本质不同。[④] 形而上学唯物主义认识论，不了解意识与存在的辩证关系，把人的认识看成是消极地、被动地反映和接受外界对象[⑤]；看不到意识对存在的能动作用，不了解人的认识是在实践的基础上，由不知到知，由知之甚少到知之甚多，由片面到全面的无限深化过程，把认识看成是僵死的、一次完成的。[⑥] 辩证唯物主义认识论将辩证法与实践观引入认识论，使其成为能动的革命反映论、唯一正确的科学认识论。[⑦] 辩证唯物主义认识论揭示出了认识所具有的能动性特征，人的反映活动不同于动物的反映活动，它是一种能动的活动，是主体对于客体的能动的复现。人们为了从事实践活动，不仅要反映事物的现象，而且要透过现象反映事物的本质和规律。[⑧]

---

① 裴苍龄．自由心证评析．甘肃政法学院学报，2014（4）．

② 肖前，等主编．辩证唯物主义原理．北京：人民出版社，1981：297－299．

③ 叶青主编．诉讼证据法学．3版．北京：北京大学出版社，2021：40－41．

④ 王兰媛．对马克思主义认识论本质的思索．浙江师大学报，1993（3）．

⑤ 肖前，等主编．辩证唯物主义原理．北京：人民出版社，1981：306．

⑥ 王兰媛．对马克思主义认识论本质的思索．浙江师大学报，1993（3）．

⑦ 肖前，等主编．辩证唯物主义原理．北京：人民出版社，1981：306－308．

⑧ 杨耕，等．马克思主义哲学基础理论研究．北京：北京师范大学出版社，2013：186．

根据辩证唯物主义能动反映论，法官在查明案件时，不仅要对当事人或控辩双方提交的证据材料进行审查核实，在特定条件下还要亲自收集证据，即法官调查取证。法官调查取证最主要的目标是全面发现案件事实真相。根据辩证唯物主义能动反映论，法官不仅要对单一证据进行审核认定，还要对全部证据进行综合审查判断。

（三）辩证唯物主义认识相对性可以解释“疑罪”与“真伪不明”现象

辩证唯物主义可知论是相对的。对此，恩格斯在《反杜林论》中有精辟论述：“一方面，人的思维的性质必然被看做是绝对的，另一方面，人的思维又是在完全有限地思维着的个人中实现的。这个矛盾只有在无限的前进过程中，在至少对我们来说实际上是无止境的人类世代更迭中才能得到解决。从这个意义来说，人的思维是至上的，同样又是不至上的，它的认识能力是无限的，同样又是有限的。按它的本性、使命、可能和历史的终极目的来说，是至上的和无限的；按它的个别实现情况和每次的现实来说，又是不至上的和有限的。”① 恩格斯的这段论述揭示了认识的至上性与非至上性、绝对和相对的辩证统一关系。辩证唯物主义的可知论是从人类整体上在永无止境的世代更迭中所具有的对客观世界的无限认识能力或所能实现的终极认识目标上说的，而不是说人们的每次具体认识活动都能发现或达到绝对真理。相反，从人们对具体事物的认识这一意义上说，可知是相对的。人们对证据和案件事实的认识都属于认识的“个别实现”②。

辩证唯物主义认识相对性可以很好地解释“疑罪”与“真伪不明”现象。不论在古代还是在当代，疑罪都是刑事司法实践中的常见现象。一个刑事案件经过一定诉讼程序后，出现的结果不外乎三种情形：一种是确定有罪，另一种是确定无罪，还有一种是既确定不了有罪，也确定不了无罪，最后这种情形就是疑罪。所谓疑罪，是指在刑事诉讼活动中，因事实不清、证据不足而对犯罪嫌疑人、被告人是否构成犯罪及构成轻罪重罪、此罪彼罪或一罪数罪等方面难以作出正确判断的情形。疑罪的基本特征是证明犯罪的证据不足，排除犯罪的证据也不足。疑罪可分为罪与非罪之疑罪、情节轻重之疑罪、此罪彼罪之疑罪和一罪数罪之疑罪等。③ 所谓要件事实真伪不明，是指双方当事人在履行主观举证责任（或行为意义上的举证责任）之后，抑或穷尽所有证明方法之后，且法院在穷尽为法律所允许的查明事实真相的一切必要方法之后，当诉讼终结时，法院既不能从提出权利主张的一方当事人所证明的权利形成要件事实中获得积极的确信，也不能从相对一方当事人因提出抗辩主张所证明的排斥权利形成要件事实中获得消极的确信，在这种情形下，法院既不能认定要件事实的存在，也不能认定要件事实的不存在，由此在法官的心证中产生的特殊的心理状态。④ 无论是刑事诉讼中的“疑罪”现象，还是民事诉讼中的“真伪不明”现象，均是对辩证唯物主义认识相对性的诠释。在一定程度上讲，诉讼是在一定时空内由个别人依据既定规则进行认识活动（发现案件事实）。既然是人类的认识活动，当然就存在有限性。如，有些国家和地区在法律上规定了证人的拒证特权，法官就可能因为证人行使这一特权而无法获得必要的证言；又如，诉讼程序需

① 马克思恩格斯选集：第3卷．3版．北京：人民出版社，2012：463．

② 何家弘，刘品新．证据法学．7版．北京：法律出版社，2022：50，115．

③ 胡云腾．疑罪从无原则的立法嬗变与司法适用研究．湖湘法学评论，2021（1）．

④ 毕玉谦．民事证明责任研究．北京：法律出版社，2007：115．

要在一个相对较短的时间内结束，法官对案件事实的认识受到时间限制。“疑罪”和“真伪不明”均是法官对案件事实认识有限性的体现。

（四）辩证唯物主义认识论在我国证据法中适用：客观真实说，抑或法律真实说

在将辩证唯物主义认识论作为我国证据法的认识论理论基础的前提下，还存在客观真实说与法律真实说之间的争议。

客观真实说认为，诉讼证明查明的案件事实必须是客观真实。也就是说，司法机关在刑事诉讼中所认定的有关被告人刑事责任的事实，在民事诉讼中所判明的对当事人的权利、义务有意义的事实，在行政诉讼中所确认的行政行为是否合法的事实，必须与客观上实际存在过的事实一致。查明案件事实，就是要求司法人员的主观认识必须符合客观实际。①

法律真实说认为，是指司法机关在诉讼证明的过程中，运用证据对案件真实的认定应当符合实体法和程序法的规定，应当达到从法律的角度认为是真实的程度。②

第二节　证据法的价值论基础

人类认识所要回答的问题有两大类：一类是事实问题，另一类是价值问题。前者为“是什么”的问题，后者为“应该如何”的问题。③ 就证据法的价值而言，诉讼证明活动不是一个纯粹的“求真”的事实认识活动，而是包含了“求善”的价值选择活动。④

证据法的价值论体现在以下两个方面：一是法的价值是具体的法律规范的本源和根据，法律规范体现、蕴含着法的价值。证据规范作为法律规范的一种，同样体现、蕴含着一定的价值。当然，不同的证据规范所体现的价值可能不同。二是运用证据规范的过程，在很大程度上也是一个价值选择的过程。

至于证据法的价值有哪些、其具体含义是什么以及不同价值之间的关系如何，不同学者有不同的理解。⑤

一、秩序

秩序一词在汉语中是“秩”和“序”的合成，古汉语里这两个词都含有常规次第的意思，指人或事物所在的位置，含有整齐守规则之意。⑥ 对于何谓法的秩序，存在不同

---

① 陈一云主编. 证据学. 北京：中国人民大学出版社，1991：114.

② 樊崇义. 客观真实管见：兼论刑事诉讼证明标准. 中国法学，2000（1）.

③ 兰久富. 走出价值哲学的理论困境. 哲学动态，2004（7）.

④ 陈卫东，谢佑平主编. 证据法学. 上海：复旦大学出版社，2005：35.

⑤ 陈光中主编. 证据法学. 5版. 北京：法律出版社，2023：78-87；陈卫东，谢佑平主编. 证据法学. 上海：复旦大学出版社，2005：35-42；何家弘，刘品新. 证据法学. 7版. 北京：法律出版社，2022：74-85；卞建林，谭世贵主编. 证据法学. 4版. 北京：中国政法大学出版社，2019：66-70；廖永安. 民事证据法学的认识论与价值论基础. 北京：中国社会科学出版社，2009：126-146；张建伟. 证据法要义. 2版. 北京：北京大学出版社，2014：47-51；张保生. 证据规则的价值基础和理论体系. 法学研究，2008（2）.

⑥ 杨震. 法价值哲学导论. 北京：中国社会科学出版社，2004：172.

的理解。作为法的价值的秩序应是指，法律关系具有一致性、连续性、确定性、可预测性和安全性。①

毫无疑问，秩序是有时代性的。尽管不同时代的人们对秩序有不同的理解，但不可否认的是，秩序是人类生存和发展的前提条件。在劳动过程中，人与人的协作、配合，不仅需要秩序，同时也是秩序的体现。② 没有秩序，人类社会将在暴力冲突中灭亡。正因为如此，作为人造物的法，应当反映并体现秩序的要求。基于此，有学者指出，与法律永相伴随的基本价值，便是秩序。没有秩序，人们无法相信自己是安全的、可以不受他人的攻击和伤害，那么，对他谈什么公平、自由，都是毫无意义的。③ 也有学者认为，秩序是所有社会规范追求的目标，法律这种最权威的规范体系更不例外。法律是实现秩序的最好的最有力的途径和手段。④ 还有学者认为，法在一定意义上说，本身就是为了建立和维护某种秩序才建立起来的；甚至认为，法本身就是秩序；秩序是法的基础价值，法的秩序价值是连接法与法其他价值的中介，没有秩序价值的存在，就没有法的其他价值。⑤

法秩序价值在证据法中的体现有：（1）我国诉讼法的立法目的和任务之一是维护社会主义法律秩序⑥，作为诉讼法重要组成部分的证据法理所当然地要维护社会主义法律秩序。法律纠纷的产生，无论是刑事犯罪，还是民事纠纷和行政争议，均是法律秩序受到的破坏。国家通过证据法律规范的设置和适用，发现案件的是非曲直，解决纠纷，从而修复遭到破坏的法律秩序。⑦（2）证据规则避免了在证据材料有无证据能力和证明力大小认定问题上的恣意和混乱，保障了证明活动有序进行。

二、自由

“自由”这一概念是一个本质上有争议的难题，正因为如此，古今中外许多人才孜孜不倦地分析自由概念，探究自由的本质，并为自由而呼喊和斗争。甚至19世纪美国南北之间爆发内战，在某种意义上，正是由于双方对自由这个词有不同的理解。⑧

自由也是法的重要价值之一。关于作为法的价值的自由的含义，也存在不同的理解。如，有的认为，法律自由是指一定社会中人们受到法律保障或得到法律认可的按照自己意志进行活动的权利。⑨ 也有的认为，法律自由就是一定国家的公民或社会团体在国家权力所允许的范围内进行活动的能力，是主体受到法律约束并得到法律保障的、按

---

① 王国征. 侵权法证明责任价值取向研究. 北京：法律出版社，2018：36.

② 卓泽渊. 法的价值论. 北京：法律出版社，2006：388.

③ ［英］彼得·斯坦，约翰·香德. 西方社会的法律价值. 王献平，译. 北京：中国法制出版社，2004：45，47.

④ 刘作翔. 我之法学观：刘作翔文章选. 湘潭：湘潭大学出版社，2008：388.

⑤ 卓泽渊. 法的价值论. 北京：法律出版社，2006：319－394.

⑥《刑事诉讼法》第1条将“维护社会主义社会秩序”作为立法目的之一，《民事诉讼法》第2条将“维护社会秩序、经济秩序，保障社会主义建设事业顺利进行”作为立法任务之一。

⑦ 廖永安. 民事证据法学的认识论与价值论基础. 北京：中国社会科学出版社，2009：132.

⑧ ［意］布鲁诺·莱奥尼，等. 自由与法律. 秋风，译. 长春：吉林人民出版社，2004：31.

⑨ 卓泽渊. 法理学. 2版. 北京：法律出版社，2016：119.

照自己意志进行活动的权利。① 二者的共同点是都认为自由的本质是权利；不同点在于，后者还强调自由是法律约束的权利。受此启发，本教材认为，法的自由价值，应是指主体在法律允许的范围内按照自己意志进行活动的权利。

法的自由价值在证据法中的体现：

（1）当事人协商确定鉴定人制度。《民事诉讼法》第79条规定的确定鉴定人方式包括当事人协商确定和人民法院指定两种。根据该规定，当事人申请鉴定的，由双方当事人协商确定具备资格的鉴定人；协商不成的，才由人民法院指定。由当事人协商确定鉴定人，先规定于2001年《民事证据规定》第26条，后规定于2012年《民事诉讼法》第76条。由当事人协商确定鉴定人，即赋予当事人选择鉴定人的权利，体现了对当事人意愿的尊重②，体现了法的自由价值。

（2）刑事非法证据排除规则。2012年《刑事诉讼法》第54条增加规定了刑事非法证据排除规则。根据刑事非法证据排除规则，禁止对犯罪嫌疑人、被告人采用暴力、威胁等，保障了犯罪嫌疑人、被告人的人身自由和意志自由。

（3）认罪认罚从宽制度。该制度是2018年《刑事诉讼法》第15条增加的制度。认罪是指犯罪嫌疑人、被告人自愿如实供述自己的罪行，承认指控的犯罪事实；认罚是指明确表示愿意接受司法机关给予的刑罚等处罚。③ 被追诉人承认犯罪或者愿意接受控诉方的量刑建议，应当具有自愿性，即被追诉人的承认完全基于自己自由意志的支配，没有受到任何外力的威胁、引诱或者强迫。无论是认罪还是认罚，都包含了控辩双方对涉有罪案件事实和犯罪情节轻重事实的证据的合意。④ 认罪认罚从宽制度中的证据合意体现了对控辩双方意愿的尊重。

三、公正

公正作为人类社会所追求的一种基本价值理念源远流长，可以说，人类自有社会以来，便开始了对公正的追求。⑤ 公正是社会主义核心价值观之一，当然也是我国法律包括证据法的价值之一。法律以追求公正为已任，不具有公正品性的规则不能称为法律。⑥

对作为法的价值之一的公正的概念，存在不同的理解。对公正概念的理解，涉及其与正义、公平、平等之间的关系。对此，存在等同论、差别论和折中论。本教材姑且接受差别论，认为公正与正义、公平、平等的含义是不同的。⑦ 公正在本质上体现出对公

---

① 付子堂. 关于自由的法哲学探讨. 中国法学，2000（2）.

② 李国光主编. 最高人民法院《关于民事诉讼证据的若干规定》的理解与适用. 北京：中国法制出版社，2002：234；全国人大常委会法制工作委员会民法室编著. 2012民事诉讼法修改决定条文释解. 北京：中国法制出版社，2012：103.

③ 王爱立主编. 中华人民共和国刑事诉讼法释义. 北京：法律出版社，2018：27.

④ 王新清. 合意式刑事诉讼论. 法学研究，2020（6）.

⑤ 陈卫东主编. 建设公正高效权威的社会主义司法制度研究：第1卷. 北京：中国人民大学出版社，2013：19.

⑥ 胡玉鸿. 从个人应得、社会公平到复合正义：法律公正观的历史流变. 求索，2021（5）.

⑦ 王国征. 侵权法中证明责任价值取向研究. 北京：法律出版社，2018：39－43.

平正义的兼容互通，以公平为主要内容但隐含着正义的背景和宗旨。①

法的公正价值在证据法中的体现有：

（1）质证制度。质证制度体现了程序公正。我国三大诉讼法（含其司法解释）均规定了所有作为认定案件事实依据的证据材料都要经过质证。在质证过程中，当事人可以对有关证据材料的证据能力和证明力问题发表自己的意见，维护自身权益。

（2）举证期限制度。程序公正要求法律赋予双方当事人平等的诉讼地位、对等的攻击和防御权利，要求法院保护双方当事人能够平等地行使诉讼权利。举证期限制度实现程序公正的功能体现在：首先，举证期限制度为双方当事人创设了平等提供证据的机会，使双方当事人在相同的期限内了解对方当事人的证据资料，从而为诉讼做好充分的准备。任何程序的公正性都是从保障双方当事人权利的角度中体现出来的，如果一项制度的设立只能有利于一方当事人权利的行使而不顾另一方当事人权利的保障，那么这项制度则与公正相悖。举证期限制度要求双方当事人在同等的期限内提出主张证据，任何一方当事人对自己的诉讼主张不举证则产生不利后果的规定，是对公正含义的最好诠释，是真正实现实体公正的基础。其次，举证期限制度使双方当事人享有对等的攻击和防御手段，可以有效防止一方当事人在法庭上的突然袭击。证据随时提出主义与举证期限制度的意义相背离，允许当事人随时提出证据，就意味着允许当事人在法庭上以突然袭击的方式提出证据，从而达到在对方当事人无准备情况下将对方当事人置于不利地位的目的。这不仅有失于对一方当事人的公平，同时必然造成当事人在庭审前不积极举证或故意不出示证据的后果，为当事人滥用诉讼权利提供方便。举证期限制度杜绝了一方当事人在庭审时的突然袭击，保证程序的公正性。②

（3）审鉴分离制度。在 2005 年之前，人民法院设立自己的有隶属关系的鉴定机构，造成了在诉讼活动中人民法院“自审自鉴”。其一，在审判活动中，人民法院会面对不一致的几份鉴定意见，如果其中有的鉴定意见是由人民法院设立的鉴定机构提供的，很难保证人民法院在认定鉴定意见的过程中能够完全保持中立，审判法官对法院鉴定机构出具的鉴定意见优先采信，损害了人民法院在审判活动中的公正形象。③ 其二，当事人不服人民法院鉴定机构出具的鉴定意见，要想启动重新鉴定程序，因鉴定机构与审判机构同属于一个人民法院，难以避免审判机构为维护鉴定机构的声誉和利益，给当事人申请重新鉴定设置障碍，损害当事人的诉讼权利。其三，人民法院的鉴定人和法官之间因特殊的同事关系，容易相互影响，造成人情鉴定、关系鉴定等，从而造成司法不公。④ 2005 年 2 月 28 日第十届全国人民代表大会常务委员会第十四次会议通过的《关于司法鉴定管理问题的决定》第 7 条第 2 款明确规定，人民法院不得设立鉴定机构。“审鉴分离”制度的确定，避免了“自审自鉴”造成的司法不公，相应地就体现了司法公正。

① 罗国强.“公正”的法哲学之辨：兼论公正对中国式法治现代化的意义.求索，2023（3）.

② 韩象乾主编.民事证据理论新探.北京：中国人民公安大学出版社，2006：44.

③ 全国人大常委会法制工作委员会刑法室.全国人民代表大会常务委员会关于司法鉴定管理问题的决定释义.北京：法律出版社，2005：21－22.

④ 蒋奎.论司法鉴定职能与审判权的分离.中国司法鉴定，2003（1）.

四、效率

效率原本是经济学的主题，其导入法律应归功于经济分析法学的兴起。经济分析法学的核心思想是将效率作为法的宗旨。所有法律活动和全部法律制度，都是以有效地利用自然资源、最大限度地增加社会财富为目的。显然，在经济分析法学派看来，效率是法律的基本价值。①

关于法的效率价值的含义，学者的理解不完全相同。第一种观点认为，法律效率是指法律的社会目标与法律作用的现实结果之间的比值。② 第二种观点认为，所谓法律的效率，是指法律调整的实际状态和结果与法律社会目的之间的重合程度。③ 第三种观点认为，法律效率＝法律收益/法律成本×100％；其中，法律收益既包括法律供给主体的经济收益，也包括法律供给主体的政治收益、社会收益、伦理收益等；法律成本是指法律活动主体投入的时间、人力、资本等支出及其相应的机会成本。从综合考察法律效率高低来看，法律效率不仅包括经济效率，还包括政治效率、社会效率、伦理效率等；但它主要是指法律的经济效率。④ 受此启发，本教材认为，法的效率价值是指在法律资源配置过程中追求社会利益最大化。效率是人类活动所追求的基本价值之一，作为人类活动重要内容的法律活动当然也应把效率作为基本价值之一。法的效率价值应包含两方面的内容：一方面，法律资源配置上要体现效率价值。另一方面，法律对效率具有促进作用。⑤

衡量证据制度是否富有效率，主要看两个方面：一是用于证明活动所耗费的各种人力、财力。诉讼中证据的收集、提出、质询，裁判者对证据的认定、采信，对证据证明力的权衡，以及心证的形成，需要耗费各种资源。如果通过证明活动发现了真实且消耗的资源较少，这一证据制度的效率就高；反之，效率就低。二是用于证明活动的时间。在保证证明结果正确的前提下，用于证明活动的时间愈短，效率就愈高。⑥

法的效率价值在证据法中的体现：

（1）举证期限制度。该制度是民事行政诉讼证据制度的内容之一，其先规定于司法解释（2001 年《民事证据规定》第 33 条至第 36 条，2002 年《行政证据规定》第 1 条、第 7 条和第 8 条），后规定于法律（2012 年《民事诉讼法》增加的第 65 条，2014 年《行政诉讼法》增加的第 34 条第 2 款、第 36 条）。法的效率价值在举证期限制度中的体现有：首先，实行举证期限制度有利于督促当事人积极举证。举证期限制度通过为当事人提供证据资料设定时间限制来督促当事人积极举证，否则，逾期提供证据资料者将承担一定的不利的法律后果。在没有举证期限的情况下，当事人可以在法庭辩论终结前的任何时段向法院提供证据，没有期限的约束致使一些当事人在收集证据时缺乏紧迫感，

---

① 杨震．法价值哲学导论．北京：中国社会科学出版社，2004：214．

② 胡卫星．论法律效率．中国法学，1992（1）．

③ 公丕祥．法律效益的概念分析．南京社会科学，1993（2）．

④ 危怀安．论“法律效率”与“法律效益”的规范运用．华中科技大学学报（人文社会科学版），2002（6）．

⑤ 张文显．法哲学范畴研究．修订版．北京：中国政法大学出版社，2001：216－219．

⑥ 李浩主编．证据法学．3 版．北京：高等教育出版社，2023：19．

对一些原本能够尽快收集到的证据也用较长的时间去收集，对一些能够一次性集中提供的证据却分开来断断续续地提出，这自然是有损诉讼的效率的。设置举证期限后，当事人在期限催促的压力下，会想方设法地尽快地收集证据，会努力在时限内将能够收集到的全部证据“和盘”托出，在开庭前就把所有的证据都提交于法院，从而可以有效防止当事人反复举证导致民事诉讼程序的拖延。① 其次，实行举证期限制度能够使法院集中审理，减少开庭的次数。在未设置举证期限时，当事人不仅可以在从起诉到开庭的各个阶段零散地向法院提供证据，而且可以在开庭过程中增加诉讼请求、变更诉讼请求、提起反诉。为了使对方当事人有时间审查新提出的证据，有时间对新提出的诉讼请求提出答辩，法院不得不把正在开的庭停下来，另行安排开庭时间，这就难免造成多次开庭、反复开庭。举证期限的设立使得当事人举证和变更诉讼请求等行为都必须在期限届满前完成，于是便大大减少了在开庭过程中再变更诉讼请求或提供新的证据的可能，并使得法院对案件集中审理成为可能，使得大多数案件开一次庭即可以审结，从而减少了开庭次数，缩短了案件审理周期②，降低了诉讼成本。③ 最后，实行举证期限制度能够促使当事人在庭审前达成调解协议。当事人在开庭前将全部证据向法院提交，并且在双方当事人之间实行证据交换，使双方当事人都能够了解对方的主张和证据，能够对诉讼结果作出大致的判断，从而使法院对双方当事人进行调解打下基础，较容易促成当事人达成调解协议。将纠纷解决在开庭前，既减少了当事人用于诉讼的时间和精力，又节约了司法的资源。④

（2）证据交换制度。其一，实行证据交换制度有利于提高庭审效率。对当事人而言，通过庭前证据交换，能够使其明确争议焦点，知道哪些证据对自己有利，哪些证据对自己不利，以便做好充分的准备，在法庭审理过程中进行充分的辩论；对法官而言，通过庭前证据交换，有助于迅速、准确地把握案情，整理当事人之间实质性的争议焦点，以便针对具体案情制定切实可行的审理方案，更好地行使诉讼指挥权，指导当事人进行诉讼，减少不必要的劳动，降低对案件事实判断的失误率。在此前提下的庭审自然更富有效率。其二，实行证据交换制度有利于促成纠纷的庭前解决。庭前证据交换，可以使当事人对案情、己方与对方所掌握证据的强弱态势以及诉讼结果的预测等方面获得更加明白、清晰的认识。在此前提下，当事人必然对诉讼成本与诉讼结果进行利益上的衡量，从而作出和解、撤诉或继续诉讼的选择。⑤ 事实上，通过庭前证据交换，双方当事人了解了彼此所拥有并将在法庭上出示的证据，同时对支持自己主张的证据之优劣有一定客观认识；在此情况下，继续进行开庭审理程序，对证据并不占优势的一方当事人来说就可能意味着败诉，因此，当事人往往选择通过让步与对方当事人和解，使纠纷在审前得到解决。⑥ 纠纷的提前解决，节约了诉讼资源。

---

① 韩象乾主编. 民事证据理论新探. 北京：中国人民公安大学出版社，2006：474.

② 邱星美. 民事举证期限问题研究. 政法论坛，1999（3）.

③ 蔡小雪. 行政诉讼的举证期限. 人民司法，2006（9）.

④ 李浩. 论举证时限与诉讼效率. 法学家，2005（3）.

⑤ 最高人民法院民事诉讼法调研小组编. 民事诉讼程序改革报告. 北京：法律出版社，2003：102－103.

⑥ 韩象乾主编. 民事证据理论新探. 北京：中国人民公安大学出版社，2006：429.

（3）司法认知规则。依据司法认知规则，对自然规律、定理、定律与众所周知的事实，免去了当事人的举证义务负担，否则，当事人为了证明该事实需要支出一定的费用，大量时间可能花在没有证明价值的无争议的事实上。[①] 司法认知规则节省了当事人为证明该事实所要花费的时间与支出的费用，体现了法的效率价值。[②] 依据司法认知规则，对某些事实，无须质证，法官可将其直接作为裁判的基础，减少了法院对无争议事项进行质证的无效资源投入。[③]

小 结

证据法的理论基础包括认识论和价值论。

与实验室里的自然科学证明和其他社会科学证明相比，诉讼证明活动是一种特殊的认识活动，如，诉讼证明有着场所和时间的限制。历史上不同的证据制度，体现了不同的认识论。辩证唯物主义认识论是我国证据法的认识论基础。

证据法的价值包括秩序、自由、公正和效率。就秩序而言，国家通过证据法律规范的设置和适用，修复遭到破坏的法律秩序；证据规则保障了证明活动有序进行。当事人协商确定鉴定人制度、刑事非法证据排除规则、认罪认罚从宽制度等体现了法的自由价值。法的公正价值在证据法中的体现有质证制度、举证期限制度和审鉴分离制度等。举证期限制度、证据交换制度和司法认知规则等体现了法的效率价值。

思考题

1. 如何理解辩证唯物主义认识论是我国证据法的认识论基础？
2. 法的自由价值在证据法中的体现有哪些？
3. 法的效率价值在证据法中的体现有哪些？

① 张永泉. 民事诉讼证据原理研究. 厦门：厦门大学出版社，2005：260.
② 毕玉谦. 试论民事诉讼中的司法认知. 中外法学，1999（1）.
③ 郑曦. 论司法认知及其中国式构建. 中国司法，2010（4）.

第四章 证据法基本原则

第一节 证据法基本原则概述

一、证据法基本原则的概念

证据法基本原则是指在发现真相、实现司法公正过程中需要遵守的基本准则，其渗透并贯穿于证据法适用的全过程。

在理解证据法基本原则时，需要将其与证据法规则、证据法目的、证据法理念、证据法价值、诉讼法基本原则等概念进行区分。只有厘清概念之间的区别与逻辑关系，才能更好地把握证据法原则的内容。证据法基本原则不同于证据法规则。规则是更为具体的行为准则，普遍适用的原则之下有具体应用的规则。证据法具有多元目的，核心目的在于促进真相发现、实现司法公正。目的、理念等高于原则，原则应贯彻目的，强调理念，促进价值实现。诉讼法基本原则一般是针对刑事诉讼法、民事诉讼法、行政诉讼法三大诉讼法而言的，具有特定性、对应性，但证据法条文散见于不同诉讼法中，证据法基本原则应是从三大证据法中提炼出共通且能普遍适用的基本原则。例如，有观点将无罪推定归为证据法的基本原则[①]，但无罪推定原则无法适用于民事诉讼和行政诉讼。此外，不同部门法对于证据法原则的关注度也有差异，对比民事证据法学者与刑事证据法学者编纂的教材体系，可以发现民事证据法学者一般不侧重探讨证据法的原则或者认识论等形而上学的内容；而认识论、价值论与证据法原则的探讨多见于刑事证据法学者所编纂的教材之中。[②]

二、证据法基本原则的学说

为了进一步廓清证据法基本原则的具体内容，有必要先汇总并分析具有代表性的理

① 樊崇义教授编纂的证据法学教材中将无罪推定作为证据法的基本原则。樊崇义主编. 证据法学. 5版. 北京：法律出版社，2012：75.

② 例如，张卫平教授主要研究方向为民事诉讼法学和民事证据法学，其编写的《证据法》教材中就不包含证据法学基本原则的相关内容；而陈光中教授主要研究方向为刑事诉讼法学和刑事证据法学，其主编的证据法学教材中就有专章介绍证据法的基础理论。张卫平. 民事证据法. 北京：法律出版社，2017；陈光中主编. 证据法学. 4版. 北京：法律出版社，2019.

论观点，在既有研究基础上进行甄别、提炼，进而将证据法原则系统化和逻辑化。

有的证据法学教材将证据法的基本原则总结为遵守法制原则、实事求是原则、证据为本原则、直接言词原则和公平诚信原则。[①]有的证据法学教材将证据法基本原则总结为证据裁判原则、直接言词原则、自由心证原则和诚实信用原则。[②] 针对刑事证据法基本原则，主要有以下观点：（1）证据裁判原则、合法性原则、关联性原则、直接审理原则和质证原则[③]；（2）证据裁判原则、程序法定原则、无罪推定原则和反对强迫自证其罪原则[④]；（3）证据裁判原则、实质真实原则、无罪推定原则、证据合法原则、直接言词原则和禁止强迫自证其罪原则。[⑤]

值得注意的是，大多数刑事诉讼法学者认为无罪推定原则是刑事证据法的基本原则。对于刑事诉讼来说，无罪推定具有重要地位，是刑事诉讼法的一项基石性原则，其应同时作为刑事诉讼法基本原则和刑事证据法基本原则。并且，刑事诉讼法对无罪推定的贯彻主要通过刑事证据法实现。无罪推定原则是指在法院依法作出生效裁判之前，犯罪嫌疑人、被告人在法律上是无罪的。意大利古典刑事法学派的代表人物贝卡里亚在1764 年出版的《论犯罪与刑罚》一书中首次明确提出了这一原则，该原则是在讨论纠问式诉讼实行有罪推定的前提下提出的。这一原则在立法上的第一次正式确认，则源于1789 年法国《人权与公民权宣言》第 9 条的规定："任何人在其未被宣告为犯罪以前应被推定为无罪，即使认为必须予以逮捕，但为扣留其人身所不需要的各种残酷行为都应受到法律的严厉制裁。"《世界人权宣言》[⑥] 和《公民权利和政治权利国际公约》[⑦] 等国际公约都明确规定了无罪推定原则。我国《刑事诉讼法》第 12 条也规定"未经人民法院依法判决，对任何人都不得确定有罪"。需要指出的是，无罪推定不是证据法意义上的事实推定或者法律推定，而是一个假设或者法律拟制。因此，无罪推定与有罪推定并不是对应的概念，"有罪推定是描述性的和事实性的；无罪推定则是规范性的和法律性的"[⑧]。在证据法意义上，无罪推定的内涵包含控方承担证明责任、被追诉人不承担证明责任、疑罪从无三部分内容。在诉讼法意义上，无罪推定的内涵包含三方面的内容：一是在刑事程序启动后、法院生效裁判作出前，任何人都不得被确定有罪；二是在诉讼地位上，无罪推定拟制被追诉人在法律上无罪；三是在程序保障上，给予法律上无罪的被追诉人人身自由的保障、财产不被随意强制处分的保障和名誉不被随意污名化的保障。

不同于刑事证据法学者，有民事诉讼法学者将证据裁判原则、自由心证原则与诚实

---

① 何家弘，刘品新. 证据法学. 7 版. 北京：法律出版社，2022：88－109.

② 李浩主编. 证据法学. 3 版. 北京：高等教育出版社，2023：75－92.

③ 陈卫东. 论刑事证据法的基本原则. 中外法学，2004（4）.

④ 陈光中主编. 证据法学. 4 版. 北京：法律出版社，2019：110－136.

⑤ 陈瑞华. 刑事证据法学. 4 版. 北京：北京大学出版社，2021：50－78.

⑥ 《世界人权宣言》第 11 条中规定"凡受刑事控告者，在未经获得辩护上所需的一切保证的公开审判而依法证实有罪以前，有权被视为无罪。"

⑦ 《公民权利和政治权利国际公约》第 14 条规定了公民在刑事诉讼过程中应当享有的诉讼权利，其中第 2 项规定，"凡受刑事控告者，在未依法证实有罪之前，应有权被视为无罪"。

⑧ ［美］赫伯特·L. 帕克. 刑事制裁的界限. 梁根林，等译. 北京：法律出版社，2023：163－164.

信用原则作为民事证据法基本原则。[①] 将“诚实信用原则”列入基本原则的范畴，原因在于无论是民事诉讼法还是民事实体法，均将诚实信用视为基石，这一原则也自然而然地成为民事证据法的一项基本原则。另外，在为数不多的行政证据法教材和专著中，往往将民事证据法的原则借鉴为行政证据法的原则，比如将诚实信用原则作为行政证据法基本原则。[②]

通过上述总结，可以看出学术界对证据法基本原则的认识不一。诸多证据法教材在阐述证据法基本原则时，未能深入剖析其逻辑结构、排列依据并揭示背后的深刻内涵。在既有研究对证据法基本原则缺乏充分阐释与说明的状况下，初学者难以把握证据法基本原则背后更为深层的立法理念或价值取向。基于上述分析，有必要在保持一致性和连贯性的基础上，对证据法的基本原则进行重新审视。

本教材认为证据法基本原则包括三项：发现真实原则、证据裁判原则以及自由心证原则。上述三项原则背后的逻辑在于，司法活动始终围绕着发现真实这一核心目标展开，事实认定者在这一目标的驱动下，依据证据裁判原则，秉持自由心证的理念，最终作出事实认定。发现真实、证据裁判和自由心证，分别作为证据法在立法目标、裁判方式和认定方法方面的基本原则，对整个取证、举证、质证和认证活动产生了理论辐射和规则制约。

第二节　发现真实原则

在探讨发现真实原则之前，应先明确“真实”这一概念的含义。在 2000 年代，刑事诉讼法学者围绕“客观真实”与“法律真实”展开了一场论争。在辩证唯物主义认识论的影响下，有学者将“真实”归结为客观真实，认为诉讼活动的任务就是要使主观认识符合客观实践，进而揭示客观真相，客观真实说秉持人类认识的至上性，人类可以认识到事物的真实样态。[③] 质疑者则认为：受外在条件限制，人类认识活动不可能达到完全还原客观真实的水平，只能达到相对真实的水平，即法律真实。诉讼阶段的认识活动受限于各种主客观条件，导致人类在短时间内只能认识到一种相对真实。[④] 实际上，客观真实说、法律真实说这两种学说均未超脱辩证唯物主义认识论的框架。其后，随着域外理论与本土学说交织碰撞，有论者将域外的真理符合论、乐观理性主义、融贯论等观念引入证据法学研究之中，丰富了对“真实”的解读维度。

证据法规则实际上是诉讼程序达到“发现真实”目的之手段，诉讼程序借助这一手段探寻法律真实或客观真实。我国《刑事诉讼法》第 2 条就明确规定，刑事诉讼法的目

---

① 江伟，邵明主编. 民事证据法学. 3 版. 北京：中国人民大学出版社，2021：15－25.

② 有学者认为行政证据法的基本原则包括：证据认定原则、自由心证原则、合法运用原则与诚实信用原则。邱爱民. 行政执法证据法学. 北京：中国法制出版社，2023：36.

③ 陈光中，陈海光，魏晓娜. 刑事证据制度与认识论：兼与误区论、法律真实论、相对真实论商榷. 中国法学，2001 (1).

④ 樊崇义. 客观真实管见：兼论刑事诉讼证明标准. 中国法学，2000 (1).

的和任务之一是“保证准确、及时地查明犯罪事实”，《民事诉讼法》第2条也有相似规定，即民事诉讼法的目的和任务之一是“保证人民法院查明事实，分清是非”。《日本刑事诉讼法》第1条也规定该法目的之一是“查清案件的事实真相”。《美国联邦证据规则》102规定该规则目的之一是“查明真相”。所谓真相，就是客观发生过的事实情况，而对真相的追求，就是对于事实发现要尽可能还原客观真实的追求，也是司法活动中各项证据规则的设定初衷。如果司法诉讼活动放弃了以真相作为裁判依据的要求，那么其实施效果就难以符合立法目标，也不可能得到广泛认同。即便于今天看来某项证据制度存在着一些不合理、不科学的地方，但仍属于在当时制度背景下识别“真相”的配套机制。例如，神示证据制度的“真相”就是神的旨意，为此，神明裁判也会有发现“神明真实”的配套机制，即如何识别并遵循神的旨意。尽管部分手段看上去有些荒诞，但也有其制度合理性。可见，发现真实的内涵会不断发生变迁，真实的含义会受到当时制度、语境的影响。那么，将视线回归当下，对与之配套的证据法中“真实”的具体标准，就需要在各个诉讼法中予以探寻。刑事诉讼制度决定了刑事证据发现真实中的真实就是实质真实，民事诉讼制度就决定了民事证据发现真实中的真实就是所谓的形式真实。①

一、刑事诉讼中的实质真实

在刑事诉讼中，坚持“犯罪事实清楚，证据确实、充分”的证明标准，要求定罪量刑的事实都有证据证明、据以定案的证据均经法定程序查证属实且综合全案证据，对所认定事实已排除合理怀疑。这就说明，在刑事诉讼中，对于查明事实、还原真相的要求已达到绝对确定的水平，即要求证明活动在人类证明手段和认知能力范畴内尽到最大努力，并且达到足以拟制为客观真实的证明度。对客观真实的追求存在极高要求，所探究的是一种“实质真实”。实质真实在刑事诉讼活动中体现在以下几个方面：

第一，法院负有发现实质真实的义务。法院一旦承担了发现实质真实的义务，就意味着其应当在诉讼活动中承担一定职责，不能仅凭被告人认罪就作出有罪判决。《刑事诉讼法》第55条规定，“只有被告人供述，没有其他证据的，不能认定被告人有罪和处以刑罚”，也就是说，被告人即便承认自己的罪行，法院仍需秉持追求实质真实的立场，对相应证据进行审查，保障裁判结果的真实性。可见，刑事诉讼中所强调的“发现真实”是一种实质意义上的真实，而非形式意义上的真实，它超越了控辩双方举证及当事人自认的局限，要求裁判者不受这些因素的制约。法院既然承担了发现实质真实的义务，就应当在事实认定过程中发挥积极性、主动性、能动性，也可以在一定条件下突破控辩双方质证范畴，即便控辩双方都提出了相应的证据，甚至是双方一致的、相互吻合的证据，但只要法官对该证据存在疑问，认为该证据有悖实质真实，那么，法院就可以对该证据自行核实调查。

第二，检察机关承载着客观义务的重任，需要全面关注并审慎考量对被告人不利与

① 由于刑事与民事证据具有代表性，本章仅以刑事与民事证据作为探讨对象，对于行政诉讼证据制度不再作专门探讨。

有利的各种情形，确保两者受到同等程度的重视。[①] 这是发现真实原则在检察官职务中的体现。我国《刑事诉讼法》第52条中规定："审判人员、检察人员、侦查人员必须依照法定程序，收集能够证实犯罪嫌疑人、被告人有罪或者无罪、犯罪情节轻重的各种证据。"这意味着检察机关不能仅仅将自身局限于追诉犯罪的角色定位之中，而应同时承担起客观公正的义务，对于所有证据——无论是对被追诉人有利还是不利——都应给予同等的关注与对待。[②] 可见，在诉讼过程中，检察机关的角色被赋予了更广泛的内涵，即不仅需承担追诉犯罪的责任，还需注意到并提出有利于被告人的证据。检察官客观义务的背后，折射出实质真实原则在刑事诉讼中的要求。

第三，刑事诉讼中的实质真实是一种相对真实、消极真实。从性质上说，事实的真实性分为绝对意义上的事实真实和相对意义上的事实真实。在对真实的探求态度上，分为积极体现真实和消极反映真实。诉讼中的真实，是一种"消极的实质真实"，其与积极投入、不择手段、不计成本以发现真相的"积极的实质真实"做法形成鲜明对比。积极地发现真实往往强调对真相的无限追求，而消极的真实则主张在诉讼过程中，通过穷尽合法的诉讼手段来达成对真实的判定。尽管真相在诉讼中有着非常重要的地位，但这并不意味着在诉讼活动中可以为了发现真相而不择手段。所有的事实认定活动，都需要符合法律的规定，即发现真实的手段是受到限制的，不能以牺牲程序正义、牺牲被追诉者人权来获得真相，这就是消极真实的内涵之所在。在诉讼过程中进行真实发现，诉讼的程序属性对发现真实的手段起到了指引性、限制性的作用。所以说，刑事诉讼中的实质真实，具有相对性，同时也具有消极性。

总而言之，当讨论刑事诉讼中的真实时，必须认识到这是一个不断发展演变的概念，其内涵也在持续更新和丰富。以往，普遍认为刑事诉讼中的真实是通过穷尽各种手段来探求和发现的，即不惜任何代价追求真相，但这又导致了诸多冤错案件。随着时代的进步和法律观念的发展，越来越多的人开始接受"刑事诉讼中的真实是被创造出来的"观点。在这种观念下，真实并非单纯地被探求出来，而是通过一系列的证据和相应的证明方式在庭审等诉讼过程中被建构出来的。这种建构并非无中生有，而是建立在证据这一建构基础之上。具体而言，现代刑事诉讼是在追求实质真实的目标之下建构真实，其更加注重证据的收集、审查和判断，以及证明方式的合理性和有效性。通过科学、公正、合法的程序和手段，将各种证据有机地串联起来，形成一个完整、连贯、有力的证据链条，从而构建出一个符合法律要求和事实真相的真实状态。这就意味着，对诉讼活动中的真实要贯彻一种消极真实观，不能为了获取真相不择手段。这也是刑讯逼供等取证手段被禁止的主要原因。

二、民事诉讼中的形式真实

在民事诉讼中，法定的证明标准为"一方提供的证据的证明力是否明显大于另一方

---

① 陈卫东教授将其称为检察官客观义务中的"证据客观义务"。陈卫东，杜磊. 检察官客观义务的立法评析. 国家检察官学院学报，2015（3）.

② 林钰雄. 检察官论. 北京：法律出版社，2008：8.

提供证据的证明力”，即高度盖然性标准。高度盖然性标准只是要求证据的证明力达到一个较高的程度，即证据能够基本倾向于证明案件事实，但不需要达到绝对确定的证明标准。这种标准要求法官在证据无法完全排除其他可能性时，仍然可以作出有利于一方的认定。加之民事诉讼中，存在自认、推定和司法认知等制度，对于裁判所依据的事实与客观真实之间允许一定弹性空间存在，所探究的是“形式真实”。形式真实是指法院在裁判过程中，局限于通过当事人双方所提交的证据查明事实，一般不会主动调查核实证据。举证责任原则上既约束双方当事人，也会对法院构成约束，这与刑事诉讼中的情况有所不同。刑事中的实质真实决定了法官具有发现真实的义务，并不完全受控辩双方证据的制约，即便是在被告人认罪的前提下，法官也不能草率地作出不利于被告人的判决，而是应结合全案证据、对案件事实全面调查之后才能作出判决。然而，在民事诉讼中，双方当事人就某个事实或争议点达成一致后，法院一般不会再主动介入并调查核实相关证据。这体现了民事诉讼举证、辩论、认证均在庭上的特点，更显现出当事人主导原则在民事证据裁判中的重要性，这也是民事诉讼所贯彻的辩论主义的应然之义。

需要注意的是，尽管在民事诉讼中强调形式真实，但民事诉讼的裁判结果仍然需要建立在真相基础上。形式真实并非脱离案件事实存在的空中楼阁，而是应当尽可能地与案件的真相相匹配。诉讼开展必须以发现真相为目标，判决作出也必须建立在尽可能接近真相的基础上，只有这样，诉讼的裁判才具有可接受性、合法性和正当性。在民事诉讼中，双方当事人对于证据不存在争议时，法院一般不会主动采取证据调查手段，但是，在涉及可能损害国家利益和社会公共利益的事实、涉及身份关系的事实方面，在公益诉讼中或者当事人有恶意串通损害他人合法权益可能的，法院就应当对案件的证据进行实质审查。尽管在操作上，可能出现“清官难断家务事”等诸多现实障碍，但判决若无法建立在真相基础上，则其可接受性必然被极大程度降低。可见，即便是在形式真实的前提下，查明真相依然十分重要。只不过在民事诉讼中，对于裁判所依据事实接近客观真实的水平不像刑事诉讼中要求的那样高，真实发现过程更多地依赖于当事人的举证，法官查明真相时职权探知更为消极，但这也并不意味着法院放弃了对真相的追求，诉讼程序的最终目标仍然是揭示案件的真相，确保裁判的公正性和合理性。因此，在民事诉讼中，形式真实与发现真实是相辅相成的，绝非彼此割裂。形式真实为发现真实提供了框架和约束，而发现真相则是形式真实的最终目标和追求。

综上所述，不管是在刑事诉讼程序中，还是在民事诉讼程序中，发现真实都是证据活动的最终目标和基本原则，只不过，由于发现真实的水平要求有所不同，在刑事诉讼和民事诉讼中分别呈现出对实质真实和形式真实的不同追求。我们应该在恪守程序正义理念、尊重程序规则约束的基础上，利用合理的手段努力追求客观真实、逼近案件真相，以确保诉讼裁判的合法性和正当性。同时，我们也要明确发现真实的限度，禁止以不择手段、不问是非及不计代价的方式来发现真实。① 避免因过度追求真相而牺牲诉讼效益，造成司法资源的不合理消耗。

---

① 林钰雄. 刑事诉讼法. 11 版. 台北：新学林出版股份有限公司，2022：9.

第三节　证据裁判原则

证据裁判原则是指认定事实应当依据证据。《日本刑事诉讼法》第317条规定："认定事实，应当依据证据。"在我国，证据裁判原则并非仅存在于观念和理论中，经过长期的立法变革其已经实现立法化。虽然证据裁判原则系由刑事诉讼衍生的原则，但由于民事证据法与刑事证据法的核心目的具有一致性，证据裁判原则也适用于民事诉讼。

一、证据裁判原则的规范基础

证据裁判原则在刑事诉讼程序规范和民事诉讼程序规范中均有所体现。

在刑事诉讼中，随着我国出台《死刑案件证据规定》和《排除非法证据规定》，刑事诉讼中的证据裁判原则为官方文件所正式认可。《死刑案件证据规定》第2条规定："认定案件事实，必须以证据为根据。"该规则的出台，弥补了此前规范性文件中缺少证据裁判原则书面表述的立法缺失。证据裁判原则得以立法化的原因，是众多人士在潜意识中常将2010年前后发生的一系列冤假错案归因于证据问题，特别是证据认定环节存在问题。许多学者及司法改革的决策者认为，这些错误在很大程度上缘于证据裁判原则的缺失及非法证据排除规则的不完善。基于此，《死刑案件证据规定》将证据裁判原则立法化之后，该原则在诸多司法解释中又得到了进一步的强化。例如，2012年《刑诉解释》第61条中亦直接采用了"认定案件事实，必须以证据为根据"的表述，该条被解释为"奠定了证据裁判原则在我国刑事审判中的基础地位，确认了证据在刑事诉讼中的中心位置，意义重大而深远"[①]。其后，2013年最高人民法院颁布的《防范冤错案件意见》再次阐明了证据裁判的重要性。2019年，最高人民法院、最高人民检察院、公安部、国家安全部、司法部发布《认罪认罚意见》，再次强调证据裁判原则的重要性。可见，证据裁判原则自颁布出台以来，不断地被各项规则强调或者重申，表明了该原则的重要性，这凸显了司法决策者对证据裁判原则寄予厚望，并以此作为对诸多冤假错案的教训总结反思后的立法回应。

在民事诉讼中，2019年《民事证据规定》第85条第1款规定，"人民法院应当以证据能够证明的案件事实为根据依法作出裁判"。该条承继2001年《民事证据规定》第63条、第64条的规定，被认为属于证据裁判原则的规定。民事诉讼法学术界对于证据裁判原则的定位和作用的理解，几乎与刑事诉讼法学术界一样。不过，民事诉讼中的证据裁判原则与刑事诉讼中的证据裁判原则并非没有差异，差异在于：一是在民事诉讼中，基于法律、司法解释的规定，对于有些事实可以免除主张方提出证据的证明责任，即对于自认以及司法解释已明确的免证事实，无须当事人进行举证，法官对这些事实可以直接认定。二是在民事诉讼中，承认口头辩论资料信息也是事实认定的根据。允许法官将辩论过程中获取的全部信息，包括当事人的神态、气息、动作、情绪等，均纳入自

① 最高人民法院研究室编著. 新刑事诉讼法及司法解释适用解答. 北京：人民法院出版社，2013：39.

由心证的考虑范围，法官得以斟酌辩论中产生的全部资料。

证据裁判原则在民事诉讼程序中和刑事诉讼程序中之所以有适用差异，其原因一方面在于二者解决纠纷性质的区别，民事诉讼解决民事纠纷，私法中的意思自治、契约自由等精神也在民事诉讼中有所延伸，因此，自认等制度就具备了一定的适用空间；另一方面在于，双方当事人的地位在两种诉讼中有所不同；在民事诉讼中，双方当事人处于平等对抗状态，依据证据裁判原则抑制公权力恣意、保障被追诉人人权的意味就没有那么强烈，反而会在一定范围内考虑诉讼效率、司法资源优化配置等要素，因此，证据裁判原则在民事诉讼中产生了进一步的延伸与发展。但这些差异仅仅体现为证据裁判原则在具体适用上的区别，并不能否认证据裁判原则在两种诉讼程序中均可作为基本原则存在。

二、证据裁判原则的内涵解读

《防范冤错案件意见》第 5 条对证据裁判原则进行了解释与说明，即“坚持证据裁判原则。认定案件事实，必须以证据为根据。应当依照法定程序审查、认定证据。认定被告人有罪，应当适用证据确实、充分的证明标准”。从该条款的结构来看，“坚持证据裁判原则”之后的内容应为证据裁判原则的具体解释，依此论之，证据裁判原则包含三个方面的内容：一是应以证据作为案件事实的认定依据，二是必须遵守法定的程序，三是达到法定的证明标准。《认罪认罚意见》第 3 条内容与证据裁判原则有关，该原则除了与前述的三个方面有关，考虑到认罪认罚案件的特殊性，还规定了与起诉有关的内容。① 经汇总与证据裁判原则有关的法律规范可知，法律层面的证据裁判原则涵盖内容十分丰富，除了认定案件事实必须严格依照证据的要求，还包括了审查证据的程序和证明标准。除了从法律层面理解证据裁判原则，还可以借助日本学者田口守一的方法②，从历史意义和规范意义两个角度对证据裁判原则进行深入且全面的解读，以确保理解的准确性和全面性。

证据裁判原则的历史意义是指认定事实应依据证据，否定神意等其他事物作为认定事实的依据。证据制度变迁史可以从古至今分为神示证据制度、法定证据制度以及自由心证三个阶段。相比于神示证据制度，法定证据制度的突出特点就是依据证据作出裁判。法定证据制度预先设定了各类证据的证明力大小，并对这些证据之间的证明力进行了明确划分，例如，男性的证言证明力高于女性证言证明力，贵族证言优于平民的证言等。虽然这种证明力划分方式在今日看来并不合理，但无法否认法定证据制度确实是以证据作为裁判的基石，减少了神示证据制度中不理性的因素。作为法定证据制度的一种延续，证据裁判原则强调裁判必须严格依据证据。

---

① 《认罪认罚意见》第 3 条规定：“坚持证据裁判原则。办理认罪认罚案件，应当以事实为根据，以法律为准绳，严格按照证据裁判要求，全面收集、固定、审查和认定证据。坚持法定证明标准，侦查终结、提起公诉、作出有罪裁判应当做到犯罪事实清楚，证据确实、充分，防止因犯罪嫌疑人、被告人认罪而降低证据要求和证明标准。对犯罪嫌疑人、被告人认罪认罚，但证据不足，不能认定其有罪的，依法作出撤销案件、不起诉决定或者宣告无罪。”

② ［日］田口守一. 刑事诉讼法. 7 版. 张凌，于秀峰，译. 北京：法律出版社，2019：437－438.

证据裁判原则的规范意义则是扩充、丰富了历史意义中严格依据证据进行裁判的内涵。在要求依据证据进行裁判的基础上，证据裁判的规范意义强调两个核心要素：一是证据必须具备证据能力，二是这些证据必须经过法庭的调查。这意味着所有用于认定犯罪事实的证据不仅需符合法定的证据要求，还必须经过法庭正式的审查与核实过程。

综合上述内容，证据裁判原则内涵应包含以下三方面内容：

首先，对于事实问题的裁判必须依靠证据，没有证据不得认定案件事实。尽管依靠证据认定案件事实已经成为共识，但证据裁判原则在适用过程中存在例外情形。例如，无须当事人承担举证责任，由法院直接认定事实的司法认知。

其次，裁判所依据的证据必须具备证据能力，即证据必须符合法律规定的证据的资格和条件。证据能力是一个随着社会发展而不断演变的概念。早期的司法实践并不强调证据能力的问题，但随着社会进步和法律体系日趋完善，证据能力成为证据法学关注的重要理论内容。之所以要求裁判所依据的证据必须具备证据能力，是因为法律会将不符合权利保障、可能造成事实认定风险以及有悖法治精神的证据排除在法庭之外，进而保障了证据法的价值理念得以贯彻。

最后，事实认定所采纳的证据必须经过法庭调查程序，这是适用证据裁判原则的程序性要求。2021 年《刑诉解释》第 71 条规定，“证据未经当庭出示、辨认、质证等法庭调查程序查证属实，不得作为定案的根据”。证据需要在庭审活动中经过出示、质证等程序才能作为事实认定的根据。法庭在听取控辩双方意见并进行综合考量后，才能决定某一证据能否作为裁判依据。因此，证据必须经过法庭调查。这一调查过程是实现证据裁判的重要环节，它确保了证据的合法性和真实性，为裁判的公正性提供了有力保障。

《防范冤错案件意见》在对证据裁判原则进行解释时，将证明标准视为该原则的组成部分，这样一种大而化之的解释方式在外延上扩大了证据裁判原则的范围，反而使逻辑出现了问题。譬如，证明标准与举证责任息息相关，那么是否应将举证责任也纳入证据裁判原则之中呢？在分析问题与事实认定上，证据裁判原则可以在证明标准、举证责任等问题上适用，毕竟原则本就具有统摄规则的作用，但无限制扩大原则的内容反而会引发理解障碍。若从历史意义与规范意义来理解证据裁判原则，那么该原则的范围就会更为清晰，即证据裁判原则主要涵盖依据证据定罪、该证据具有证据能力、应依据法定程序进行事实认定共三方面内容。

需要特别指出的是，在证据裁判原则的适用阶段上，尽管前文特别强调“事实认定所采纳的证据必须经过法庭调查程序”，但基于证据作为司法正义基石的特殊重要性，证据裁判原则应适用于诉讼全过程，不限于庭审阶段。以刑事诉讼为例：无论是侦查、起诉还是审判阶段，都必须以证据为依据来认定事实，但不同阶段的证据要求和审查程序可能不同。在审判阶段，证据必须经过严格的法庭调查和质证，以确保其真实性和合法性。而在侦查和审查起诉阶段，虽然不涉及法庭调查，但证据的收集、固定和审查同样必须遵循法定的程序和原则。

第四节　自由心证原则

对于自由心证原则，学术界存在不同的观点，本教材将通过对自由心证原则起源的分析，厘清其内涵，并对自由心证原则在当下面临的挑战进行简要阐述。

一、自由心证原则的起源

经过欧美资产阶级革命的洗礼，自由心证证据制度取代了法定证据制度，但英美地区与欧洲大陆地区的诉讼程序走向了两个不同的发展方向。一种是欧洲大陆国家的证明模式，由职业法官主导对真相的查明过程，并负责评判证据的证明力及其价值；另一种是英美模式，由事先对案情不知情的陪审团来评估证据的证明力、大小及其价值。尽管这两种模式存在很大的差异，但以法国大革命爆发为契机，二者趋于相似。法国大革命这场政治革命所倡导的自由、平等、博爱等精神渗透于1808年法国《刑事诉讼法典》中，其在第342条规定："法律对于陪审员通过何种方式认定事实并不计较；法律亦不为陪审员规定任何规则，使他们据以判断证据；法律仅要求陪审员深思细察，并本诸良心，诚实推求已经提出的对被告不利和有利的证据在他们的理智上产生了何种印象。法律未曾对陪审员说，'经若干名证人证明的事实即为真实的事实'；法律亦未说，'未经某种记录、某种证件、若干证人、若干凭证证明的事实，即不得视为已有充分证明'；法律仅对陪审员提出这个问题：'你们已经形成内心的确信否？'此即陪审员职责之所在。"①

根据自由心证原则，事实认定的权力不再仅仅局限于特定阶层，而是相信普通人也可以运用自己的经验、良心和理性进行事实认定。以欧洲大陆为例，自由心证原则对法官个体抱有充分尊重与信任，法官不再寄希望于上帝的显灵，不再依赖立法者的司法干预。自由心证原则摒弃了立法者司法的理念，转而依赖司法者的内心经验、良心与理性；该原则不仅体现了对个体的信任，更是对既往长期存在的等级制度的一种根本性否定，也从根本上推翻了法定证据制度，具有重大的政治意义和法律意义。

虽然不同国家的司法制度有所不同，但都可以在某种程度上被称为自由心证。在欧洲大陆，法官可以运用自己的经验、良心和理性去自由评判证据，法律也不再对证据的证明力大小进行具体规定。而在英美法系国家中，法律允许法官进行证据评判，且无须说明理由，这在一定程度上也体现了自由心证的精神。尽管英美法学者并不认为自己的制度属于自由心证的范畴，但二者在实质上并不存在很大的差别。因此，我们可以将这两种制度都视为自由心证的体现。

自由心证通过法律移植传至我国，但从司法实践上看，当前自由心证原则存在的问题是该原则未能在司法实践中得到充分、准确的适用，滥用自由裁量权成为冤假错案的主要成因，进而导致社会对司法机关和司法活动产生普遍不信任。因此，有必要考察清

① 何家弘主编. 外国证据法. 北京：法律出版社，2003：354.

楚自由心证的内涵，以指引其在具体案件中的应用。

二、自由心证原则的内涵考察

在立法例上，《日本明治刑事诉讼法》第 90 条规定："凡被告人之自白、官吏之检证调书、证据物件、证人及鉴定人之供述，其他一切之证凭，皆任判事之判断。"《大正刑事诉讼法》第 337 条规定："证据之证明力，一任判事自由判断之。"现行《日本刑事诉讼法》第 318 条规定："证据的证明力由法官自由判断。"

除了日本，《德国刑事诉讼法》第 261 条规定："证据调查之结果，由法院依其自由的、依全审理所得之确信裁判之。"[①] 该立法并未在具体条文中明确规定如何对证据进行评价，而是将这一权力赋予了法官，由其进行最终的判断，但这种自由心证仍受逻辑及一般有效的经验法则拘束。具体而言，这一自由心证的过程受到逻辑法则、经验法则的限制。法官在评价证据时，除了遵循上述三种法则之外，不再对其他方面进行限制。不过，自由心证仍有例外。例如，对于特定证据的证明力问题可能会排除自由心证。

梳理日本与德国有关自由心证原则的立法例，自由心证的内涵主要包括两个方面：一是法律对证明力有无、证明力大小原则上不作预先规定，而是赋予事实认定者依据其内心确信来自由评判证据并认定案件事实的权力；二是为了防止法官滥用心证，对自由心证的运用设置了一定的制约、限制与例外情形。日本刑事诉讼法相关规定实际上仅涉及自由心证原则的第一个层面，即对证据的证明力进行自由判断，而《德国刑事诉讼法》第 261 条则涉及自由心证的第二个层面，对心证程度的判断。值得注意的是，英美国家与欧陆国家对自由心证程度的判断存在差异，欧陆国家强调裁判者个人内心确信程度，英美强调裁判心证程度的公共性、外部性。

我国相关规则中也体现了上述自由心证的内涵，我国 2001 年就在诉讼制度中引进了自由心证这一原则。在民事诉讼领域，2001 年《民事证据规定》第 64 条的内容奠定了我国自由心证的制度性地位。[②] 在我国立法实践中，该规定被视为对证据证明力大小进行自由判断的一种体现。自由心证原则允许司法人员在法律框架内，根据其对证据的主观理解和评估，自由判断证据的证明力大小，并以此为基础认定案件事实。这一过程需要达到内心确信的程度，并体现在判决书中，以接受公众和法律的监督。行政诉讼领域对于自由心证的解释，与民事诉讼领域的自由心证的规定较为相似。[③] 此外，自由裁量权虽允许法官自由评价证据及其证明力的大小，但在证明力问题上，法律可能会作出例外规定。例如，《刑事诉讼法》第 55 条中规定，"只有被告人供述，没有其他证据的，不能认定被告人有罪和处以刑罚"，这一规定被称为中国的口供补强规则，属于证明力

---

① 林钰雄，王士帆，连孟琦. 德国刑事诉讼法注释书. 台北：新学林出版股份有限公司，2023：655.

② 该条规定："审判人员应当依照法定程序，全面、客观地审核证据，依据法律的规定，遵循法官职业道德，运用逻辑推理和日常生活经验，对证据有无证明力和证明力大小独立进行判断，并公开判断的理由和结果。"

③ 《行政证据规定》第 54 条规定，"法庭应当对经过庭审质证的证据和无需质证的证据进行逐一审查和对全部证据综合审查，遵循法官职业道德，运用逻辑推理和生活经验，进行全面、客观和公正地分析判断，确定证据材料与案件事实之间的证明关系，排除不具有关联性的证据材料，准确认定案件事实"。

自由评价的例外规定。口供补强规则是典型的证明力规则之一①，在此问题上，法官不能仅凭自由裁量权作出判断。即使口供本身足以证明被告人实施了犯罪行为，法官也不能直接据此作出判决，而必须通过其他证据来补强口供的证明力。

同时，在该规定中同样强调自由心证的过程应受到一定约束，即法官在进行判断时享有一定的自由裁量权，但这并不意味着其可以随意为之。这种约束分为内在的制约机制和外在的制约机制。内在的制约机制是指在评判证据时，必须遵循经验法则、逻辑法则以及论理法则。外在的制约机制则涵盖了事先、事中以及事后的各个环节。制约机制通常分为事先（预防性）、事中（过程性）和事后（补救性）三类。事先制约主要是通过立法、政策制定等方式来预防不当行为的发生，包括对自由心证相关规则的立法完善等；事中制约则是在行为过程中通过监督、指导等手段来确保行为的合法性，包括公开审判以及庭审公开等；事后制约则是在行为发生后，通过审查、追责等方式来纠正错误或不当行为，包括公开裁判文书说理和裁判文书上网等。

自由心证原则既相信个体的认知能力，又认为个体认知有一定局限。综合上述内容，自由心证原则的内涵是指对证据证明力的有无及其证明力的大小，法律不作预先规定，由司法人员根据其内心确信去自由判断证据，认定案件事实。自由心证既包括对证据证明力进行自由评判，还包括对裁判心证程度的自由评判。自由心证从单独的证据评判、认定开始，直达最终的裁判结果，穿透了从单一证据到整体事实的认定过程。此外，自由心证需要受到经验法则、逻辑法则的内在限制，以及事先、事中和事后三类外在限制，此外还存在不允许使用自由心证的例外情形。

三、自由心证原则面临的挑战

历经两三百年的演变，自由心证原则如今在全球范围内已基本定型，并获得广泛认同。在当下，自由心证原则也面临着两大挑战：一是排除规则广泛应用所带来的“规范限制心证”挑战，自由心证原则赋予了司法人员对证据进行自由评价的权力，但排除规则会限制心证的范围。二是人工智能赋能司法所带来的“技术冲击心证”挑战，人工智能法官的出现限缩了人类自由心证的空间，自由心证还可能会变成数字指令下的心证。这两方面的挑战均会对自由心证产生更为深远的影响，甚至会使自由心证的理论与应用进入到全新的未定状态中。

在排除规则广泛应用的情况下，自由心证容易受到限制。排除规则涵盖了与证据可采性或证据能力相关的一系列规则，如非法证据排除规则、意见证据规则、品格证据规则等，其旨在确保法庭审理的公正性、准确性和效率性。法官必须严格遵循排除规则，以确保所采纳的证据具有合法性和可靠性，从而作出公正裁判。在案件审理过程中，控辩双方经常就争议证据的可采性问题展开激烈的交锋与对抗，攻防态势不断转换。在此过程中，某些证据有可能最终被排除在外。在事实认定者一元制的法庭中，法官已经接触过后续被排除的证据，在判断时难以隔离被排除证据的影响。例如，辩护方提出排除非法证据的申请后，法庭将启动一种类似于“审判中的审判”的排除程序。即使最终被

① 关于证明力规则的系统论述，参见李训虎. 证明力规则检讨. 法学研究，2010（2）。

认定为非法证据的证据被排除，事实认定者也难以在完全不受先前接触到的非法证据的影响下作出判断。因此，在“规范限制心证”挑战中，一方面，尽管限制证据使用具备一定合理性，但不可否认的是，一旦证据被排除，则意味着该证据不能为事实认定者所采纳，在一定程度上限制了事实认定者对证据自由评价的权力，挑战了自由心证；另一方面，被排除的证据仍会对事实认定者的心证产生影响，事实认定者无法消除其对被排除证据的印象。

人工智能技术的应用同样会压缩自由心证的适用空间，甚至有可能消解自由心证，对自由心证原则造成毁灭性的打击。如果说科学证据的出现会冲击自由心证原则的第一个层次，而人工智能的出现与应用则冲击了自由心证原则的第二个层次。从现状来看，数字智能时代下，智慧检务、智慧法院以及智慧警务等技术得到推广与应用，中国人工智能在司法领域的应用走在世界前列。[①] 通过技术赋能，解决了既有司法领域办案效率低、裁判标准不一等问题。不过，算法技术应用于证据领域在提高司法效率的同时，也对自由心证造成了冲击，其介入使得证据的收集、分析、认定等过程更为依赖技术手段，压缩了法官的主观判断空间。例如，智能辅助系统通过大数据分析，为法官提供清单式的证据标准指引，限制了法官根据个案特点进行证据判断的自由。虽然人工智能目前尚未在事实认定这一实质性领域进行应用，但就未来发展趋势而言，可能会出现人工智能法官等智能技术，存在以机器代替法官作出事实认定的可能。人工智能法官进行事实认定，需提供明确的指令以供其学习，其作出判断的基本方式属于统计学方式，基本模型是规范取向的而非经验取向的[②]，由机器代替法官作出证明力的判断。如此一来，事实认定有可能会从自由评价退回至证明力机械性评价的状态。此外，不同于法官通过公开裁判文书公开心证的方式，由于存在算法黑箱，人工智能法官的“心证”可能并不会被公开，即使公开也难以得到有效审查。

小　结

学术界对证据法基本原则存在不同的认识，本教材在剖析既往观点的基础上，将发现真实原则、证据裁判原则以及自由心证原则作为证据法的基本原则。上述三项原则背后的逻辑在于，司法活动始终围绕着发现真实这一核心目标展开，事实认定者在这一目标的驱动下，依据证据裁判原则，秉持自由心证的理念，最终作出事实认定。发现真实原则、证据裁判原则和自由心证原则，分别作为证据法在立法目标、裁判方式和认定方法方面的基本原则，对于整个取证、举证、质证和认证活动产生了理论辐射和规则制约。

发现真实是诉讼活动的目标，在诉讼过程中，诉讼各方应当尽最大努力发现和揭示案件的真实情况。但由于刑事诉讼和民事诉讼之间的差异，使得发现真实原则在具体适用中存在差异，在刑事诉讼中表现为实质真实，在民事诉讼中表现为形式真实。

证据裁判原则包含三方面内容：(1) 对于事实问题的裁判必须依靠证据，没有证据

① 李训虎. 刑事司法人工智能的包容性规制. 中国社会科学，2021 (2).

② 左卫民. AI法官的时代会到来吗：基于中外司法人工智能的对比与展望. 政法论坛，2021 (5).

不得认定案件事实；（2）裁判所依据的证据必须具备证据能力，即证据必须符合法律规定的证据的资格和条件；（3）事实认定所采纳的证据必须经过法庭调查程序，这是适用证据裁判原则的程序性要求。

自由心证原则是指对证据证明力的有无及其证明力的大小，法律不作预先规定，由司法人员根据其内心确信去自由判断证据，认定案件事实。自由心证既包括对证据证明力进行自由评判，还包括对裁判心证程度的自由评判。自由心证从单独的证据评判、认定开始，直达最终的裁判结果，穿透了从单一证据到整体事实的认定过程。自由心证原则已经获得普遍认同，但同时也面临冲击和挑战。

思考题

1. 如何认识发现真实原则、证据裁判原则和自由心证原则之间的关系？
2. 如何认识作为刑事证据法基本原则的无罪推定原则？
3. 如何认识自由心证原则面临的挑战？

第五章
证据概述

第一节　证据的概念和功能

一、证据的概念

证据作为现代司法活动中认定案件事实的基础，是诉讼制度乃至整个司法制度的核心，同时也是证据法学的基本范畴。因此，证据的概念问题是一个至关重要的理论问题，不仅直接关系到证据法学理论体系的构建，还深刻影响着证据规范在司法实践中的适用。

（一）证据与诉讼证据

尽管证据一词在日常生活中被人们广泛使用，但其应用的大多数语境均与案件、诉讼、纠纷等法律事务相关，并且无须在其前面加上“法律”“司法”等限定词，也就是说，其通常作为一个专门法律术语应用于法律实践。《辞海》将“证据”定义为“法律用语，据以认定案件的材料”。然而，由于研究视角的差异，法学理论界对证据的概念仍然是众说纷纭，主要存在“事实说”、“原因说”、“结果说”、“根据说”、“信息说”、“统一说”与“材料说”等不同观点。[①] 总体来看，在我国较为有影响力的学说主要有以下几种观点。

1. 事实说

“事实说”认为，证据是能够证明案件真实情况的各种事实。[②] 例如，苏联刑法学

---

① 关于“事实说”参见江伟主编. 证据法学. 北京：法律出版社，1999：206；陈光中主编. 刑事诉讼法. 北京：北京大学出版社，2002：148。关于“原因说”参见陈朴生. 刑事证据法. 台北：三民书局，1979：69；卞建林，谭世贵主编. 证据法学. 4版. 北京：中国政法大学出版社，2019：170。关于“结果说”参见崔敏等主编. 刑事证据理论研究综述. 北京：中国人民公安大学出版社，1990：2。关于“根据说”参见何家弘，刘品新. 证据法学. 7版. 北京：法律出版社，2022：119。关于“信息说”参见张保生，等. 证据科学论纲. 北京：经济科学出版社，2019：59。关于“统一说”参见陈光中主编. 证据法学. 5版. 北京：法律出版社，2023：113；施鹏鹏. 证据法. 北京：中国政法大学出版社，2020：15。关于“材料说”参见卞建林主编. 证据法学. 2版. 北京：高等教育出版社，2023：135；陈光中，徐静村主编. 刑事诉讼法学. 5版. 北京：中国政法大学出版社，2015：131。

② 陈光中主编. 刑事诉讼法. 北京：北京大学出版社，2002：148.

家贝斯特罗娃将证据定义为“借助某项事实用以证实或确定其他尚未确知的事实”[①]。美国证据法学家威格莫尔也持有相似观点，认为证据是“任何一件或一组可知的事实，而不是法律的或伦理的原理”[②]。按照这种观点，证据本身即为客观事实，具有客观性与真实性，并不随人类的认知过程而发生改变。

一直以来，“事实说”在我国证据法学界有较大影响，曾一度成为证据概念之通说。不仅如此，该观点在立法中曾有所体现，如我国 1979 年《刑事诉讼法》第 31 条中规定：“证明案件真实情况的一切事实，都是证据。”这一法条被视为我国刑事证据制度的基础性规定，一直保留至 2012 年我国对《刑事诉讼法》进行第二次修改，对司法实践产生了深远影响。近年来，“事实说”屡屡受到质疑，主要理由在于，事实说默认证据为真实，混淆了证据与定案根据。从体系解释的角度来看，《刑事诉讼法》第 50 条第 3 款规定：“证据必须经过查证属实，才能作为定案的根据”。然而根据事实说，证据即为客观事实，审查其真实性的“查证”环节并非必要，这与上述规定存在矛盾之处。“事实说”在一定程度上否定围绕证据真实性进行的举证、质证等法庭调查程序的独立价值。就此而言，“事实说”在理论上并不周延。

2. 根据说

“根据说”将证据界定为证明案件事实的根据。此定义主要从语义学的角度出发，“据”字向来具有依据、根据之意，证据，顾名思义，可解释为用于证明的根据。我国有不少学者持此观点，认为证据是“证明案件事实或者与法律事务有关之事实存在与否的根据”。[③] 最高人民法院的司法解释中也出现过类似表述，例如《关于贯彻执行〈民事诉讼法〉（试行）若干问题的意见》中提到，“证据是查明和确定案件真实情况的根据”。“根据说”与“事实说”的主要区别在于，“根据说”不将证据等同于事实，证据作为根据，可能为真实，也可能为虚假，由法庭经查证后决定是否采信。“根据说”区分了证据和案件事实，并且指出证据相对于案件事实而言是根据，表明了证据与案件事实之间的关系，但其并未从本体的角度说明证据的根本属性。

3. 统一说

“统一说”认为，证据是证据内容与证据形式的辩证统一。[④] 根据“统一说”，内容与形式是证据的两个必备要素，缺一不可，若徒有证明形式而不包括能够证明案件事实的内容，则证据不能发挥证明作用；若证据不具有法律规定的表现形式，也不能成为裁判的依据。由于对证据内容与证据形式的认识不同，“统一说”存在不同表述，有些与“事实说”具有一定相似性，可视为对“事实说”的完善，例如，有学者认为证据是“以法律规定的形式表现出来的能够证明案件真实情况的一切事实”[⑤]；有些则与“根据说”具有一定相似性，如有学者认为，证据是侦查人员、检察人员、审判人员等通过法定程序获取的能够用于证明案件事实的根据。从证据内容来看，证据是客观存在的材

---

① ［苏］贝斯特罗娃. 刑事诉讼. 张君悌，译. 北京：中国人民大学出版社，1952：34.

② 王以真主编. 外国刑事诉讼法学. 北京：北京大学出版社，1990：215.

③ 何家弘，刘品新. 证据法学. 7 版. 北京：法律出版社，2022：119.

④ 施鹏鹏. 证据法. 北京：中国政法大学出版社，2020：15.

⑤ 卞建林主编. 证据法学. 修订版. 北京：中国政法大学出版社，2002：70.

料；从证据形式来看，证据须表现为法定的特定形式，是客观事实内容与表现形式的统一；从证明关系来看，证据是用来查明案件事实的手段。[①]

4. 材料说

“材料说”认为，证据是能够证明案件事实的材料。在我国，持有此观点的学者不在少数，尽管具体表述不尽相同，但皆将证据定位为材料，如有学者认为，证据是“控、辩、审三方依法收集并以法律规定的形式表现出来的，能够证明案件事实的材料”[②]，也有学者认为，“我国刑事诉讼中的证据，是指以法律规定的形式表现出来的能够证明案件事实的有关材料”[③]。“材料”作为一个中性词，避免了在概念层面直接对证据真实与否作出判断。

我国《刑事诉讼法》在2012年修订时对证据重新进行定义：“可以用于证明案件事实的材料，都是证据。”此举改变了以往的“事实说”，转而采用“材料说”。对这一概念可以从以下两个方面来理解：第一，证据是材料，包括实物证据材料、书面材料、音像材料、电子科技材料、笔录类材料等。[④] 法定证据种类皆以材料形式存在。第二，证据能够用于证明案件事实，这要求证据与案件事实之间具有一定关联性。证据所包含的信息不一定真实可靠，证据收集的程序也不一定符合法律的要求，只要其能够为证明案件事实存在或不存在提供依据即可。

相较“事实说”与“根据说”，“材料说”具有一定进步性。“材料说”解决了“事实说”带来的逻辑难题，与既有理论与立法都更为协调，也不再对证据提出必为真实的过高要求，使证据回到其运用的逻辑起点，即证据须经审查，确认其真实合法后，方能成为定案根据。除此之外，“材料说”也注重证据形式与证据内容的统一。从形式上看，证据是一种材料，是一种客观的存在；从内容上看，证据必须包含能够证明案件事实的信息。如此看来，对证据的概念采取“材料说”是一个相对合理的选择。

但从证据法学研究的角度来看，证据法学的主要研究对象不局限于进入诉讼程序的证据，还应当包括其他法律活动中使用的证据，如仲裁中使用的证据、公证中使用的证据、调解程序中使用的证据、监察程序中使用的证据以及行政执法中使用的证据等。为了使证据概念更好地兼容上述各种法律程序涉及的证据，在学理上，不妨在“材料说”的基础上，对证据进行如下界定：证据是能够证明与法律事务有关之事实存在与否的材料。为了便于对证据进行细化研究，有学者基于证据运用的具体场景，提出“诉讼证据”与“非诉讼证据”的分类方式。但在理论上与实践中，经常出现“诉讼证据”与“证据”混用的情况，因此有必要进一步强调证据与诉讼证据之间的关系，即诉讼证据属于证据，是证据的一种类型，在外延上小于证据。

（二）诉讼证据的概念

诉讼证据是指在诉讼过程中证明案件事实的材料，是在诉讼活动中使用的证据。还

---

① 樊崇义主编. 刑事诉讼法学. 5版. 北京：法律出版社，2020：204.

② 卞建林主编. 证据法学. 2版. 北京：高等教育出版社，2023：135.

③ 陈光中，徐静村主编. 刑事诉讼法学. 5版. 北京：中国政法大学出版社，2015：131.

④ 陈瑞华. 证据的概念与法定种类. 法律适用，2012（1）.

有学者将诉讼证据进一步划分为刑事诉讼证据、民事诉讼证据与行政诉讼证据①，以探讨诉讼证据在不同诉讼程序中的不同特点。与诉讼证据相对的概念为非诉讼证据，是指在诉讼之外的法律活动中使用的证据，如行政执法、调解、仲裁等程序中涉及的证据。除了适用场景不同，诉讼证据与非诉讼证据还存在以下区别：第一，适用主体不同。诉讼证据的适用主体主要是司法机关、原告、被告、犯罪嫌疑人、被告人、辩护人、诉讼代理人以及其他诉讼参与人，而非诉讼证据的适用主体相对而言则更为广泛。第二，适用程序不同。诉讼证据应当在法庭上出示，由当事人进行质证，未经当事人质证的证据不能作为定案依据，而非诉讼证据的适用相对而言较为灵活，质证并不是非诉讼证据的必经环节，如我国《仲裁法》第45条规定："证据应当在开庭时出示，当事人可以质证。"第三，受不同的规范调整。诉讼证据受诉讼法及相关司法解释所确立的规范调整，而非诉讼证据由其适用领域的特定法律或者其他规范调整。

二、证据的功能

在现代诉讼活动中，裁判必须以证据为基础，证据是认定案件事实的依据。从某种意义上讲，诉讼活动围绕证据进行，诉讼过程可视为一个收集、运用、审查证据的过程。《死刑案件证据规定》确立了"证据裁判原则"，体现出证据在定案上的重要地位。② 具体而言，证据具有以下功能。

（一）对案件事实的证明功能

有争议的案件事实皆发生在过去，证明活动实际上是从"现在"还原"过去"。一般而言，证据产生于案件发生过程中，与案件事实具有关联性，是认定案件事实的重要途径。只有充分、全面地收集有关证据，并对证据进行细致的分析，考察其与案件事实之间的客观联系，才可能形成对案件事实的准确判断。由于时空具有不可逆性，证据可能随着时间的流逝而变质或灭失，如实物证据可能因物理环境的改变而发生形态或属性上的变化，证人证言可能发生偏差等，因此证据的证明作用可能会因其保管条件、收集时间的不同而有所差异，需根据证据规则仔细辨明。需要注意的是，无论证据真实与否，其都能通过与其他证据比对，对案件事实的认定起到辅助判断的作用，均具有证明功能。证明功能是证据的基本功能，证据的其他功能是在证据发挥证明作用的基础上得到实现的。

（二）对司法公正的保障功能

公平正义是法治的首要价值追求，指引着立法、执法、司法等法治工作有序运转。司法公正是司法活动的基本原则，是指司法人员在审理案件的过程中应平等对待当事人及诉讼参与人，严格依照法律对案件作出彰显公平正义精神的判决。司法公正的内容包括实体公正与程序公正两方面，二者不可偏废。③

证据对司法公正的保障作用主要体现在以下两个方面：第一，证据有利于实体公正

① 何家弘．让证据走下人造的神坛：试析证据概念的误区．法学研究，1999（5）．

② 潘金贵主编．证据法学．北京：法律出版社，2016：47．

③ 何家弘．司法公正论．中国法学，1999（2）．

的实现。实体公正要求司法活动就当事人争议的权利义务关系作出正确、合理的裁决。一份公正的裁决必须以正确认定案件事实为基础，而案件真实情况的揭示又高度依赖于证据的充分性与可信度。因此证据是司法裁判的重要支撑，也是实现实体公正的必备要素。第二，证据有利于程序公正的实现。运用证据裁判使司法人员在案件审理过程中必须遵守法律规定的步骤或程式，如证据必须经过质证、非法证据必须排除等，这些程序规则为规范司法人员权力的行使提供了明确的依据，有利于保障当事人权利，使人们感受到司法过程中的公平性与合理性。这正是程序公正的应有之义。此外，法官必须依据证据进行裁判，并在裁判文书中对证据审查判断的过程、证据证明力的大小、证据与待证事实之间的关联进行充分的说理，从而使人们更为直观地感受到裁决过程的公平与公正。

（三）对当事人权益的维护功能

除了证明案件事实、实现司法公正，证据在维护当事人合法权益方面也具有重要作用。一方面，证据是当事人请求得到支持的重要依据。作为诉讼当事人，通常与案件处理结果具有直接的利害关系，他们会在诉讼过程中积极地进行攻击与防御，提出主张或抗辩，并希望被司法机关采纳，以维护自身合法权益。当事人需要提供充分、可靠的证据来证明自己主张的事实属实，使法官心证的程度达到相应的证明标准，进而认可其事实主张与诉讼请求。从这个角度来看，证据确实可以助力当事人合法权益的实现。另一方面，证据能够避免无辜者被无端卷入诉讼。在刑事诉讼中，程序的每一步推进都对证据提出了特定要求，如立案要求“有证据证明存在犯罪事实”，移送检察机关审查起诉则要求“证据确实、充分”等。科学的证据“门槛”能防止诉讼程序被任意启动，使与案件无关的人免受程序侵扰，避免其被迫投入大量时间、精力应诉。同时，对案件的处理需要建立在充分的证据之上，才能够保障无辜者不受法律追究，减少冤假错案的发生。

第二节　证据的基本属性

证据的基本属性，又称证据的特征。一直以来，我国证据法领域对于证据的基本属性存在争议，争议的焦点主要集中在合法性是否属于证据的基本属性：“两性说”认为证据的基本属性仅包括客观性与关联性，合法性不是证据的基本属性；“三性说”则认为证据的基本属性为客观性、关联性与合法性。持“两性说”的学者认为：合法性的判断体现的是一种价值取向，而不是证据本身的客观属性，证据的法律效力并不是证据本身自带的，而是审判人员根据法律所赋予的，证据的收集是否合法是诉讼程序中涉及的问题，不能将其与证据的属性混为一谈。[①] 而且将合法性作为证据的基本属性会使证据带上主观性因素，进而影响其客观性。[②] 持“三性说”的学者坚持将合法性作为证据的基本属性，主要理由在于，合法性是客观性与关联性在法律上的体现，也是对客观性的重要

① 张卫平. 民事证据法. 北京：法律出版社，2017：15.

② 卞建林，谭世贵主编. 证据法学. 4版. 北京：中国政法大学出版社，2019：156.

保障，按照法律规定收集、调取、保全证据能够使证据以更为完整、稳定的形式出现，使其更为客观地反映案件真实情况。[①] 且“三性说”不仅强调了证据内容上的真实性和与案件的关联性，也强调了证据形式上的合法性，体现了证据属性在内容与形式上的统一。

一、证据的客观性

证据的客观性是指证据所具有的客观存在的属性，或者说证据是一种客观存在。证据产生于案件发生过程中，在案件事实结束后得以留存，并不随人们的主观意志变化或转移。不论是刑事诉讼、民事诉讼、行政诉讼等诉讼活动，还是仲裁、公证等非诉讼活动，所涉及的事实都发生于一定的时间与空间内，行为的发生必然与周围环境发生作用，并留下相应的物品或痕迹，这些物品或痕迹包含与案件事实相关的信息即为证据，能够用于证明案件真实情况。

具体而言，客观性具有以下两方面的含义：首先，证据的内容具有一定的客观性，是对客观事物的反映。尽管这种反映并不一定完全准确，可能存在误差或偏移，但证据必须以客观事物为基础，并试图真实反映与案件有关的信息。完全的主观臆断、猜测、传说等不具有客观性，不能成为证据。例如，证人证言中只有关于案件事实的准确陈述能够作为证据内容，而证人根据其经历所作的推测、判断、想象等应被排除在证据之外。其次，证据须具备客观表现形式，这意味着证据形式能够为人们所感知与理解。就物证、书证等实物证据而言，这一点较为容易理解，实物证据以物的外在形态或内容证明案件情况，物的外在形态或内容显然能够被人的视觉、嗅觉、触觉等感官感知。而对于言词证据来说，有关当事人或证人关于案件事实的记忆与感觉需要通过语言的形式，口头或书面地表达出来，若有关案件信息仅存在于某人的大脑之中，无法被他人感知，便不具有证据应有的客观表现形式。

值得注意的是，证据具有客观性并不意味着证据是纯粹客观的事物，有些形式的证据实际上包含主观因素。其中，最为典型的即为证人证言、当事人陈述与鉴定意见。证人证言、当事人陈述是证人、当事人对客观存在的案件事实的主观认识，证人、当事人在一定程度上对客观实际内容进行了主观上的加工，因此这种证据是主观认识与客观事物的结合。鉴定意见是鉴定人对案件中涉及的专门性问题进行鉴别所得出的专业性意见，鉴定人运用专业知识对相关问题作出判断，鉴定意见中包含鉴定人的专业判断、逻辑推理等主观要素。主观要素的存在正是依据证据处理案件易发生错误的原因之一，也是证据须经审查、核实、质证的原因之一。

二、证据的关联性

关联性，又称相关性，是指证据与案件待证事实或其他争议事实之间必须具有一定联系。证据关联性的价值在于它有助于有效利用司法资源，提升司法效率，以及确保司法程序的公正性。在司法资源有限的情况下，只有相关证据才能够被法庭接受并用于案件审

---

① 樊崇义主编. 证据法学. 5 版. 北京：法律出版社，2012：130.

理，从而避免无谓的审理与调查，确保司法资源被合理、高效地运用。并且，关联性能够确保诉讼结果以大量与案件事实直接相关的证据为基础，增强了审判结果的正当性。

从哲学的角度来看，客观事物之间的联系具有普遍性，也就是说任何事物之间都存在一定联系。然而，显然不能用这种普遍存在的关联性理解证据应具有的关联性，否则任何事物均与案件事实相关，都能成为证据。证据与案件事实之间的关联性需达到一定程度，即证据对判断待证事实更为真实或不真实具有帮助作用。待证事实是指本案主要争议事实，以及为辨明或判断主要争议事实所必需的辅助事实。通常可以先判断证据用于证明什么，进而通过证明目的判断是否有助于争点问题的解决。凭借证据判断待证事实是一个逻辑问题，由事物之间的客观联系所决定。一般来说，按照事物发展的进程，某一事物与另一事物相联系，能在一定程度上反映另一事物在过去是否存在。

证据与案件事实之间的联系具有客观性。司法人员在审查证据的过程中，须尊重这种客观性，应如实揭示证据与案件事实之间的内在联系，不能主观臆造，避免将个人认定的联系强行赋予那些实际上缺乏客观联系的证据，防止事实认定错误导致错案发生。此外，这种客观联系需要被人们认识，这与科学技术水平的发展息息相关。随着科技水平的进步，更多联系背后的规律与趋势逐渐被人们发现，一些在过去看来并无关联的事物，现在也可能具有关联性。以足迹检验为例，过去人们只是模糊地认识到其与案件事实之间存在关联性，但由于提取、比对等技术尚不成熟，无法明确其与具体案件事实之间存在何种关联性。现在我们不仅能够通过现场足迹与样本足迹的比对，为二者提供同一性依据，还能通过足迹鉴定，分析作案人数、作案人员的身高、年龄、职业等。鉴定技术的成熟使足迹与案件事实之间的联系以及联系的规律性得以证明，于是足迹与案件信息之间就具有了关联性。

证据与案件事实之间的联系形式多样，具体而言，包括肯定联系与否定联系、必然联系与偶然联系、时间联系与空间联系，等等。例如，在案发时间明确后，犯罪嫌疑人具有同时段的不在场证明，因而不可能实施犯罪行为，该证据与案件事实之间的联系即为否定联系。又如在案件现场提取的指纹，经鉴定与某人指纹具有同一性，这一证据与某人曾出现在案件现场的待证事实之间的联系就是必然联系。某一证据与案件事实之间的联系并不必然是单一的，也可能是复合的，如一张被改动的票据，既能反映作案时间与手段，又能证明行为人作案。不论证据与案件事实之间的关联形式呈何种样态，这种联系都表明证据能够反映与案件事实有关的信息。

证据关联性的判断是一个复杂且重要的问题，有的证据与案件事实之间关联性较为明显，容易判断；有的证据则须经过辨认、鉴定、检验等步骤才能确认其关联性。总体上来看，判断证据的关联性可分为以下三个步骤：第一，证据拟证明什么案件事实。第二，这个事实是否属于案件争议事实，是否属于辅助判断争议事实的相关事实。通常情况下通过判断证据所指向的待证事实是否属于案件争点，来确定证据与案件之间是否存在实质关联。一般认为，这种相关情况既包括主要争议事实的各部分，也包括所有为辨明或解释主要争议事实而存在的辅助事实。[①] 第三，能否凭借逻辑或经验通过证据判断

① 杨恪主编．证据法学．3 版．北京：中国政法大学出版社，2024：96．

案件事实更为真实或不真实。法律难以规定具体个案中何种证据具有相关性，相关性判断需借助常识、逻辑及经验完成。“相关证据有助于事实认定者评估要件事实发生的可能性，而这种可能性是以人的日常生活经验或概括为根据的。”[①] 系统性的步骤能够使人们更为准确地把握证据的关联性。

三、证据的合法性

证据的合法性，又称证据的法律性，是指证据的收集主体、程序、方法、形式等应当符合法律的规定。与客观性、关联性一样，合法性是证据的必备属性之一。换言之，即使某材料与案件事实具有实质关联，并且是客观存在的，该材料亦不必然能够作为诉讼证据使用。其必须满足法律规定的条件，并通过法定的程序，方能在法律程序的证明活动中发挥作用。

判断证据是否具有合法性必须以特定的法律规定为前提。在不同的法律制度下，证据的合法性具有不同要求。例如，在封建社会的证据制度中，刑讯是一种合法的审讯方式，由刑讯取得的口供也因此具有合法性。然而，现代社会普遍禁止刑讯逼供，禁止以非法方法获取证据。如根据我国《刑事诉讼法》第 56 条，采用刑讯逼供等非法方法收集的犯罪嫌疑人、被告人供述，应当予以排除。法律规定会根据社会发展不断修改，证据合法性的内容也会随之发生变化。总的来说，在我国当前法律制度下，证据合法性的内容主要包含以下几个方面：

第一，证据的收集与制作主体合法。在我国，《刑事诉讼法》、《民事诉讼法》以及《行政诉讼法》均对证据收集的主体作了明确规定。根据我国《刑事诉讼法》第 43 条、第 51 条、第 52 条、第 54 条，在刑事诉讼中，审判人员、检察人员、侦查人员、辩护人、自诉人、行政执法人员均为收集证据的合法主体。但需要注意的是，行政机关必须在其法定权限内收集有关证据，否则也属于取证主体不合法的情形。在民事诉讼中，根据我国《民事诉讼法》第 52 条、第 64 条、第 67 条，当事人及诉讼代理人、人民法院均可以依法收集证据。此外，根据我国《行政诉讼法》第 32 条、第 34 条、第 38 条、第 40 条，原告、被告、诉讼代理人、被诉行政行为涉及的第三人、人民法院均为行政诉讼中的合法取证主体。制作主体合法则主要涉及鉴定意见与笔录类证据。例如，鉴定意见必须由具备法定资格的鉴定人作出，勘验笔录须由法律规定的勘验人员制作。

第二，证据的形式合法。证据的形式合法是指证据的形式必须符合法律规定的形式要件。一方面，证据必须属于法定的证据种类。我国《刑事诉讼法》第 50 条、《民事诉讼法》第 66 条、《行政诉讼法》第 33 条分别规定了 8 种法定证据种类，但皆采取“证据包括”的表述。从文义解释的角度来看，我国立法规定的是开放类别化的法定证据种类，也就是说，法定证据种类不仅仅包括法律明确列举的证据，还可能包括其他的证据形式，如专门性问题报告尽管不属于《刑事诉讼法》规定的 8 种法定证据形式，但可以通过适用 2021 年《刑诉解释》作为刑事证据使用。另一方面，某些证据需要具备特定

---

① 张保生主编. 证据法学. 4 版. 北京：中国政法大学出版社，2023：19.

的形式要件。例如鉴定意见必须由鉴定人签名并加盖鉴定机构专用章；勘验、检查笔录应由参加勘验、检查的人和见证人签名或者盖章等。

第三，证据的收集方法合法。我国《刑事诉讼法》第 52 条中规定："严禁刑讯逼供和以威胁、引诱、欺骗以及其他非法方法收集证据。"《刑事诉讼法》第 56 条第 1 款确立了非法证据排除规则："采用刑讯逼供等非法方法收集的犯罪嫌疑人、被告人供述和采用暴力、威胁等非法方法收集的证人证言、被害人陈述，应当予以排除。收集物证、书证不符合法定程序，可能严重影响司法公正的，应当予以补正或者作出合理解释；不能补正或者作出合理解释的，对该证据应当予以排除。"2022 年《民诉解释》第 106 条也明确禁止通过非法方法获取的证据的使用："对以严重侵害他人合法权益、违反法律禁止性规定或者严重违背公序良俗的方法形成或者获取的证据，不得作为认定案件事实的根据。"不同诉讼活动因参与主体、程序、目的等不同，对获取证据的非法方法的界定也存在差异。[①]

第四，证据的收集程序合法。我国《刑事诉讼法》《民事诉讼法》对某些证据的收集程序进行了规定。例如，根据我国《刑事诉讼法》第 124 条，侦查人员在现场询问证人，应当出示工作证件，到证人所在单位、住处或者证人提出的地点询问证人，应当出示人民检察院或者公安机关的证明文件，且询问证人应当个别进行。又如《民事诉讼法》第 83 条第 1 款对勘验物证或现场的程序进行明确规定："勘验物证或者现场，勘验人必须出示人民法院的证件，并邀请当地基层组织或者当事人所在单位派人参加。当事人或者当事人的成年家属应当到场，拒不到场的，不影响勘验的进行。"

尽管合法性不是证据本体意义上的特征，但并不能因此否定证据应当具有合法性，因为合法性是在证明活动中作为证据使用的必备要素，非法证据将被排除在证明领域之外。合法性能够引导证据收集活动合法、规范地进行，使证据的来源与形式的客观性得到保障，并且能够使证据收集主体依法运用其权力，进而有效保护当事人的合法权益，防止其受到侵害。合法性作为证据的基本属性之一，为准确认定案件事实提供了重要保障。诚然，证据合法性的要求可能使某些证据资料丧失证据资格，从而减少了案件的信息来源，甚至影响事实真相的发现与查明，但这是司法审判为保障程序公正必须承受的代价。

第三节　证据能力与证明力

一般来说，证据要在证明活动中被采纳并成为认定案件事实的根据，必须同时具备证据能力与证明力，前者主要解决的是证据能够被采纳的资格问题，后者则主要是对证据是否可靠以及证明大小的判断。

---

① 易延友．非法证据排除规则的中国范式：基于 1459 个刑事案例的分析．中国社会科学，2016（1）；李蓉，黄小龙．审判中的非法证据排除规则适用问题审视．理论探讨，2021（6）；周翠．民事非法证据排除的规范解释与实务观察．中国法学，2020（3）．

一、证据能力

证据能力，又称证据资格，是指某些材料能够作为证据采用的法律资格。证据能力是大陆法系国家的法学概念，英美法系国家通常通过证据的可采性来处理这一问题。证据能力作为正式概念常出现于日本的立法与证据法理论中，有日本学者将其表述为“某一有形物能够作为证据方法来使用的资质”①。

证据能力是一个法律概念，是从规范上对证据能否进入法庭所设置的资格限制，而并非指证据在事实上的证明价值。证据规范由立法者制定，能够体现其主观意志。通常而言，有关证据能力的规范是立法者基于政策、社会公共利益或立法技术层面的考量。一方面，通过证据能力规则对证据材料进行筛选，能够过滤与案件事实无关联的材料，确保进入裁判者视野的证据与案件事实具有紧密联系，进而避免庭审范围过于宽泛，使庭审紧紧围绕案件争议问题进行。证据能力规则能够使有限的司法资源更加精准地聚焦于案件的核心争议点，使司法资源的配置得到优化。这反映了对司法效率的需要。另一方面，证据能力规则为证据进入法庭审理设置最低标准，有利于防止审判人员受到干扰而产生偏见，进一步确保司法的公正。

英美法系国家对证据能力的判断主要通过证据的可采性理论来实现。证据的可采性决定证据能否出现在法庭审理的过程中，不具有可采性的证据意味着其没有接受法庭调查的资格。英美法系国家针对证据的可采性设置了大量证据规则，对证据能力予以较为严格的限制。然而，英美法系国家的证据规则较少从正面角度明确界定何种证据材料具有证据能力，而是倾向于以消极方式规定何种证据材料不具有证据能力，或其证据能力受到限制。一般来说，缺乏关联性的证据与应被排除的证据都不具有证据能力，无法进入庭审程序。英美法系国家有关证据能力的规则呈现出复杂且精细的特点，这主要是由其陪审团制度决定的。在英美法系国家，案件事实的认定通常由普通民众所组成的陪审团负责，大多普通民众由于缺乏法律知识与司法经验，对证据的判断往往以较为直观的思维方式进行，即重点关注证据的内容，而忽略其证明作用的相对性。为了避免陪审团成员产生偏见，保证其客观、真实地认定案件事实，法律便对证据材料在证据能力方面作出限制，意图在审判前过滤部分不符合法定条件的“证据”，降低陪审团审查证据的难度。

在大陆法系国家，立法上关于证据能力的规则较少，主要原因在于大陆法系国家的事实认定主要由职业法官完成。与英美法系国家的陪审团不同，职业法官接受过系统且严格的职业训练，具备深厚的专业知识与良好的法律素养，有能力对证据能否作为定案根据作出判断。因此，大陆法系国家对证据材料进入法庭接受调查的限制较少，绝大部分证据材料都能进入审判程序，成为法官自由心证的对象。大陆法系国家主要通过证据禁止与程序禁止实现对证据能力的限制，证据禁止是指对具有证据能力的证据材料的范围予以限制，程序禁止则是指认定证据材料具有证据能力必须经过法定的调查程序，否则证据可能被排除。由于大陆法系国家的审判程序未对证据的“采纳”与“采信”程序

① ［日］高桥宏志．重点讲义民事诉讼法．张卫平，许可，译．北京：法律出版社，2007：27.

进行区分，法庭对证据能力与证明力的审查往往在庭审中一并进行。在这种情况下，证据材料不具有证据能力的后果通常是不能作为定案的根据。如此一来，证据能力就由进入法庭的资格变成了一种作为定案根据的资格。

我国证据法学界对于证据能力的内涵与判断标准尚存争议。如有学者认为，证据能力是严格证明的产物，是证据材料可以作为严格证明资料所应具备的一种法律资格。[①] 也有学者将证据能力定义为“特定证据材料所具有的作为认定事实的资格”，每种证据都有对应证据能力的要求。[②] 还有学者认为，英美法系国家关于证据能力的定义与我国诉讼制度发展趋势更为契合，宜将证据能力定义为法律明确规定的，证据可以在庭审过程中出示并作为定案依据的基本条件。[③] 从这个角度来看，与大陆法系国家相似，我国立法对证据能力的限制较少。

二、证明力

证据的证明力，又称为证据的效力，是指证据对案件事实的认定是否起证明作用以及作用的大小。证明力是证据本身的内在属性，并非以法律规定为前提，证明力的判断是一个事实问题。由于证据存在不同类型，其证明力也存在强弱差异。证据证明力的大小主要取决于证据是否客观真实以及证据与案件事实之间的关联程度。证据与案件事实之间的关联性多种多样且能够为人们所认识与把握，关联性的强弱需在个案中结合具体情况予以判断，法律无法也不宜预先作出普适性的规定。因此，对证明力通常由法官根据经验法则和逻辑法则自由评价。需要注意的是，证明力的大小由法官自由裁量并不意味着法官在此过程中不受任何制约，可以随意进行。法官对证据证明作用的衡量必须遵守法定的程序，且不得违反自然规律、常识以及经验法则等。

证据的证明力与关联性密切相关，一般而言与案件事实具有直接、内在联系的证据，证明力较大。但二者也不可等同，证明力体现的是证据对案件事实的证明程度，包括支持或削弱事实成立，而关联性则是证据与案件事实之间的一种联系，是说明证据具有证明作用的一种可能，证据是否能够发挥证明作用以及证明作用的大小，需待完成对证明的审查判断后明确。

目前，我国法律没有明确规定证据证明力的判断规则。司法实践中，对证据证明力大小的判断基本上依赖于法官的自由裁量。不过我国《刑事诉讼法》第 55 条第 1 款第二句，基于保护被告人权益与防止对案件事实的误认，对被告人供述的证明力作出规定：“只有被告人供述，没有其他证据的，不能认定被告人有罪和处以刑罚；没有被告人供述，证据确实、充分的，可以认定被告人有罪和处以刑罚。”这一规定表明被告人供述具有较弱的证明力，不能单独证明案件事实。此外，我国司法解释有对证明力判断的指引规则，例如 2019 年《民事证据规定》第 90 条规定：“下列证据不能单独作为认定案件事实的根据：（一）当事人的陈述；（二）无民事行为能力人或者限制民事行为能

① 占善刚. 民事诉讼证据调查研究. 北京：中国政法大学出版社，2017：165.

② 张卫平. 民事证据法. 北京：法律出版社，2017：17.

③ 纪格非. 证据能力论：以民事诉讼为视角的研究. 北京：中国人民公安大学出版社，2005：12.

力人所作的与其年龄、智力状况或者精神健康状况不相当的证言；（三）与一方当事人或者其代理人有利害关系的证人陈述的证言；（四）存有疑点的视听资料、电子数据；（五）无法与原件、原物核对的复制件、复制品。”该条对证据证明力实际上作出了限制性的规定，列举的 5 类证据证明力需要补强，不能独立作为认定案件事实的根据。第 91 条规定：“公文书证的制作者根据文书原件制作的载有部分或者全部内容的副本，与正本具有相同的证明力。在国家机关存档的文件，其复制件、副本、节录本经档案部门或者制作原本的机关证明其内容与原本一致的，该复制件、副本、节录本具有与原本相同的证明力。”该条规定副本、复制件、节录本与原件具有相同的证明力。《行政证据规定》第 63 条规定：“证明同一事实的数个证据，其证明效力一般可以按照下列情形分别认定：（一）国家机关以及其他职能部门依职权制作的公文文书优于其他书证；（二）鉴定结论、现场笔录、勘验笔录、档案材料以及经过公证或者登记的书证优于其他书证、视听资料和证人证言；（三）原件、原物优于复制件、复制品；（四）法定鉴定部门的鉴定结论优于其他鉴定部门的鉴定结论；（五）法庭主持勘验所制作的勘验笔录优于其他部门主持勘验所制作的勘验笔录；（六）原始证据优于传来证据；（七）其他证人证言优于与当事人有亲属关系或者其他密切关系的证人提供的对该当事人有利的证言；（八）出庭作证的证人证言优于未出庭作证的证人证言；（九）数个种类不同、内容一致的证据优于一个孤立的证据。”该条使用的“证明效力”就是证明力，明确了 9 种情形证明力的基本判断规则。

理论界有反对证明力规则的声音，基本上皆是源于其与法定证据制度之间的关联。① 相反的主张认为，自由心证并非固有价值，只是由于暂无能力对证据的证明力予以预先规定，在这种情况下，设置证明力规则反而会引发证明活动的混乱。随着科学技术的不断发展、人类认知能力的不断提高，证明力规则的设置成为可能，自由心证原则也应当具有新的含义，科技手段的应用将为规范法官自由心证提供正当性。以自由心证原则完全否定证明力规则现已不具有强有力的说服力。②

小 结

本章主要探讨与证据相关的基础理论，共分为三小节，分别阐述证据的定义、证据的属性以及证据在诉讼中如何发挥作用。第一节“证据的概念和功能”明确了“证据”的基本含义，明确证据是能够证明与法律事务有关之事实存在与否的材料。同时，对证据与诉讼证据进行区分，强调诉讼证据是证据的一种类型。证据在诉讼中的主要功能是证明某一事实的存在或不存在，证据直接影响法官对案件中有争议之事实的认定，进而关系到当事人合法权益的维护与司法公正的实现。因此，证据在司法实践中承担着关键性的角色，是司法公正的基础。第二节“证据的基本属性”详细探讨证据基本属性——客观性、关联性与合法性。这三大属性共同决定了证据材料是否有效、可采纳，是法院

① 肖建华主编. 民事证据法理念与实践. 北京：法律出版社，2005：432；吴丹红. 证据法学的启蒙：吉尔伯特的证据法思想. 证据科学，2007（1，2）.

② ［美］米尔吉安·R. 达马斯卡. 比较法视野中的证据制度. 吴宏耀，魏晓娜，等译. 北京：中国人民公安大学出版社，2006：229.

在审理案件时必须审慎评估的核心标准。第三节“证据资格与证明力”着重分析了证据资格与证明力的概念。证据资格指的是某些材料能够作为证据采用的法律资格，涉及证据是否经过合法程序收集、是否符合形式要求等条件。无证据资格的证据即使在事实层面真实，亦不能作为审判依据。证明力是指证据对案件事实的证明作用，即证据能在多大程度上影响法庭认定案件事实。证明力的大小由证据的内容、来源等多个因素共同决定。证据的证明力不同，会在不同程度上影响法庭对案件事实的判断，进而影响裁判结果。法官在审理案件时不仅要考虑证据是否具备证据资格，还要充分评估每一项证据的证明力，以确保判决基于最有力、最真实的证据基础作出。通过对证据的概念、基本属性及证据资格与证明力的讨论，本章帮助我们深入理解“证据”这一证据法的核心概念，为后续深入学习与理论探讨打下坚实的基础。

思考题

1. 曾甲等人故意伤害纠正遗漏同案犯罪嫌疑人侦查监督案（最高人民检察院指导性案例，检例第217号）

【案情】2011年6月22日中午，曾乙因与同厂女工田某某发生冲突，与田某某的朋友邝某某等人产生纠纷。后曾甲、曾乙以解决纠纷为由，约邝某某等人于当晚6时许到某餐馆吃饭。同时，曾乙将欲报复邝某某等人之事告知“阿俊”，并约“阿俊”等人到场。当晚，双方在餐馆发生口角。曾甲、曾乙、“阿俊”分别持“阿俊”携带的水果刀、铁棍捅刺、击打邝某某等人，致邝某某右肺破裂大失血死亡，其他2人轻伤。案发后，曾甲、曾乙、“阿俊”等人畏罪潜逃。

2011年6月23日，广东省惠州市公安局惠城区分局以“邝某某等被伤害案”进行立案侦查，并登记曾甲、曾乙、“阿俊”等人为在逃人员。2019年9月26日，惠城区公安分局将曾甲、曾乙2人抓获。12月11日，惠城区公安分局侦查终结，以曾甲、曾乙涉嫌故意伤害罪移送惠城区人民检察院审查起诉。经惠城区人民检察院报送，2020年2月5日，惠州市人民检察院以曾甲、曾乙构成故意伤害罪，向惠州市中级人民法院提起公诉。11月24日，惠州市中级人民法院判决曾甲、曾乙犯故意伤害罪，分别判处死刑缓期二年执行、有期徒刑十四年。曾甲、曾乙二人提出上诉。

广东省人民检察院收到广东省高级人民法院移送案卷后，经审查案件材料、听取上诉理由，发现一审案件存在遗漏同案犯罪嫌疑人、证据形式不规范等问题，并予以纠正。在该案中，针对公安机关以出具“情况说明”的方式，简单替代应当以讯问笔录、询问笔录、辨认笔录、现场勘验检查笔录等法定形式收集、固定证据的问题，广东省人民检察院对公安机关提出规范取证意见，要求严格依照法定程序重新收集、固定相关证据。按照检察机关意见，公安机关对一审卷宗中40余份“情况说明”所涉及的案件事实进行了重新侦查、取证，依照法定程序收集、固定、转化为符合庭审要求的合法证据。

经纠正遗漏同案犯、补充完善证据链条、依法转化证据形式，广东省人民检察院经审查认为本案上诉理由不能成立。2021年8月24日，广东省高级人民法院经二审开庭审理，认为曾甲、曾乙故意伤害一案原判决认定事实和适用法律正确、量刑适当，裁定驳回上诉、维持原判。

【问题】本案中“情况说明”是否可以作为诉讼证据使用？为什么？

2. 洪某凤与昆明安钡佳房地产开发有限公司（以下简称“安钡佳公司”）房屋买卖合同纠纷案［最高法（2015）民一终字第 78 号］

【案情】安钡佳公司与洪某凤于 2013 年 8 月签订了两份买卖合同，约定由被告安钡佳公司向原告洪某凤出售两间商铺，以及洪某凤购买安钡佳公司开发建设的百富琪商业广场一、二层商铺的具体事项。洪某凤向安钡佳公司支付了约定的价款，但房屋竣工后，安钡佳公司将其出租予第三方，洪某凤未提出异议。另外，安钡佳公司法定代表人张某霞于 2013 年 8 月 26 日、9 月 18 日向洪某凤各汇款 368 万元。安钡佳公司认为其与洪某凤之间实际的借款金额是 8 000 万元，月息 4.6%，每月利息为 368 万元。就该款项，合同中未作约定。由于安钡佳公司逾期交房，洪某凤诉请安钡佳公司履行交房义务，协助洪某凤办理所有权证，并承担逾期交房的违约责任。安钡佳公司答辩称，“双方签订的房屋买卖合同仅是民间借贷的担保形式，应为无效”。

一审法院认为双方当事人的行为不符合房屋买卖的一般交易习惯，双方之间的法律关系实际上是“名为房屋买卖，实为借款担保”。二审法院撤销一审判决，主要理由之一是：“合同在性质上属于原始证据、直接证据，根据《最高人民法院关于民事诉讼证据的若干规定》第七十七条有关证据证明力认定原则的规定，其应作为确定当事人法律关系性质的逻辑起点和基本依据，应当重视其相对于传来证据、间接证据所具有的较高证明力。若要否定书面证据所体现的法律关系，并确定当事人之间存在缺乏以书面证据为载体的其他民事法律关系，必须在证据审核方面给予更为审慎的分析研判。”

【问题】认定本案法律关系应当依据何种证据，为什么？

3. 樟芝（上海）投资中心（以下简称“樟芝中心”）与深圳牛樟芝制药有限公司（以下简称“牛樟芝公司”）等民间借贷纠纷案［（2015）沪一中民四（商）终字第 965 号］

【案情】樟芝中心为一有限合伙企业。牛樟芝公司为樟芝中心的合伙人之一，李某现为樟芝中心的执行事务合伙人。2014 年 7 月 10 日，牛樟芝公司经中国工商银行深圳市分行向樟芝中心企业账户分别汇入 1 万元、4 万元，合计 5 万元。其中客户回单用途摘要一栏中写为“借款”。2014 年 7 月 11 日，樟芝中心及李某通过微信方式向牛樟芝公司法定代表人出具一张借条。牛樟芝公司因多次催讨未果，故诉至法院，请求判令：樟芝中心及李某归还借款 5 万元并承担本案诉讼费。

【问题】试分析本案中以微信方式出具的借条的证据资格与证明力。

第六章 证据的分类

第一节　证据分类概述

一、证据分类的概念

分类是一种重要的理论研究方法，有助于从不同角度、不同侧面揭示研究对象的属性及特征，厘清不同类别研究对象之间的内在逻辑关系，从而形成一个整体的体系。证据法学中的证据分类，也称证据的理论分类，是指从理论上按照不同的标准对证据进行的类型划分。证据分类的目的在于研究不同类别证据在证明力和证据能力上的特点，以及运用证据的客观规律，最终提高运用证据查明案件事实真相的能力。

与证据的理论分类密切相关的一个概念是法定的证据种类。法定的证据种类其实也是对证据的一种分类，是立法者根据证据的存在和表现形式对证据所作的法律上的划分。证据的理论分类以证据的法定种类为基础，即对不同表现形式的法定证据进行全面深入研究后形成的一种理论归类，是对法定的证据种类研究的丰富和深化。二者之间有着密切的联系，同时也有着明显的区别：其一，证据分类是一种学理上的解释，法律对此一般没有明确规定；而法定的证据种类具有法律上的效力，不符合法定表现形式的证据材料不得作为定案的根据。其二，证据分类是从不同角度按多个标准对证据进行划分，如从证据来源、证据效力、证明作用等不同角度把证据划分为原始证据和传来证据、直接证据和间接证据、有罪证据和无罪证据，等等；而法定的证据种类只是依据一个单一的标准，即以证据存在的表现形式对证据进行划分。以《刑事诉讼法》为例：该法第 50 条把刑事证据分为 8 种，即物证，书证，证人证言，被害人陈述，犯罪嫌疑人、被告人供述和辩解，鉴定意见，勘验、检查、辨认、侦查实验等笔录，视听资料、电子数据。其三，证据分类的标准较为多元，因而有利于全面揭示证据的特点和运用规律，而法定的证据种类仅从一个角度对证据进行归类，只能反映证据某一个方面的特点。同时，证据的某一法定表现形式并不必然仅属于某一证据分类。比如，证人证言既可能是直接证据，也可能是间接证据；物证既可能是原始证据，也可能是传来证据。

值得注意的是，随着证据法学研究的深入和司法实践的经验积累，证据分类亦开始在与证据相关的司法解释及非司法解释类审判业务规范性文件中有所体现。

我国证据法学界长期以来普遍认同的证据分类主要有以下几种：(1) 根据证据的表

现形式不同，将证据分为实物证据和言词证据；（2）根据证据是否直接来源于案件事实，将证据分为原始证据和传来证据；（3）根据证据能否直接证明案件事实，将证据分为直接证据和间接证据；（4）根据证据与证明责任承担者之间的关系，将证据分为本证和反证。本章也主要对这四种证据分类进行介绍。

需要指出的是，作为一个不断发展的理论问题，证据分类不是一成不变的。我国证据法学界近年来提出了一些新的理论分类，例如，根据用以证明案件主要事实的证据是否需要其他证据补充增强证明力才能作为定案根据，将证据分为主证据和补强证据。再如，在刑事诉讼中，根据证据证明的对象是案件事实还是证据本身的不同，将证据分为立证证据和弹劾证据，其中证明案件事实的证据被称为立证证据，那些不能直接证明案件事实而是指向证据本身证明力强弱的证据被称为弹劾证据。如证人当庭陈述与庭前陈述明显不符时，反对方可以在法庭准许的情况下，宣读和出示证人庭前笔录，用以证明证人当庭陈述的不真实。① 又如，在刑事诉讼中，根据证据所证明的是诉讼过程事实还是要件事实的不同，将证据分为过程证据和结果证据。结果证据通常表现为物证、书证、视听资料、电子数据等，而过程证据通常表现为笔录证据、录音录像等，它所要证明的主要是特定实物证据或言词证据的收集、提取、保全的过程。② 再如，根据证据内容的稳定性与可靠性程度的不同为标准，将证据分为客观性证据和主观性证据。客观性证据是指以人以外之物为证据内容载体的证据，而主观性证据则是指以人为证据内容载体的证据。③ 这些新的证据分类有利于丰富和拓展证据研究的维度。但目前而言，学界普遍接受的依然是前述四种传统的证据分类，本章也主要围绕这四种证据分类的标准、不同证据类型的基本特征以及其运用规律进行阐释。

二、证据分类的比较法考察

从世界范围来看，证据分类最早始于18世纪英国法学家边沁，他在《司法证据原理》一书中就提出了证据分类的几种方法，包括实物证据和人的证据、自愿证据和强制证据、言词证据和书证、直接证据和情况证据、原始证据和传闻证据等。④ 总体而言，英美国家和地区对证据分类和种类区分不甚严格，而大陆法系国家和地区则对证据分类和种类区分较为清楚，既在法典中明确规定了不同的证据种类，同时在理论上展开了对证据分类的研究。从国别和地区考察来看，英国证据法学界将证据分为直接证据与环境证据，原始证据与传闻证据，最佳证据与第二流证据，口头的证据、书面的证据与实物的证据，推定证据与终局证据。美国证据法学界将证据通常分为直接证据与间接证据或旁证，第一手证据与第二手证据，言词证据、实物证据与司法认知等。⑤ 德国证据法学界通行的证据分类包括主证和反证、直接证据和间接证据两大类。⑥ 日本证据法学界的

① 陈瑞华. 刑事证据法学. 2版. 北京：北京大学出版社，2014：75.

② 陈瑞华. 刑事证据法的理论问题. 北京：法律出版社，2015：225－249.

③ 樊崇义，李思远. 刑事证据新分类：客观性证据与主观性证据. 南华大学学报（社会科学版），2016（1）.

④ 樊崇义. 刑事诉讼法学研究综述与评价. 北京：中国政法大学出版社，1991：297.

⑤ 宋英辉，汤维建. 外国证据法. 北京：法律出版社，2003：402－403.

⑥ 何家弘. 外国证据法. 北京：法律出版社，2003：402－403.

证据分类包括人的证据与物的证据，供述证据与非供述证据，人证、书证与物证，直接证据与间接证据，本证与反证，实质证据和辅助证据或弹劾证据，言词证据与非言词证据，有证据能力的证据与无证据能力的证据等。苏联证据法学界的证据分类包括人证与物证，直接证据与间接证据，原始证据与传来证据，有罪证据与无罪证据（控诉证据与辩护证据）等。我国台湾地区证据法学界的证据分类包括本证与反证，原始证据与传来证据，通常证据与补助证据，直接证据与间接证据，情况证据与供述证据，主证据与补强证据，事前证据、当时证据与事后证据等。[①] 借鉴域外学者对证据分类的研究，有助于我们深入理解和全面分析证据的分类。

三、证据分类的意义

证据分类研究有着重要的理论和实践意义：在理论层面，有利于从不同角度探索和发现证据的属性及特征，形成对证据的全方位、体系化认识，进而促进证据理论研究的进一步深入，揭示和梳理证据审查、判断、运用应当遵循的规律，为完善我国证据制度提供理论依据；在实践层面，证据分类使表现形式各异的证据类型化，有利于指导办案人员根据证据类型和属性科学办案，引导办案人员少走弯路，提高办案质效，实现司法公正和提升司法公信力。

第二节　原始证据和传来证据

根据证据来源或者出处不同，证据可以分为原始证据和传来证据。区分原始证据与传来证据的意义在于揭示两种证据在真实性和可靠程度上的差异，从而为证据的收集与运用提供理论支撑。

一、原始证据和传来证据的概念

所谓证据来源，即指证据与案件原始事实或证据原始出处之间的关系。原始证据是指直接来源于案件原始事实或出自原始出处的证据。证据直接来源于案件事实，即指证据是在案件事实的直接作用或影响下形成的；证据出自原始出处即指证据直接来源于证据生成的原始环境。原始证据的特征主要包括：一是相较于传来证据，具有更高的可靠性和更强的证明力；二是数量相对较少，收集的难度相对较大。正是由于直接来源于案件事实或出自原始出处，因而原始证据又被称为第一手证据或原生证据。[②] 例如，在犯罪现场被发现并提取的与案件有关联的物品、痕迹、书面材料等，或者被害人对自己受害经过的陈述，民事案件当事人提供的合同原件等，都属于原始证据。再如，证人王五就其耳闻目睹的事实所提供的证言，亦属于原始证据，即证人王五目睹了被告张三与李四打架的全过程，其与双方当事人均无利害关系，根据王五的证言分清了各自的责任。因王五的证言内容是其

---

① 卞建林. 证据法学. 北京：高等教育出版社，2023：142－143.

② 何家弘，刘品新. 证据法学. 7 版. 北京：法律出版社，2022：143.

亲自看到的，直接来源于民事侵权纠纷的过程，故王五的证言就是原始证据。

传来证据是指非直接来源于案件事实或出自原始出处，而是由原始证据派生出来的证据；因此，传来证据也叫派生证据。传来证据的特征主要包括：一是传来证据具有间接性。多数传来证据间接来源于案件事实，直接来源于原始证据；二是传来证据具有依赖性，传来证据对原始证据的依赖性很强，原始证据的真伪直接影响传来证据的可靠性。现场痕迹的模型、书证的复印件、证人转述他人的证言等，都属于传来证据。原始证据与传来证据之间存在天然的不可割裂的关系，因为传来证据是在原始证据的基础之上经过传播、复制等环节而产生的证据形式；如果没有原始证据，传来证据也就无从谈起。即使某一证据的原始形式已经消失，现存的传来证据的源头也依旧是原始证据。

相较于原始证据，传来证据可能是第二手证据，也可能是第二手以上的证据。一般而言，中间环节越多，离案件事实或原始出处越远，那么证据失真的风险越大。需要注意的是，并非任何经过复制、复印等中间环节的证据都是传来证据。判断原始证据和传来证据的标准在于证据材料是否直接来源于案件事实或出自原始出处，而不是证据本身的表现形式。例如，在有的煽动颠覆国家政权案件中，犯罪分子首先手写反动标语，然后大量复印散发。这种情形下无论手写的还是复印的标语都属于原始证据，但如果侦查机关对传单再行复印或拍照，则得来的复制件是传来证据。又如，在民事案件中，用复写纸复写的一式两份合同文本，商店用复写纸开具的收据的第二联，虽然制作方式是复写，但都是原始证据。

还要注意的是，传来证据不同于英美证据法上的“传闻证据”。传闻证据是以“庭审中心主义”为前提的一个法律概念，其基本含义是指证人以他人的陈述为内容所作的陈述，或者法庭以外所制作的书面证人证言或证人证言笔录。英美法中，传闻证据是不具有可采性的，因为证人在法庭审判外提供的证言（包括书面证言），或者在法庭上所陈述的内容非本人亲身经历感受而了解的事实，无法在法庭上接受质询，从而剥夺了一方当事人的反询问机会，进而无法对证言的真实性进行有效的检验判断。简单而言，传闻证据排除规则强调的是原始证人必须出现在法庭上（除非存在法律规定的例外情形），而传来证据的判断标准是证据非来源于案件原始事实或非出自原始出处。因此，法庭审理过程中宣读的书面证人证言，只要源自该证人的亲身感受，就属于原始证据，而在法庭上转述的他人证言则属于传来证据。此外，传来证据和传闻证据还有一个区别在于，传闻证据仅适用于言词证据。而传来证据是一种适用范围更广泛的证据范畴，既可以适用于证人证言、被告人供述和辩解等言词证据，也可以适用于物证、书证、视听资料等实物证据。

二、原始证据与传来证据的运用规则

从相关性角度而言，原始证据和传来证据的区分并没有明显的不同，二者的区别主要在于真实性和可靠性。① 证据来源是影响证据可靠性的重要因素。一般而言，证据事

① 例如，最高人民法院在判决中认为，合同在性质上属于原始证据、直接证据。应当重视其相对于传来证据、间接证据所具有的较高证明力，并将其作为确定当事人法律关系性质的逻辑起点和基本依据。若要否定书面证据所体现的法律关系，并确定当事人之间存在缺乏以书面证据为载体的其他民事法律关系，必须在证据审核方面给予更为审慎的分析研判。洪某凤与昆明安钡佳房地产开发有限公司房屋买卖合同纠纷案. 最高人民法院公报，2016（1）.

实是伴随着案件的发生而形成的，反过来用于证明与其同时发生的案件事实。证据与案件原始事实的关系越直接、越密切，其可靠程度越高，其真实性也更容易得到审查和核实。直接来源于案件事实，与案件事实之间没有任何中间环节干扰的证据，对案件事实本来面貌的反映才是最真实的，中间环节越多，证据受各种主客观因素的影响越大，出现信息偏差的可能性也越大。这是信息传递过程中的一般规律。从证据审查角度来说，对原件原物或原始证人进行审查核实所得出的结论对查明案件事实才具有直接的证明作用，至于那些经过传播、复制、摘抄、转述的第二手或第二手以上的证据，对其进行审查判断得出的结论是具有不确定性的，有时甚至无法进行有效的审查判断，比如，对于录音录像资料的复制件，鉴定就难以进行，甚至没有实质意义。

原始证据和传来证据的区分，对于办案人员收集运用证据具有重要的指导意义。具体而言，对原始证据、传来证据的收集和运用，应当注意遵循以下规则。

1. 办案人员在司法实践中应当尽量收集和使用原始证据

英美法系国家的证据法中，有一条主要适用于书面证据的“最佳证据规则”，即要求书证提供者尽量提供原件，如果提供副本、抄本、影印本等非原件，则必须提供充足理由加以说明。这一规则明确规定原始文字材料优先于复制品或根据对原始文字材料的记忆所作的口头陈述。这一规则对于我国是有借鉴意义的。事实上，我国三大诉讼法及相关司法解释的规定虽然没有明确规定这一规则，但都间接地体现了对这一规则的认同，如《民事诉讼法》第 73 条第 1 款第一句规定：“书证应当提交原件。物证应当提交原物。”《行政证据规定》第 63 条第 6 项规定：“原始证据优于传来证据。”2021 年《刑诉解释》第 83 条第 1 款第一句规定：“据以定案的物证应当是原物。”司法实践中，对于物证书证，应当尽量收集调取原件原物；对于证人证言，应当尽可能找到原始证人，从耳闻目睹案件事实发生的证人那里获取证言。对于当事人的陈述或供述，同样不能停留在书面供述或陈述，而应当当面询问或讯问，以直接获得对案件事实的深入了解。

2. 原始证据优先的同时，也要重视传来证据的收集提取

一般而言，只要有原始证据，就不使用传来证据，但这并不意味着完全排斥传来证据的使用。依照《刑事诉讼法》第 50 条第 1 款规定，“可以用于证明案件事实的材料，都是证据”，在我国只要是能证明案件事实的材料，无论是原件原物还是经传播、复制的转抄件，都可以成为证据。尽管传来证据的可靠性弱于原始证据，但我们不能忽视传来证据的价值和作用，理由是：其一，传来证据往往可能是发现原始证据的线索。不少案件都是先有传来证据，以传来证据为线索而后收集到原始证据。其二，传来证据是审查原始证据的有效手段。即使是原始证据，也需要经过审查核实才能作为定案根据，而传来证据往往可以用来核实或佐证原始证据的真伪。例如，被害人陈述属于原始证据，但被害人可能因时间太久记忆不清，或受他人威胁而作虚假陈述，如果被害人此前曾把有关案件情况告知他人，那么由他人转述而形成的传来证据，就可以用来审查核实被害人陈述这一原始证据的真实性。其三，传来证据可以代替某些无法获得或提取的原始证据。如被害人的尸体或伤痕属于原始证据，但无法保管和随案移送，只能采取拍照、录像等方式予以提取固定，代替原始证据。有些情况下，原始证据已然灭失或无法提取，例如，在证人死亡或丧失作证能力的情况下，原始证人证言无法获得，此时只能运用传

来证据证明案件事实。总之，我国三大诉讼法虽然强调原始证据的收集，但也没有排除传来证据的收集和运用，例如，《行政证据规定》第 10 条第 1 款第 1 项规定："提供书证的原件，原本、正本和副本均属于书证的原件。提供原件确有困难的，可以提供与原件核对无误的复印件、照片、节录本。"

当然，在收集传来证据时，办案人员应当尽量提取和使用最接近案件事实的传来证据，同时对传来证据的审查要格外慎重。首先，审查传来证据的原始来源，即该证据内容最初形成的情况和"第一提供者"的情况。传来证据的来源必须确切，任何主观推测、道听途说都不得成为定案的根据。其次，审查传来证据的传来方式，例如，某文书是用什么方法复制的，证人是如何得知该证言的，是口头获悉还是书面获悉，等等。最后，审查传来证据在传播、复制、转述过程中有无失真。凡查不清来源的传来证据，或者不能证明与原始证据内容相同的传来证据，均不能作为定案的根据。

第三节　直接证据和间接证据

根据证据与案件主要事实的证明关系的不同，证据可以分为直接证据和间接证据。[①] 区分直接证据和间接证据的意义在于，公安司法人员把握了这两类证据的特点，有利于重视对案件的各种证据的收集与获得，并准确运用案件中的直接证据和间接证据对案件作出及时正确的处理。

一、直接证据和间接证据的概念

要理解直接证据和间接证据的划分，首先需要了解"案件主要事实"。所谓案件主要事实，是指对确定案件争议或解决纠纷具有关键意义的事实。在不同的诉讼类型中，案件主要事实是不同的。在刑事诉讼中，案件主要事实是指犯罪嫌疑人、被告人是否实施了被指控的犯罪行为，具体包括两个方面，即犯罪行为是否发生和该行为是否系被追诉人所为。需要注意的是，肯定有罪的直接证据必须能够单独直接证明案件主要事实的两个具体方面，而否定有罪的直接证据只需能够单独直接证明其中一个方面，即犯罪行为没有发生或者确非被追诉人所为。在民事诉讼中，案件主要事实是指民事当事人之间存在争议的民事法律关系发生、变更、消灭的事实。在行政诉讼中，案件主要事实是指行政机关具体行政行为是否合法的事实。

在理解案件主要事实的基础上，再来考察证据与案件主要事实之间的证明关系。所有证据都具有关联性，这是证据的基本属性，但证据与案件事实之间的关联方式是有所不同的。

直接证据是指能够单独、直接证明案件主要事实的证据。直接证据可以不依赖其他

① 关于直接证据与间接证据分类标准问题，也有观点指出：现有的以证据与案件事实的关联方式不同为标准，区分直接证据与间接证据的思路是失败的。直接证据与间接证据的区分需要另辟蹊径。纪格非."直接证据"真的存在吗?：对直接证据与间接证据分类标准的再思考.中外法学，2012（3）；纪格非.直接证据与间接证据划分标准的反思与重构.法学论坛，2013（1）.

证据，不需要经过推理就能直接地对案件主要事实起到证明作用。间接证据是指不能单独、直接地证明案件主要事实，而需要与其他证据相结合才能证明案件主要事实的证据。单独一个间接证据不能直接证明案件主要事实，它只能证明案件事实中的某个情节或片段。

在司法实践中，间接证据的范围相当广泛，难以归类概括。诚如有学者所言，“如果把案件中的证据比作大海上漂浮的冰山，那么直接证据只相当于露出水面的山尖部分，而间接证据则是藏在水下的巨大山体”①。就案件构成要素而言，只能证明时间、地点、工具、手段、结果、动机等单一的事实要素、案件情节的证据，都是间接证据。就法定的证据种类而言，物证、勘验笔录、鉴定意见通常不能单独直接证明案件主要事实，一般都是间接证据。

二、直接证据和间接证据的运用规则

（一）直接证据的运用规则

直接证据是能够直接证明案件主要事实的证据，具有以下特点：首先，其与案件主要事实的证明关系是直截了当的，无须经过任何中间环节，一经查实即可作为定案根据。其次，直接证据在司法实践中多表现为言词证据，较易受到主观因素的影响而失真，如当事人因与案件的处理结果有利害关系而可能作虚假陈述；证人由于受生理状况的影响在感知和记忆上出现差错而提供不真实的情况等。最后，在证据的收集上，直接证据来源较窄，数量少且较难获取。例如，刑事案件的发生场所一般较隐蔽，往往目击证人少，因而作为直接证据的证人证言也少，如果犯罪嫌疑人、被告人拒不供述，就较难取得直接证据。

直接证据的上述特点决定了运用直接证据的关键是保证其真实性和可靠性，故司法实践者应当遵循以下具体规则。

1. 所有直接证据必须有其他证据加以印证，经查证属实才能作为定案的根据

任何证据都不能自我证明其内容的真实性；尽管直接证据能够单独直接证明案件主要事实，但并不能据此证明其自身的真实性。直接证据多表现为言词证据，其本身具有的不稳定性也要求收集其他证据，以便相互印证、相互补充，形成严密的证据链，进而据以认定案件事实。2021 年《刑诉解释》第 141 条作了这方面的规定，即根据被告人的供述、指认提取到了隐蔽性很强的物证、书证，且被告人的供述与其他证明犯罪事实发生的证据相互印证，并排除串供、逼供、诱供等可能性的，可以认定被告人有罪。这一规定实际上是对被告人供述进行补强的具体要求。

2. 孤证不能定案，即只有一个直接证据不能定案

《刑事诉讼法》第 55 条第 1 款中规定，“只有被告人供述，没有其他证据的，不能认定被告人有罪和处以刑罚”。在民事诉讼、行政诉讼中，同样应当坚持孤证不能定案的规则。

---

① 何家弘，刘品新. 证据法学. 2 版. 北京：法律出版社，2004：136.

（二）间接证据的运用规则

间接证据具有以下特点：首先，证明关系上的间接性，即间接证据尽管对案件事实的其个情节、片段具有直接证明作用，但对案件主要事实的证明仅具有间接作用。其次，证明过程的推断性。间接证据必须借助其他证据形成证据体系，通过分析、推理，排除一切合理怀疑（刑事诉讼）或者达至高盖然性（民事、行政诉讼），才能证明案件的主要事实。间接证据证明案件主要事实的过程相对复杂，难度较大。再次，表现形式的多样性。间接证据的表现形式多样，但一般表现为物证，客观性较强。[①] 复次，间接证据范围广、数量多、易于收集。任何案件的发生都会对外界（包括人和物）产生一定的影响，留下一些痕迹或印象，其中只有少数会成为直接证据，多数则为间接证据。最后，排他性，即各个间接证据所能证明的案件事实必须是相互一致的，不能是相互矛盾的，必须排除其他可能性。

直接证据和间接证据与案件主要事实的证明关系不同，但不能因此认为直接证据一定优于间接证据。实践中间接证据对于证明活动有着重要作用，具体表现为：间接证据是查明案件主要事实的线索和发现直接证据的媒介；间接证据可以鉴别直接证据的真伪，增强直接证据的证明力；在没有直接证据的情况下，依据间接证据组成的证据体系也可以定案。依据现有规定，结合长期以来的司法实践经验，在运用间接证据时应当遵循以下几项规则。

1. 据以定案的每一间接证据必须经查证属实

如果间接证据本身的真实性不能得到肯定，就不可能得出符合案件真实情况的结论，因此必须保证间接证据自身的客观真实性。

2. 间接证据必须与案件事实存在客观联系，对证明案件事实具有实际意义

间接证据与案件主要事实之间的联系复杂多样，必须结合其他证据查明其联系的性质和方式，才能将其作为定案的根据。

3. 间接证据必须形成一个完整的证明体系

间接证据必须达到构成完整的证据体系所需要的量的要求。同时，所有的间接证据按相互之间的联系排列起来，必须协调一致，没有矛盾，能够证明案件中必须查明的全部事实和情节，否则间接证据再多也不能据以定案。

4. 依据运用间接证据组成的证据体系所得出的结论必须是唯一的，具有排他性

根据间接证据得出的结论应当确凿无疑，没有其他可能性。只有这样，间接证据才具有说服力。

5. 运用间接证据进行的推理符合逻辑和经验

根据间接证据认定和查清事实要经历一个复杂的思维过程。其间，办案人员要正确运用逻辑推理，避免凭“想当然”办案；要把握正确推理与主观臆测之间的界限；要尊重常识常情常理，亦即日常生活经验。

需要注意的是，《死刑案件证据规定》第 33 条第 2 款规定，“根据间接证据定案的，判处死刑应当特别慎重”。之所以作这种规定，是因为司法机关考虑到根据间接证据进

① 潘金贵. 证据运用实务教程. 北京：法律出版社，2023：210－211.

行的司法证明很难达到排除其他可能性的程度，而对死刑的适用又应当极为慎重。

掌握直接证据与间接证据运用规则的意义在于提醒办案人员和当事人全面认识直接证据与间接证据的不同特点，正确收集、审查和运用证据，以便查明案件事实。一方面，对于间接证据材料的态度应当是慎重，不能不信，也不能轻信或迷信；另一方面，办案人员应当增强对间接证据证明力的认识，积极收集间接证据定案，而不是在无法收集直接证据时退却、畏缩，无所作为，或者为了收集直接证据而不惜采用暴力、威胁、引诱、欺骗等非法手段获取被告人口供、证人证言，从而有效地保障当事人和其他诉讼参与人的基本权利。

第四节　言词证据和实物证据

根据证据的实质内容和表现形式的不同，证据可以划分为言词证据与实物证据。区分言词证据和实物证据的意义在于可以揭示两类证据的不同特点，为收集、审查、判断和运用证据提供理论依据。

一、言词证据和实物证据的概念

言词证据是指以人的陈述为证据内容和表现形式的证据。在法律规定的各种证据种类中，证人证言，被害人陈述，犯罪嫌疑人、被告人供述和辩解，民事诉讼当事人的陈述，行政诉讼当事人的陈述，鉴定意见，等等，都属于言词证据。言词证据一般以笔录为载体，如犯罪嫌疑人、被告人的讯问笔录，证人的询问笔录，等等。虽然这些言词证据的记载形式为实物，但归根结底言词证据是以陈述人陈述的内容来证明案件事实，因此不能因为言词证据的载体表现为实物而混淆言词证据与实物证据。鉴定意见具有一定的特殊性，其内容不是陈述人对案件事实直接或间接的感知，而是鉴定人对与案件事实有关的专门性问题进行鉴定后出具的书面意见。但鉴定意见依然归属于言词证据，因为鉴定意见是鉴定人就案件中某些专门性问题进行鉴定后发表的观点和看法，是鉴定人提供的一种主观判断材料，是以鉴定人的书面陈述证明案情；在法庭审理时，当事人等有权对鉴定人就鉴定意见发问，鉴定人有义务出庭接受质询，对鉴定意见作进一步的解释；鉴定人当庭所做的专家证言也属于鉴定意见的组成部分。

实物证据是指以实物形态为证据内容和表现形式的证据。一般认为，在法律规定的法定种类中，物证、书证、视听资料等属于实物证据。物证、书证、视听资料是以实物形态存在的，当然属于实物证据，但勘验笔录、检查笔录、现场笔录、辨认笔录、侦查实验笔录等属于实物证据还是言词证据？有学者认为，“尽管勘验、检查、辨认、侦查实验笔录等通常表现为书面笔录的形式，却属于侦查人员对其侦查过程和相关证据线索的记录，体现了侦查人员的主观认识和判断，因此不应被归入实物证据的范围。和鉴定意见一样，这些笔录证据一旦在证明力或证据能力上面临质疑，那些制作勘验、检查、辨认、侦查实验笔录的侦查人员就有可能作证，就其侦查过程和制作笔录的情况进行解释和说明，并回答各方的询问和质疑。既然侦查人员的当庭证言属于言词证据，那么，他们所制作的各类笔录证据也就具有言词证据的性质了”[①]。本教材认为，辨认是对与案件相关的人或物进行辨别的活动，辨认过程中要对辨认人进行询问并进行记录，辨认笔录也是一种人的陈述，属于言词证据。但就勘验笔录、检查笔录、现场笔录、侦查实验笔录而言，应归入实物证据为宜，原因在于它不是对人的陈述的记录，而是司法或执法人员对实际存在的场所、人身、实体物的状态和特征的客观记录，通常表现为一定的书面材料、照片、绘图、录音录像，等等。这种记载是对有关场所、物品、人身、尸体等情况的客观记载，是固定现场、物品、痕迹、人身等情况的一种形式，而并非司法或执法人员的意见或判断，从实质上说仍然是以实体物作为其证据内容和表现形式的，证明的对象是原始案件事实。但当侦查人员出庭就其侦查过程和制作笔录的情况向法庭进行解释和说明时，其证言证明的是侦查行为和诉讼过程的合法性和规范性。因此，勘验笔录、检查笔录、现场笔录、侦查实验笔录与侦查人员出庭证言是两种不同的证据类型。

言词证据与实物证据的划分标准是证据的实质内容和表现形式，具体要从两个方面进行理解：其一，言词证据和实物证据的一个直接区别是证据的表现形式。一般而言，言词证据以人的陈述为表现形式，而实物证据的表现形式是各种实物形态。这一区别比较直观明了。其二，言词证据和实物证据的一个关键区分点是证据的实质内容。言词证据是以人的陈述中包含的内容来证明案件事实，而实物证据是以物的外部形态或物所记载的内容起证明作用，具体而言，狭义的物证是以物的外形、特性等物理属性来证明案件事实，书证、视听资料、勘验笔录等则以其所记载的内容或反映的信息来证明案件事实。言词证据也可能表现为实物形态，如书面证人证言，而书证、视听资料、勘验笔录等实物形态的证据与言词证据也有相似之处，这时就需要从上述两个方面进行仔细辨析。

二、言词证据与实物证据的特点及运用规则

（一）言词证据的特点及运用规则

言词证据具有以下特点：首先，言词证据对案件事实的证明是动态的，两者之间的关联性较为明显。言词证据一般是陈述人就其直接或间接感知的案件事实所作的陈述，能够形象生动地再现案件事实，与案件事实的关联较为直接明显。通过广泛收集言词证据往往能迅速地从总体上、甚至在细节上把握案件的全貌。其次，言词证据具有能动性。言词证据不像实物证据那样处于静止和被挖掘状态，人作为言词证据的储存主体，可以主动提供他所感知的案件事实，从而对案件事实起到及时的证明作用。最后，言词证据容易因受主客观因素的影响而失真。由人的记忆规律所决定，记忆能保持相当长的时间，因此言词证据的证据源一般不易灭失；但言词证据的形成要经历感知、记忆、陈述等环节，在这些过程中必然受到人的自然因素、社会因素和外在条件的影响，从而使言词证据具有易变、易失真的特点。

针对言词证据的上述特点，在运用言词证据时应当遵循下列规则：

（1）言词证据的收集不得采用刑讯逼供、威胁、引诱、欺骗等非法方法，并保证一

① 陈瑞华. 刑事证据法学. 2版. 北京：北京大学出版社，2014：76－77.

切与案件有关或知道案情的公民有客观提供证据的可能。言词证据的收集方法主要是讯问和询问，讯问和询问应当按法律规定的程序进行。讯问和询问过程中，要尽可能创造条件使陈述人及时、全面、客观地陈述，暴力取证或以其他非法方法取证都是妨害陈述人及时、全面、客观陈述的做法，必须被禁止。收集言词证据一般以口头方式进行，可以由陈述者按照其感受案件事实的经过和顺序陈述，也可以提问方式进行，但不得诱导、暗示；应当告知陈述人有如实陈述的义务，告知陈述人作伪证或虚假陈述的法律责任。

（2）审查言词证据时应当注意有无影响其真实性的主客观因素。在审查言词证据过程中必须充分注意证据主体的个人情况，譬如，与案件的关系，感知、记忆、陈述的能力和条件，外在社会环境的影响等因素。总之，对言词证据必须仔细鉴别。在法庭调查阶段，言词证据须由诉辩双方进行质证并经法庭查证属实后才能作为定案的根据。

（二）实物证据的特点及运用规则

相较于言词证据，实物证据具有以下特点：首先，实物证据客观性较强。实物证据是客观存在的物，不依赖于人的意识而存在，一般难以伪造，不易受人的主观因素影响而失真，因此，其客观性、稳定性较强。但实物证据也可能受外力作用而灭失，如因毁弃、自然条件的变化而灭失。其次，实物证据对案件事实的证明一般是静态的、片段的。有些音像资料能够反映案件主要事实，对案件事实的证明是动态的、全面的。但大多数实物证据不能主动、直接地把案件事实展现出来，其证明价值往往要借助于人的推理和判断，因而实物证据也常被称为“哑巴证据”。最后，实物证据的发现以及其证明价值的挖掘与人的认识能力有关。实物证据一般处于被动的待发现状态，要依靠人们主动收集，其承载的信息也要靠人们揭示，其证明力在很多情况下对科学技术、设备、知识的依赖性较强。

根据实物证据的特点，结合司法实践经验，在运用实物证据时一般应当遵循以下规则。

（1）发现、收集、提取、固定实物证据的过程中要充分运用科学技术手段并及时进行，避免实物证据因外力作用而灭失或被伪造、变更。对实物证据一般采取勘验、搜查、扣押、查封、冻结、当事人提供等方式进行收集，收集实物证据时应当履行必要的交接手续，并充分运用科技手段防止遗漏或破坏实物证据的证明价值；对不能保存的，应当用拍照、制作模型、绘图等方法予以保全和固定。

（2）审查实物证据时，一方面要注意其真实性，查明有无伪造、变形、损坏的情况；另一方面要判断其与案件事实的关联性，一般而言，实物证据与案件事实的关联性不及言词证据与案件事实的关联性，应当仔细进行分析推理，必要时进行辨认和科学鉴定。

（3）实物证据的信息容量较少，证明的范围狭窄，因此一般不能只依靠实物证据定案，而应当将实物证据与言词证据相结合，在相互印证的基础上定案。

掌握言词证据与实物证据特点和运用规则的意义在于通过揭示言词证据与实物证据各自的特点和差异，指导办案人员和当事人正确地收集、审查、判断证据，进而证明案件真实情况。一般而言，实物证据可用来证实言词证据的真伪，言词证据可用来挖掘实物证据的证明力，揭示实物证据与案件事实之间的关联性。司法者充分利用言词证据与实物证据各自的优点，综合运用，就能取得最佳的证明效果。

第五节　本证和反证

根据证据与证明责任承担者之间的关系，证据可以分为本证和反证。划分本证与反证是以证据对当事人双方所主张的事实是否成立的作用为依据。区分本证与反证的关键在于提出的证据是用来支持己方所主张的事实，还是反驳对方所主张的事实，支持己方事实主张的证据为本证，反驳对方事实主张的证据为反证。

一、本证和反证的概念

在刑事诉讼领域，人们习惯将证据划分为控诉证据与辩护证据、有罪证据与无罪证据，或者不利于被告人的证据与有利于被告人的证据。这几种划分各有其强调的侧重点，但也存在一定的缺陷。采用本证与反证的划分方法，有利于在证据法学的研究中探讨一种适用于各种诉讼证据的统一的分类方法。事实上，在证据理论中，确有学者将有罪证据与无罪证据称为本证与反证。如我国台湾地区学者陈朴生在《刑事证据法》中认为，“……在采职权主义之立法例并不认当事人有证明责任，因认本证，系指证明犯罪事实存在之证据。此项证据，多属（于）被告不利，故有称之为攻击证据，或曰有罪证据；反证，则指证明犯罪事实不存在之证据。此项证据，多属（于）被告有利，故有称之为防御证据，或曰无罪证据”①。本节统一采用本证与反证的划分方法。

所谓本证，是指证明负证明责任一方主张的事实存在的证据。反证，则是指证明负证明责任一方所主张的事实不成立的证据。在刑事诉讼中，证明被告人有罪的证明责任由控诉方承担，凡能证明犯罪嫌疑人、被告人有罪、罪重的证据，都是本证；证明犯罪嫌疑人、被告人无罪、罪轻的证据，都是反证。但在自诉案件中，被告人提起反诉，证明其反诉事实成立的证据也是本证。在行政诉讼中，由被告方行政机关承担证明其具体行政行为合法的证明责任，因此，凡证明行政机关主张的事实成立的证据，都是本证，反之则为反证。在民事诉讼中，原、被告双方均可提出证明自己具体主张的事实成立的证据，即本证；也可提出证明对方所主张的事实不成立的反证。如某民事纠纷案件中，甲起诉乙借款未还并向法庭出示借据，乙则答辩称借款已还并向法庭出示还款收据。该案中，甲出示的借据对于他所主张的事实——乙借款未还而言，属于本证；乙出示的还款收据对于他所主张的事实——借款已还而言，同样属于本证。但如果乙提出证据证明甲的借据是假的，或甲提出证据证明乙的还款收据是假的，那么甲、乙各自的证据对于对方所主张的事实而言都是反证。

司法实践中应当注意：其一，本证与反证的划分和证据提出者的诉讼地位没有必然

① 陈朴生. 刑事证据法. 台北：三民书局，1979：130. 持同样观点者如：何家弘，刘品新. 证据法学. 北京：法律出版社，2004：144；叶青主编. 诉讼证据法学. 3版. 北京：北京大学出版社，2021：119.

的联系。一般情况下，原告或控诉方提出的证据属于本证，被告或辩护方提出的证据属于反证，但这并不具有必然性，如：民事诉讼中原、被告双方都可能提出支持己方主张的本证或反驳对方主张的反证；行政诉讼中被告负证明责任，必须提出本证证明其具体行政行为合法。其二，要对反证与反驳性证据予以区分。反证不是反驳对方的证据，而是反驳对方主张的事实，证明对方主张的事实不真实或不存在；反驳性证据则属于证据抗辩，重在质疑对方所提出证据的证据能力和证明力，间接地否定奠基于该证据的对方主张的事实。

二、划分本证与反证的意义

本证与反证是根据证据对于诉辩双方主张的事实的证明作用的方向（肯定还是否定）来进行的划分，对于指导诉辩双方收集、审查、判断证据及公安司法机关正确运用证据认定案情具有重要的实践价值。

（一）本证与反证的划分，有助于调动诉辩双方收集、提供证据的积极性，提高诉讼的抗辩性

本证与反证的划分和证明责任的负担有密切的联系，证明责任的承担者有义务提出本证证明己方主张的事实成立，如果证明不力或证明不能就必然承担不利的法律后果；反驳指控的一方不承担证明责任，但有权利提出反证证明对方所主张的事实不成立，如果反证经审查属实，可被采纳作为定案的根据，反之，如果该方怠于行使提出反证的权利，虽非必然但很有可能导致不利的法律后果。刑事诉讼中有所不同的是，虽然控诉方追求指控的成功，但查明案件事实真相、保障公民合法权利才是其诉讼行为的根本宗旨，因此控诉方负有全面客观收集证据的义务，不仅要收集证明指控成立的本证，也要收集证明被追诉人无罪、罪轻的反证。总而言之，把证据分为本证与反证，就是要求诉辩双方正确认识证据对案件事实的证明作用，充分发挥各自的积极性和主动性，从而增强诉讼的抗辩性，保证诉讼结果的客观公正。

（二）本证与反证的划分，有助于办案人员正确审查和运用证据，尽快查明案件真实情况

一方面，把证据区分为本证与反证，有利于促进诉辩双方积极证明，进而使证据材料的来源大为拓宽，办案人员可从大量的本证和反证中及时、全面地查明案件真实情况，提高诉讼效率。另一方面，本证与反证的划分有利于树立对立面。本证与反证一般不可能同时为真，办案人员必须对本证与反证都进行认真的审查，认定本证的证明力，应以否定、推翻反证的证明力为前提，反之亦反。本证与反证这种相互对立、相互否定的特性无疑使办案人员在运用证据认定案情时更有把握，从而更能保证办案质量。当然，也不能排除在有的案件中本证与反证并存，无法排除其中任何一个。在这种情况下应当作出对本证提出者不利的裁断。如果该案属于刑事案件，应当适用疑罪从无的原则作出对被告人有利的裁决；如果该案属于民事案件，应当适用2022年《民诉解释》第108条中规定，即对负有举证证明责任的当事人提供的证据，人民法院经审查并结合相关事实，确信待证事实的存在具有高度可能性的，应当认定该事实存在。对一方当事人为反驳负有证明责任的当事人所主张的事实而提供的证据，人民法院经审查并结合相关

事实，认为待证事实真伪不明的，应当认定该事实不存在。

三、本证与反证的运用规则

结合司法实践经验，本证与反证的运用应当注意以下几点：

其一，判断本证与反证的方法。首先，弄清楚证明对象或待证事实是什么。其次，弄清楚该证明对象的法定证明责任主体是谁，也就是搞清楚待证事实由谁承担证明责任。最后，承担证明责任的当事人提出的证明待证事实成立的证据就是本证，不承担证明责任的当事人提出的否定待证事实成立的证据就是反证。简而言之，主张民事法律关系产生、变更、消灭的，主张者承担证明责任，其所提出的证据就是本证；而主张民事法律关系不存在的，主张者不承担证明责任，其所提出的证据就是反证。

其二，本证与反证通常情况下不能并存。当本证成立时，反证应当被推翻；反之，如果反证成立，本证就应当被推翻。但在某些民事案件中也有可能出现本证与反证并存的情形。例如，在离婚案件中，证明夫妻感情确已破裂的证据和证明夫妻感情尚未破裂的证据就可能同时存在。

其三，审查判断本证与反证的具体要求。人民法院在对系争事实进行判断时，首先应当审查本证是否成立，如果本证成立，则进一步比较本证与反证的证明力的大小，当本证的证明力明显大于反证的证明力时，就可认定本证所证明的事实存在；如果反证的证明力明显大于本证的证明力，就可认定本证所证明的事实不存在；如果反证的证明力与本证的证明力相当，无法作出本证事实是否存在的结论时，就应当依据证明责任判决本证方承担不利的诉讼后果。①

小　结

证据分类，也称证据的理论分类，是指从理论上按照不同的标准对证据进行的划分。与证据的分类密切相关的一个概念是法定的证据种类，后者是立法者根据证据的存在和表现形式对证据所作的法律上的划分。证据分类以证据的法定种类为基础，是对法定的证据种类研究的丰富和深化。二者之间有着密切的联系，但也有着明显的区别。

根据证据来源的不同，证据可以分为原始证据和传来证据。原始证据是指直接来源于案件原始事实或出自原始出处的证据。传来证据是指非直接来源于案件事实或非出自原始出处，而是从原始证据派生出来的证据，也叫派生证据。传来证据一般都是在原始证据的基础上经过复制、复印、传抄、转述等中间环节而形成的。传来证据不同于英美证据法上的“传闻证据”。实践中收集和运用原始证据、传来证据应当结合各自特点并遵循相应的规则。

根据证据与案件主要事实的证明关系的不同，证据可以分为直接证据和间接证据。直接证据不依赖其他证据，不需要经过推理就能直接地对案件主要事实起到证明作用；间接证据必须与其他证据结合起来，以推论的方式作为中介才能证明案件主要事实。实践中不能忽视间接证据的作用，在没有直接证据的情况下，依据由间接证据组成的证据

① 李浩主编．证据法学．3版．北京：高等教育出版社，2023：154．

体系也可以定案；但根据间接证据定案的，判处死刑应当特别慎重。实践中收集和运用直接证据、间接证据应当结合各自特点并遵循相应的规则。

根据证据的实质内容和表现形式的不同，证据可以划分为言词证据与实物证据。言词证据是以人的陈述为证据内容和表现形式的证据。证人证言，被害人陈述，犯罪嫌疑人、被告人供述和辩解，民事诉讼当事人的陈述，行政诉讼当事人的陈述，鉴定意见等，都属于言词证据。实物证据是指以实物形态为证据内容和表现形式的证据。物证、书证、视听资料、勘验笔录、检查笔录、现场笔录、侦查实验笔录等属于实物证据。实践中收集和运用言词证据、实物证据应当结合各自特点并遵循相应的规则。

根据证据与证明责任承担者之间的关系，证据可以分为本证和反证。与之对应，刑事诉讼中分为控诉证据与辩护证据、有罪证据与无罪证据，或者不利于被告人的证据与有利于被告人的证据。所谓本证，是指证明负证明责任一方主张的事实存在的证据。反证是指证明负证明责任一方所主张的事实不成立的证据。本证与反证的划分，有助于调动诉辩双方收集、提供证据的积极性，提高诉讼的抗辩性；有助于办案人员正确审查和运用证据，尽快查明案件真实情况。

思考题

1. 论述证据分类与法定的证据种类的关系与区别。
2. 证据分类对证据的运用有何意义？
3. 如何理解传来证据与传闻证据的不同？
4. 如何理解运用间接证据定案的规则？
5. 论述反证与反驳性证据的差异。
6. 战某打电话向牟某借款 5 万元，并发短信提供账号，牟某当日即转款。之后，因战某拒不还款，牟某起诉要求战某偿还借款。在诉讼中，战某否认向牟某借款的事实，主张牟某转的款是为偿还之前向自己借的款，并向法院提交了证据；牟某也向法院提供了一些证据以证明战某向其借款 5 万元的事实。关于这些证据的种类和类别的确定，下列哪一选项是正确的？（　　）

A. 牟某提供的银行转账凭证属于书证，该证据对借款事实而言是直接证据

B. 牟某提供的记载战某表示要向其借款 5 万元的手机短信属于电子数据，该证据对借款事实而言是间接证据

C. 牟某提供的记载战某表示要向其借款 5 万元的手机通话录音属于电子数据，该证据对借款事实而言是直接证据

D. 战某提供一份牟某书写的向其借款 10 万元的借条复印件，该证据对牟某主张战某借款的事实而言属于反证

7. 甲起诉乙返还借款 20 万元，乙向法院提供了甲亲笔签名的收条复印件，其中记载“已收到乙返还的借款 20 万元整”。关于该收条复印件，下列哪些说法正确？（　　）

A. 该收条是直接证据　　B. 该收条没有证据能力

C. 该收条是反证　　D. 该收条是本证

第七章
法定证据种类

第一节　法定证据种类概述

一、法定证据种类的概念

法定证据种类，又称法定证据形式，是指法律规定的证明待证事实之证据材料的各种外在表现形式[①]，也即根据证据的载体、表现形式、证明特点等的不同而在法律上对其进行的类型划分。在法律上对证据进行分类，主要是为了规范各类证据赖以存在的法律形式，进而更好地规范各类证据的收集、提供、审查、判断、认定规则。例如，物证是案件发生过程中遗留下来的各种物品和痕迹，是客观存在的实物，在收集时要注重保存原物、原状和原貌，防止毁坏、混杂、腐败或者变质；在审查判断时，要注重审查其与案件事实以及犯罪嫌疑人、被告人的关联性，重视运用科技手段进行鉴定，不能仅凭主观推断其与案件的关联性。证人证言是通过证人作证的方式来证明案件事实，在询问证人时，要防止存在影响其客观提供证言的各种情形，不得采用暴力、威胁、引诱、欺骗以及其他非法方法收集证言；在审查证人证言时，要审查证人与当事人之间的关系、证人的品行、证人证言的来源和形成过程等情况，同时结合其他证据加以判断。[②]

法定证据种类与证据的学理分类不同。前者是现行法律对证据类型的划分，具有相应的法律效力，而后者是在学理上从不同角度对证据所作的划分，不具有法律效力。

二、法定证据界定标准

（一）大陆法系的证据方法标准

大陆法系国家和地区的诉讼法中，系根据证据方法的不同来区分证据种类。在大陆法系，“证据”这一概念包括证据方法和证据资料，而证据方法是其证据法学中的基础性概念。所谓证据方法，是指在诉讼中为了证明案件事实，可作为调查对象的人或物，如证人、文书、物体等。证据资料，则是指法院对各种证据方法经过调查后所获得的资料，也即法院通过对证据方法的调查所感知的内容，如证人的证言、鉴定人的意见、文

① 陈光中主编. 刑事诉讼法. 7 版. 北京：北京大学出版社、高等教育出版社，2021：216.

② 陈卫东主编. 证据法学. 北京：高等教育出版社，2024：61.

书记载的内容等。一般而言，证据方法可分为两大类：一种是“人的证据”，又称为以人为证据方法，即以人作为提供证据资料的方法，如证人、鉴定人等。另一种是“物的证据”，又称为以物为证据方法，即以物作为提供证据资料的方法，如文书、勘验物等。

以此分类为基础，大陆法系诉讼法中规定的证据方法一般有五种，分别是证人、鉴定、勘验、文书以及当事人。有关这五种证据方法之运用的规则，构成法庭证据调查规则的最核心内容，证据调查所得的资料即可用来证明、认定案件事实。例如，《德国民事诉讼法》规定的证据方法和证据类型包括勘验、人证、鉴定、书证、当事人讯问；《日本民事诉讼法》亦规定了询问证人、询问当事人、鉴定、书证、勘验五种证据方法和证据类型。就刑事诉讼而言，《德国刑事诉讼法》主要规定了四种证据方法，即证人、鉴定、文书和勘验；至于被告人的陈述，在德国一般认为其在真正严格意义上不是证据，但由于被告人的陈述系法官自由心证时需要注意的事项，因此被称为广义的证据。[①]《日本刑事诉讼法》则规定了询问证人、鉴定、书证、勘验、质问被告人五种证据方法和证据调查程序。[②]

（二）英美法系的证据规范标准

在英美法系国家，虽然也存在所谓“人证”“书证”“物证”的种类区别，但上述区分并非以证据本身的特性作为区分标准，而是以证据规范为标准展开的，即将适用同一类证据规范的证据予以区分，而非关注证据本身的特点。例如，无论是被告人、被害人、普通证人，还是专家证人，他们所作的陈述，除非有特殊情形，否则均应当排除传闻和接受交叉询问，因此这些言词类证据不因主体和内容的差异而有所区别，均为“人证”的范畴。[③]

依据证据规范标准，在英国，证据的种类包括证人证言、传闻、书证和实物证据。[④] 其中，对证人的证据规范，既适用于普通证人、专家证人（鉴定人），也适用于当事人。对书证的证据规范，既适用于传统的文书类书证，也适用于视听资料和电子证据。而“实物证据”的含义和范围也相当广泛，与我国诉讼法中所谓“物证”的含义明显不同，大致包括以下几类：（1）物体，例如致使工人受伤的机器、伤人的刀子等；（2）身体特征，例如高矮、胖瘦、左撇子、头发稀疏等；（3）证人举止，例如证人在出庭作证时的特殊举止、藐视法庭行为等；（4）勘察，例如法官对事故现场的勘察、观看事故录像等；（5）自动化记录，即视听资料、电子证据（此类证据有时作为“书证”看待）。在美国，证据一般可分为证人证言、司法认知和实物证据。一方面，其“证人”的范围并不限于大陆法系中的普通证人；另一方面，其所谓实物证据（real evidence），又称有形证据（tangible evidence）或展示证据（exhibits），是指法官使用其感官从中得出结论的一切物体，包括物品（object）和文件（document）等，从内容上看，其范围要远远大于我国证据分类中的“物证”，也即其所说的“实物证据”除包括我国证据

① ［德］维尔纳·薄逸克，萨比娜·斯沃博达．德国刑事诉讼法教科书．程捷，译．北京：北京大学出版社，2024：199．

② ［日］田口守一．刑事诉讼法．7版．张凌，于秀峰，译．北京：法律出版社，2019：453．

③ 步洋洋．论我国刑事证据种类的立法优化．法学杂志，2024（2）．

④ 张卫平．外国民事证据制度研究．北京：清华大学出版社，2003：19－22．

分类中的“物证”外，实际上还涵盖了我国证据分类中的书证、视听资料、电子证据等证据类型。[①]

（三）我国的证据表现形式标准

我国诉讼法在相关条款中分别对法定证据种类进行了列举，从其分类标准来看，主要是根据各种证据的表现形式及其特性的不同进行的分类。《刑事诉讼法》第 50 条第 2 款规定：“证据包括：（一）物证；（二）书证；（三）证人证言；（四）被害人陈述；（五）犯罪嫌疑人、被告人供述和辩解；（六）鉴定意见；（七）勘验、检查、辨认、侦查实验等笔录；（八）视听资料、电子数据。”《民事诉讼法》第 66 条第 1 款规定：“证据包括：（一）当事人的陈述；（二）书证；（三）物证；（四）视听资料；（五）电子数据；（六）证人证言；（七）鉴定意见；（八）勘验笔录。”《行政诉讼法》第 33 条第 1 款规定：“证据包括：（一）书证；（二）物证；（三）视听资料；（四）电子数据；（五）证人证言；（六）当事人的陈述；（七）鉴定意见；（八）勘验笔录、现场笔录。”

根据上述法律规定，可以看出我国三部诉讼法均对可以作为证据使用的材料作了明确的分类，但在具体种类的划分上则有同有异。相同的证据有：物证、书证、证人证言、鉴定意见、视听资料、电子数据。不同的规定表现为：对于民事诉讼和行政诉讼中的当事人陈述，在刑事诉讼中将其划分为被害人陈述和犯罪嫌疑人、被告人供述和辩解。民事诉讼法和行政诉讼法规定的证据种类，除了行政诉讼法规定的特有证据“现场笔录”，其他 8 种证据均相同。关于笔录类证据，民事诉讼法仅规定了勘验笔录，行政诉讼法规定了勘验笔录、现场笔录，而刑事诉讼法规定的笔录类证据较多，包括勘验、检查、辨认、侦查实验等笔录。总体而言，我国三大诉讼法对证据种类的规定比较注重证据的外在形式，试图对其尽可能详细列举，以便为法官对司法实践中错综复杂的材料能否作为证据使用提供判断依据。证据种类的上述具体化分类，虽然有助于对证据的运用进行把控和操作，但也面临僵化性的问题，因为法定证据种类的类别有限，而司法实践中证据材料的形式无限，有限的证据种类之列举往往不能有效涵盖所有的证据材料。

与法定证据种类界定标准相关联，各国在区分证据种类时往往表现出以下几个方面的区别：

第一，有无专门的条文规定证据种类。对此，我国和俄罗斯等国家设有专门规定证据种类的法律条文。例如，《俄罗斯联邦刑事诉讼法典》第 74 条第 2 款规定：“允许作为证据的有：（1）犯罪嫌疑人、刑事被告人的陈述。（2）被害人陈述、证人的证言。（3）鉴定人的结论和陈述。（4）物证。（5）侦查行为的笔录和审判行为的笔录。（6）其他文件。”[②] 但大多数国家并没有专门的关于法定证据种类的法律条文，当然，这并不意味着其没有证据种类的区分，而是在证据运用的具体规则中直接就不同种类的证据之运用作出规定。

第二，证据种类的数量有多少之别。对此，英美证据法一般将证据分为人证、书证和物证，《澳大利亚联邦 1995 年证据法》将证据分别规定为“证人”、“书证”和“其他

① 张卫平. 外国民事证据制度研究. 北京：清华大学出版社，2003：253，288.

② 俄罗斯联邦刑事诉讼法典. 黄道秀，译. 北京：中国人民公安大学出版社，2006：74.

证据”；大陆法系国家则一般从证据方法的角度将其区分为询问证人、鉴定、勘验、文书以及询问当事人等五种。相比较而言，我国法律规定的证据种类是最多的，比如，《刑事诉讼法》第 50 条将证据区分为 8 类 13 种。

第三，某些特定证据种类的内涵和外延有所不同。其中典型的就是：（1）陈述性的证据（如人证或证人证言等）所包括的证据内容，在一些西方国家要比在中国包括得更为广泛。在前者，证据内容不仅指人的陈述，也包括陈述时的情态表现，甚至包括人的日常品行特征等，但在我国则仅限于人的陈述。[①]（2）对于证人，英美法系国家采取极为宽泛的理解，将当事人、普通证人、专家证人（鉴定人）均包括在内，而在大陆法系国家及我国，证人采取狭义理解，不包括当事人和鉴定人。

第四，证据种类是否具有包容性不同。在域外，无论是大陆法系还是英美法系国家，立法上一般均没有对证据进行定义和予以封闭性的列举，而是就不同证据方法和证据调查程序进行规定，或者对同类证据资料的审查认定规则进行规定，从而使证据种类具有极大的包容性。而在我国，三大诉讼法均对证据种类作了封闭性的列举，使得法定证据种类的包容性大大降低。虽然现行《刑事诉讼法》《民事诉讼法》《行政诉讼法》在列举证据种类时采取了“证据包括”之表述，并扩充了证据的法定种类，试图弥补列举不周延的问题，但仍坚持了原有的证据分类标准未作改变，且在列举的最后并未用“等”字或“其他证据”之类的表述来解决列举不穷尽问题，因此现行规定实际上仍维系了原有的封闭式列举立法模式。[②] 由于采取此种封闭式的列举，并且在理论上认为“凡作为定案根据的证据必须符合法定证据种类，不属于法定证据种类的不得作为证据使用”[③]，一些符合证据的本质特征、对案件事实或相关事实具有证明作用的资料往往无法取得证据资格，不能满足诉讼实践的客观需求。例如，2021 年《刑诉解释》第 100 条规定的“专家报告”及第 101 条规定的“事故调查报告”，即不属于《刑事诉讼法》第 50 条第 2 款列举的证据种类中的任何一种，但在某些案件中，其对于证明案件事实或者证明与定罪量刑直接相关的构成要件的事实，发挥着重要作用，故 2021 年《刑诉解释》规定可以将其作为证据使用。

三、法定证据种类的发展

（一）法定证据种类的历史演变

1. 法定证据种类受不同证据制度的影响

在神示证据制度之下，诉讼程序中的真实发现是以诉诸神明或准神明的方式进行，也就是让诉讼当事人履行一套既成的形式或仪式，如宣誓、水审、火审、决斗等，再根据履行过程中发生的情况或履行后的结果来判断是非曲直、解决诉讼。而这些形式与特定诉讼中作为待证问题的犯罪或侵权行为并无逻辑上或现实上的联系，同时也完全脱离

---

① 周洪波．诉讼证据种类的区分逻辑．中国法学，2010（6）．

② 万毅．证据概念及其分类制度批判：法解释学角度的反思．兰州学刊，2015（6）//郑飞．证据种类法定主义的反思与重构．中国法学，2024（1）．

③ 陈卫东主编．证据法学．北京：高等教育出版社，2024：61．

生活中认识事实的方法。此种神明裁判模式下，事实认定基本上是神谕式的、非理性的，其中包含了大量的不确定和反科学的因素。在以神明裁判为主的司法证明时期，几乎所有证据材料都是比较短缺的，因此，区分证据种类的必要性也就不大。当然，这并不是说在这一时期任何证据形式都不存在。在个案的司法证明中，冲突双方和纠纷裁判者也会使用人证、物证等证据形式，只不过这些证明方式往往受神明裁判模式的统摄，并不起主要作用。①

中世纪后期，随着神明裁判和宗教证据制度逐渐式微，理性的刑事证明制度开始占据主导地位。从 12 世纪至 16 世纪，欧洲各国的法学家开始尝试多种全新的证据形式，并形成了 3 种不同的证据制度：罗马教会证据制度、调查证人的证据制度、邻里裁判的证据制度。16 世纪后，罗马教会证据制度在欧洲大陆成为主流，且一直延续至今，而英国则另辟蹊径，构建了以陪审团为核心的证据规则体系。罗马教会证据制度由于特别强调证据形式及证明力上的严格规定，法官在裁判中严格受证据规则的限定，仅得依法律所确定的证据形式或证据形式组合作出有罪或者无罪的判决，故学者又将罗马教会证据制度称为“法定证据制度”。一般认为，法定证据制度包括三项核心内容：其一，法定的证据形式（种类）；其二，法定的证明力规则；其三，也是较为特殊的，刑讯程序中酷刑的应用。在法定证据制度时期，欧陆各国的立法明确规定了具有证据资格的证据形式，具体包括书证、证人证言、口供、推定、现场调查以及专家鉴定。② 这种封闭式的证据种类制度形成了证据种类法定主义，不符合立法规定的证据形式就没有证据资格，从而构成了整个法定证据制度的逻辑起点。

法定证据制度在欧陆的衰微始发于 17、18 世纪兴起的酷刑废除运动，至法国大革命后，包含证据种类法定主义在内的法定证据制度在欧洲大陆法系被抛弃，而逐渐演变为自由心证证据制度。在自由心证证据制度之下，对证据的限制实现了从法定证据种类限制到取证合法性限制的转变。与法定证据制度相比，自由心证证据制度也有三个核心内容，分别是证据自由、证据自由评价和判决责任伦理。所谓“证据自由”，是指“在刑事诉讼中，法律及判例原则上不对证据形式作特别要求，犯罪事实可通过各种形式的证据予以证明”③。在现代自由心证证据制度下，法律已不再限制何种证据种类（形式）才能作为定案的根据，但基于正当程序的要求，需要对证据的取证程序进行限制。值得注意的是，尽管证据种类法定主义已经被废除，但欧洲大陆法系国家仍然在法律上规定了各种法定证据种类，只是由原来的封闭式法定证据种类演变为半开放式法定证据种类，即刑事诉讼法在规定各种法定证据种类（形式）的同时，也允许采纳法定证据种类之外的其他证据形式。④

2. 法定证据种类受技术发展的影响

神示证据制度废除后，司法审判要求贯彻证据裁判主义。而从证据类型上看，在科技不发达的历史时期，案件事实的认定更加关注言词证据。神明裁判开始退出历史舞台

① 卞建林主编. 证据法学. 2 版. 北京：高等教育出版社，2023：155.

② 施鹏鹏. 法定证据制度辨误：兼及刑事证明力规则的乌托邦. 政法论坛，2016（6）.

③ 施鹏鹏.“新职权主义”与中国刑事诉讼改革的基本路径. 比较法研究，2020（2）.

④ 郑飞. 证据种类法定主义的反思与重构. 中国法学，2024（1）.

后，大陆法系国家逐渐转向法官职权纠问式的证明方式，在证据形式上非常重视言词证据，尤其是被追诉人的口供；英美法系国家逐渐转向当事人对抗式的证明方式，越来越重视证人的证言，由此，人证成为诉讼证明的主角。人证虽然能够超越神明裁判的非科学性，但它本身也具有很大的不确定性和主观性，而且，对被追诉人口供的过分重视极易引发刑讯逼供等非法取证现象。而随着印刷技术、勘验技术和鉴定技术的进步，实物证据（物证、书证等）这种稳定性强、客观性强的证据越来越受到重视，并逐渐成为新的“证据之王”。这主要得益于科学技术的不断发展和现代社会治理能力的大幅提升。进入到现当代，随着磁技术、半导体技术、数码技术、光学技术等的发展，人类逐渐进入信息化时代，视听资料和电子数据遂成为新时期的重要证据形式。[①] 尽管理论上对视听资料、电子数据应当归入何种证据种类可能存在争议，但各国立法上均认可此类新型证据的合法性和可采性。

（二）我国法定证据种类的发展

我国三大诉讼法中，都有关于证据种类的规定。从立法规定的发展看，证据种类呈现不断增多的趋势。1979 年《刑事诉讼法》第 31 条中规定：“证据有下列六种：（一）物证、书证；（二）证人证言；（三）被害人陈述；（四）被告人供述和辩解；（五）鉴定结论；（六）勘验、检查笔录。”1996 年《刑事诉讼法》对证据种类的规定，与 1979 年《刑事诉讼法》相比，一是增加了“视听资料”这一证据类型，二是将“被告人供述和辩解”这一证据种类扩充规定为“犯罪嫌疑人、被告人供述和辩解”。2012 年《刑事诉讼法》第 48 条第 2 款进一步修改为：“证据包括：（一）物证；（二）书证；（三）证人证言；（四）被害人陈述；（五）犯罪嫌疑人、被告人供述和辩解；（六）鉴定意见；（七）勘验、检查、辨认、侦查实验等笔录；（八）视听资料、电子数据。”此次修改涉及以下几个方面：第一，将原来的“证据有下列七种”之表述修改为“证据包括”的表述，增强了证据种类的包容性；第二，不再将“物证”和“书证”并列规定，而是分两项予以规定；第三，将“鉴定结论”改为“鉴定意见”，使得该类证据的表述更为科学；第四，丰富了笔录证据的内容，将原来的“勘验、检查笔录”扩充为“勘验、检查、辨认、侦查实验等笔录”；第五，将“电子数据”列为法定证据种类。2018 年《刑事诉讼法》对于证据种类未作改动。

1982 年《民事诉讼法（试行）》第 55 条第 1 款规定：“证据有下列几种：（一）书证；（二）物证；（三）视听资料；（四）证人证言；（五）当事人的陈述；（六）鉴定结论；（七）勘验笔录。”1991 年《民事诉讼法》和 2007 年《民事诉讼法》对上述证据种类未作修改。2012 年《民事诉讼法》第 63 条第 1 款则规定：“证据包括：（一）当事人的陈述；（二）书证；（三）物证；（四）视听资料；（五）电子数据；（六）证人证言；（七）鉴定意见；（八）勘验笔录。”相较于之前的规定，此次关于证据种类的修改涉及以下几个方面：第一，将原来的“证据有下列几种”之表述修改为“证据包括”的表述，增强了证据种类的包容性；第二，将“当事人的陈述”排在第一顺位，突出了该类证据的重要性；第三，将“鉴定结论”改为“鉴定意见”，使得该类证据的表述更为科

① 卞建林主编. 证据法学. 2 版. 北京：高等教育出版社，2023：156.

学；第四，新增了“电子数据”这一证据种类。2017 年、2021 年、2023 年对《民事诉讼法》的几次修改，均未涉及证据部分。

1989 年《行政诉讼法》第 31 条第 1 款规定：“证据有以下几种：（一）书证；（二）物证；（三）视听资料；（四）证人证言；（五）当事人的陈述；（六）鉴定结论；（七）勘验笔录、现场笔录。”2014 年《行政诉讼法》第 33 条第 1 款修改为：“证据包括：（一）书证；（二）物证；（三）视听资料；（四）电子数据；（五）证人证言；（六）当事人的陈述；（七）鉴定意见；（八）勘验笔录、现场笔录。”相较于之前的规定，这次关于证据种类的修改涉及以下几个方面：第一，将原来的“证据有以下几种”之表述修改为“证据包括”的表述，增强了证据种类的包容性；第二，将“鉴定结论”改为“鉴定意见”；第三，新增了“电子数据”这一证据种类。2017 年《行政诉讼法》的修改，未涉及证据部分。

第二节　物　证

一、物证的概念

物证是指以外部特征、存在状态、物质属性等来证明案件事实的物体和痕迹。这里所说的物体，是指由实体性粒子等构成的物质存在形式，既包括人可以直接感知的无生命的各种物品，也包括动物、植物和人体等有生命的物质形态，还包括气味、热能、电流、光子和场等无形物质。痕迹则是指一个物体在一定力的作用下在另一个物体的表面留下的印迹。物证是诉讼中极为常见的证据，例如，刑事诉讼中犯罪使用的工具、犯罪行为侵犯的客体物、犯罪现场留下的物品、犯罪遗留下来的痕迹等，民事诉讼中买卖合同纠纷的标的物、所有权存在争议的物品、受到损坏的物品、侵权行为损害痕迹等。

但应当注意的是，域外国家的立法和理论对物证的规定和认识，与我国存在较大区别。在大陆法系国家和地区，一般均没有将“物证”单独规定为一种证据形式，而仅仅是将其作为勘验的对象，也就是说，我国诉讼法中规定的“物证”，即所谓用以证明案件事实的物体和痕迹，在大陆法系国家和地区只是作为勘验的对象即“勘验物”看待。“物”“物品”“物体”“场所”“痕迹”等，只有在其成为勘验（或鉴定）对象时才具有证据法上的意义，其本身不能直接成为一种独立的证据形式。在英美法系国家，其证据法学中虽然使用了“物证”或“实物证据”的概念，但其含义和范围相当广泛，与我国诉讼法中所谓物证的含义明显不同。

我国诉讼法将物证作为一种独立的证据形式加以规定，主要是认为其与书证、证人证言等证据具有较大的不同。本节基于我国立法的现行规定及我国诉讼法学界的通说观点，将物证作为独立的证据类型予以介绍。

二、物证的特点

1. 物证具有较强的稳定性

物证是实际存在的物品或痕迹，除了那些易腐、易变质的物品，物证形成后，一般不会在短时间内发生变化，所以具有较强的稳定性。实践中，物证只要得到及时收集，用科学的方法提取、固定并妥善保存，即可较长时间保持其稳定性。而言词证据则有可能随着时间的推移而发生变化，例如证人可能因为时间太久而记不清某些重要的案件事实。

2. 物证具有较强的客观性和可靠性

物证是以自身的形状、质量、规格等客观特征、状态来证明案件事实，因而物证是独立于人们的主观意志的客观事物，具有较强的客观性和可靠性，只要物证不是伪造的，就能够相当可靠地证明案件事实。而当事人陈述、证人证言等证据，则是通过人的陈述形式表达出来，其之形成必须经过反映（感知）、存储（记忆）、再现（陈述）的过程，中间介入了人的主观因素，因此其客观性、真实性容易受到陈述者主、客观条件的影响。例如，证人感知能力较差或者道德品质不佳等因素的存在很可能会影响其陈述的真实性或准确性；当事人因为和案件有利害关系，可能为了自身利益而夸大或歪曲案件事实。

3. 物证一般需要结合举证人的说明才能发挥证明作用

物证是客观实在物，是一种无意识的证据，不能自明其义，即物证往往被称为“哑巴证据”；在诉讼中物证要发挥证明作用，往往需要举证人对物证本身及物证与待证事实之间的关系作出解释和说明。

4. 物证一般表现为间接证据

就直接证据和间接证据的划分而言，物证一般属于间接证据。一方面，物证往往只能证明案件事实的某个情节或某些片段，而不能直接证明案件的主要事实或全部事实；另一方面，物证在证明案件事实的某个片段时，往往还需要辅之以其他证据形式或印证手段，例如现场遗留的指纹，要起到证实被告人到过现场的证明作用时，还必须辅之以作出同一认定结论的鉴定意见。

三、物证的分类

物证的形式多样，种类繁多，为了更好地把握物证概念的内涵和外延，可以从不同角度对其进行分类。

（1）实体物证与痕迹物证。根据其存在状态是自身独立存在还是不同物体相互作用的结果，可以将物证分为实体物证与痕迹物证。凡是以自身实物形态存在的物证即属于实体物证，例如赃物、建筑物、毛发、犯罪工具、合同标的物等。凡是以某种作用力形成的印记作为证据的即属于痕迹物证，例如工具撬压的痕迹、指印、轮胎印、牙齿印等。

（2）有形物与无形物。这是根据人能否感知其具有特定形体所作的分类。有形物是指具有一定形状的物证，一般是以其外部特征（外部形态、规格、大小、结构等）来发挥证明作用。无形物是指没有一定形状的物证，一般是以其某种特殊属性来发挥证明作用，例如声音、气味、电波、光波、磁场等。

（3）有生命物证与无生命物证。这是根据物证是否有生命所作的分类。

（4）固态物证、液态物证与气态物证。这是根据在常温常压下该物体的外观形态不同所作的分类。

（5）巨型物证、常态物证与微量物证。这是根据物证的体积和质量大小不同所作的分类。巨型物证是指体积较大、不便于直接提取原物并在法庭上出示的物证，如楼房、桥梁、轮船、飞机等。常态物证是指体积适中、可以直接提取原物并在法庭上出示的物证，如衣物、钱币、手枪、弹壳等。微量物证又称微体物证，是指人的感官难以直接感知，往往需要借助一定工具或仪器才能发现和提取的物证，例如微量粉末、微量痕迹等。

第三节　书　证

一、书证的概念与特点

（一）书证的概念

书证是指用文字、符号、图案等所记载和表达的思想内容来证明案件事实的证据。书证的主要形式是各种书面文件，例如合同书、借据、票据、信函、房产证、书面遗嘱、结婚证书、图画、图表等，但书证也可能表现为其他物品，例如刻有、印有文字或图案的金属、器皿、木块、竹板、石块、皮革、布帛等。

（二）书证的特点

1. 书证以其所记载的思想内容证明案件事实

以所记载的思想内容来证明案件事实，是书证的本质特征。无论书证的载体是纸张还是其他物品，不管其表现形式是文字、符号、图画还是其组合体或其他形式，不论其记载方法为手写、印刷、雕刻或其他方法，书证都是以其记载、表达的思想内容来证明案件事实。

需注意的是，书证对案件事实的记载一般是在诉讼活动开始之前制作的，或者是在与诉讼活动没有联系的情况下制作的。这是书证与当事人、证人、鉴定人等诉讼参与人提供的书面证明材料的主要区别。当事人陈述、证人证言和鉴定意见也可以是书面形式，其内容也可以证明案件事实，但是它们不属于书证的范畴。在有些案件中，上述书面证言或陈述与书证有相似之处，司法人员需要根据特定书面材料的具体制作情况来判断其是否属于书证。例如，张三将某件财物赠与李四时制作的赠与合同就是书证，而张三在诉讼中提供的表明该财物是其赠与李四的书面材料（书面陈述）则属于证人证言或当事人陈述。①

2. 书证具有较强的证明力

书证具有具体、明确的思想内容，在通常情况下，能够依据其内容直接判明其与案件事实的联系，具有较强的证明力。例如，民事合同书等书证往往记载了民事法律关系发生、变更或消灭的过程，能够直接证明待证事实。

3. 书证具有较强的稳定性

书证的内容一经用文字、符号、图形等方式固定下来，就具有较强的稳定性，一般

① 何家弘，刘品新. 证据法学. 5版. 北京：法律出版社，2013：154.

不受时间的影响，易于长期保存。只要作为书证载体的物质材料本身未毁损，即使经历了很长的时间，其特定的思想内容也能够借助有关的文字、符号或图案起到应有的证明作用。这一点不同于证人证言、当事人陈述等证据，后者容易受到各方面情况的影响而发生变化，例如证人、当事人可能会因为时过境迁而对案件事实记忆模糊或有所遗忘，从而影响其言词证据的证明力。

二、书证的分类

从不同的角度，依据不同标准，对书证进行分类，有助于准确把握不同类型书证的特点，便于诉讼中的审查和运用。

（一）公文书和私文书

根据制作的主体不同可将书证分为公文书和私文书。公文书一般是指国家机关及其公务人员在其职权范围内制作的文书，例如结婚证、房产证、营业执照、专利证书等。除此之外，在我国，一些事业单位、社会团体或有关组织在其权限范围内制作的文书，也属于公文书，例如公证机构制作的公证书、会计师事务所出具的验资报告、医院出具的死亡证明、高等学校出具的学位证明等。私文书是指公民个人、企业制作的文书，例如个人制作的借据、收据、合同书等。

公文书是有关机关或组织在其职权范围内依法制作的书证，具有较强的证明力，例如2022年《民诉解释》第114条规定："国家机关或者其他依法具有社会管理职能的组织，在其职权范围内制作的文书所记载的事项推定为真实，但有相反证据足以推翻的除外。必要时，人民法院可以要求制作文书的机关或者组织对文书的真实性予以说明。"

（二）处分性书证和报道性书证

这是以书证的内容和所产生的法律效果为标准进行的分类。处分性书证是指以设立、变更或终止一定法律关系为内容的书证，如合同书、书面遗嘱、授权委托书等。报道性书证是指所记载的内容不以产生一定的法律后果为目的，而只是记载或报道一定的具有法律意义的事实的书证，如会议记录、会计和商业账簿、医疗病历、日记等。

（三）普通书证与特别书证

又称为一般书证和特别书证、普通形式的书证和特殊形式的书证。这是以书证的制作是否必须采用特定的形式或履行特定手续为标准进行的分类。普通书证是指只要记载了一定的事实即可，不要求必须具备特定形式或履行特定手续就能成立的书证，例如借条、收据等。特别书证是指必须具备特定的形式或履行特定手续才能够成立的书证，例如房产证、营业执照、需要进行公证或认证的合同书等。

（四）原本、正本、副本、节录本、影印本与译本

这是根据书证的制作方式不同所进行的分类。原本是指文书制作人最初制作的原始文本，又称为原件或底本。书证的其他文本都来源于原本。原本可以是手写的，也可以是打印的，只要是最初制作的文本而成为书证的，就是原本。正本，是指依照原本采用全文抄录、印制等方法而做成的内容与原本完全相同，对外具有与原本同等效力的文本。除了做成的方式不同，正本与原本的另一个主要区别是，原本一般由制作人收存或

留作存档备查，而正本则发给主受件人保存或使用。副本，是指依照原本全文抄录、印制，但不具有正本效力的文本。副本与正本的区别在于，正本是给主受件人保存或使用的，而副本则是给主受件人以外的其他需要了解书证内容的人的。可见，副本与正本的在制作方法上是相同的，不同之处主要在于副本与正本的制作目的、收存主体与发给的对象不同。节录本，是指仅摘抄原本或正本的部分内容的文件。影印本，是指采用影印技术，对原本或正本加以摄影或复印而形成的文本。译本，是指以另一种文字对原本加以翻译形成的文本。将书证进行此种划分，旨在说明只有原本才是最初制作的文本，其他如正本、副本等，都是源于原本的书证。在英美法系国家，实行最佳证据规则，除了法定情形，书证只能提交原本、原件。由于原件最具有可靠性，故我国《民事诉讼法》第73条中规定：书证应当提交原件；提交原件确有困难的，可以提交复制品、照片、副本、节录本。2021年《刑诉解释》第82、84、86条等条款及《行政证据规定》第10、40条亦分别对刑事诉讼和行政诉讼中应当尽量使用书证原件的规则作了规定。所以，当事人和司法机关收集、使用书证，应尽可能找到原本或原件，在使用复制品、照片、副本、节录本时，应当符合相关要求。

（五）文字书证、图形书证和符号书证

根据书证内容的表现形式不同，可以将书证分为文字书证、图形书证和符号书证。文字书证，是指用文字记载的内容来证明案件事实的书证，如信件、合同书、发票、账本等。图形书证，是指以图画、图形等方式表达的内容来证明案件事实的书证，例如侮辱他人的漫画、伪造的印章、产品使用说明图、房屋设计图、建筑规划图等。符号书证，是指以符号所表达的特定思想内容来证明案件事实的书证，例如标记、标识、路标、音符等。在符号书证中，有些是通用的，常人即可理解其含义；有些则是特殊行业或专业领域内使用的，需要经过专业人员的识别和判断以及结合其他具有关联性的证据加以认定；还有些符号是个人之间约定或使用的，外人很难解读。

将书证划分为文字书证、图形书证和符号书证，是基于书证内容表达方式的不同，因此，对不同种类书证进行查证过程中，应针对其所具有的不同特征进行分析，并采用不同方法对证据内容、证明力加以区别、比较和确定。

三、书证与物证的区别

物证和书证的存在都表现为一定形态的物品，因而二者都属于实物证据的范畴，但二者具有如下主要区别：

（1）发挥证明作用的方式不同。书证是以记载在一定物品上的思想内容来证明案件事实；而物证则是以其外部特征、存在状态和物质属性等证明案件事实，它并不具有思想内容或者并不以其反映的思想内容对案件事实起证明作用。

（2）形式上是否有特殊要求不同。法律对物证无形式上的特定要求，只要能以其存在、外形、特征等证明案件事实，就可以作为物证；对书证则不同，法律有时规定其必须具备特定形式才具有证据效力。

（3）是否反映人的主观思想不同。书证一般都有制作的主体，因此书证往往会反映制作人的思想或者主观因素；物证的表现形式为有一定形态的物体或痕迹，是以其客观存在来证明案件事实，因此并不具有书证所具有的这种特征。

（4）保存和固定的方法存在区别。一般而言，书证是以纸张、布帛等物质材料作为载体，尤其是常常以纸张为载体，所以，对书证通常可以采用复印等方式予以保存、固定；而物证的保存与固定方式则多种多样，需要根据物证的具体情况不同而灵活采取。

需注意的是，在某些情况下，有些实物证据既可以作为书证，也可以作为物证。这取决于其是以什么角度来证明案件事实：当以该物品上记载的内容证明案件事实时，它是书证；当以该物品的外部特征证明案件事实时，它是物证。例如，民事诉讼中的借据，从借据上所写的内容可以证实借贷行为是否存在，在此意义上讲，该借据是书证；而从借据中书写的字迹又可以证实借据是谁所写，在此意义上讲，该借据又是物证。这里的借据既以其外部特征对案件起到了物证的作用，又凭借其反映的内容以书证的属性对案件发挥了证明作用。

第四节　证人证言

一、证人证言的概念和特点

（一）证人证言的概念

证人证言是指证人就其所了解的案件事实情况，向司法机关所作的陈述。有一种观点认为，“证人就所了解的案件事实向当事人和人民法院所作的陈述，称为证人证言”[①]。本教材认为，这种定义是不准确的。了解案件有关事实情况的第三方向当事人所作的陈述，不能称之为“证人证言”，只有向司法机关所作的陈述，才属于证人证言的范畴，因为，所谓证人作证，是指证人向司法机关就有关案件事实进行陈述，只有司法机关才是证言的接受者，而向一方当事人陈述案情的行为，不能称之为“作证”。诉讼实践中，有时应一方当事人或其诉讼代理人的请求，第三方于诉讼外就案件有关情况向其提供书面陈述，或者由其就第三方的口头陈述做成笔录，然后该当事人或其诉讼代理人将该陈述提交给法院，对于此种行为，有人主张应当界定为“证人证言”，并认为如果不将其认定为“证人证言”，那么就无法把它归入任何证据种类。[②] 本教材认为，此种情况下当事人向法院所提交的材料，不属于“证人证言”的性质，充其量只能算是“当事人陈述”这类证据的一种特殊表现。也就是说，此种行为的实质是当事人向法院转述他人的陈述，其本质是该当事人向法院进行的陈述，而不是“证人证言”。

（二）证人证言的特点

1. 证人证言的作出具有不可替代性

证人与案件事实之间形成的联系是特定的，证人证言是证人就其所感知的案件事实情况向司法机关所作的陈述，未感知案件事实情况的人无法提供证人证言，因此，证人及证人证言具有不可替代性。

---

① 常怡主编. 民事诉讼法学. 4 版. 北京：中国政法大学出版社，1996：163.

② 卞建林，谭世贵主编. 证据法学. 3 版. 北京：中国政法大学出版社，2014：185.

2. 证人证言的非评价性

证人证言应当是证人就其所感知的案件事实情况予以客观陈述，而不包括对这些事实进行分析评价，也不包括对案件所涉及的法律问题发表看法，因而证人证言具有非评价性。

3. 证人证言具有较强的主观性

证人证言受证人的主观因素影响较大。一般而言，证人证言的形成过程包括感知、记忆、表述三个阶段。在这三个阶段中，证人的主观因素都会对证言的内容产生一定的影响。一方面，证人的主观能力有可能影响证言的内容，使其形成某种认识误差，包括感知误差、记忆误差和表述误差。另一方面，证人在具体案例中的主观倾向性可能会影响证言的内容，例如证人与当事人一方有着亲戚关系、朋友关系或其他利害关系时，其对案件事实的陈述可能有失客观，甚至故意提供虚假证言。

二、证人的含义与资格

（一）证人的含义

证人是指对有关案件事实情况有所感知并向司法机关陈述该事实的人。关于证人的含义和范围，英美法系国家和大陆法系国家的理解有所不同。在英美法系国家，从广义上来理解，证人所涉及的范围十分广泛，通常是指经宣誓后对案件有关事实作证的人，不仅包括除当事人及法定代理人以外的第三人，还包括当事人本人、当事人之法定代理人和鉴定人（专家证人）。在大陆法系国家，则从狭义上理解，即证人是指向法院陈述所感知案件事实情况的当事人及法定代理人以外的第三人，且不包括鉴定人。在我国，证人也是采此种狭义上的概念。

按照狭义的概念，证人系指诉讼当事人及其法定代理人以外的第三人，故当事人或者应与当事人同视的法定代理人，就该诉讼不得为证人。共同诉讼人除就有利于己的共同事实不得为证人外，就其他共同诉讼人所主张的事实，可以为证人。委托诉讼代理人与当事人的法定代理人不同，委托诉讼代理人可以为证人。参加人、辅佐人、已脱离诉讼之当事人、确定判决效力所及之第三人，均可为证人。对于其他董事代表法人所进行的诉讼，不代表法人的董事可以为证人。破产管理人为破产财团所进行的诉讼，破产人可以为证人。诉讼系属中，受让诉讼标的之权利或义务之人，可以为证人。[①] 案件的审判人员、书记员、翻译人员、鉴定人、勘验人亦属于当事人之外的第三人，故也可以作为证人，但其一旦作为证人，则适用回避制度的规定，即不能再担任案件的审判人员、书记员、翻译人员、鉴定人、勘验人。

（二）证人的资格

证人的资格，也称证人能力、证人的适格性，是指在诉讼中能够成为证人所应具备的要求和条件。

1. 证人须具有感知能力

证人是向司法机关陈述自己所感知的案件事实之人，故具有感知能力是证人应当具备的一个条件。基于这一条件，证人应当限于自然人，因为只有自然人才具有凭借感官

① 陈荣宗，林庆苗. 民事诉讼法. 6 版. 台北：三民书局，2009：507.

感知案件事实的能力。法人和其他组织虽然在民法上可以作为民事主体，但由于其本身不具有感官作用，不能感知、记忆和复述案件事实，也不能接受双方当事人的质证和法官的询问，故在诉讼中其不具有证人的资格。正因为如此，《刑事诉讼法》第 62 条规定："凡是知道案件情况的人，都有作证的义务。生理上、精神上有缺陷或者年幼，不能辨别是非、不能正确表达的人，不能作证人。"由此将具有证人能力的主体限定为自然人。但是，《民事诉讼法》第 75 条第 1 款第一句规定："凡是知道案件情况的单位和个人，都有义务出庭作证。"这就表明，在我国民事诉讼中，除自然人之外，作为非自然人的"单位"，或者说法人和其他组织，也可作为证人。这种规定与证人作证制度的原理不符，因而是不科学的。

民事诉讼实践中，有时一些单位根据当事人的申请或者法院的要求而向法院出具有关证明，例如市场监督管理机关出具的公司成立、变更、歇业或撤销的证明，银行等金融机构提供的特定主体的款项变动情况的证明等。这些单位之所以出具相关证明，是因为他们承担相关法定的管理职责，并非在诉讼前了解案件情况，不需要亲自去观察、经历案件事实，只需按审判机关的要求和本机关的规章制度及工作范围如实提供他们所掌握的情况就足够。这种由单位出具的、加盖公章并有法定代表人签名的证明从性质上看，应当属于书证。如果是单位的负责人或相关办事人员就其了解的与案件事实有关的情况出庭作证，则此时他们是作为自然人亲身观察、了解或感知了案情，归根结底还是自然人作证。① 如果有关单位保存有与案件有关的档案或其他文件资料，在需要运用该资料证明案件事实时，当然应当适用书证的有关规定。如果有关单位持有与案件有关的物品，则应当适用物证和勘验的有关规定。②

2. 证人须是了解案件有关事实的人

证人不仅必须具有感知能力，而且须实际感知了案件有关事实，也即必须是对案件事实的有关情况有所了解的人，才能成为证人向司法机关作证。为保证证人陈述内容的真实性，各国证据法一般要求证人应当是亲自或直接感知案件事实情况的人，即证人应当是直接凭借自己的视觉、听觉、嗅觉、味觉、触觉等感觉作用感知了有关案情之人，而不是转述他人对所感知案件事实之陈述的人。从证据规则上讲，大陆法系国家证据法主要通过直接原则、英美法系国家证据法主要通过传闻证据排除规则将非直接感知案件事实、而是转述他人对所感知案件事实之陈述的人排除在证人之外。我国诉讼法对此则没有特别限制，对于转述原始证人之陈述的、具有传来证据之性质的"证人证言"，亦允许司法机关审查和采信。

3. 证人须能够正确表达意思

对于所接触或经历的案件事实能够正确地感知和复述的人，其陈述对于证明案件事

① 占善刚，刘显鹏. 证据法论. 3 版. 武汉：武汉大学出版社，2015：95.

② 从 2022 年《民诉解释》第 115 条的规定看，似乎也是将单位提供的证明材料作为书证对待，而将单位的工作人员作为证人。该条的具体内容是："单位向人民法院提出的证明材料，应当由单位负责人及制作证明材料的人员签名或者盖章，并加盖单位印章。人民法院就单位出具的证明材料，可以向单位及制作证明材料的人员进行调查核实。必要时，可以要求制作证明材料的人员出庭作证。单位及制作证明材料的人员拒绝人民法院调查核实，或者制作证明材料的人员无正当理由拒绝出庭作证的，该证明材料不得作为认定案件事实的根据。"

实才具有实际意义，故证人必须是能够辨别是非、正确表达意思的人。那些因为生理上、精神上的缺陷或者年幼而不能辨别是非、不能正确表达意思的人，不能作为证人。但应注意的是，能够辨别是非、正确表达意思之要件是相对而言的，并不要求证人必须是成年人或完全民事行为能力人。待证事实与其年龄、智力状况或者精神健康状况相适应的无民事行为能力人和限制民事行为能力人，也可以作为证人（2019 年《民事证据规定》第 67 条第 2 款）。

三、证人的义务

（一）证人义务的主要类型

对于他人的诉讼，除法律有特别规定外（例如享有司法豁免权），不论其为何人，均有作为证人的义务。此项义务属于诉讼法上的义务，性质上属于公民应尽的公法上的义务。一般而言，证人的义务主要包括到场义务、宣誓或具结义务和陈述义务三项。

1. 到场义务

证人的到场义务，是指证人有应法院通知于指定期日到指定场所接受询问的义务。实践中，到场的主要表现是到庭（出席法庭）。证人一旦到场，非至询问完毕或经法官等人员许可，不得离去。证人系不能替代的诉讼参与人，故不得委托代理人到场，且原则上也不得以提出书面材料代替亲自到场，否则，仍构成违反证人之到场义务。

到场义务是证人的一般性义务，但考虑到一些特殊情形，各国往往对证人到场义务设有某些例外规定或变通方式。例如，《德国民事诉讼法》第 375 条规定：为发现真实，在现场询问证人为适当时，或者依法律规定不应在法院询问而应在其他场所询问证人时，或者证人因故不能到受诉法院时，或者证人远离受诉法院所在地，不能预期其能到场时，受诉法院可以命令法官或者委托其他法院在受诉法院之外询问证人；询问联邦总统的，应当到其住所进行。《日本民事诉讼法》第 195 条也规定了一些到场义务的例外情形，由法官到证人所在地或其他地点对证人进行询问。

我国《民事诉讼法》第 75 条第 1 款第一句规定："凡是知道案件情况的单位和个人，都有义务出庭作证。"从而也明确规定了证人的到场义务。证人在审理前的准备阶段或者人民法院调查、询问等双方当事人在场时陈述证言的，视为出庭作证（2019 年《民事证据规定》第 68 条第 1 款第二句）。《民事诉讼法》第 76 条则对到场义务的例外情形作了规定："经人民法院通知，证人应当出庭作证。有下列情形之一的，经人民法院许可，可以通过书面证言、视听传输技术或者视听资料等方式作证：（一）因健康原因不能出庭的；（二）因路途遥远，交通不便不能出庭的；（三）因自然灾害等不可抗力不能出庭的；（四）其他有正当理由不能出庭的。"另外，2019 年《民事证据规定》第 68 条第 2 款规定："双方当事人同意证人以其他方式作证并经人民法院准许的，证人可以不出庭作证。"

2. 宣誓或具结义务

证人在陈述时，应切实担保其陈述均属真实，而无增、减、隐匿或虚伪陈述。其担保的方法即为宣誓或具结，故各国的诉讼程序法或证据法中一般均规定了证人的宣誓或具结义务。宣誓主要是一些国家基于宗教信仰之背景而规定的担保方式，具结则主要适用于不信仰宗教的证人。对于信奉宗教的证人，宣誓的形式借用宗教上的神明威严来加重证人担保如实作证的心理负担；对于并不笃信任何神明的证人，则采用具结的方式，用证明仪式的庄重和严肃来约束证人的作证行为，担保其陈述的真实性。例如，《德国民事诉讼法》第 391 条规定："法院考虑证言的重要性，并且为了使证人作出真实的证言，认为有必要命证人宣誓时，在双方当事人都未舍弃宣誓的情形下，证人应该宣誓。"该法第 484 条则规定："宣誓义务人说明，他由于信仰上或良心上的原因，不愿宣誓，即应具结。这种具结与宣誓等同；此点应向宣誓义务人说明。"《日本民事诉讼法》第 201 条、《英国民事诉讼规则》第 32.15 条、《美国联邦证据规则》第 603 条均规定了证人的宣誓或具结义务。

在通常情况下，证人均有宣誓或具结义务，但如果证人有特殊原因存在，则有必要免除其宣誓或具结义务。从德国、日本的规定看，下列两种情形下，明确免除证人的宣誓或具结义务：（1）在询问时证人未满 16 岁的；（2）证人因精神障碍而不理解宣誓或具结的意义及其效果的。

对于证人的宣誓或具结义务，我国相关司法解释中虽未明确使用"宣誓"或"具结"的表述，但实际上也作了类似规定。例如，2019 年《民事证据规定》第 71 条规定："人民法院应当要求证人在作证之前签署保证书，并在法庭上宣读保证书的内容。但无民事行为能力人和限制民事行为能力人作为证人的除外。证人确有正当理由不能宣读保证书的，由书记员代为宣读并进行说明。证人拒绝签署或者宣读保证书的，不得作证，并自行承担相关费用。证人保证书的内容适用当事人保证书的规定。"2021 年《刑诉解释》第 258 条第二句亦规定："证人应当保证向法庭如实提供证言，并在保证书上签名。"上述关于要求证人签署和宣读保证书的规定，即属于证人具结义务的规定。证人保证书应当载明保证据实陈述，绝无隐瞒、歪曲、增减，如有虚假陈述应当接受处罚等内容。

3. 陈述义务

证人经合法通知到场后，对于法官的询问，有为陈述的义务。证人对于法官询问的事项，无论知悉与否，均应陈述作答，不得默不作答或拒绝回答，否则即违反陈述义务，法院可依法予以制裁。不过，基于人伦情理和实际情况的考量，域外国家往往规定在某些情况下，允许证人拒绝证言，此即证人的拒绝作证权（证言拒绝权）。

（二）违反证人义务的后果

证人义务属于证人对法院所负的公法上的义务，其无正当理由而不履行该义务时，要承担相应的法律后果。从比较法上的规定看，对于违反证人义务的人，法院可处以公法上的制裁，以便强制其履行义务。例如《德国民事诉讼法》第 380 条、第 390 条规定：经合法传唤而不到场的证人，法院可以不经申请而命其承担因不到场而生的费用，同时可以对其处以罚款，不缴纳罚款时，则可以处以拘留；如证人再次不到场，可以再次对其处以上述制裁，也可以命令拘传证人。证人未提出理由，或者经宣誓确定其理由不充分时，而仍拒绝作证或者拒绝履行宣誓手续，法院可不经过申请，命证人负担因其拒绝而生的诉讼费用，同时对其处以罚款，不能缴纳罚款时，则处以拘留；证人再次拒绝作证时，法院可依申请，命令拘留之，以强制其作证，但不得超过在该审级中诉讼终结之时刻。《日本民事诉讼法》第 192～194 条、第 200 条、第 201 条也规定了违反证人义务时的制裁措施。

我国《刑事诉讼法》第193条对证人违反出庭作证的义务亦规定了强制到庭、训诫、拘留等法律后果，即："经人民法院通知，证人没有正当理由不出庭作证的，人民法院可以强制其到庭，但是被告人的配偶、父母、子女除外。证人没有正当理由拒绝出庭或者出庭后拒绝作证的，予以训诫，情节严重的，经院长批准，处以十日以下的拘留。被处罚人对拘留决定不服的，可以向上一级人民法院申请复议。复议期间不停止执行。"不过，我国《民事诉讼法》第75条虽然明确规定证人有出庭作证的义务，但没有进一步规定证人违反作证义务而拒不出庭、拒不陈述或者拒不具结时的制裁措施①，从而使得证人出庭作证和具结的义务不具有法律上的强制性，致使民事诉讼实践中证人拒绝出庭和拒绝提供证言的现象较为普遍，大大降低了证人作证制度的适用效果。未来立法上有必要对民事诉讼中证人违反作证义务时的制裁机制作出规定，同时对法定情形下的证言拒绝权亦作出规定，使证人义务的强制履行与证人权利的保障机制得到相应的平衡。

四、证人的权利

证人出庭作证虽然系其应尽之公法上的义务，但也不得使其因此项义务的履行而受到不应有的损害，故基于权利与义务的一致性原则，对于证人作证时的相关权利应当予以充分保障。

（一）拒绝作证权

拒绝作证权，又称为拒绝作证特权、免证权、证言特免权、证言拒绝权、作证豁免权等，是指在某些情况下，证人享有拒绝提供证言的权利。基于对特定亲属间的人伦价值之尊重以及证人在职务上或业务上的守密义务等特定利益关系之保护的必要性，域外国家和地区往往对证人享有拒绝作证权的情形作了规定。概而言之，主要有以下几类：

（1）因特定亲属关系而享有拒绝作证权。例如，《德国民事诉讼法》第383条第1款第1～3项规定，证人是当事人一方的未婚配偶、配偶或前配偶，或者现在或过去是当事人一方的直系血亲或直系姻亲，或三亲等以内的旁系血亲，或二亲等以内的旁系姻亲的，有权拒绝作证。

（2）因财产可能受损而享有拒绝作证权。例如，《德国民事诉讼法》第384条第1项规定，证人所为证言，将会对证人或与证人有上述亲属关系的人，直接发生财产权上的损害的，则可以拒绝作证。

（3）因可能受到刑事追诉或名誉受损而享有拒绝作证权。证人所为证言，可能使证人或与证人有特定亲属关系或有监护关系之人受到刑事追诉或者使其名誉受损的，则证人有权拒绝作证。《德国民事诉讼法》第384条第2项、《日本民事诉讼法》第196条对此种情形均有规定。

（4）因特定主体之间的守密义务而享有拒绝作证权。此种情形是指为了保护特定职业群体的共同利益和有关的个人隐私及社会公共利益，从事特定职业的人对于其在从事该职

① 2019年《民事证据规定》第71条第3款规定："证人拒绝签署或者宣读保证书的，不得作证，并自行承担相关费用。"这一规定对于拒绝具结的证人并不具有制裁性。

业活动中知晓的在性质上或依法律规定应予保守秘密的事项享有拒绝作证权。从大陆法系国家和地区民事诉讼法的规定看，这些特定职业主要包括神职人员、医师、牙科医师、药剂师、助产士、律师、专利或商标等代办人、辩护人、公证人等以及曾经从事这些职业的人。但上述人员在其守密义务已经免除时，则不得拒绝作证。另外，各国一般还规定，以公务员或曾经为公务员的人为证人而就其职务上应守秘密的事项询问时，应得到其监督长官的同意或许可。此种规定系为防止公务员因作证而泄露机密损害政府利益，因此，原则上此种情形下证人有权拒绝作证，但经其监督长官的同意或许可时，则应提供证言。

（5）因可能泄露技术上或职业上的秘密享有拒绝作证权。这种情形是指，证人非将其技术上或职业上的秘密公开于众就不能回答时，则有权拒绝作证。例如，关于专有技术之制作方法的秘密，或者经营业务之特别方法的秘密等，除本人自愿陈述外，法院不得强制证人陈述。

我国《民事诉讼法》对于证人的拒绝作证权没有作出规定。《刑事诉讼法》则在一定范围内赋予辩护律师拥有拒绝作证的权利，该法第48条规定："辩护律师对在执业活动中知悉的委托人的有关情况和信息，有权予以保密。但是，辩护律师在执业活动中知悉委托人或者其他人，准备或者正在实施危害国家安全、公共安全以及严重危害他人人身安全的犯罪的，应当及时告知司法机关。"赋予证人在特定情形下拒绝作证的权利，对于维护亲属间的伦理关系、保护国家秘密、当事人的隐私和商业秘密等具有十分重要的意义，故未来立法上有必要在确立强制证人出庭作证制度之同时，对于特定情形下的证人拒绝作证权作出更完善的配套规定。

（二）费用补偿权

证人因出庭作证而支出的交通费、住宿费、生活费等合理费用，有权要求获得补偿，并有权要求获得误工补贴。根据《民事诉讼法》第77条和2022年《民诉解释》第118条、2019年《民事证据规定》第75条的规定，证人因履行出庭作证义务而支出的交通、住宿、就餐等必要费用以及误工损失，由败诉一方当事人负担。当事人申请证人作证的，由该当事人先行垫付，人民法院在准许申请时，应当通知申请人预缴证人出庭作证费用；当事人没有申请，人民法院通知证人作证的，由人民法院先行垫付。上述交通、住宿、就餐等必要费用，按照机关事业单位工作人员差旅费用和补贴标准计算；误工损失按照国家上年度职工日平均工资标准计算。证人出庭作证后，可以向人民法院申请支付证人出庭作证费用；证人有困难需要预先支取出庭作证费用的，人民法院可以根据证人的申请在出庭作证前支付。《刑事诉讼法》第65条则规定："证人因履行作证义务而支出的交通、住宿、就餐等费用，应当给予补助。证人作证的补助列入司法机关业务经费，由同级政府财政予以保障。有工作单位的证人作证，所在单位不得克扣或者变相克扣其工资、奖金及其他福利待遇。"

（三）人身及财产安全保障权

证人因为作证而使自己的人身、财产安全受到威胁或损害的，有权要求司法机关予以保护。在诉讼中，证人对案件事实如实陈述时，可能会遭到受此陈述不利影响的当事人的报复，使自己或其亲属的人身或财产陷于危险之中，因此，国家对于证人及其他因其作证行为而面临危险的人负有保护的职责。相应的，对证人而言，即享有请求国家给予人身、财产保护的权利。

对于证人安全的保护，《刑事诉讼法》第 63 条规定："人民法院、人民检察院和公安机关应当保障证人及其近亲属的安全。对证人及其近亲属进行威胁、侮辱、殴打或者打击报复，构成犯罪的，依法追究刑事责任；尚不够刑事处罚的，依法给予治安管理处罚。"第 64 条规定："对于危害国家安全犯罪、恐怖活动犯罪、黑社会性质的组织犯罪、毒品犯罪等案件，证人、鉴定人、被害人因在诉讼中作证，本人或者其近亲属的人身安全面临危险的，人民法院、人民检察院和公安机关应当采取以下一项或者多项保护措施：（一）不公开真实姓名、住址和工作单位等个人信息；（二）采取不暴露外貌、真实声音等出庭作证措施；（三）禁止特定的人员接触证人、鉴定人、被害人及其近亲属；（四）对人身和住宅采取专门性保护措施；（五）其他必要的保护措施。证人、鉴定人、被害人认为因在诉讼中作证，本人或者其近亲属的人身安全面临危险的，可以向人民法院、人民检察院、公安机关请求予以保护。人民法院、人民检察院、公安机关依法采取保护措施，有关单位和个人应当配合。"

第五节　当事人陈述

一、当事人陈述概述

《民事诉讼法》第 66 条和《行政诉讼法》第 33 条将"当事人的陈述"作为法定证据种类加以规定，但《刑事诉讼法》第 50 条未列举此种证据类型，而是规定了"被害人陈述"和"犯罪嫌疑人、被告人供述和辩解"这两类证据。从《刑事诉讼法》108 条对"当事人"之概念的解释看，刑事诉讼中的"当事人"是指被害人、自诉人、犯罪嫌疑人、被告人、附带民事诉讼的原告人和被告人，故在理论上讲，"被害人陈述"与"犯罪嫌疑人、被告人供述和辩解"这两类证据，亦属于广义的"当事人陈述"之范畴。《刑事诉讼法》对"被害人陈述"与"犯罪嫌疑人、被告人供述和辩解"予以分类规定，而不是笼统地表述为"当事人陈述"，主要是基于刑事诉讼自身的特点以及"被害人陈述"与"犯罪嫌疑人、被告人供述和辩解"这两类证据无论是在形成方面还是审查认定方面均有着较大的不同。

从当事人在诉讼中的地位来看，其具有双重地位：一是作为诉讼主体，二是作为证据方法。当事人基于诉讼主体地位所作的陈述系对事实的主张，此部分之陈述在性质上不属于证据；而其基于证据方法地位所为的陈述，在性质上才属于证据的范畴。在民事诉讼、行政诉讼中，这种区分尤其明显。

二、刑事诉讼中的被害人陈述

（一）被害人陈述的概念

被害人陈述，是指受犯罪行为侵害的人，就其遭受侵害的情况和其他与案件有关的情况向司法机关所作的陈述。

被害人陈述的主体是刑事被害人，即合法权益遭受犯罪行为直接侵害的人，一般是自然人，但有时也可以是法人等单位。这里所说的合法权益，包括人身权利、财产权利、民主权利以及受到法律保护的相关利益。只有其合法权益直接遭受犯罪行为侵害的人才是被害人，间接受到侵害的人不属于被害人的范畴，例如被害人生命的丧失、身体的损伤、精神的痛苦往往会给其父母、配偶、子女或其他亲友带来某种程度的损害，但这种损害是间接的，因此他们不属于被害人。

公诉案件中的被害人针对受害情况或其他案件情况所作的陈述，显然属于被害人陈述。自诉案件中的自诉人所作的陈述是否属于被害人陈述，需要根据具体情况予以区分。由于自诉案件中的自诉人既可能是被害人，也可能不是被害人（《刑事诉讼法》第114条），因此，只有自诉人是被害人的场合，其陈述才属于被害人陈述，而自诉人是被害人的法定代理人、近亲属时，该自诉人的陈述并不属于被害人陈述。被害人的法定代理人、近亲属提起自诉案件时，其对案情的陈述属于何种法律性质？我国《刑事诉讼法》对此并未明确予以界定，有学者认为其性质上应为证人证言。[①] 关于附带民事诉讼的原告人所作陈述是否属于被害人陈述，一种观点认为，附带民事诉讼中的原告所作的陈述，也属于被害人陈述[②]；另一种观点认为："由于附带民事诉讼是与刑事诉讼合并的民事诉讼，其民事原告人的陈述与民事被告人陈述一样，属于民事当事人陈述，而非被害人陈述。"[③] 本教材认为，后一观点更为可取。

（二）被害人陈述的特点

1. 被害人陈述具有不可替代性

刑事诉讼中的被害人是直接遭受犯罪行为侵害的人，具有不可替代的特点，作为法定证据种类的被害人陈述因之也具有不可替代性。因此，向司法机关提供被害人陈述的必须是被害人本人，不能由其亲属或其他人代替。

2. 被害人陈述往往可以直接证明案件事实

作为直接遭受犯罪行为侵害的人，被害人一般都清楚地了解犯罪行为侵害的后果乃至侵害过程和作案人的情况，因此其陈述往往可以直接证明有关的案件事实。在有些案件中，被害人与犯罪人有过直接、正面的接触，或者亲身遭受或经历了犯罪的侵害过程，因而其就犯罪事实和作案人情况的陈述更为直接、具体，可以成为证明相关案件事实的直接证据。即使被害人没有与犯罪人正面接触，也不知道犯罪人的具体身份，被害人往往也能提供案发时的某些情节等具有重要价值的线索，有助于侦查机关确定侦查范围、查明相关事实。

3. 被害人陈述可能带有夸大、缩小或掩盖的倾向性

虽然被害人对案件事实的陈述具有直接、具体的特点，很多情况下是认定案件事实的重要依据，但由于被害人是直接受犯罪行为侵害的人，与诉讼结果有着直接利害关系，因而其陈述易受其自身利益、情感、情绪等主观因素的影响，导致被害人陈述有时可能带有较大的虚假性。例如，有些被害人出于对犯罪的痛恨、报复心理等原因而夸大

① 卞建林主编. 证据法学. 2版. 北京：高等教育出版社，2023：168.

② 何家弘，刘品新. 证据法学. 5版. 北京：法律出版社，2013：173.

③ 刘金友主编. 证据法学. 北京：中国政法大学出版社，2001：156.

犯罪行为的侵害程度或侵害后果的严重程度；有些被害人出于个人名誉、家庭关系、子女利益等种种考虑，不愿意或不敢理直气壮地揭露犯罪，从而隐瞒事实或者隐瞒犯罪侵害过程的某些细节；有的被害人因为被害时精神高度紧张、观察不细、记忆模糊等原因而陈述不清，甚至是主观推断地虚假陈述；还有些被害人因受威逼恐吓或者出于个人私利或其他不可告人的目的，而可能提供部分编造甚至全部编造的所谓“案件事实”。

三、刑事诉讼中的犯罪嫌疑人、被告人供述和辩解

（一）犯罪嫌疑人、被告人供述和辩解的概念

犯罪嫌疑人、被告人供述和辩解，是指犯罪嫌疑人、被告人就被指控的犯罪事实和其他有关案件事实向司法机关所作的陈述。

我国刑事诉讼理论和实践中，往往将犯罪嫌疑人、被告人供述和辩解统称为“口供”或“自白”，但严格来说，其包括以下三种不同的情形：(1) 供述，即犯罪嫌疑人在侦查阶段或审查起诉阶段，以及被告人在审判阶段所作的承认自己有犯罪行为或罪行较重的陈述。供述通常表现为“坦白”、“自首”和“认罪”。供述既可以是全部承认指控的犯罪事实，也可以是部分承认指控的犯罪事实。(2) 辩解，即犯罪嫌疑人在侦查阶段或审查起诉阶段，以及被告人在审判阶段所作的否认自己有犯罪行为，或者虽然承认自己有犯罪行为，但认为罪行较轻或者依法不应追究刑事责任，或依法应予从轻、减轻或者免除处罚的陈述。(3) 攀供，即犯罪嫌疑人、被告人检举、揭发他人犯罪行为的陈述，通常表现为立功。关于攀供在性质上属于口供还是证人证言，学界有不同观点。从理论上讲，这一问题应当具体分析，不可一概而论。如果攀供是检举揭发同案犯在本案中的共同犯罪行为，其应当属于口供；如果攀供是检举揭发同案犯或其他人在其他案件中的犯罪行为，而且攀供者本人不是该案件的犯罪嫌疑人或被告人，则应当属于证人证言。正因为攀供的具体内容可作上述分解，故也有学者认为，攀供不属于犯罪嫌疑人、被告人供述和辩解的独立内容。①

（二）犯罪嫌疑人、被告人供述和辩解的特点

(1) 犯罪嫌疑人、被告人供述和辩解是行使辩护权的主要方式。《刑事诉讼法》第51条规定：“公诉案件中被告人有罪的举证责任由人民检察院承担，自诉案件中被告人有罪的举证责任由自诉人承担。”第33条第1款第一句规定：“犯罪嫌疑人、被告人除自己行使辩护权以外，还可以委托一至二人作为辩护人。”据此，在刑事诉讼中，犯罪嫌疑人、被告人并非控诉的主体和承担举证责任的主体，而是辩护的主体。法律虽然规定犯罪嫌疑人、被告人供述和辩解是一种法定证据种类，且其供述和辩解对于案件事实的认定具有重要的作用，但犯罪嫌疑人、被告人并不因该证据种类的规定而负举证的义务。基于无罪推定原则、不得强迫自证其罪原则、非法证据排除原则等诉讼原理的要求，犯罪嫌疑人、被告人供述和辩解在性质上属于其行使辩护权的基本方式，而非提供证据和作证的义务。

在自白任意性原则的规制之下，无论是供述还是辩解，都是犯罪嫌疑人、被告人为

① 陈卫东主编. 证据法学. 北京：高等教育出版社，2024：76.

获得有利于自己的裁判结果而作出的“理智的选择”。《刑事诉讼法》第15条规定：“犯罪嫌疑人、被告人自愿如实供述自己的罪行，承认指控的犯罪事实，愿意接受处罚的，可以依法从宽处理。”可见，犯罪嫌疑人、被告人的自愿如实供述，可以成为其获取有利于己的裁判结果的辩护策略之一，是辩护权的应有之义。

（2）犯罪嫌疑人、被告人供述和辩解可以直接证明案件事实。犯罪嫌疑人、被告人对自己是否实施了犯罪行为，如何实施犯罪行为，以及实施犯罪行为时的主观心理状态等，知道得最清楚。对于真正实施了犯罪行为的犯罪嫌疑人、被告人来说，其如实作出的有罪供述，能够直接、全面地反映出犯罪的动机、目的、手段、时间、地点、后果等事实情况；对于一个无辜者来说，他的无罪或罪轻的辩解，也会对司法机关发现案件的真相具有特别重要的意义。因此，无论是犯罪嫌疑人、被告人的供述还是辩解，对于查明案件事实往往都具有直接的证明意义。

（3）犯罪嫌疑人、被告人供述和辩解虚假的可能性较大。因涉及自己切身利益，且处于被刑事追诉的法律地位，犯罪嫌疑人、被告人的供述和辩解是虚假可能性较大的一类证据。一方面，犯罪嫌疑人、被告人作为刑事诉讼中被追究责任的对象，案件的处理结果与其有切身的利害关系。为了逃避法律的制裁，有的犯罪嫌疑人、被告人陈述时极力掩盖犯罪事实，避实就虚，避重就轻，或者编造谎言，作虚假陈述。另一方面，由于犯罪嫌疑人、被告人供述和辩解的生成环境具有很强的对抗性和封闭性，陈述之自愿性有时难以得到保障。特别是在侦查讯问阶段，侦查人员可以通过法律赋予的权限操控讯问的进程、讯问的方式以及讯问的环境，犯罪嫌疑人、被告人则处于被动地位，甚至个别侦查人员在实践中还会使用刑讯逼供等不合法的讯问手段，这就可能造成犯罪嫌疑人、被告人供述和辩解的内容严重失实。另外，有的犯罪嫌疑人、被告人出于哥们儿义气或者为了争取更好的态度，把不是自己的罪行揽到自己身上；有的为了开脱亲属的罪责，顶替犯罪人到侦查机关、检察机关或审判机关自首；有的也可能由于绝望、产生轻生念头、受良心谴责等原因，而虚伪认罪或自首认罪。上述种种原因，都可能造成犯罪嫌疑人、被告人供述和辩解的虚假性。因此，司法人员对犯罪嫌疑人、被告人供述和辩解要采取特别谨慎的态度，既不能盲目轻信，也不能完全不信，应当在认真审查的基础上对其证据价值作出准确判断。

（4）犯罪嫌疑人、被告人供述和辩解容易出现反复。刑事诉讼的进行中，犯罪嫌疑人、被告人往往会反复权衡各种利益，其心理活动非常复杂，波动很大，而且经常随着讯问人员和环境的变化而发生变化。犯罪嫌疑人、被告人有时有着逃避刑罚处罚的欲求和期望，以抗拒心理或者侥幸心理为主，有时以恐慌心理为主，有时则以悔罪心理为主。受这些不同心理状态的影响，犯罪嫌疑人、被告人供述和辩解可能会前后矛盾、逻辑混乱，甚至出现“时供时翻”的现象。犯罪嫌疑人、被告人供述和辩解缺乏稳定性、“时供时翻”，是其不同于其他证据的重要特点。

四、民事、行政诉讼中的当事人陈述

（一）民事、行政诉讼中当事人陈述的概念和特点

1. 民事、行政诉讼中当事人陈述的概念

当事人陈述是指当事人就其所感知的案件事实情况向法院所作的叙述。从广义上

说，在民事诉讼和行政诉讼中，当事人向法院所作的陈述，包含着多方面的内容，例如，关于诉讼请求的陈述、关于支持其诉讼请求或反驳诉讼请求所依据的事实的陈述、关于与案件有关的其他事实的陈述、关于书证或物证等证据及其来源的陈述、关于应如何适用法律等法律观点的陈述等。在上述内容中，只有当事人关于案件事实的陈述，才有可能归属于诉讼证据的范畴。

当事人关于事实的陈述中，并非所有的陈述都应当作为证据看待。一般而言，在民事诉讼和行政诉讼中，当事人基于诉讼主体地位所为的事实陈述是对事实的主张，在辩论主义和主张责任原理之下，事实主张成为法院的审理对象和裁判的基础，这部分陈述并不作为证据看待。其中，当事人主张利己事实的，该事实成为待证事实（证明对象）而需要运用证据予以证明；在诉讼中，当事人承认对方所主张的不利于己的事实的，构成诉讼上自认（包括承认对方主张的对自己不利的事实以及主动陈述对自己不利的事实而对方予以援引），该事实为免证事实而无须证据来证明；当事人对于对方所主张的事实，作出诸如“不存在”“不真实”等回应的，则属于对事实主张的否认。这些作为事实主张的当事人陈述，其目的在于充实所提诉讼请求之理由，属于提供诉讼资料的行为。在辩论主义之下，法院应当以这些诉讼资料，或者说应当以当事人所主张的事实，作为裁判的基础。因此，作为事实主张的当事人陈述，显然不应当归入诉讼证据的范畴。

当事人基于其作为证据方法之地位所为的事实陈述，则属于对事实主张加以证明的证据资料，在大陆法系的立法例中一般称为“询问当事人”“讯问当事人”，或称为“当事人讯问”，即法官根据申请或依职权询问当事人，使当事人就案件事实作出陈述，并利用当事人本人的陈述（包括拒绝陈述），对争议事实作出判断。经询问当事人所获得的此类事实陈述，应当作为证据看待。

需要指出的是，在大陆法系中，德国等国的民事诉讼法一般是将“询问当事人”作为一种补充性的证据方法。例如，《德国民事诉讼法》第 445 条和第 448 条规定：一方当事人对于应由他证明的事项，不能通过其他证据方法得到完全证明或者未提出其他证据方法时，可以就应证明的事实申请法院询问对方当事人；法院根据言词辩论的结果和已经进行的证据调查的结果，对于应证明的事实的真实与否不能获得足够的心证时，可以在当事人未提出申请时，依职权就该事实询问一方或双方当事人。在日本，其旧民事诉讼法也是将“询问当事人”作为补充性的证据方法，但 1996 年颁布的新民事诉讼法不再将其作为补充性的证据方法，而是直接规定法院可根据申请或依职权询问当事人本人，此种证据方法与其他证据方法处于同等地位（《日本民事诉讼法》第 207 条）。另需注意的是，在英美法系国家，当事人是作为证人看待的，并未像大陆法系国家那样将其作为单独的证据方法，故当事人陈述属于广义的证人证言范畴，应当适用有关询问证人的规则来处理当事人陈述问题。

2. 民事、行政诉讼中当事人陈述的特点

民事、行政诉讼中当事人陈述具有如下几方面的特点：

（1）陈述内容之真假上的双重性。当事人陈述的一个显著特点是，真实性与虚假性往往并存，对有利于己或不利于己的事实之陈述尤其如此。一方面，由于当事人是民事法律关系的实际参加者，他们对案件事实的了解比其他人更为清楚，这就使得他们有可能向法院陈述案件的真实情况。另一方面，由于当事人与诉讼结果有直接的利害关系，彼此之间的利益又具有对立性，所以为了获得胜诉，当事人有可能对有利于自己的事实就多说，甚至夸大，而对不利于自己的事实则进行掩盖、缩小，甚至弄虚作假、虚构情节。因此，对于当事人陈述的证据效力的认定，《民事诉讼法》第78条第1款规定，人民法院对当事人的陈述，应当结合本案的其他证据，审查确定能否作为认定事实的根据。2019年《民事证据规定》第90条进一步规定，当事人的陈述，不能单独作为认定案件事实的根据。

（2）证据资料抑或事实主张之界定上的模糊性。如前所述，在诉讼中，当事人由于具有作为诉讼主体和作为证据方法的双重地位，其所作的陈述有时属于事实主张的范畴，有时则属于证据资料，因而在界定其陈述的性质时即存在一定的模糊性。正因为如此，在大陆法系国家和地区的民事诉讼法中，一般均规定了“询问当事人”或“讯问当事人”的证据调查程序，当事人在此程序中所作陈述可作为证据资料使用，以便与当事人作为诉讼主体时在言词辩论程序中的事实主张之陈述相区别。我国《民事诉讼法》没有明确规定“询问当事人”或“讯问当事人”的证据调查程序，导致在司法实践中对于当事人所作陈述，是界定为证据资料还是事实主张，具有较大的模糊性。

（3）陈述时间的限定性和事后性。当事人陈述的时间限于诉讼开始后至法庭评议前的这段时间。同时，当事人陈述相对于物证、书证及视听资料而言，其在形成时间上具有比较明显的事后性的特点。

（二）民事、行政诉讼中当事人陈述的分类

（1）根据陈述的主体不同，可以将当事人陈述分为本人的陈述、法定代理人的陈述和专家辅助人的陈述。法院为查明案件事实而询问当事人时，原则上应当由当事人本人回答法院的询问，故当事人陈述主要表现为本人的陈述。但如果当事人无诉讼行为能力，则可以由法定代理人代为陈述，对此大陆法系国家和地区一般均明确规定，询问当事人的规定，准用于当事人的法定代理人。[①] 至于委托诉讼代理人的陈述，其本质在于代当事人为事实主张，故其性质应当属于作为事实主张的当事人陈述，而不是作为证据资料的当事人陈述。如果委托诉讼代理人于受委托事项之外对案件事实有所感知并向法院陈述，则此时其所作陈述应当作为证人证言对待。关于专家辅助人，《民事诉讼法》第82条规定：“当事人可以申请人民法院通知有专门知识的人出庭，就鉴定人作出的鉴定意见或者专业问题提出意见。”对于专家辅助人陈述的性质，2022年《民诉解释》第122条第2款规定，其在法庭上就专业问题提出的意见，视为当事人的陈述，故依照这一规定，专家辅助人在法庭上的陈述属于作为证据资料的当事人陈述的一种表现。不过，从诉讼理论上讲，这种界定未必合理和准确，因为，所谓作为证据资料的当事人陈述，是指当事人针对法院的询问就其所感知的案件事实而为的陈述，而专家辅助人不可能为此种陈述，其针对案件的专门性问题所提出的意见，系运用自己的专门知识所提出的分析、评价意见，性质上应当属于专家证言的范畴。

---

① 参见《德国民事诉讼法》第455条、《日本民事诉讼法》第211条。

（2）根据陈述的形式不同，可以将当事人陈述分为口头陈述和书面陈述。基于直接言词原则的要求，以询问当事人为证据方法时，原则上当事人应当以言词（口头）方式陈述，只有在例外情况下才允许以书面方式陈述，例如，当事人由于疾病等原因无法口头陈述的，可考虑允许其以书面方式陈述。大陆法系国家和地区民事诉讼法中一般均对当事人陈述的方式作了明确规定，例如，《日本民事诉讼法》第 210 条和第 203 条规定：当事人不得用文书进行陈述；但是，经审判长许可的，则不在此限。另需注意的是，国内有些教材在介绍口头陈述和书面陈述这一分类时，将原告在起诉状中或被告在答辩状中对案件事实的陈述作为“书面陈述”的典型例子予以列举，本教材认为，这种认识不够准确。原告在起诉状中或被告在答辩状中对案件事实的陈述，性质上属于作为主张的当事人陈述，而不是作为证据资料的当事人陈述。

（三）受询问之当事人的义务

法院为查明案件事实，可依申请或依职权询问当事人，并以询问所得结果作为证据资料，以便形成心证，故在法院通知当事人接受询问时，当事人即负有接受询问的义务，此种义务属于当事人对代表国家的法院所应尽的公法上义务。从大陆法系国家和地区的民事诉讼立法和实践看，此类义务的内容与证人的义务相类似，也主要包括到场义务、宣誓或具结义务以及陈述义务三个方面。当事人违背此类义务时，要承担相应的法律后果。不过，由于当事人与证人进行陈述乃基于不同的立场，故从域外规定看，当事人与证人违背上述义务时的法律后果亦有所差异。这种差异主要表现为：当事人拒绝到庭、宣誓（具结）或陈述的，法院可斟酌案件具体情况，认定对方当事人所主张的关于询问事项的事实为真实。① 而证人违背到场义务、宣誓或具结义务或者陈述义务的，将被命令负担由此而产生的诉讼费用，被处以罚款、拘留等，且法院可以强制证人到庭。②

当事人与证人违背上述义务时之所以规定不同的法律后果或制裁措施，主要是因为，就违反义务的当事人而言，法院认定对方当事人所主张的关于询问事项的事实为真实，即是对该当事人课以不利的法律后果，此种不利后果很可能使该当事人面临败诉结果的风险，这无疑是最直接、最有效的制裁方式。当然，当事人违背受询问义务时，关于询问事项的事实是否拟制为真实取决于法官的自由裁量。法院基于其他证据调查的结果及言词辩论的全部趣旨，依自由心证，反而认定该违背受询问义务的当事人所主张的事实为真实也并非没有可能。而就证人而言，由于其与诉讼结果并无直接利害关系，因此对证人违背证言义务只能课以公法上的强制措施予以制裁。③

此外，在大陆法系国家和地区中，关于当事人与证人的宣誓或具结义务的规定也存在区别。对于证人作证而言，除了法律规定的例外情形，证人应当宣誓；而就当事人陈述来说，当事人是否进行宣誓，取决于法官的自由裁量。例如，《德国民事诉讼法》第

① 例如，《日本民事诉讼法》第 208 条规定：“在询问当事人本人的情况下，该当事人无正当的理由不出庭，或者拒绝宣誓或陈述时，法院可以认定对方当事人所主张的有关询问事项为真实。”《德国民事诉讼法》第 446、453 条规定，当事人拒绝陈述或拒绝宣誓，或者拒绝法院的询问或对于法院的要求不作表示的，法院应考虑全部案情，特别考虑拒绝的理由，依自由心证，判断对方当事人所主张的事实可否视为已得到证明。

② 参见《德国民事诉讼法》第 380、390 条，《日本民事诉讼法》第 192、193、200、201 条。

③ 占善刚. 当事人讯问之比较研究. 法学评论，2008（6）.

452条第1款规定："当事人一方未宣誓时所作的证言，不能使法院就应证事实的真实与否得到心证时，法院可以命令当事人就其证言宣誓。在讯问双方当事人时，就同一事实，可以只命令当事人一方宣誓。"《日本民事诉讼法》第207条第1款规定，法院询问当事人时，可以要求当事人进行宣誓。不仅如此，与证人进行虚伪陈述可能成立伪证罪不同，当事人即便作虚伪陈述，亦不构成刑法上的伪证罪。这是因为，当事人所陈述的事实乃是与自己利益利害相关的事实，从情理上讲，如因为虚伪陈述而成立伪证罪对其未免过于苛刻。但为防止当事人故意为虚伪陈述，法院对故意为虚伪陈述的当事人可处以罚款之制裁（参见《日本民事诉讼法》第209条）。

就我国而言，2022年《民诉解释》第110条与2019年《民事证据规定》第63～66条对当事人的到场义务、具结义务和陈述义务作了初步规定。（1）到场义务。人民法院认为有必要的，可以要求当事人本人到场，就案件的有关事实接受询问。人民法院要求当事人到场接受询问的，应当通知当事人询问的时间、地点、拒不到场的后果等内容。（2）签署并宣读保证书的义务。人民法院应当在询问前责令当事人签署保证书并宣读保证书的内容。保证书应当载明保证据实陈述，绝无隐瞒、歪曲、增减，如有虚假陈述应当接受处罚等内容。当事人应当在保证书上签名、捺印。当事人有正当理由不能宣读保证书的，由书记员宣读并进行说明。（3）真实、完整陈述的义务。当事人应当就案件事实作真实、完整的陈述。当事人的陈述与此前陈述不一致的，人民法院应当责令其说明理由，并结合当事人的诉讼能力、证据和案件具体情况进行审查认定。当事人故意作虚假陈述妨碍人民法院审理的，人民法院应当根据情节，依照《民事诉讼法》第114条的规定进行处罚。（4）违反受询问的义务之后果。当事人无正当理由拒不到场、拒不签署或宣读保证书或者拒不接受询问的，人民法院应当综合案件情况，判断待证事实的真伪。待证事实无其他证据证明的，人民法院应当作出不利于该当事人的认定。2018年《行诉解释》第44条亦对当事人的到庭义务、签署保证书的义务以及拒绝到庭、陈述或签署保证书时的法律后果作了规定。

第六节　视听资料与电子数据

一、视听资料、电子数据的概念

将视听资料和电子数据明确作为法定的证据种类予以规定，这是我国立法规定的一个重要特点。1982年《民事诉讼法（试行）》中首次将视听资料作为一种独立的证据类型加以规定，之后一直延续了这种立法例，并为1989年《行政诉讼法》和1996年《刑事诉讼法》所效仿。在2012年《民事诉讼法》修改之前，电子计算机存储的数据一般也被归于视听资料的范畴，故理论上一般认为："视听资料是指利用录音、录像、电子计算机储存的资料和数据来证明案件事实的证据。"[①] 或者认为："视听资料的概念应表述为以利用录音、录像、电子计算机及电磁设备等高科技方式贮存和反映的与案件有关

① 江伟主编. 民事诉讼法. 3版. 北京：高等教育出版社，2007：156.

的数据和资料来证明案件真实情况的一种证据，包括录像带、录音带、传真资料、电影胶卷、微型胶卷、电话录音、雷达扫描资料和电脑储存的数据及资料等。”[①] 但是，2012 年修改后的《民事诉讼法》《刑事诉讼法》以及 2014 年修改后的《行政诉讼法》明确将电子数据作为独立的证据形式加以规定，因此视听资料的范围应当有所限缩，不再包括以电子计算机等储存的电子数据方式所形成的视听资料，鉴于此，视听资料的含义应当界定为：以录音、录像等设备所存储的信息证明案件事实情况的资料，包括录音资料和影像资料。[②]

对于电子数据，在 2012 年《民事诉讼法》《刑事诉讼法》修改前，学理上大多称其为“电子证据”，其他相关的表述还有“计算机证据”“数字证据”“数据电文”“电子文件”“电子文件证据”“网络证据”“网上证据”等，对其含义的理解也很不统一。修改后的《民事诉讼法》《刑事诉讼法》《行政诉讼法》明确使用了“电子数据”这一概念，2022 年《民诉解释》第 116 条第 2 款则对其含义进行了界定，即电子数据是指通过电子邮件、电子数据交换、网上聊天记录、博客、微博客、手机短信、电子签名、域名等形成或者存储在电子介质中的信息。从该条款的表述看，对电子数据的定义采取的是不完全列举加概括归纳的表述方式，即在列举日常生活中常见的几种电子数据之基础上，用“形成或者存储在电子介质中的信息”来限定电子数据，也就是说，凡是在电子介质中形成的电子信息以及存储在电子介质中的信息都属于电子数据。有疑问的是，随着现代科技的发展，录音资料和影像资料往往可能存储在电子介质中，从而产生此类证据应当界定为视听资料证据还是电子数据证据的争议，为解决这一问题，2022 年《民诉解释》第 116 条第 3 款规定：“存储在电子介质中的录音资料和影像资料，适用电子数据的规定。”从而终结了此类证据的定性争议，有利于司法实践中人民法院的统一操作。

关于电子数据属于何种形式的证据问题，在 2012 年《民事诉讼法》《刑事诉讼法》修改前，理论上存在较大争议，有视听资料说、书证说、物证说、鉴定意见说、混合证据说、独立的证据种类说等不同观点。[③] 在 2012 年《民事诉讼法》《刑事诉讼法》的修改讨论过程中也存在争议，但最终通过的条文采纳了最后一种意见，将电子数据证据作为一种独立的证据类型加以规定。其主要理由在于，立法者认为电子数据证据具有其他各类证据所不具备的独特的表现形式，该证据在调查收集、质证、审查认定等环节均有其特殊性，不宜将其划入书证、物证、视听资料、证人证言、当事人陈述、鉴定意见、勘验笔录这七类证据中的任何一类或者将其分解并归入不同的证据类型之中。

应当注意的是，从世界范围看，其他国家和地区一般并没有将视听资料和电子数据作为独立的证据形式进行规定。在英美法系国家，视听资料和电子数据一般被纳入书证之列。在大陆法系国家和地区，法国系将其归入书证的范畴，例如《法国民法典》第 1316 条第 1 款规定：“以电子形式做成的文书与书面载体的文书一样被视为证据，前提是做成该文书的人能够正式地得以识别，该文书的制作与保管的条件应能保持其完整

① 宋朝武主编．民事证据法学．北京：高等教育出版社，2003：124.

② 最高人民法院民事诉讼法修改研究小组编著．《中华人民共和国民事诉讼法》修改条文理解与适用．北京：人民法院出版社，2012：129.

③ 何家弘主编．电子证据法研究．北京：法律出版社，2002：17.

性，签字应与签名人相一致，并代表当事人对由该行为所产生义务的同意。”在日本，视听资料和电子数据系作为准书证对待。[①] 在德国，理论上的通说认为，电子文件具有容易改变的性质，不能一般性地适用关于书证证明力的规定，而应当依勘验程序进行调查，因此，2002 年修改后的《德国民事诉讼法》第 371 条明确地将电子文件作为勘验的标的物予以规范。相比较而言，我国诉讼法关于法定证据类型的划分更为细致，基于视听资料、电子数据在表现形式、收集提供、审查认定等方面与传统书证存在区别，故将其与书证并列规定为法定证据形式。

二、视听资料、电子数据的特点

视听资料、电子数据是以录音磁带、录像带、电子计算机、电子磁盘或者其他高科技设备存储的信息作为证明案件事实之手段的证据，与传统的其他证据形式相比，其具有以下特点：

（1）高科技性。视听资料、电子数据是采用现代科技手段记录下的有关案件事实的原始材料，是以先进的科技设备（录音机、录像机、电子计算机以及其他各种高科技设备）为载体对案件事实的记载与反映。视听资料、电子数据的制作或形成过程、存储方式、阅览或再现的过程，都需要借助于相应的科技手段和科技设备，离开了现代科技手段和设备，人们在审判中便无法了解视听资料、电子数据所反映、存储的与案件事实有关的信息内容。因此，视听资料、电子数据与其他证据相比，具有高科技性的特点。

（2）动态直观性。视听资料、电子数据往往是在一定的持续时间内对音响、活动影像等事实进行的录制。它所记录和储存的信息往往是一个动态过程，当这一过程得到重现时，它就具有其他证据所不具有的动态直观性。传统的书证和物证等实物证据往往也是直观的，但这种直观性只是静态的直观，不具有动态性。

（3）高度的准确性、逼真性和较强的证明力。视听资料、电子数据对人们的形象、动作、表情、声音以及其他相关事实的记录，通过相应的科技设备在法庭播放或再现，可以生动逼真地再现当时的情况，使有关案件事实得到部分乃至全部的还原，因此，只要排除伪造、变造的可能和避免操作失误，视听资料、电子数据对案件事实的反映就具有高度准确性和较强的证明力。

（4）使用上的方便性。存储视听资料、电子数据的载体本身体积小、重量轻、信息量大，便于保存、检索和使用，只要保管适当，即使经过很长时间，也能清晰地再现案件的真实情况，因而同其他证据相比，其使用具有很大的方便性、高效性。

（5）容易被变造或伪造。视听资料、电子数据是运用技术手段制作的，但也容易通过技术手段篡改或伪造，如可以通过消磁、剪辑、删改等方式改变录音、录像带或电子数据的内容，或者通过声纹技术模拟一个人的声音等，故人民法院对视听资料，应当辨别真伪，并结合本案的其他证据，审查确定能否作为认定事实的根据（《民事诉讼法》第 74 条）。存有疑点的视听资料、电子数据，不能单独作为认定案件事实的依据（2019 年《民事证据规定》第 90 条、《行政证据规定》第 71 条）。2021 年《刑诉解释》第 109

---

① 参见《日本民事诉讼法》第 231 条。

条则规定："视听资料具有下列情形之一的，不得作为定案的根据：（一）系篡改、伪造或者无法确定真伪的；（二）制作、取得的时间、地点、方式等有疑问，不能作出合理解释的。"第114条又规定："电子数据具有下列情形之一的，不得作为定案的根据：（一）系篡改、伪造或者无法确定真伪的；（二）有增加、删除、修改等情形，影响电子数据真实性的；（三）其他无法保证电子数据真实性的情形。"需注意的是，对于电子数据，表面上看容易被篡改或删除，但是篡改或删除的痕迹往往能够通过技术手段捕捉到，甚至可以通过技术手段恢复被篡改或删除的数据。

另外，电子数据还具有一个其他证据不具有的重要特点，即快速传递性。一般而言，传统证据只能在物理空间传递，如通过当事人交接、移交的方式进行，这种方式的传递效率显然是低下的。而电子数据本质上主要是一种信息，所以可以在虚拟空间里传播，如电话、电报可以通过光缆在分秒之间越洋，E-mail、EDI可以通过因特网在瞬间传播扩散到世界上的各个角落。后者的传递速度显然是惊人的，它提高了电子数据的使用效率，同时也对传统的证据转移观念提出了挑战。①

三、视听资料、电子数据与书证、物证的区别

传统的录音带、录像带、电影胶片等视听资料与电子数据之间的重要区别是其存储信息的方式不同，但是随着现代科技的不断发展，这种区别越来越模糊化，目前，绝大多数视听资料已经表现为存储在电子介质中，故可以说这类证据既是"视听资料"，也是"电子数据"，正因为如此，为便于司法实践中的统一适用，2022年《民诉解释》第116条第3款规定："存储在电子介质中的录音资料和影像资料，适用电子数据的规定。"但总体而言，视听资料、电子数据与传统的书证、物证存在不少区别。

（一）视听资料、电子数据与书证的区别

视听资料、电子数据与书证的相同之处在于，它们都是以其所记载的思想内容来证明案件事实，但在以下方面存在区别：（1）记载或储存信息的载体不同。视听资料、电子数据中的声音、图像、数据等信息，是以声、光、电、磁及其粒子形式存在的，这些信息储存在录音磁带、录像带、胶片、光盘、电子计算机、智能手机或其他设备中；而书证中的文字、符号、图表等信息，则是记载在纸张、布帛、竹片等载体之上。（2）对案件事实的证明方式不同。书证所记载的内容对待证事实的证明是静态的，而视听资料、电子数据对待证事实的证明往往是动态的。（3）信息的再现和审查方式不同。书证所记载的文字、符号等，不需要通过专门的仪器设备而直接凭借肉眼就能够观察到，法官可直接通过阅读的方式进行审查；而视听资料、电子数据中记载的声音、图像、文字、图形等内容，必须通过特定的仪器设备和技术手段才能够予以再现，因而法官对这类证据的阅读、审查判断也需要借助于相应的科技设备和手段。

（二）视听资料、电子数据与物证的区别

视听资料、电子数据虽然离不开一定的物质载体，在外观上也表现为一定的物质形式，但视听资料、电子数据与物证存在如下区别：（1）视听资料、电子数据是以其储存

① 何家弘，刘品新．证据法学．5版．北京：法律出版社，2013：154.

的声音、图像、数据等信息对案件事实起证明作用，在本质上属于以其记载的思想内容来证明案件事实；而物证则是以其外部特征、性质或状态等对案件事实起证明作用。(2) 视听资料、电子数据可以以动态和静态两种方式证明案件事实，而物证只能以静态方式证明案件事实。(3) 视听资料、电子数据往往可以形成直接证据，直接、单独地证明案件主要事实；而物证一般属于间接证据，只能证明案件事实的某个情节或片段。①

四、视听资料、电子数据的种类

（一）视听资料的种类

根据 2022 年《民诉解释》第 116 条第 1 款的规定，视听资料包括录音资料和影像资料。录音资料，是指通过录音设备录制的各种声音，并且能够在案件事实调查中通过特定的设备被再现的声音资料。影像资料，是指通过录像或成像设备录制或形成的图像或者图像与声音的结合，并且能够在案件事实调查中通过特定的设备予以再现的资料。视听资料的具体表现形式多种多样，常见的有录音带、录像带、胶卷、电影胶片、雷达扫描资料（又包括声呐雷达扫描资料、电磁雷达扫描资料、激光雷达扫描资料）、医学超声成像资料、X 光扫描资料、CT 扫描资料、核磁共振成像资料等。

（二）电子数据的种类

关于电子数据的种类，2022 年《民诉解释》第 116 条第 2 款基于其表现形式而作了不完全的列举，即电子数据包括电子邮件、电子数据交换、网上聊天记录、博客、微博客、手机短信、电子签名、域名等形成或者存储在电子介质中的信息。在理论上，根据电子数据所依存的信息技术不同，可以将其分为电子通信证据、计算机证据、网络证据与其他电子证据。根据形成机制的不同，可以将电子数据分为电子设备生成证据、电子设备存储证据和电子设备混成证据。电子设备生成证据，是指完全由电子计算机等设备自动生成的证据，其最大的特点在于，它是完全基于计算机等设备的内部命令运行的，其中没有掺杂人的任何意志。电子设备存储证据，是指通过电子计算机等设备录制人类的信息而得来的证据。电子设备混成证据，是指由电子计算机等设备录制人类的信息后，再根据内部指令自动运行而得来的证据。②

第七节　鉴定意见

一、鉴定意见的概念和特点

（一）鉴定意见的概念

鉴定意见是指鉴定人根据司法机关的指派、聘请或委托，运用自己的专门知识和技能，对诉讼案件中的某些专门性问题进行分析、鉴别后所提供的书面意见，例如，医学

① 韩象乾主编. 民事证据理论新探. 北京：中国人民公安大学出版社，2006：235.

② 何家弘，刘品新. 证据法学. 5 版. 北京：法律出版社，2013：163.

鉴定、痕迹鉴定、产品质量鉴定、文书鉴定、工程质量鉴定、会计鉴定等。对于“鉴定意见”这类证据，《民事诉讼法》《刑事诉讼法》于2012年修改之前使用的是“鉴定结论”的表述，修改后则改称为“鉴定意见”。这种改变主要是基于“鉴定意见”的表述更为科学、准确，更符合鉴定活动的本质特征，因为，鉴定意见作为鉴定人的认识和判断，表达的只是鉴定人个人的意见，对整个案件来说，鉴定意见只是诸多证据中的一种，审判人员应当结合案件的全部证据，加以综合审查判断，从而正确认定案件事实，并非当然要采信该鉴定意见并据以认定案件事实①，而“鉴定结论”的表述则容易使人产生误解，似乎该证据就是认定案件事实的“结论性”的证据，但在司法实践中，该类证据也可能不被法院采信。

鉴定意见这类证据在理论上属于专家证据。英美法系和大陆法系国家基于不同的法律传统，对专家证据采取了不同的规定方式。在英美法系国家，并不采取法庭委托鉴定人出具鉴定意见的方式，专家证据主要表现为专家证人意见。专家证人属于证人的一种，凭借其专业知识、技能和经验向法庭提供有关专门性问题的意见证言，从而与向法庭陈述所感知到的案件事实的普通证人存在区别。但在作证的规则上，专家证人与普通证人并无区别，二者都属于“人证”的范围，适用统一的证人作证规则，因此在英美法系国家中，专家证人意见属于证人证言的范畴，并不是独立的诉讼证据类型。而在大陆法系国家中，专家证据一般以通过鉴定的证据方法形成鉴定意见为主要形式。鉴定人是法官的科学辅助人，而非当事人一方的证人，即鉴定人系根据法官的命令或指令对有关的专门性问题独立、公正地鉴定，以协助法院对有关证据和事实问题加以判断，而不是以一方当事人的证人身份出现，故在大陆法系国家中，鉴定人与证人有明显的区别，鉴定人所出具的鉴定意见是区别于证人证言的独立的诉讼证据类型。我国三大诉讼法对专家证据的规定与大陆法系国家基本一致，将鉴定意见作为一种独立的证据，从而和证人证言相区别。

（二）鉴定意见的特点

1. 鉴定意见的事实针对性

鉴定意见是针对诉讼中有待查明的事实问题所作出的判断意见，而不是就案件中的法律问题提供咨询意见。诉讼过程中，法律问题的判断是司法机关的职责，法官不得以任何理由要求鉴定人回答案件中涉及的法律问题；鉴定人也不得超越鉴定权限，对本案中的法律问题发表意见。

2. 鉴定意见属于“意见证据”

鉴定意见属于一种意见性证据，即鉴定人就专门性问题进行检验、鉴别后形成的理性判断意见，而不是感性认识或陈述。鉴定的目的是解决案件中凭借普通常识无法判明的专门性问题，因此鉴定人不能只报告鉴定中观察到的事实，必须在观察或检验的基础上作出理性的分析判断，即提出“意见”。这一特征使得鉴定意见与书证、物证、视听资料、证人证言、勘验笔录等其他证据形式存在明显区别。作为意见证据，鉴定意见反

① 全国人大常委会法制工作委员会民法室编著. 2012民事诉讼法修改决定条文释解. 北京：中国法制出版社，2012：82.

映了鉴定人对案件客观事实的个人见解和看法。在不同的科学技术条件下，鉴定意见中鉴定人的分析判断意见的主观程度存在差异。有的鉴定意见，难以精确地测定出结果，体现了较多的鉴定人之主观上的分析判断；有的鉴定意见，则主观性较弱，主要系利用科学仪器和方法精确地测定出结果，鉴定人的主观分析意见较少。

3. 鉴定意见的科学性与可靠性

鉴定意见是鉴定人运用一定科学知识、采用一定科学方法对案件专门性问题进行分析、检验后得出的意见，具有较强的科学性。实践中，鉴定的对象和方法多种多样，鉴定时所运用的科学技术的含量也各不相同，有的鉴定使用尖端、精密的仪器设备，自动化程度很高，有的鉴定凭手工操作，主观经验性很强。但是，任何鉴定意见都必须以一定的科学技术为基础，故从此意义上讲，鉴定意见属于“科学证据”的范畴。① 与这一特点相关联，鉴定意见具有较强的可靠性和证明力。如前所述，鉴定意见是相关领域的专家依据其专业知识并借助于科学技术所得出的判断性意见，此种科学性之特点决定了鉴定意见的内容具有较强的可靠性，其对于案件事实的证明力较强。当然，由于种种原因，例如鉴定材料的提取是否科学、仪器设备的操作是否得当、鉴定人的业务水平是否存在欠缺等，鉴定意见也有不准确、不可靠的时候，因此，不能唯鉴定意见是从，某一鉴定意见能否成为定案的依据仍须由法官审查判断。

4. 鉴定意见的要式性

《民事诉讼法》第 80 条第 2 款规定：“鉴定人应当提出书面鉴定意见，在鉴定书上签名或者盖章。”《刑事诉讼法》第 147 条、《行政证据规定》第 32 条也有类似的规定。因此，鉴定意见应当采取书面形式，而不能仅仅是口头陈述，具有要式性的特点。我国诉讼法对鉴定意见要求采取书面形式，主要是考虑到鉴定意见中往往涉及很多专门性问题、专业术语、技术符号和相关数据，很难口头表达清楚，有必要以书面形式详细记载有关鉴定的事项，以备存查。但是，在鉴定人出庭并进行口头陈述时，该陈述亦应当认定为鉴定意见的组成部分。另需注意的是，要式性只是我国诉讼法的专门要求，域外有关国家和地区的法律中，往往并未作这一特别要求。例如，根据《日本民事诉讼法》第 215 条的规定，鉴定人的陈述方式取决于审判长的裁量，既可以是口头的，也可以采用书面的形式。② 在德国，虽然，多数情况下法院会命令鉴定人提出书面鉴定意见，但法院根据自己的裁量也可以仅要求鉴定人口头陈述鉴定意见。③

5. 某些鉴定意见之审查判断的困难性

由于鉴定意见属于“科学证据”，故一般而言，法院可对其予以采信，特别是在当事人无异议时可直接予以认定，其证明力易于审查判断。例如，在某些能够精确地测定出结果的场合，如亲子关系的 DNA 鉴定、指纹鉴定、特定样品中某种化学成分的定量分析等，鉴定意见的审查判断一般不存在困难。但是，对于有些鉴定意见，则可能存在较大的分歧，法院在审查判断其证明力时往往较为困难，例如某些医疗侵权赔偿案件中医疗事故的鉴定意见、环境污染侵权诉讼中因果关系的鉴定意见、产品质量诉讼中的鉴

① 何家弘，刘品新. 证据法学. 5 版. 北京：法律出版社，2013：180.

② ［日］新堂幸司. 新民事诉讼法. 林剑锋，译. 北京：法律出版社，2008：445.

③ ［德］罗森贝克，施瓦布，戈特瓦尔德. 民事诉讼法. 李大雪，译. 北京：中国法制出版社，2007：917.

定意见等。此类案件中，鉴定意见的审查判断之所以较为困难，主要原因在于：一是法官对该鉴定意见涉及的专业知识不是很了解；二是某些鉴定意见中主观分析性意见较多，而不是精确地测定出其结果；三是经过了两次或两次以上的鉴定，不同的鉴定人提出了不完全一致乃至相互矛盾的鉴定意见。

二、鉴定意见的种类

鉴定意见的种类取决于诉讼中遇到的专门性问题的性质和类别，也取决于科技发展的水平。随着科技的发展，诉讼活动中越来越多的专门性问题可以通过鉴定的方式加以审查、认定，因而鉴定意见的种类会不断增加。司法实践中，常见的司法鉴定主要有以下类型。

1. 法医类鉴定

法医类鉴定是指运用法医学专门知识和技术，对涉及与案件事实认定有关的医学问题进行的鉴定。其主要包括人身伤害程度鉴定、死亡时间与原因等鉴定、损伤与疾病关系鉴定、道路交通事故受害人员伤残程度鉴定、职工工伤与职业病致残程度鉴定、医疗事故鉴定、活体年龄鉴定、血型与DNA遗传基因鉴定等。在刑事诉讼中，法医类鉴定一般可以分为法医病理鉴定、法医临床鉴定、司法精神病学鉴定、法医物证鉴定、法医毒物鉴定等几大类。

2. 物证类鉴定

物证类鉴定主要包括文书鉴定、痕迹鉴定和微量鉴定。文书鉴定是指运用文件检验学的原理和技术，对文书的笔迹、印章、印文、文书的制作及工具、文书形成时间等问题进行的鉴定。痕迹鉴定是指运用痕迹检验技术，对有关人体、物体形成痕迹的同一性以及分离痕迹与原整体相关性等问题进行的鉴定。微量鉴定是指运用物理学、化学、生物学等专门知识和仪器设备，通过对有关物质材料的成分及其结构进行定性、定量分析，以确定某种物品的质地、性能、内含成分和化学结构等专门性问题而进行的鉴定。

3. 声像资料鉴定

声像资料鉴定是指依据声像资料自身特性、形成机理及其他相关知识，对录音带、录像带、磁盘、光盘、优盘等载体上记录的声音、图像信息的真实性、完整性及其所反映的情况过程进行的鉴定和对记录的声音、图像中的语言、人体、物体作出种类或同一认定。

4. 司法会计鉴定

司法会计鉴定是指运用会计学的原理和专门知识，对有关财务账目、簿册、报表、单据等依法进行审核鉴定，以确定其是否符合会计制度以及是否真实等。

5. 建设工程司法鉴定

建设工程司法鉴定是指运用建筑学理论和技术，对与建筑工程相关的专门性问题进行的鉴定，例如建筑工程质量评定、建筑工程事故鉴定、工程造价纠纷鉴定等。

6. 知识产权司法鉴定

知识产权司法鉴定是指根据技术专家对本领域公知技术及相关专业技术的了解，并运用必要的检测、化验、分析手段，对被侵权的技术与相关技术的特征是否相同、技术转让合同中合同标的是否符合约定标准、技术开发合同履行中开发失败是否属于风险责任、是否构成抄袭或剽窃他人知识产权等问题所进行的鉴定。

7. 测谎鉴定

测谎鉴定是指利用测谎设备（测谎仪）和测谎技术对被测试人在回答测谎人员提出问题时的生理变化进行记录和分析，以判断被测试人的陈述是否真实所进行的鉴定。

8. 其他鉴定

除了上述列举的类型，对有关专门性问题进行鉴定的事项还有很多，例如伪钞鉴定、交通事故鉴定、电业事故鉴定、计算机司法鉴定、环境监测司法鉴定、税务司法鉴定、资产评估司法鉴定等，在此不再一一列举。

三、鉴定人与相关主体的区别

鉴定人是指受司法机关指派、聘请或委托，运用专门知识，对案件中的专门性问题进行鉴别、判断并出具鉴定意见的人。鉴定人有社会鉴定机构的鉴定人与侦查机关鉴定机构的鉴定人之分。前者是指临时受指派、聘任或委托而担任某一案件的专门性问题的鉴定工作的人员，由司法行政部门管理、统一登记、统一编制名册、统一公告，并且在资质要求、鉴定标准、培训、收费、违规处罚等方面遵循统一的规范。后者是指公安、检察等侦查机关内设置的专司鉴定工作的人员。

鉴定人必须具有某方面的专门知识或技能，且其知识水平足以达到能够对某一专门性问题作出科学鉴定的程度。鉴定人与证人、专家证人、专家辅助人等主体存在区别。

（一）鉴定人与证人的区别

这里所称的“证人”，不包括英美法系国家证据法中所规定的“专家证人”。鉴定人和证人都是作为当事人之外的第三人就特定案件事实向法院进行陈述的人，所以规制证人的某些规定对鉴定人也是适用的。但在大陆法系的证据立法和理论中，鉴定人与证人是两种不同的证据方法，二者之间存在诸多区别。

（1）是否需要专业知识不同。鉴定人必须具有特定的专业知识，其出具的鉴定意见是对某个专门性问题所作的分析和评价；而证人则不需要具有特定的专业知识，其只需将自己所感知的案件事实陈述出来即可。

（2）了解案件事实的时间不同。鉴定人对案件事实的了解，是在案件发生后，在诉讼过程中从事鉴定工作时才发生的；而证人对案件事实的了解，是在诉讼发生之前。

（3）能否选择和更换不同。鉴定人是根据需要而指派、聘请或委托的，可以选择、替换；而证人是由案件本身所决定的，具有不可选择性和不可代替性。

（4）是否适用回避制度不同。鉴定人如果与本案有利害关系，应当回避；而证人不适用回避的规定。

（5）要求不同。为了保证作证的客观真实性，证人在诉讼中不能要求了解案情；并且各国法律一般明确规定询问证人应当个别进行，证人之间不能互相讨论，以免相互影响，导致证言失实。与此不同，鉴定人虽然在案件发生时不了解案件的真实情况，但为了作出科学的鉴定意见，他可以在案件发生后查阅相关卷宗材料；当鉴定人有几个时，他们还可以相互讨论，共同出具鉴定意见。

（二）鉴定人与专家证人

如前所述，专家证人是英美法系证据法上的概念，是指具有相应专业知识和实践经验、接受一方当事人委托就某些专门性问题在法庭上运用专业知识发表意见、作出推论或结论的证人。就其须具有相关领域的专业知识并对案件的专门性问题提供意见证据而言，专家证人与包括我国在内的大陆法系国家和地区证据法上的鉴定人具有相似性，但二者仍然存在明显的区别。

（1）性质不同。鉴定人是一种独立于证人的证据方法，其所出具的鉴定意见是不同于证人证言的独立的证据类型；而专家证人只是一种特殊的证人，其与普通证人一样，都属于证人的范畴。

（2）有无法定资格的限制不同。在大陆法系国家，鉴定人的资格采取固定资格原则，即有关法律或有关机关明确规定哪些人或哪些机构具有鉴定人的资格，或者将鉴定权固定地授予特定的人或机构。一般而言，只有具备鉴定资格的人或机构才能向司法机关提供鉴定意见。而在英美法系国家，对于专家证人并不采取固定资格原则，即有关法律或机关并不明确规定哪些人或哪些机构具有鉴定人（专家证人）的资格，也未将鉴定权固定地授予特定的人或机构。只要是凭借专业知识或实际经验能够就某一领域的专门性问题提出明确意见的人，无论资历深浅，无论是否受过高层次的教育，无论是否出名，都可以作为专家证人，甚至汽车修理工、电器修理工、砖瓦工、电工等，皆可成为专家证人。①

（3）产生方式不同。在大陆法系国家，通常由法院决定是否实施鉴定，并指定鉴定人，在特定情形下法官还可以指挥鉴定。而在英美法系国家，是否聘请专家证人，以及具体聘请哪位或哪些专家证人，都由各方当事人自行决定，受聘专家作为聘任方当事人的证人出庭作证，法院职权的影响被降到最低限度。

（4）证据力不同。尽管大陆法系国家中鉴定人的鉴定意见和英美法系国家中专家证人的意见对法官（或陪审团）均不具有当然的约束力，但相比较而言，大陆法系国家中鉴定人的鉴定意见往往具有更高的证明力。这是因为，在大陆法系国家中，法官在鉴定中的参与度较高，某些情况下甚至是法官亲自主持，因而鉴定意见的证据力更容易得到法官的认可；而在英美法系国家，专家证人系受当事人聘请或委托而提供服务，其有可能提供更倾向于委托方的证词，公正性难以得到保障，而且双方当事人就同一问题可能提供相互矛盾的专家证言，因而其证据力可能受到更多的质疑。

（三）鉴定人与专家辅助人的区别

专家辅助人，是指由当事人等申请出庭，帮助当事人向审判人员说明案件事实中的专门性问题，并协助当事人对案件中的专门性问题进行质证的人。

随着现代科技的发展，诉讼过程中有时会遇到一些专门性问题，而当事人及其诉讼代理人以及法官对这些问题可能不是十分了解，故聘请具有专门知识、专门技能的人进行说明、解释就很有必要。有鉴于此，《民事诉讼法》第 82 条对专家辅助人制度作了规定："当事人可以申请人民法院通知有专门知识的人出庭，就鉴定人作出的鉴定意见或

① 占善刚，刘显鹏. 证据法论. 3 版. 武汉：武汉大学出版社，2015：134.

者专业问题提出意见。”2022 年《民诉解释》第 122、123 条与 2019 年《民事证据规定》第 83、84 条则进一步规定：当事人可以依照《民事诉讼法》第 82 条的规定，在举证期限届满前申请一至二名具有专门知识的人出庭，代表当事人对鉴定意见进行质证，或者对案件事实所涉及的专业问题提出意见。人民法院准许当事人申请的，应当通知双方当事人。具有专门知识的人在法庭上就专业问题提出的意见，视为当事人的陈述。人民法院准许当事人申请的，相关费用由提出申请的当事人负担。审判人员可以对有专门知识的人进行询问；经法庭准许，当事人可以对有专门知识的人进行询问，当事人各自申请的有专门知识的人可以就案件中的有关问题进行对质；有专门知识的人不得参与对鉴定意见质证或者就专业问题发表意见之外的法庭审理活动。《刑事诉讼法》第 197 条中亦规定：公诉人、当事人和辩护人、诉讼代理人可以申请法庭通知有专门知识的人出庭，就鉴定人作出的鉴定意见提出意见；法庭对于上述申请，应当作出是否同意的决定；有专门知识的人出庭，适用鉴定人的有关规定。

需要注意的是，2021 年《刑诉解释》第 100 条关于专家报告的规定，不同于上述专家辅助人制度。该条规定：“因无鉴定机构，或者根据法律、司法解释的规定，指派、聘请有专门知识的人就案件的专门性问题出具的报告，可以作为证据使用。对前款规定的报告的审查与认定，参照适用本节[①] 的有关规定。经人民法院通知，出具报告的人拒不出庭作证的，有关报告不得作为定案的根据。”该条系针对某些无法进行鉴定的专门性问题，规定可以由有专门知识的人就该专门性问题出具报告，且该报告可以作为证据使用，实际上是在《刑事诉讼法》第 50 条第 2 款列举的证据类型之外，承认“专家报告”亦可作为证据使用，故该条款的规定并不属于专家辅助人制度的内容。

专家辅助人与鉴定人的主要区别在于：（1）产生的方式不同。在民事诉讼中，专家辅助人由当事人提出申请并经法院准许，一般是由双方当事人各自聘请自己的专家辅助人；在刑事诉讼中，由公诉人、当事人和辩护人、诉讼代理人申请并由法院决定。而对于鉴定人，在民事诉讼中一般是由双方协商确定，协商不成的，由法院指定；在刑事诉讼中，则由司法机关指派或聘请有专门知识的人进行鉴定。因此，专家辅助人通常是一方当事人的辅助人，而鉴定人通常是“本案”的鉴定人，不是一方当事人的鉴定人。（2）作用不同。鉴定人的作用在于运用专业知识、技能对专门性问题进行分析、鉴别，提供结论性意见。鉴定人出具的鉴定意见属于《民事诉讼法》第 66 条、《刑事诉讼法》第 50 条、《行政诉讼法》第 33 条规定的证据种类中的一种。专家辅助人的作用在于帮助当事人对一些专门性问题（包括鉴定意见和其他专业问题）进行解释、说明或者协助当事人进行质证。专家辅助人的意见并不是独立的证据种类，在民事诉讼中，根据 2022 年《民诉解释》的规定，专家辅助人提出的意见，视为当事人的陈述；而在刑事诉讼中，法律虽然未明确规定其性质，但理论解释上一般认为，“有专门知识的人实际上是代表申请其出庭的一方就鉴定意见发表专门的质证意见，应当将其意见视为申请方的控诉意见或者辩护意见的组成部分”[②]。

---

① 系指 2021 年《刑诉解释》的第四章“证据”的第五节“鉴定意见的审查与认定”——引者注。

② 卞建林，谭世贵主编. 新刑事诉讼法的理解与实施. 北京：中国人民公安大学出版社，2013：14.

四、鉴定人的权利和义务

鉴定人的权利主要有：（1）有权了解进行鉴定所需要的案件材料，必要时可以询问当事人、证人。（2）鉴定人因出庭发生的交通费、住宿费、生活费和误工补贴，有权要求获得补偿。（3）获得安全保障的权利。鉴定人认为因在诉讼中作证，本人或者其近亲属的人身安全面临危险的，可以向人民法院、人民检察院、公安机关请求予以保护。人民法院、人民检察院、公安机关应当依法采取保护措施，有关单位和个人应当配合。

鉴定人的义务主要包括：（1）提出书面鉴定意见的义务。鉴定人经过鉴定后，不管鉴定结果如何，都应当依法提出书面鉴定意见，并在鉴定书上签名或者盖章。（2）出庭作证的义务。针对实践中鉴定人出庭作证率较低的现象，2012 年《民事诉讼法》第 78 条（现为第 81 条）强化了鉴定人的出庭义务：一是明确规定了鉴定人应当出庭作证的两种情形，即当事人对鉴定意见有异议或者人民法院认为鉴定人有必要出庭的，鉴定人应当出庭作证。二是规定了鉴定人不出庭作证的法律后果，即经人民法院通知，鉴定人拒不出庭作证的，鉴定意见不得作为认定事实的根据；支付鉴定费用的当事人可以要求返还鉴定费用。《刑事诉讼法》第 192 条第 3 款也规定："公诉人、当事人或者辩护人、诉讼代理人对鉴定意见有异议，人民法院认为鉴定人有必要出庭的，鉴定人应当出庭作证。经人民法院通知，鉴定人拒不出庭作证的，鉴定意见不得作为定案的根据。"（3）依法回避的义务。鉴定意见的客观、公正，需要鉴定人与案件没有利害关系。鉴定人在具有法律规定的应予回避的情形时，应当自行回避。当事人及其法定代理人也有权要求其回避。

第八节　笔录证据

一、笔录证据的概念

笔录证据是指司法机关或者行政机关在办案过程中对有关现场、物品、人身等进行勘验、检查等活动后所制作的笔录。司法实践中，记录司法人员、执法人员相关办案活动的笔录有很多种，但并非所有的笔录都属于法定的证据种类。可以独立作为证据使用的笔录包括《刑事诉讼法》第 50 条规定的勘验、检查、辨认、侦查实验等笔录，《民事诉讼法》第 66 条规定的勘验笔录，《行政诉讼法》第 33 条规定的勘验笔录和现场笔录。

在刑事诉讼中，勘验、检查、辨认、侦查实验等笔录是指侦查人员和司法人员对可能与犯罪有关的场所、物品、人身、尸体等进行勘验、检查、辨认、侦查实验等活动时所制作的笔录。根据 2020 年《刑事案件程序规定》第 59 条的规定，刑事诉讼中可作为证据的笔录还包括公安机关制作的搜查、查封、扣押、提取等笔录。在民事诉讼中，勘验笔录是指人民法院的勘验人员对与案件有关的现场、物品进行勘查、检验时所制作的笔录。在行政诉讼中，勘验笔录与民事诉讼中的含义基本相同，而现场笔录则是指行政机关针对相关行政管理或行政处罚的现场情况所制作的笔录。除此之外，其他类型的笔录是否属于这里所说的“笔录证据”，则需要根据情况具体判断。例如，侦查人员或者法官讯问犯罪嫌疑人、被告人或者询问当事人时也需要制作笔录，但该笔录不属于笔录证据的范畴，而应分别属于犯罪嫌疑人、被告人供述和辩解及当事人陈述。法院开庭审理案件时所制作的“法庭笔录（庭审笔录）”系对庭审活动的记载，在该案件的上诉审中，对原审诉讼程序发生争议时，其具有证明作用，此时可看作是一种“笔录证据”；但其证明力仅限于针对原审“诉讼程序”之争议，而不是针对案件本身的实体争议，对于后者，其不具有证明作用，例如，记载了证人或被告人的陈述的庭审笔录可以证明已经陈述过的本身，但不涉及陈述内容的证明力。①

就笔录证据的形式而言，其主要形式是文字记录，但也包括绘图、照相、录音、录像等形式。随着科学技术的发展，以音像方式记录勘验、检查或现场执法活动的过程和结果，越来越成为法律实践中普遍使用的做法，故有学者认为，将此类证据形式改称为“记录”或“执法记录”似乎更为准确。②

二、笔录证据的种类

（一）刑事诉讼中的勘验、人身检查、辨认、侦查实验等笔录

1. 勘验笔录

刑事诉讼中的勘验笔录，是指司法人员对与案件有关的场所、物品、尸体等进行勘查、检验时所制作的实况记录。主要包括以下几种：

（1）现场勘验笔录。现场勘验笔录是指对犯罪现场及其他与犯罪有关的场所进行勘验时所作的记录。此种笔录的内容包括现场人员、现场保护情况、勘验的过程、现场发现的证据等情况；记录的形式包括勘验的文字记录、绘图、现场照片、录音、录像等。勘验人员和见证人应在笔录上签名或盖章。

（2）尸体检验笔录。尸体检验笔录是指对尸体进行外表检验或解剖检验时所制作的笔录。记录的内容包括检验的人员、检验的过程和发现的情况，例如死者衣着情况，尸体外表特征，伤口或伤痕的大小、形状、位置等情况，尸斑、尸温等尸体变化情况，提取血、尿、胃肠物质或者内脏情况等。通过尸体检验，可以确定死者的死因和死亡时间、致死工具等情况，并可以固定和提取有关证据。

（3）物证检验笔录。物证检验笔录是指对收集到的物品和痕迹进行检查、验证时所制作的笔录。记录的内容包括对物证进行检验的过程以及发现物证的位置和物证的性质、特征等情况。由于物证检验往往是在现场勘验等活动中进行的，所以物证检验笔录常作为现场勘验笔录的附件出现。通过物证检验，可以确定该物证的外在特征、存在状况和物质属性以及与案件事实之间的关系等情况。

2. 人身检查笔录

人身检查笔录是指对犯罪嫌疑人、被告人、被害人的人身进行检查时所制作的笔录。记录的内容包括检查的人员、检查过程和发现的情况，例如人身某些特征、伤害情

① ［日］田口守一. 刑事诉讼法. 7版. 张凌，于秀峰，译. 北京：法律出版社，2019：384.

② 何家弘，刘品新. 证据法学. 5版. 北京：法律出版社，2013：183.

况、生理状态等。通过人身检查，可以确定被检查人的身体特征、生理状况或受伤害情况等信息。

3. 辨认笔录

辨认笔录是指司法人员为了查明案情，让被害人、证人、犯罪嫌疑人或被告人对与案件有关的人员、物品、文件、尸体、场所等进行辨别、指认时所作的记录。

4. 侦查实验笔录

侦查实验是指司法人员为了验证某种条件下某些事实或情节是否存在或可能发生，在与案件相同的条件下进行模拟实验时所制作的记录。记录的内容包括实验的参加人员、实验过程与结果等。

（二）民事诉讼与行政诉讼中的勘验笔录

在民事诉讼和行政诉讼中，勘验笔录是指人民法院的勘验人员对与案件有关的物证或者现场进行勘查、检验后制作的实况记录。勘验笔录主要是用文字形式固定勘验工作情况和现场状况，但必要时也可以附以现场图、照片、录音、录像等，故勘验笔录实际上是为了保存勘验之结果所制作的书面材料。

从比较法学看，在大陆法系国家和地区民事诉讼、行政诉讼中，勘验的对象较之我国更为广泛。我国《民事诉讼法》第 83 条将勘验的对象限定为“物证或者现场”，《行政证据规定》第 33 条第 1 款则表述为“人民法院可以依当事人申请或者依职权勘验现场”。而在大陆法系国家和地区中，勘验的对象称为勘验标的物或勘验物，但勘验物不以“物”为限，人的身体也可以作为勘验之客体（例如，被害人受伤程度之勘验），且勘验物不限于有体物，有时无体物也可以成为勘验物，例如声音、光线、热能、磁场及电流等。文书，以其内容作为证据时，属于书证，法官于诉讼程序中阅览某文书，虽也具有“勘验”的性质，但应当适用关于书证程序的特别规定；文书非以其记载的内容为证据，而是由法官对其载体形式、笔迹、印迹等性状进行查看时，该文书此时亦构成勘验物。[①] 对录音带、录像带等进行证据调查时，德国学者多主张，将其视为勘验物而依勘验程序为之；日本学者多数认为，应将其视为文书而依调查书证程序进行；我国台湾地区学者则认为，对于此类证据之真伪，应利用鉴定程序为解决，至于其内容，系将其译为文字作成书面，使符合文书形式，应依书证之调查证据程序进行。[②]

关于勘验的具体主体，我国民事诉讼法和行政诉讼法的规定尚不够明确，有待进一步完善。勘验的主要目的在于法官通过其五官的感觉作用而亲自感知勘验物的性质、状态，并以其认识结果作为证据资料，以便判断诉讼中的相关争议事实。因此，基于直接审理原则的要求，大陆法系国家和地区的民事诉讼法一般均规定，原则上应当由审理案件的法官进行勘验；但法院在认为必要时，可以委托受命法官或受托法官进行勘验。《民事诉讼法》第 83 条、《行政证据规定》第 33 条则规定由人民法院的“勘验人”对有关物证或现场进行勘验，至于该“勘验人”是指案件的审判人员还是人民法院的其他工作人员抑或二者皆可，则存在理解上的分歧。而从《民事诉讼法》第 47 条关于回避制度亦适用

① ［日］新堂幸司. 新民事诉讼法. 林剑锋，译. 北京：法律出版社，2008：451.

② 陈荣宗，林庆苗. 民事诉讼法. 6 版. 台北：三民书局，2009：527.

于审判人员之外的勘验人的规定以及第142条第2款关于“当事人经法庭许可，可以向证人、鉴定人、勘验人发问”之规定来看，似乎可以认为，勘验人在我国的民事诉讼中乃是组成合议庭的审判人员或独任审判员以外的法院工作人员。如按照上述条文的逻辑关系来理解和操作，则我国关于勘验主体的规定显然与域外国家和地区的规定存在区别。从民事证据法学原理上讲，将“勘验人”界定为案件的审判人员以外的人，与勘验的本质和目的不符，也有违证据调查之直接原则的要求，因而此种规定是不可取的。

关于勘验程序，依2022年《民诉解释》第124条和《行政证据规定》第33条的规定，可以基于当事人的申请而开始，也可以由人民法院依职权启动。当事人申请勘验的，可以口头或书面形式向受诉法院提出；申请勘验时，应当向法院表明勘验的标的物及应勘验的事项。如勘验标的物为申请人所持有或占有而可提出于法院的，在申请时应提出该勘验物；若不能提出于法院的，则应当表明已准备接受勘验。对于申请勘验之标的物为对方当事人或第三人占有时应如何处理，大陆法系国家和地区的民事诉讼法均规定了对方当事人及第三人负有勘验协力义务，即申请人可以申请法院命令对方当事人或第三人提出勘验物，对方当事人或第三人负有提出的义务。当事人无正当理由不服从提出勘验标的物之命令的，法院可以认定申请人关于该勘验标的物之主张为正当；第三人无正当理由不服从提出勘验标的物之命令的，法院可以对其予以罚款，在必要时，并可裁定采取强制处分措施。我国民事诉讼法对上述勘验协力义务制度未作出明确规定，不利于勘验程序的顺利进行和当事人权利的充分保护，未来有必要引入该项制度。

人民法院应当在勘验前将勘验的时间和地点通知当事人。勘验物证或者现场，勘验人必须出示人民法院的证件，并邀请当地基层组织和当事人所在单位派人参加。当事人或者当事人的成年家属应当到场，拒不到场的，不影响勘验的进行。有关单位和个人根据人民法院的通知，有义务保护现场，协助勘验工作。当事人可以就勘验事项向人民法院进行解释和说明，可以请求人民法院注意勘验中的重要事项。勘验时应当保护他人的隐私和尊严。为更好地完成勘验工作，人民法院可以要求鉴定人参与勘验；必要时，可以要求鉴定人在勘验中进行鉴定。人民法院进行勘验时，应当制作笔录，记录勘验的时间、地点、勘验人、在场人、勘验的经过和结果，由勘验人、在场人签名或者盖章。对于绘制的现场图，应当注明绘制的时间、方位，测绘人姓名、身份等内容。

（三）行政诉讼中的现场笔录

现场笔录是行政诉讼中所特有的一类证据，是指行政机关对行政相对人进行行政处罚或其他行政执法活动时所作的记载现场情况的笔录。例如，警察对酒后驾车的司机违章情况及其处罚所作的笔录、卫生行政主管部门进行执法检查时所作的现场检查笔录等，即属于现场笔录。当事人不服行政机关和行政机关工作人员的行政行为而提起行政诉讼时，现场笔录就可以成为行政诉讼中的重要证据。

现场笔录的制作主体只能是有关的行政机关，不可能是人民法院。现场笔录是对行政执法活动现场的记录，当行政争议进入诉讼时，行政活动已经完成，执法现场不可能重现，人民法院只能审查现场笔录，而不可能制作现场笔录。但在诉讼过程中，人民法院可以对有关物证或现场进行勘验并制作勘验笔录。

行政执法中的有些事实具有转瞬即逝的特点，处于不断变化之中，事后很难收集证据予以证明，这就需要将执法时所呈现的状况即时记录下来，以便发生争议时用来证明当时的情况。现场笔录对案件事实的认定有着重要影响，如何保证现场笔录的真实性是立法和实践面临的重要问题，故《行政证据规定》第 15 条对现场笔录的制作形式作了明确规定：被告向人民法院提供的现场笔录，应当载明时间、地点和事件等内容，并由执法人员和当事人签名。当事人拒绝签名或者不能签名的，应当注明原因。有其他人在现场的，可由其他人签名。法律、法规和规章对现场笔录的制作形式另有规定的，从其规定。《行政证据规定》第 44 条中还规定，原告或者第三人对现场笔录的合法性或者真实性有异议的，可以要求相关行政执法人员作为证人出庭作证。

三、笔录证据的特点

（一）制作主体和记载对象的特定性

刑事诉讼中的勘验、检查、辨认、侦查实验等笔录的制作主体只能是司法人员，主要是侦查人员。检察人员和审判人员只有在必要的情况下才进行勘验、检查、辨认、侦查实验等活动。另外，监察人员也可以成为勘验、检查、辨认、调查实验等笔录的制作主体（《监察法》第 29、44 条，2021 年《刑诉解释》第 76、80 条）。在刑事诉讼的侦查阶段，勘验、检查是一种重要的侦查活动，由侦查人员进行；在必要的时候，侦查机关可以指派或者聘请具有专门知识的人，在侦查人员的主持下进行勘验、检查。民事诉讼和行政诉讼中的勘验，由人民法院的勘验人员负责进行并依法制作笔录。行政诉讼中的现场笔录，则是由相关行政机关在诉讼开始之前进行行政执法时制作。

勘验、检查、辨认、侦查实验等笔录所记载的对象也具有特定性，包括有关场所、物品、尸体、人身的原始状态以及勘验、检查、辨认、侦查实验等程序的运作情况。其中，勘验的对象包括场所、物品、尸体等；检查的对象主要是人身，即活人的身体；辨认的对象包括涉案物品、人员、场所等；侦查实验系针对某一事实或现象是否存在或可能发生而进行模拟实验。现场笔录记载的对象是相关行政执法活动的时间、地点和事件经过等内容。

（二）较强的客观性

笔录证据是通过勘验、检查、辨认、侦查实验等活动对有关场所、物品、尸体、人身等对象之现状的客观记载，故此类证据具有较强的客观性，主要表现在：第一，勘验、检查等笔录的内容在性质上是一种客观记载，不包括有关人员的主观意识活动。制作者只能记录自己所看到、听到或以其他方式感知到的事实情况，不能记录自己的猜测或分析推理意见。第二，勘验、检查、辨认、侦查实验等活动是司法机关的一项专门活动，司法机关并不具有如诉讼当事人那样与案件的直接利害关系（检察机关虽处于控诉地位，但毕竟不同于被害人及其家属），往往本着法治原则和公益原则进行诉讼活动，恪守着客观义务（侦查人员和检察人员）或者中立立场（审判人员），其所进行的勘验、检查、辨认、侦查实验等活动往往较为客观、公正，所制作的笔录一般也就具有较强的客观性。[①] 当然，笔录毕竟是由人制作的，由于勘验人员等的认识局限，其可能会对某

① 陈光中主编. 证据法学. 3 版. 北京：法律出版社，2015：199.

些有价值的信息未能发现，可能存在无意的偏差、漏记和误记，也可能会掺杂个人失之偏颇的对事物的认识经验，甚至发生故意的扭曲，因此这里所说的“客观性”并不意味着笔录的内容都一定符合客观实际情况。

（三）多数情况下属于间接证据

勘验、检查等笔录是对有关的人、物、场所的状况所作的记录，但勘验、检查的对象本身往往并不能直接证明案件中的主要事实，而只能证明案件事实中的某些片段或某些情节，因而笔录证据在一般情况下属于间接证据的范畴，需要与其他证据结合起来才能证明案件的主要事实。但对于辨认笔录而言，有些辨认笔录则可以直接证明案件中的主要事实，具有直接证据的特点，例如被害人对犯罪嫌疑人的辨别、指认笔录。

（四）具有很强的规范性

勘验、检查、辨认、侦查实验等笔录或者现场笔录，都具有规范性的特点。这既体现了诉讼活动对此类证据的严格要求，也体现了这种证据在司法实践中运用的客观规律。规范性主要表现在以下几个方面：一是勘验等活动须严格依照法律规定的程序进行；二是笔录格式的规范性，包括使用格式化的表格或者专门的笔录纸；三是笔录用语的规范性，包括名称用语和描述用语等；四是笔录签名的规范性，这是笔录具有证明效力的重要保证。

四、笔录证据与其他证据的区别

（一）笔录证据与物证的区别

域外立法例中，一般并未将物证作为独立的证据，其只是作为勘验的对象而存在，故一般不存在所谓“物证”与“勘验笔录”的区别问题。但在我国，将物证与勘验笔录作为两种不同的独立证据类型，故在我国语境下，二者的区别在于：（1）物证是在案件发生过程中使用或者形成的各种物品、痕迹，它以自身的物质属性、外部特征和存在的位置、场所或状态等来证明案件事实；而勘验笔录是侦查人员或司法人员通过五官对物品、场所等勘查、检验后所作的记录，并以该记录作为认定事实的证据。（2）勘验的对象除了物品（物证），还包括场所、尸体等。二者的联系在于：勘验的前提是有物证或者现场等存在，勘验是发现、记录、呈现物证的手段；物证的外部特征、内在属性、时空状况等自身特征及其双联性（与案件当事人和案件事实之间的联系）还需要侦查人员等进一步的检验、判断和呈现。至于物证与人体检查笔录、辨认笔录、侦查实验笔录、现场笔录等笔录证据的区别，则是显而易见的。

（二）笔录证据与书证的区别

勘验、检查、辨认、侦查实验等笔录证据虽然也是以其记载的内容证明有关案件事实，似乎与书证的证明机理相同，但二者存在本质区别：（1）制作的时间不同。书证一般是在案件发生前或在案件发生过程中制作的，而勘验、检查、辨认、侦查实验等笔录则一般是在案件发生后，对案件事实进行调查的过程中制作的（但现场笔录是在行政执法时制作的）。（2）记载的内容不同。书证以文字、符号、图案等载体形式记载和表达了制作者的内心想法，并以该记载的思想内容来证明案件事实，而笔录证据记载的内容是有关现场、物品等对象的客观情况，并非制作人的主观意思。（3）制作的主体不同。书证的制作主体往往是案件的当事人，而笔录证据的制作人在刑事诉讼中主要是侦查人员，在民事诉讼和行政诉讼中是法官或法院其他工作人员（但现场笔录的制作人是行政执法人员）。

（三）笔录证据与鉴定意见的区别

笔录证据和鉴定意见的制作都可能含有某种技术性的要求，但二者存在如下区别：（1）制作者不同。笔录证据是由办案人员制作，而鉴定意见是由办案机关指派、聘请或委托的鉴定人制作。（2）方法不同。勘验、检查、辨认、侦查实验等活动是通过人的五官或器材直接观察、辨别和测量，并记录其结果，而鉴定则是鉴定人运用其专门知识和技能，且往往需要借助于专门的仪器设备，对专门性问题进行鉴别、判断。（3）内容不同。笔录证据是办案人员对场所、物品等情况的客观记载，而鉴定意见则是鉴定人对案件专门性问题的分析判断意见。

小　结

立法上对证据种类作出规定，有利于针对不同证据的特点确定不同的证据调查程序和审核认定规则。由于法律传统等方面的原因，关于证据种类的各国法律规定，存在较大差异，有的设有专门条文规定证据种类，有的则无专门条文进行规定。我国三大诉讼法均在相关条文中对证据种类作了明确的列举，但在具体划分上并不完全相同。《刑事诉讼法》规定的证据包括物证，书证，证人证言，被害人陈述，犯罪嫌疑人、被告人供述和辩解，鉴定意见，勘验、检查、辨认、侦查实验等笔录，视听资料、电子数据。《民事诉讼法》规定的证据包括当事人的陈述，书证，物证，视听资料，电子数据，证人证言，鉴定意见，勘验笔录。《行政诉讼法》规定的证据包括书证，物证，视听资料，电子数据，证人证言，当事人的陈述，鉴定意见，勘验笔录、现场笔录。不同种类的证据各自有其特点，且在证据的收集提供、质证、审查判断等方面的程序和要求亦有所不同。

思考题

1. 试分析如何实现法定证据种类分类标准的包容性。
2. 作为主张的当事人陈述与作为证据的当事人陈述有什么区别？
3. 证人证言、被害人陈述、被告人供述和辩解这三类证据有何异同？
4. 试分析我国诉讼法对证人资格的规定及其不足。
5. 简述视听资料和电子数据的特点与属性争议。
6. 专家辅助人的陈述意见与鉴定意见有何异同？
7. 简述哪些笔录可以作为诉讼证据。

第八章 证明对象

第一节　证明对象的概念与免证事实

一、证明对象的概念

（一）证明对象的定义

证明对象，又称为待证事实、要证事实、证明客体，是指需要运用证据加以证明的案件事实。

证明对象是案件事实，因而对证明对象的理解涉及对案件事实的理解。对案件事实概念，存在不同的看法。① 本教材认为，与事实分为本体论上的事实与认识论上的事实相一致，案件事实也应从本体论和认识论（包括认识对象与认识结果）两个方面来界定。第一种意义上的案件事实，是本体论上的案件事实，它是自在的、客观的，其存在是不依人的意志为转移。② 这一意义上的案件事实，也就是客观事实，或者事实真相。第二种意义上的案件事实，是作为诉讼参与人认识对象的案件事实。第三种意义上的案件事实，是作为裁判者认识结果的案件事实，即裁判事实。裁判事实是事实审理者通过法定程序并依据证据规则，在证据的基础上，对案件涉及的客观事实所作的一种认定或推定。从程序的角度看，裁判事实是经过程序法规范过滤了的事实；从证据的角度看，裁判事实是依据证据规则再现或建构的事实；从规范事实的角度看，裁判事实则是依据实体法规范裁剪过的事实。③

狭义上的案件事实是指第二种意义上的案件事实。生活事实属于认识论上的事实，案件事实是法律格式化了的生活事实，是经过人为法律加工过的生活事实，哪些生活事实会法律化为案件事实以及法律化为怎样的案件事实，是一个价值取向问题。④

裁判事实是重构和再现的事实，诉讼的一个重要目标是使第三种意义的案件事实接近、符合第一种意义的案件事实，即揭示真相。无论对事实认定采取何种立场，其目的都是保证法律判断的公平与公正，形成案件事实最好的方法当然是在程序正当的基础

---

① 方金刚. 案件事实认定论. 北京：中国人民公安大学出版社，2005：11－21.

② 舒国滢，王夏昊，梁迎修，等. 法学方法论问题研究. 北京：中国政法大学出版社，2007：282.

③ 赵承寿. 论司法裁判中的事实问题. 北京：中国社会科学院，2002.

④ 类似的情况在国际私法上被称为识别。

上，尽可能使最终认定的“案件事实”最大限度地接近“客观真实”①。可以说，任何一种诉讼制度都在努力使裁判事实接近、符合客观事实。但这一努力是受到限制的，正如有学者所指出，“在任一资源有限的司法制度下，必须平衡司法程序在追求公平和正义时为追求事实真相而支付的成本及其收益，因此，追求事实真相客观上受到社会愿意支付或实际支付的成本限制，当社会愿意支付或实际支付的成本不足以保证达到绝对客观真实时，司法裁判只能在接近于客观真实的‘低一级’标准之上了”②。除成本考虑外，认识能力、比追求事实真相更高的价值取向等，也限制了裁判事实对客观事实的接近。

以案件事实是否需要通过证据予以证明为标准，可将案件事实分为需要证明的案件事实与不需要证明的案件事实。需要证明的案件事实即证明对象，不需要证明的案件事实即免证事实。

（二）证明对象的范围

证明对象包括实体法事实与程序法事实。

实体法事实，是指对解决案件的实体问题具有法律意义的事实。程序法事实，是指对解决诉讼程序问题具有法律意义的事实。③

需要指出的是，对于证明对象是否包括程序法事实，曾存在不同的认识，现多数学者主张程序法事实也属于证明对象。④

（三）三大诉讼的证明对象

1. 刑事诉讼的证明对象

《刑事诉讼法》第 52 条⑤明确规定，证明对象包括有罪或无罪事实与犯罪情节轻重的事实。

2021 年《刑诉解释》第 72 条第 1 款⑥对刑事诉讼证明对象作了具体规定。

2. 民事诉讼的证明对象

民事诉讼的证明对象除了包括程序法事实，还包括实体法事实，后者可分为主要事实、间接事实和辅助事实。主要事实又称要件事实，是指产生法律效果所必要的实体法

---

① 刘治斌. 案件事实的形成及其法律判断. 法制与社会发展，2007（2）.

② 李安. 案件事实的发现与建构. 杭州师范学院学报（社会科学版），2007（2）.

③ 陈光中主编. 证据法学. 5 版. 北京：法律出版社，2023：237，239.

④ 陈光中主编. 证据法学. 5 版. 北京：法律出版社，2023：237；卞建林，谭世贵主编. 证据法学. 4 版. 北京：中国政法大学出版社，2019：421－426；李浩主编. 证据法学. 3 版. 北京：高等教育出版社，2023：162－163；叶青主编. 诉讼证据法学. 3 版. 北京：北京大学出版社，2021：229－230；何家弘，刘品新. 证据法学. 7 版. 北京：法律出版社，2022：236.

⑤ 《刑事诉讼法》第 52 条规定：“审判人员、检察人员、侦查人员必须依照法定程序，收集能够证实犯罪嫌疑人、被告人有罪或者无罪、犯罪情节轻重的各种证据。严禁刑讯逼供和以威胁、引诱、欺骗以及其他非法方法收集证据，不得强迫任何人证实自己有罪。必须保证一切与案件有关或者了解案情的公民，有客观地充分地提供证据的条件，除特殊情况外，可以吸收他们协助调查。”

⑥ 2021 年《刑诉解释》第 72 条第 1 款规定：“应当运用证据证明的案件事实包括：（一）被告人、被害人的身份；（二）被指控的犯罪是否存在；（三）被指控的犯罪是否为被告人所实施；（四）被告人有无刑事责任能力，有无罪过，实施犯罪的动机、目的；（五）实施犯罪的时间、地点、手段、后果以及案件起因等；（六）是否系共同犯罪或者犯罪事实存在关联，以及被告人在犯罪中的地位、作用；（七）被告人有无从重、从轻、减轻、免除处罚情节；（八）有关涉案财物处理的事实；（九）有关附带民事诉讼的事实；（十）有关管辖、回避、延期审理等的程序事实；（十一）与定罪量刑有关的其他事实。”

要件对应的具体事实。用于证明主要事实的事实，被称为间接事实。用以证明证据能力或者证明力的事实，被称为辅助事实。[①]

于确认之诉、给付之诉和变更之诉，因其内容不同，其证明对象也不同。[②]

3. 行政诉讼的证明对象

根据《行政诉讼法》第 6 条和第 34 条第 1 款的规定[③]，行政诉讼的证明对象是围绕被诉行政行为合法性展开的，凡是与被诉行政行为合法性有关的事实，均属于行政诉讼证明对象。

二、免证事实

免证事实，即免于证明的事实的简称。对免证事实无须证据证明，可由法院在诉讼中直接加以确认，因此其不属于证明对象的范围。

（一）刑事诉讼中的免证事实

2019 年《高检规则》第 401 条规定："在法庭审理中，下列事实不必提出证据进行证明：（一）为一般人共同知晓的常识性事实；（二）人民法院生效裁判所确认并且未依审判监督程序重新审理的事实；（三）法律、法规的内容以及适用等属于审判人员履行职务所应当知晓的事实；（四）在法庭审理中不存在异议的程序事实；（五）法律规定的推定事实；（六）自然规律或者定律。"此为不需要证明的事实的规定。[④] 值得注意的是，该规定将"法律、法规的内容"也作为不必证明的事实，似有混淆事实与法律之嫌。

（二）民事诉讼中的免证事实

关于民事诉讼中的免证事实，1992 年《民诉意见》第 75 条，1998 年《审判方式改革规定》第 9 条第 2 款、第 21 条、第 22 条均曾有规定。2001 年《民事证据规定》第 8 条和第 9 条曾较系统地规定了民事诉讼中的免证事实。

2022 年《民诉解释》第 92 条对自认作了规定，第 93 条第 1 款规定："下列事实，当事人无须举证证明：（一）自然规律以及定理、定律；（二）众所周知的事实；（三）根据法律规定推定的事实；（四）根据已知的事实和日常生活经验法则推定出的另一事实；（五）已为人民法院发生法律效力的裁判所确认的事实；（六）已为仲裁机构生效裁决所确认的事实；（七）已为有效公证文书所证明的事实。"第 2 款规定："前款第二项至第四项规定的事实，当事人有相反证据足以反驳的除外；第五项至第七项规定的事实，当事人有相反证据足以推翻的除外。"2019 年《民事证据规定》第 3 条至第 9 条规定了自认，第 10 条第 1 款规定："下列事实，当事人无须举证证明：（一）自然规律以及定理、定律；（二）众所周知的事实；（三）根据法律规定推定的事实；（四）根据已知的事实和日常生活经验法则推定出的另一事实；（五）已为仲裁机构的生效裁决所确认的事实；（六）已为人民法院发生法

---

① 陈荣宗，林庆苗. 民事诉讼法：下. 台北：三民书局，2021：37.

② 卞建林，谭世贵主编. 证据法学. 4 版. 北京：中国政法大学出版社，2019：432－433；李浩主编. 证据法学. 3 版. 北京：高等教育出版社，2023：170.

③ 《行政诉讼法》第 6 条规定："人民法院审理行政案件，对行政行为是否合法进行审查。"第 34 条第 1 规定："被告对作出的行政行为负有举证责任，应当提供作出该行政行为的证据和所依据的规范性文件。"

④ 童建明，万春主编.《人民检察院刑事诉讼规则》条文释义. 北京：中国检察出版社，2020：410.

律效力的裁判所确认的基本事实；（七）已为有效公证文书所证明的事实。”第2款规定：“前款第二项至第五项事实，当事人有相反证据足以反驳的除外；第六项、第七项事实，当事人有相反证据足以推翻的除外。”根据上述有关规定，民事诉讼中的免证事实包括：自认的事实、需要司法认知的事实、推定的事实、预决的事实和公证文书所证明的事实。

此外，《知识产权民事证据规定》第6条规定：“对于未在法定期限内提起行政诉讼的行政行为所认定的基本事实，或者行政行为认定的基本事实已为生效裁判所确认的部分，当事人在知识产权民事诉讼中无须再证明，但有相反证据足以推翻的除外。”该规定以基本不存在撤销风险的行政行为所认定的基本事实为标准，适用免证规则，包括未在法定期限内提起行政诉讼的行政行为所认定的基本事实，以及行政行为认定的基本事实已为生效裁判所确认的部分。① 司法解释的这一规定补充了行政行为所认定事实在后诉效力规制方面的空白状态，明确规定了知识产权领域特定条件下行政行为所认定的基本事实在后续民事诉讼程序中具有相对免证效。②

预决的事实包括已为人民法院发生法律效力的裁判所确认的事实和已为仲裁机构生效裁决所确认的事实。预决的事实之所以不需要证明，一是因为该事实已为人民法院和仲裁机构经正当证明程序所查明，客观上无再次证明的必要；二是因为该事实已为法院裁判和仲裁裁决所认定，该裁判和裁决具有法律约束力，此种约束力也包括该事实认定的不可更改性。③ 值得注意的是，就法院裁判预决效力而言，2019年《民事证据规定》第10条将2015年《民诉解释》第93条中“已为人民法院发生法律效力的裁判所确认的事实”限缩为“基本事实”，其理由为已生效裁判所审理认定的基本事实系人民法院经过审理重点查明的事实，本身已经经过严格的质证与审查程序。按照2022年《民诉解释》第333条的规定④，在民事诉讼中，只有在先裁判中对确定当事人主体资格、案件性质、民事权利义务等对判决、裁定的结果有实质性影响的事实，才属于已为法院生效裁判确认的“基本事实”，这样的事实也才能成为预决事实，对后行诉讼具有预决效力。⑤ 并且，在具体案例中，最高人民法院认为，人民法院生效裁判文书中裁判理由的内容不能被认定为已为人民法院发生法律效力的裁判所确认的事实。民事诉讼裁判文书所确认的案件事实，是在诉讼各方当事人的参与下，人民法院通过开庭审理等诉讼活动，组织各方当事人围绕诉讼中的争议事项，通过举证、质证和认证活动依法作出认定的基本事实。一般来说，对经人民法院确认的案件事实应在裁判文书中有明确无误的记载或表述。而裁判文书中的裁判理由，则是人民法院对当事人之间的争议焦点或其他争

---

① 林广海，李剑，吴蓉．系列解读之三《最高人民法院关于知识产权民事诉讼证据的若干规定》理解与适用．法律适用，2021（4）．

② 张海燕．知识产权行政行为所认定事实在民事诉讼中的效力．法学论坛，2022（3）．

③ 最高人民法院民事审判第一庭编著．最高人民法院新民事诉讼证据规定理解与适用：上．北京：人民法院出版社，2020：155，161．

④ 2022年《民诉解释》第333条规定：“民事诉讼法第一百七十七条第一款第三项规定的基本事实，是指用以确定当事人主体资格、案件性质、民事权利义务等对原判决、裁定的结果有实质性影响的事实。”该内容在2015年《民诉解释》中的序号为第335条．

⑤ 最高人民法院民事审判第一庭编著．最高人民法院新民事诉讼证据规定理解与适用：上．北京：人民法院出版社，2020：155－156．

议事项作出评判的理由，以表明人民法院对当事人之间的争议焦点或其他争议事项的裁判观点。裁判理由的内容，既可能包括案件所涉的相关事实阐述，也可能包括对法律条文的解释适用，或者事实认定与法律适用二者之间的联系。但裁判理由部分所涉的相关事实，并不均是经过举证、质证和认证活动后有证据证明的案件事实，因此不能被认定为裁判文书所确认的案件事实。一般来说，裁判文书中裁判理由的内容无论在事实认定还是裁判结果上对其他案件均不产生拘束力。① 就仲裁裁决预决效力而言，2019 年《民事证据规定》第 10 条将 2015 年《民诉解释》中的“足以推翻”修改为“足以反驳”，降低了其反证的标准，意味着排除仲裁裁决确认的事实作为免证事实的要求有所降低，当事人提出的反证不必达到推翻该事实的程度，只需要动摇免证事实对法官的心证基础，使其处于真伪不明状态即可。② 修改的理由为：仲裁裁决虽非法院作出的裁判，但其对当事人的权利义务也具有约束力。仲裁裁决具有确定当事人权利义务关系的作用，生效仲裁裁决禁止当事人就同一事实申请后续的仲裁或诉讼。这种法律效力与生效民事裁判发生的法律效力在确定当事人实体权利义务关系及有关程序上也是一致的。因此，仲裁裁决具有预决效力。同时，仲裁是偏重效率的解决纠纷的方式，对当事人的程序保障与司法程序相比较弱，因而，排除仲裁裁决的预决效力仅需“足以反驳”③。

关于公证文书所证明的事实免于证明，《民事诉讼法》第 72 条规定：“经过法定程序公证证明的法律事实和文书，人民法院应当作为认定事实的根据，但有相反证据足以推翻公证证明的除外。”《公证法》第 36 条规定：“经公证的民事法律行为、有法律意义的事实和文书，应当作为认定事实的根据，但有相反证据足以推翻该项公证的除外。”公证证明是公证机构根据当事人的申请，依法定程序对法律事实和文书作出的确认其真实性、合法性的证明。公证机构是依法设立，不以营利为目的，依法独立行使公证职能，承担民事责任的证明机构。遵守法律、坚持公正的原则是法律对公证活动的最基本要求。由于公证机构对于申请公证的事项要经过审查，公证证明是公证机构出具并经过法定程序制作的，因此，公证机构作出的证明，一般都具有真实性和可靠性，它们往往有助于人民法院查明案件的真实情况，有效地预防或解决纠纷。基于公证证明的特点，在民事诉讼活动中，人民法院应当将公证证明作为认定事实的依据，也就是说，经公证证明的法律事实和文书，人民法院一般予以确认。公证证明的证明效力高于其他种类的证据。但是，根据民事诉讼法的规定，一切证据必须经过查证属实，才能作为认定事实的根据，因此，不是所有的公证证明都理所当然地可以作为人民法院定案的依据。人民法院应当本着实事求是的态度对待公证证明，如果由于公证机构工作失误或者其他原因，公证证明出现错误的，那么，只要有相反的证据足以推翻公证证明的，人民法院就应当否认公证证明的证明效力。④ 公证文书所证明的事实适用反证规则，即有相反的证

---

① 最高人民法院（2021）最高法民申 7088 号民事裁定书。

② 最高人民法院院长信箱：关于“对《民事诉讼法》司法解释疑问”的回复. 2021－05－11.

③ 最高人民法院民事审判第一庭编著. 最高人民法院新民事诉讼证据规定理解与适用：上. 北京：人民法院出版社，2020：161－162.

④ 全国人大常委会法制工作委员会民法室编著. 中华人民共和国民事诉讼法解读. 北京：中国法制出版社，2007：115.

据足以推翻，这是公证书反证的典型特点，意味着对公证文书所证明的事实有争执的当事人需要对相反的事实承担本证证明责任。[①]

（三）行政诉讼中的免证事实

《行政证据规定》第 65 条规定了自认，第 68 条第 1 款规定："下列事实法庭可以直接认定：（一）众所周知的事实；（二）自然规律及定理；（三）按照法律规定推定的事实；（四）已经依法证明的事实；（五）根据日常生活经验法则推定的事实。"第 2 款规定："前款（一）、（三）、（四）、（五）项，当事人有相反证据足以推翻的除外。"第 70 条规定："生效的人民法院裁判文书或者仲裁机构裁决文书确认的事实，可以作为定案依据。但是如果发现裁判文书或者裁决文书认定的事实有重大问题的，应当中止诉讼，通过法定程序予以纠正后恢复诉讼。"

第二节　自　认

一、自认的概念

自认，是指当事人对于己不利事实承认其为真实。

需要注意的是，当事人在调解或者和解程序中所作的让步主要是为了尽快解决他们之间的争执，但这种让步并不意味着当事人一方承认对方所主张的事实或诉讼请求，故不能把当事人在调解、和解中的让步看作自认。同时把调解、和解中的让步与自认区别开来，还有助于打消当事人在调解、和解过程中可能产生的顾虑，充分发挥调解、和解制度的制度功能，因此，2022 年《民诉解释》第 107 条规定："在诉讼中，当事人为达成调解协议或者和解协议作出妥协而认可的事实，不得在后续的诉讼中作为对其不利的根据，但法律另有规定或者当事人均同意的除外。"

自认的事实，在民事诉讼和行政诉讼中属于免证事实。

在刑事诉讼中不适用自认，其原因有：一是《刑事诉讼法》将"犯罪嫌疑人、被告人供述与辩解"规定为单独的证据种类。二是在刑事诉讼中存在着口供补强规则，即被告的自白不能单独作为定案的根据。如，《刑事诉讼法》第 55 条中规定："只有被告人供述，没有其他证据的，不能认定被告人有罪和处以刑罚。"从这个角度看，刑事诉讼排除了被告人对实体事实的自认。

二、自认的分类

根据不同的标准，可对自认作不同的分类。

其一，依据自认作出的地点不同可以将自认分为诉讼上自认和诉讼外自认。前者是指在诉讼过程中，一方当事人对于己不利事实的承认。后者是指在有关诉讼程序之外，一方当事人对于己不利事实作出承认。通常所说的自认为诉讼上自认。《行政证据规定》

---

① 最高人民法院民事审判第一庭编著．最高人民法院新民事诉讼证据规定理解与适用：上．北京：人民法院出版社，2020：164.

第 65 条规定："在庭审中一方当事人或者其代理人在代理权限范围内对另一方当事人陈述的案件事实明确表示认可的，人民法院可以对该事实予以认定。但有相反证据足以推翻的除外。"2019 年《民事证据规定》第 3 条第 1 款规定："在诉讼过程中，一方当事人陈述的于己不利的事实，或者对于己不利的事实明确表示承认的，另一方当事人无需举证证明。"第 2 款规定："在证据交换、询问、调查过程中，或者在起诉状、答辩状、代理词等书面材料中，当事人明确承认于己不利的事实的，适用前款规定。"其均明确所规定的自认仅限于诉讼上自认。

其二，依据当事人是否明确地作出意思表示为标准，可将自认分为明示自认和默示自认。明示自认是指当事人通过语言形式（口头的或书面的）明确作出的自认。默示自认又称为拟制自认或准自认，是指当事人一方对他方所主张的于己不利事实保持沉默，不予反驳。2019 年《民事证据规定》第 4 条规定："一方当事人对于另一方当事人主张的于己不利的事实既不承认也不否认，经审判人员说明并询问后，其仍然不明确表示肯定或者否定的，视为对该事实的承认。"此即拟制自认的规定。

其三，根据当事人作出自认时是否附加条件或提出其他限制为标准，可将自认分为完全自认和限制自认。前者又称无条件自认，是指一方当事人对于己不利事实的全部承认。后者是指一方当事人对于己不利事实的承认附加了限制条件。2019 年《民事证据规定》第 7 条规定："一方当事人对于另一方当事人主张的于己不利的事实有所限制或者附加条件予以承认的，由人民法院综合案件情况决定是否构成自认。"此即限制自认的规定。限制自认可以分为两种情形：一是当事人一方对于对方当事人所主张的事实，承认其中一部分而否认其他部分，可称为部分自认；二是自认时附加独立的攻击或防御方法，可称为附条件自认。附条件自认由附加条件与承认事实两个部分构成，法院是否将附加条件与承认事实作为一个整体进行考量？对此问题的不同回答，形成了附条件自认问题上的不可分性与可分性两种观点。不可分性观点认为，当事人的陈述是否构成自认应当从整体上加以观察，不能断章取义，而为其不利的断定。不可分性观点主张，承认事实与附加事实合并在一起才能够反映当事人的真实意思表示，因此应当把两个事实作为一个整体加以考察。若将两个事实割裂开，截取对当事人不利的部分认定为自认，因该部分自认并不能反映当事人全部意思表示，则属于断章取义，将导致不公平的结果。可分性观点认为，当事人承认的事实如与附加条件为两个完全独立的事实，可以单独考量，则对其承认的事实可直接认定为自认，附加条件可视为独立主张。可分性观点主张，与承认事实可以分割的附加条件，是指一方当事人承认对方当事人陈述的不利于己的事实，同时又以另一事实独立地进行攻击或防御，但另一事实与对方当事人主张的事实并不具有法律上的关联性，即另一事实不能直接否定对方当事人主张的事实。因此，两项事实分别表达各自独立的内容，形成两个完整的意思表示，具有可分割性，可以将两项事实作为两个独立的整体加以考察。因当事人附加攻击或防御的事实与其承认的事实并不直接相关，其承认于己不利的事实是一个完整的意思表示。[①] 我国法律及司

---

① 最高人民法院民事审判第一庭编著．最高人民法院新民事诉讼证据规定理解与适用：上．北京：人民法院出版社，2020：22－125.

法解释对附条件自认的可分性问题没有规定，实践中不同法院的做法也不一致。如，在陈某诉Y公司民间借贷合同纠纷案中，陈某主张Y公司应当自2018年3月起按月利率1.5%向陈某支付利息，Y公司主张双方在2018年9月以后已经对利率进行了调整，即调整为月利率0.75%。陈某在诉讼中对此予以确认，但提出其同意调整利率是存在附加条件的。法院认为：借款双方达成借款利率减半的一致意思表示的事实，应由主张事实成立的一方即Y公司承担举证责任。陈某虽陈述其曾同意附条件利息减半，但因承认的事实和所附条件是不可分割的整体，依据2019年《民事证据规定》第7条规定，该陈述不构成自认，不能产生免除Y公司举证责任的法律后果。陈某不负有对附条件利息减半的事实存在的举证证明责任，而应由Y公司继续对双方已达成无条件利息减半的一致意思表示举证证明。故在Y公司仍负有举证责任，在举证不能的情况下，其应当承担相应不利后果。故判决认定系争借款约定的月利率1.5%未变更。[①] 在该案中，审理法院即明确采附条件自认的不可分性的观点。又如，在李某诉黄某、刘某租赁合同纠纷案中，李某主张黄某、刘某应当支付吊车租赁费85 000元、吊车台班费6 000元，即租赁费合计91 000元。诉讼过程中，刘某认可其曾承诺承担吊车租赁费以及吊车台班费为91 000元的事实，同时其提出了附加条件，即其主张已与被告黄某签订了“退场承诺书”，诉争吊车租赁费以及吊车台班费应由被告黄某承担。审理法院认为，被告刘某的当庭陈述，符合2019年《民事证据规定》第7条规定的“限制自认”的情形，其承认欠租赁费91 000元与提出的附加条件属于两个不同的法律关系，应当分别予以认定。[②] 在该案中，审理法院即明确采附条件自认的可分性的观点。

其四，根据作出自认的主体不同可将自认分为本人自认和诉讼代理人自认。前者是指当事人及其法定代理人所作出的自认。后者是指当事人的委托代理人所作出的自认。2019年《民事证据规定》第5条规定：“当事人委托诉讼代理人参加诉讼的，除授权委托书明确排除的事项外，诉讼代理人的自认视为当事人的自认。当事人在场对诉讼代理人的自认明确否认的，不视为自认。”此即诉讼代理人自认的规定。

三、自认的效力

（一）诉讼上完全自认的效力

对诉讼上完全自认的效力可以从三个方面理解：其一，免除对方当事人的证明责任；其二，诉讼上自认对法院的拘束力表现为法院不需对一方当事人承认的事实另行调查，相反可以直接以当事人一致同意的或者说没有异议的事实作为裁判的基础；其三，诉讼上的自认对作出自认的当事人也产生一定的约束力，这种约束力表现为当事人一旦作出自认，一般地即不能自行撤回已经作出的自认。

（二）诉讼上限制自认的效力

2019年《民事证据规定》第7条规定：“一方当事人对于另一方当事人主张的于己不利的事实有所限制或者附加条件予以承认的，由人民法院综合案件情况决定是否构成

① 上海市第二中级人民法院（2020）沪02民终4989号民事判决书。
② 四川省富顺县人民法院（2021）川0322民初720号民事判决书。

自认。”根据该规定，对于限制自认的效力，要由人民法院综合案件情况判断。

（三）不产生自认效力的情形

有下列情形之一的，不发生自认的效力，或者不适用自认规则，即使当事人对于己不利的事实作出承认，也不产生自认的效力。

（1）法律上推定的事实，不适用自认。

（2）应当由法院依职权主动调查的事项，不适用自认。根据2019年《民事证据规定》第8条第1款和2022年《民诉解释》第96条第1款的规定，对下列事实不适用自认：涉及可能损害国家利益、社会公共利益的；涉及身份关系的；涉及民事公益诉讼的；当事人有恶意串通损害他人合法权益可能的；涉及依职权追加当事人、中止诉讼、终结诉讼、回避等程序性事项的。

（3）在诉讼上已被证据证明为并非真实的事实，不适用自认。2019年《民事证据规定》第8条第2款规定：“自认的事实与已经查明的事实不符的，人民法院不予确认。”

（4）关于必要共同诉讼中的自认，即必要共同诉讼人一人的自认，其效力是否及于其他必要共同诉讼人，一些国家和地区的民事诉讼法规定，在必要共同诉讼中，于全体共同诉讼人必须一起确定诉讼标的的情况下，其中一人的诉讼行为，只有有利于全体时，才发生效力。① 2019年《民事证据规定》第6条第1款规定：“普通共同诉讼中，共同诉讼人中一人或者数人作出的自认，对作出自认的当事人发生效力。”第2款规定：“必要共同诉讼中，共同诉讼人中一人或者数人作出自认而其他共同诉讼人予以否认的，不发生自认的效力。其他共同诉讼人既不承认也不否认，经审判人员说明并询问后仍然不明确表示意见的，视为全体共同诉讼人的自认。”

四、自认的撤销与追复

（一）自认的撤销

自认的撤销，是对明示自认而言的。自认的撤销，也称自认的撤回，是指撤销一方当事人的自认行为而在程序上所已产生的证据效力或证明效果。在通常情况下，当事人在诉讼中作出自认以后，是不允许将其撤回的，因为如果允许随意撤回自认，既有悖于诚实信用原则，又会破坏诉讼程序的安定、造成审判的延滞。但作为例外，在当事人具有充分而正当的理由时允许将自认撤回，如2019年《民事证据规定》第9条第1款规定：“有下列情形之一，当事人在法庭辩论终结前撤销自认的，人民法院应当准许：（一）经对方当事人同意的；（二）自认是在受胁迫或者重大误解情况下作出的。”第2款规定：“人民法院准许当事人撤销自认的，应当作出口头或者书面裁定。”

（二）自认的追复

所谓对自认的追复，是对拟制自认而言的。对拟制自认，大陆法系国家和地区的立

---

① ［德］狄罗特·罗克林庚. 德国民事诉讼法律与实务. 刘汉富，译. 北京：法律出版社，2000：280；［日］兼子一，竹下守夫. 民事诉讼法. 白绿铉，译. 北京：法律出版社，1995：193；王甲乙，杨建华. 民事诉讼法新论. 台北：三民书局，1990：78.

法以及学理一般认为，当事人在言词辩论终结前，可以随时作出争执的陈述，在第二审诉讼中亦同。拟制自认经追复后，其自认的拟制效力当然消灭。[①]

第三节　司法认知

一、司法认知的概念

司法认知源自“显著事实无须证明”这一法谚。司法认知（Judical Notice），亦称审判上的认知或知悉，是指在审判过程中对于一定事项无须证明，由法官直接予以确认。至于“一定事项”的范围，即司法认知的范围，存在不同的理解。司法认知的主体是法官，这是司法认知的主体性特征，只有法官才有进行司法认知的权力。

司法认知分狭义和广义两种。广义的司法认知是指法官在审判过程中对于事实或者法律的认知。具体地说，是指法官对于应当适用的法律或某种待认定的事实，不待当事人主张，即给予考虑，不待当事人举证，即予以认知，把它认为真实，作为判决的依据。狭义的司法认知，则仅仅针对其中的事实而言，并从证明对象的排除上理解司法认知的意义。一般说的司法认知仅为狭义的司法认知，即对案件事实的认知。

司法认知的启动方式包括法官依职权主动采取司法认知与根据当事人申请采取司法认知。于前者，在符合司法认知条件的情况下，法官应当主动依职权进行司法认知；于后者，进行司法认知，需要当事人提出申请。

二、司法认知的范围

司法认知是从免除证明角度来理解的，证明的对象当然只能是事实。对于本国法，法官应当知法，没有认知的必要。对外国法和国际法，是查明问题，而非证明问题。

根据2022年《民诉解释》第93条第1款、2019年《民事证据规定》第10条第1款、《行政证据规定》第68条第1款、2019年《高检规则》第401条的规定，司法认知的范围包括：自然规律以及定理、定律；众所周知的事实（在2019年《高检规则》中表述为“为一般人共同知晓的常识性事实”）；审判人员履行职务所应当知晓的事实（仅在2019年《高检规则》中有规定）。

（一）自然规律以及定理、定律

自然规律，是指客观事物在特定条件下所发生的本质联系和必然趋势的反映。它是人们通常所感知的客观现象及周而复始出现的具有内在必然联系的客观事物。所谓定理、定律，是指在科学上、在特定条件下已被反复证明的客观规律和必然联系。诉讼中，当事人向法庭陈述的事实有时会涉及自然规律或定理、定律。这些自然规律和定理、定律，有的广为人知，成为众所周知事实的一部分，因而不必举证证明。有的虽然不具有公知性，但业已经过生活事件或科学技术反复检验和证明，属于客观存在的真

① 杨建华主编．民事诉讼法论文选辑：下．台北：五南图书出版公司，1984：583；刘善春，毕玉谦，郑旭．诉讼证据规则研究．北京：中国法制出版社，2000：436.

理，同样可免除当事人的证明责任。[①]

（二）众所周知的事实

“众所周知的事实，无须证明”，这是诉讼程序中的一句古老格言。但对于何谓“众所周知的事实”，尚存在不同的理解，存在普遍性说、相对性说和区域说。普遍性说认为，众所周知的事实，是指社会上一般成员（包括法官）都应知悉的事实。相对性说认为，众所周知的事实具有相对性，也许公众普遍知晓的事实，而承办法官不清楚，或者相反，因此，众所周知的程度是相对的，要视时间、地域和对象而定。区域说认为，众所周知应限于一定范围内的一般人知晓。[②] 如，美国联邦证据法即把司法认知的事实限于为该审判法院的管辖区域内所周知的范围。[③]

从实质内容上看，区域说也属于相对性说，只是其相对性限定于地域，学界也多持相对性说。如，有的认为，众所周知的事实，是指一定区域内具有通常知识经验的一般人都知道的事实。[④] 有的认为，众所周知的事实是指一定的时间和地域范围内为受理案件的法官和一般社会成员所共知的事实。[⑤] 有的认为，众所周知的事实大体上是指一定地域内的一般人或大多数人所知晓的事实。[⑥] 有的认为，众所周知的事实是指一定区域内大多数人都知道的事实。[⑦] 有的认为，普遍性说过于宽泛，在审判实践中实际上没有确切的标准可供因循，可操作性相对较弱。美国联邦证据法所确立的以审判法院管辖区域为范围标准是较为可行，理由有：一是它把司法认知与特定的审判管辖相联系，使司法认知的范围与实际审判职能结合在一起；二是这一标准具有现实可行性，它并非一般意义上的抽象范畴，而是相对具体化的划分，它所确定的范围既顾及了司法认知对象的普遍性又照顾到了其特殊性。[⑧] 有的认为，众所周知，不能以“人人皆知”为标准，只能以特定时空范围内的人为标准。[⑨] 值得注意的是，在持相对性说学者内部，对众所周知是否包括法官知悉还存在不同的理解。一种观点明确指出，众所周知的事实也必须是审理案件的法官所知晓的事实[⑩]；另一种观点并没有明确众所周知的事实也必须是审理案件的法官所知晓的事实。[⑪]

---

① 最高人民法院民事审判第一庭编著. 最高人民法院新民事诉讼证据规定理解与适用：上. 北京：人民法院出版社，2020：148－149.

② 江伟主编. 民事证据法学. 北京：中国人民大学出版社，2011：133.

③ 毕玉谦. 试论民事诉讼中的司法认知. 中外法学，1999（1）.

④ 李国光主编. 最高人民法院《关于民事诉讼证据的若干规定》的理解与适用. 北京：中国法制出版社，2002：131.

⑤ 最高人民法院民事审判第一庭. 民事诉讼证据司法解释的理解与适用. 北京：中国法制出版社，2002：81.

⑥ 江伟主编. 民事证据法学. 北京：中国人民大学出版社，2011：132.

⑦ 李浩. 民事诉讼法学. 3版. 北京：法律出版社，2016：170.

⑧ 毕玉谦. 试论民事诉讼中的司法认知. 中外法学，1999（1）.

⑨ 张永泉. 民事诉讼证据原理研究. 厦门：厦门大学出版社，2005：265.

⑩ 李国光主编. 最高人民法院《关于民事诉讼证据的若干规定》的理解与适用. 北京：中国法制出版社，2002：131；最高人民法院民事审判第一庭. 民事诉讼证据司法解释的理解与适用. 北京：中国法制出版社，2002：82；宋朝武. 民事证据法学. 北京：高等教育出版社，2003：101；张永泉. 民事诉讼证据原理研究. 厦门：厦门大学出版社，2005：265；占善刚. 民事证据法研究. 武汉：武汉大学出版社，2009：119.

⑪ 江伟主编. 民事证据法学. 北京：中国人民大学出版社，2011：133；李浩. 民事诉讼法学. 3版. 北京：法律出版社，2016：170.

本教材认为，众所周知的事实，是指在诉讼时审理案件的法院管辖区域内具有通常知识经验的一般社会成员都知道的事实。既然为“众所周知的事实”，作为审理案件的法官作为社会的一员，也是应当知道的，因而无须证明。

（三）审判人员履行职务所应当知晓的事实

此又被称为法官职务上已知事实或者法官职务上知悉事实，是指法官因履行职务所已知的事实，既包括在本诉讼中得知的事实，也包括在其他诉讼中得知的事实。[①] 法官职务上的知悉不包括“私悉”，即法官基于个人的生活经验和学习经历所获取的知识。如果某一法官私下掌握了涉案的证据，他应当走上证人席作证。[②]

三、司法认知的效力

司法认知的效力对当事人来说，在于免除主张该事实的当事人的证明责任；对法官来说，司法认知的事实，如果没有反证或者没有新的事实出现，法官就可以将其直接作为裁判的基础。

第四节　推　定

一、推定的概念和分类

（一）推定的概念

关于推定的概念，不仅国外学者的理解不同[③]，我国学者的理解也存在差异。[④] 应当说，推定是指由法律规定或者法官依据经验法则由一事实存在推导出另一事实存在的规则或规范。其中，“一事实”为前提事实或基础事实，“另一事实”为推定事实。

1. 推定与推论

推定与推论是不同的。推论是指法官根据已知事实，推断相应的未知事实的过程，它是一个更为广泛的概念，是另一种从已有判断推出新判断的思维形式。推论与推定都属于逻辑推理的范畴，并且都须具备一定的前提事实作为推断的基础和依据。两者的根本区别在于，推论具有可能性而不具有必然性。推论所得出的结果并非唯一，依据某一已知事实，往往可以推论出多种不同的结果。虽然推论结果中的某一推断事实可能符合客观真实，但由于结果的不确定性和多样性，法官不能直接以推论所得的事实作为裁判依据，还必须以其他证据对推论结果进行证明，以筛选得出正确结论。[⑤]

① 樊崇义主编. 证据法学. 5 版. 北京：法律出版社，2012：408.

② 何家弘，刘品新. 证据法学. 7 版. 北京：法律出版社，2022：331.

③ 王学棉. 论推定的逻辑学基础：兼论推定与拟制的关系. 政法论坛，2004（1）.

④ 赵信会. 民事推定及其适用机制研究. 北京：法律出版社，2006：26－27.

⑤ 齐树洁，王晖晖. 证据法中的推定问题研究（一）. 河南公安高等专科学校学报，2002（2）.

2. 推定与假定

推定与假定也不同。[①] 假定有姑且认定、假设之意。所谓假定，指的是对过去没有、现在也不存在的某种事实进行猜测的一种思维形式。假定是主观任意的产物，是不需要任何前提条件的假设。[②] 假定属于思维的范畴，因而不具有任何法律效力，法院应当绝对避免借助假定处理案件。

3. 推定与拟制

所谓拟制，是立法基于公共政策的考虑，把甲事实当作乙事实适用法律的活动。[③]

关于推定与拟制的区别，可以用婚生子女与养子女的例子来加以说明。

推定：A（基础事实）—B（推定事实），B可能为真（婚生子女推定）。甲男与乙女结婚后，乙女生出丙。由于丙是在其生母与甲的婚姻关系存续期间出生的，根据婚生子女推定规则，甲就被推定为丙的生父，实际上甲也可能是丙的生父，丙是甲的婚生女。这就是推定。

拟制：A—B，使B产生A法律效果，B不是A（血亲拟制）。甲男与乙女结婚后，乙女生了丙，甲男与乙女又共同收养了丁，丁不是甲与乙的婚生子，但《民法典》第1111条第1款规定："自收养关系成立之日起，养父母与养子女间的权利义务关系，适用本法关于父母子女关系的规定；养子女与养父母的近亲属间的权利义务关系，适用本法关于子女与父母的近亲属关系的规定。"因此，丁作为养子，在法律上其与甲、乙之间的关系与丙与甲、乙之间的关系是一样的。这就是拟制。

例如，《民法典》第17条规定："十八周岁以上的自然人为成年人。不满十八周岁的自然人为未成年人。"第18条第1款规定："成年人为完全民事行为能力人，可以独立实施民事法律行为。"第2款规定："十六周岁以上的未成年人，以自己的劳动收入为主要生活来源的，视为完全民事行为能力人。"本来在民事行为能力上，16周岁以上的未成年人与成年人是两个不同的范畴，由于前者以自己的劳动收入为主要生活来源，表明其具有与后者相当的辨认自己行为的能力，立法者基于扩大完全民事行为能力人的考虑，遂运用拟制的方式赋予前者以完全民事行为能力。[④]

又如，《刑法》第236条第2款规定："奸淫不满十四周岁的幼女的，以强奸论，从重处罚。"本来，强奸是指以暴力、胁迫或者其他方法强行与妇女发生性关系的行为。但为了对未成年人实施特殊保护，严厉处罚那些利用幼女认识的限制而与其发生性关系的行为，刑法将那些与不满14周岁的幼女发生性关系的行为，一律视为强奸。这就以法律拟制的形式对强奸与奸淫幼女的行为确立了相同的法律后果。

由此可见，法律拟制基本上属于实体法律适用层面的问题，也就是在两种案件事实都已经查证属实的情况下，对其作出了相同的法律评价；相反，推定则属于一种事实认

---

① 有学者在介绍美国证据法时认为，"假定是指法律要求根据已经确定的基本事实推导出来的假定事实或者结论。有关假定的规定要求陪审团，除非对方当事人出示证据进行反驳，否则必须接受假定的事实……假定又有结论性假定和可反驳的假定之分"（高忠智. 美国证据法新解：相关性证据及其排除规则. 北京：法律出版社，2004：17）。该论述可能混淆了推定与假定两个概念。

② 陈光中主编. 证据法学. 5版. 北京：法律出版社，2023：354.

③ 彭万林主编. 民法学. 2版. 北京：中国政法大学出版社，1999：25.

④ 彭万林主编. 民法学. 2版. 北京：中国政法大学出版社，1999：25.

定的方法，而不直接涉及实体法律适用问题。推定是在作为前提的基础事实已经得到证明的情况下，要求司法机关确认另一事实成立的事实认定方法。①

（二）推定的分类

学者对推定的分类是不同的。在英美法系，英国学者克劳斯（Cross）把推定分为结论性推定、说服性推定、证据性推定和临时性推定。② 另有英国学者罗纳德·沃克将推定分为不可反驳的法律推定、可以反驳的法律推定和可以反驳的事实推定。③

大陆法系的德、日两国的诉讼理论将推定分为狭义与广义。④ 此外，大陆法系国家和地区一般还把推定分为法律上的推定和事实上的推定。事实上的推定，即事实推定，又称为诉讼上的推定或司法推定或逻辑推定。⑤ 法律上的推定，即法律推定，是指立法者根据事物间的常态联系，以法律明文规定的推定。依法律推定在诉讼中所具有的效力不同，可将其分为不可反驳的推定和可反驳的推定，又称为绝对推定和相对推定；根据法律推定是否具有基础事实为标准，又可将其分为推论推定和直接推定。⑥

我国司法解释将推定分为法律推定和事实推定。

二、法律推定

（一）法律推定的概念

法律推定是指通过法律明文规定的推定。

刑事法律推定存在于刑事诉讼法与刑法中，如，《刑事诉讼法》第 12 条规定“未经人民法院依法判决，对任何人都不得确定有罪”。这是我国刑事诉讼法关于无罪推定原则的法律表述。根据这一原则性规定，只要法院没有依法作出对被告人的有罪判决，被告人便处于无罪公民的地位，享有一个无罪公民的全部诉讼权利。这是国家对尊重和保障人权的重申。⑦《刑法》第 395 条第 1 款规定：“国家工作人员的财产、支出明显超过合法收入，差额巨大的，可以责令该国家工作人员说明来源，不能说明来源的，差额部分以非法所得论，处五年以下有期徒刑或者拘役；差额特别巨大的，处五年以上十年以下有期徒刑。财产的差额部分予以追缴。”该法条即规定巨额财产来源不明时推定该财产为非法所得。⑧

民事法律推定存在于民事实体法之中，如，1956 年《最高人民法院关于徐某梅所生的小孩应如何断定生父问题的复函》中就规定了婚生子女推定。该《复函》规定“河北省高级人民法院：你省庆云县人民法院 1956 年 6 月 28 日以（56）法民字第 68 号向我院请示徐某梅所生的小孩应如何断定生父问题。徐某梅于 1954 年 4 月与高某云通奸，

① 陈瑞华. 刑事证据法学. 2 版. 北京：北京大学出版社，2014：324.
② 沈达明编著. 英美证据法. 北京：中信出版社，1996：68.
③ 赵信会. 民事推定及其适用机制研究. 北京：法律出版社，2006：31.
④ 李浩. 民事证明责任研究. 北京：法律出版社，2003：195.
⑤ 齐树洁，王晖晖. 证据法中的推定问题研究（一）. 河南公安高等专科学校学报，2002（2）.
⑥ 齐树洁，王晖晖. 证据法中的推定问题研究（二）. 河南公安高等专科学校学报，2002（3）.
⑦ 步洋洋. 新《刑事诉讼法》下的无罪推定原则. 湖北警察学院学报，2013（3）.
⑧ 陈光中主编. 证据法学. 5 版. 北京：法律出版社，2023：360.

同时与其夫同居，因此小孩究竟为徐某梅与谁发生性关系时受孕，是难以断定的。化验血型的方法并不能断定小孩究系由谁所生。根据请示所提的情况，徐某梅的丈夫向徐提出离婚，且不承认小孩是他生的。按这小孩是在双方婚姻关系继续存在中所生的，男方现主张非其所生，应提出证据证明。男方既提不出任何证据而法院亦无法另找证明方法，在这认定下法院只能认为男方的主张不能证明，在这认定下，对小孩问题予以判决。”在这一司法解释中，“按这小孩是在双方婚姻关系继续存在中所生的，男方现主张非其所生，应提出证据证明”的规定，说的就是婚生子女推定问题。又如，《民法典》第1222条规定：“患者在诊疗活动中受到损害，有下列情形之一的，推定医疗机构有过错：（一）违反法律、行政法规、规章以及其他有关诊疗规范的规定；（二）隐匿或者拒绝提供与纠纷有关的病历资料；（三）遗失、伪造、篡改或者违法销毁病历资料。”这是过错推定。

行政法律推定也存在于行政实体法之中，如，2017年《道路交通安全法实施条例》第92条规定：“发生交通事故后当事人逃逸的，逃逸的当事人承担全部责任。但是，有证据证明对方当事人也有过错的，可以减轻责任。当事人故意破坏、伪造现场、毁灭证据的，承担全部责任。”公安机关根据该条规定，对于交通肇事一方当事人逃逸的，推定该方当事人负有全部责任，并以此为根据作出行政处罚决定。在法庭上，被告公安机关只举出肇事一方当事人逃逸的证据，即使没有举出导致交通事故的原告负有全部责任的其他证据，法庭也可以直接认定原告负有交通事故的全部责任的事实。[①]

（二）法律推定的分类

依法律推定在诉讼中所具有的效力不同，可将其分为不可反驳的法律推定和可反驳的法律推定。

不可反驳的法律推定，就是不允许提出证据来反驳被推定事实的推定。如，《民法典》第1121条第1款规定：“继承从被继承人死亡时开始。”第2款规定：“相互有继承关系的数人在同一事件中死亡，难以确定死亡时间的，推定没有其他继承人的人先死亡。都有其他继承人，辈份不同的，推定长辈先死亡；辈份相同的，推定同时死亡，相互不发生继承。”该法条规定的死亡推定，属于不可反驳的法律推定。

可反驳的法律推定就是允许提出证据反驳被推定事实的推定，如，婚生子女推定为可反驳的法律推定。根据《民法典》第1073条第1款，“父”可以提起亲子关系否认之诉。婚生子女的父亲身份只是一种法律上的推定，但在现代社会的婚姻关系中，婚外性行为在任何国家或地区都不可能因法律或道德的否定而完全杜绝，因此，按照婚生子女推定规则推定出来的婚生子女有可能不是丈夫的子女。为了维护婚生父母子女关系的血缘真实性，使法律推定与事实尽可能相一致，以保护当事人的权益，让应尽义务的真正生父不致逃脱法律责任，实现法律的公正，在设立婚生子女推定的同时，应允许提出对婚生子女的否认。但这种否认权须以诉讼方式行使，并经法院裁决确认之后，才能否定婚生子女的推定，否认权人自行否认不发生法律效力。在“父”提起亲子关系否认之诉后，婚生子女的父亲身份，就有可能被相反的事实推翻，如，丈夫可提供证据证明自己

① 蔡小雪. 行政诉讼证据规则及运用. 北京：人民法院出版社，2006：294.

无生育能力，或者在妻子受孕期间与妻子没有发生性行为，或者否定亲子的鉴定意见等，就可以推翻婚生子女推定。

可反驳的法律推定与不可反驳的法律推定不是一成不变的。例如，《海商法》第 75 条规定：“承运人或者代其签发提单的人，知道或者有合理的根据怀疑提单记载的货物的品名、标志、包数或者件数、重量或者体积与实际接收的货物不符，在签发已装船提单的情况下怀疑与已装船的货物不符，或者没有适当的方法核对提单记载的，可以在提单上批注，说明不符之处、怀疑的根据或者说明无法核对。”第 76 条规定：“承运人或者代其签发提单的人未在提单上批注货物表面状况的，视为货物的表面状况良好。”第 77 条规定：“除依照本法第七十五条的规定作出保留外，承运人或者代其签发提单的人签发的提单，是承运人已经按照提单所载状况收到货物或者货物已经装船的初步证据；承运人向善意受让提单的包括收货人在内的第三人提出的与提单所载状况不同的证据，不予承认。”根据上述规定，海上货物运输合同中，承运人如果签发的是清洁提单，即未在提单上批注货物表面状况，就视为货物的表面状况良好。这也是一个法律推定，即从承运人签发清洁提单这一基础事实，可以推定出托运人在向承运人交货时货物的表面状况是良好的。这一法律推定是可反驳的法律推定还是不可反驳的法律推定，关键在于提单在谁手中。如果提单在托运人手中，该法律推定就是可反驳的法律推定，承运人可以提供证据证明托运人在交货时实际的货物状况与提单上记载的情况不同；而如果提单在第三人手里，该法律推定就是不可反驳的法律推定，不允许承运人提供证据加以推翻。

三、事实推定

（一）事实推定的概念

事实推定，也称裁判上的推定或者法院推定，是指根据经验法则，从已知事实推出未知事实的一种证据法则。

对于何谓经验法则，存在不同的观点，应当说，经验法则是人类在长期生产和生活中形成的、以经验归纳和逻辑抽象后所获得的关于事物属性以及事物之间常态联系的一般知识，这些知识属于常识性的、具有内在约束力的不成文法则。[①]

（二）事实推定的适用

2003 年 8 月 2 日张某在经过贡某家门口时被一只蜜蜂蜇伤，当时作了简单处理。第二天发现脸部肿胀并痛痒，后去医院住院治疗 6 天，共支付医疗费约 971 元。贡某被告是养蜂专业户，在蜜蜂的非采蜜期，将蜜蜂放置在自己家里，共有蜜蜂 70 余箱。张某被蜜蜂蜇伤住院期间，贡某曾数次去医院看望过张某。有关组织曾就此事召集双方当事人进行调解，但双方未能就赔偿数额达成一致意见。张某于 2003 年 8 月 20 日向法院起诉，要求被告赔偿医疗费 971 元及误工费、护理费、营养费等其他损失费 435 元，合计 1 406 元，并承担本案的诉讼费用。贡某辩称，张某没有证据证明是被贡某所养的蜜蜂蜇伤的，请求驳回张某的诉讼请求。本案的争议焦点在于：蜇伤张某的蜜蜂是否系贡

① 张亚东. 经验法则：自由心证的尺度. 北京：北京大学出版社，2012：1－12.

某所养？

根据当时的《民法通则》第127条，饲养动物致人损害侵权责任为无过错责任，但受害人仍要对损害结果和损害行为的事实联系负证明责任。在本案中即张某必须证明蜇人之蜂为贡某所养，没有这样的事实上的客观联系，双方之间不能产生任何性质的侵权损害赔偿法律关系。但是，饲养的蜜蜂与饲养的其他动物相比，具有数量多、体形小、活动范围广等特点，在通常视觉条件下，几乎没有个体特征可供辨认。要求一般人从同类中辨认出一只或描述出一只蜜蜂的体征是不可能的，要求一般人判断出运动中蜜蜂的体征更是不符合实际的。因此，要求受害人即张某举证证明蜇人之蜂为贡某所养的蜜蜂，事实上是不可能的，也是不公平的。

在该案中，审理案件的法官运用事实推定方法以减轻受害人的证明责任，推定贡某所养之蜂蜇伤张某之侵权事实成立。审理该案的法官根据基础事实（张某在贡某家门口被蜜蜂蜇伤＋贡某家有70余箱蜜蜂）依据经验法则（贡某家的蜜蜂到贡某家门口的概率肯定比其他人家饲养的蜜蜂或野蜂飞到贡某家门口的概率大得多）得出推定事实（贡某所养之蜂蜇伤张某）。[①]

四、推定的效力

推定的效力，即推定的法律效果。推定效力之争的焦点在于，对反对推定事实的对方当事人而言，推定究竟转移的是举证责任还是作为说服责任的证明责任。如果转移的是举证责任，那么反对方只需提出相反证据，使推定事实是否存在陷于真伪不明状态，举证即获得成功；如果转移的是证明责任，则反对方需要提出充分的证据证明推定事实的不存在，也就是说推定使得反对方对推定事实的不存在承担本证证明责任。[②]

在推定与证明责任分配关系问题上，各国理论与实务态度并不统一。在大陆法系国家和地区，对于法律推定，一般赋予其转移证明责任的作用，即具有将不存在事实的证明责任转移给对方当事人的效果。[③] 而对事实推定对证明责任分配的影响的看法，并不统一。[④] 在英美法系国家，英国民事诉讼中根据证明责任的分配不同又将可反驳的法律推定分为说服性的推定和证据性的推定。说服性的推定产生将反驳推定事实的证明责任转移至反对适用推定的一方当事人的效果，即说服性的推定转移证明责任；而证据性的推定中对推定事实的证明责任仍由支持适用推定的一方当事人承担，即证据性的推定不转移证明责任。[⑤] 在美国，关于推定对证明责任分配的影响，存在塞耶（Thayer）和摩根（Morgan）两种对立的观点。塞耶提出“气泡爆裂学说”，认为推定就像黄昏中轻快飞翔的法律蝙蝠，但是，在事实的阳光下就消失了，即推定的唯一效果就是转移有关事

① 最高人民法院中国应用法学研究所编．人民法院案例选：2005年第3辑（总第53辑）．北京：人民法院出版社，2006：214－218．

② 朱春华．论推定的效力：一个法经济学的初步分析．法商研究，2007（5）．

③ 李浩．民事证明责任研究．北京：法律出版社，2003：202．

④ 赵信会．民事推定及其适用机制研究．北京：法律出版社，2006：3－96．

⑤ 程春华主编．民事证据法专论．厦门：厦门大学出版社，2002：301．

实的提供证据责任。而摩根主张推定具有转移证明责任的效果。[①] 在立法方面，美国《联邦证据规则》第 301 条采纳了塞耶“气泡爆裂学说”，而没有采纳摩根的推定转移说服责任的理论。[②] 而美国 1999 年《统一证据规则》第 3 条（民事案件中推定的效力）规定：“一般规则。除成文法、司法判决或本证据规则另有规定外，在民事诉讼活动和诉讼程序中，一项推定赋予其所针对另一方当事人下述证明负担——证明推定事实的不存在比存在更为可能的负担。”这一规定赋予推定转移证明责任的效力。《美国加州证据法典》则明确对影响证明责任的推定和影响提供证据责任的推定作了区分。[③] 而美国《马萨诸塞州证据规则指南》第 301 条则规定：“因推定受到不利影响的当事人一方负有提出证据以反驳该推定的责任。责任的范围由法规、规则或普通法所确定。如果该当事人未能提交证据来反驳这一推定，那么该争议事实将被陪审团视为成立。如果该当事人提出的证据能反驳这一推定，那么该推定就不再有任何效力或作用。推定并不转移说服责任，该说服责任的最初承担者自始至终不发生改变。”[④] 可见，在马萨诸塞州，推定仅转移提出证据责任，不转移说服责任。我国学者对推定对证明责任分配的影响也存在不同看法。

推定分为法律上的推定和事实上的推定。事实上的推定不具有转移证明责任的效果，但其具有减轻证明责任的效果。法律推定虽然与证明责任不同，因为在适用法律推定情形下推定事实是否存在是明确的，而适用证明责任的前提是要件事实真伪不明；但是，法律推定具有转移证明责任的效果，也可以说是证明责任分配的一种。

小 结

证明对象的划分，是进行诉讼证明活动的第一步，它确定了哪些案件事实需要运用证据加以证明。我国三大诉讼法均将一定的案件事实排除在证明对象之外，从消极方面确定证明对象的范围。民事诉讼和行政诉讼中的自认是指当事人对于己不利事实承认其为真实。司法认知是指法官对于某种待认定的事实，不待当事人主张，即给予考虑，不待当事人举证，即予以认知，把它认为真实，作为判决的依据。推定是指由法律规定或者依据经验法则由一事实存在推导出另一事实存在的规则或规范。

思考题

1. 谈谈对民事诉讼中限制自认效力的认识。
2. 谈谈对司法认知中“众所周知的事实”的认识。
3. 谈谈对事实推定的认识。

---

① ［美］约翰·W. 斯特龙主编. 麦考密克论证据. 汤维建，等译. 北京：中国政法大学出版社，2004：665，670.

② Michael H. Graham. Federal Rules of Evidence. 4th edition. 影印本. 北京：法律出版社，1999：41－42.

③ 李浩. 民事证明责任研究. 北京：法律出版社，2003：201.

④ 廖永安，等. 马萨诸塞州证据规则指南. 湘潭：湘潭大学出版社，2012：16.

第九章 举证与证明责任

第一节　举证与证明责任概述

一、举证的概念与方式

（一）举证的概念

举证是出示证据来证明主张之案件事实的活动，这些活动包括出示书证、物证、视听资料、电子数据、鉴定意见、当事人陈述、现场笔录与勘验笔录，还包括询问被害人、证人、鉴定人，宣读未到庭证人证言、被害人陈述等。

举证分为诉讼程序中的举证和非诉讼程序中的举证。前者发生在刑事诉讼、民事诉讼、行政诉讼程序之中，后者发生在仲裁程序、行政程序及行政复议程序等程序之中。如2023年《行政复议法》第44条规定，认为被申请人不履行法定职责的，申请人应当提供曾经要求被申请人履行法定职责的证据，提出行政赔偿请求的，申请人应当提供受行政行为侵害而造成损害的证据等，申请人在行政复议程序中依据行政复议法的规定提供证据的，也属于举证。

诉讼程序中的举证有狭义和广义两种理解。狭义的举证主要是庭审阶段出示证据的活动，包括庭前会议出示证据。庭审时当事人各方出示证据会产生明确的法律后果，属于典型的举证；在庭前会议中，诉讼各方在法庭主持下出示己方证据，以便对方在开庭前做好相应准备，即所谓证据交换行为、证据展示或者开示行为，视为举证的预备程序。[①] 广义的举证包括出示证据和提供证据两类活动，出示证据是在庭前会议或者庭审程序出示证据的活动，提供证据是当事人提起诉讼或者答辩时提供证据材料的活动，如《行政证据规定》要求，被告行政机关在收到起诉状副本之日起10日内提供据以作出被诉具体行政行为的全部证据，被告在此期间提出证据的活动就是提供证据。当事人在法定期限内不提供证据，则丧失在庭审中出示证据的机会，因此，采用广义举证概念更好，即举证包括提供证据和出示证据二类活动。

诉讼程序中举证的主体是各方当事人，也包括人民法院。2019年《民事证据规定》第62条和《行政证据规定》第24条均规定，当事人申请人民法院调取的证据，由申请

① 何家弘，刘品新. 证据法学. 7版. 北京：法律出版社，2022：271.

调取证据的当事人在庭审中出示，人民法院依职权调取的证据，由法庭出示，并可就调取该证据的情况进行说明，听取当事人意见。举证是出示证据材料的活动，对于人民法院依职权调取的证据，由法庭出示，因此，人民法院也是举证的主体。

（二）举证的方式

举证方式是出示证据的形式。不同类型证据的举证方式不尽相同，须根据证据类型确定恰当的举证方式。举证主体原则上应当出示证据原件或者原物。

书证、物证、视听资料应当出示证据的原件或者原物，出示原件或者原物确有困难，人民法院准许，可以出示复制件或者复制品。原件或者原物已不存在，但有证据证明复制件、复制品与原件或者原物一致的，可以出示复制件、复制品。出示视听资料、电子数据，应当提供存储该视听资料或者电子数据的原始载体。

证人证言、当事人陈述等言词证据的举证方式，应以口头陈述为主、书面陈述为辅。证人、当事人、被害人、鉴定人、勘验检查人员、行政执法人员应以直接陈述方式向法庭提供证据，并接受询问。确实不能以口头陈述方式举证的，经法庭准许，可以书面陈述等方式举证。

适应在线诉讼及在线行政行为需要，纸质或者实物等证据材料需要采用扫描、翻拍、转录等方式进行电子化处理，形成扫描件、摄影图片、3D影视片等电子化证据，出示电子化证据成为在线诉讼、在线行政行为重要的举证方式。

传统线下模式由各方当事人同步举证和质证，在线诉讼模式中，举证可以异步进行，当事人各方可以在不同时间分别举证和质证。

二、证明责任

（一）证明责任的概念

我国三大诉讼法未使用证明责任概念，刑事诉讼法、行政诉讼法使用举证责任概念。《刑事诉讼法》第51条规定，公诉案件中被告人有罪的举证责任由人民检察院承担，自诉案件中被告人有罪的举证责任由自诉人承担。《行政诉讼法》第34条中规定，被告对作出的行政行为负有举证责任，应当提供作出该行政行为的证据和所依据的规范性文件，第37条规定，原告提供证据不成立不免除被告举证责任，第38条规定行政赔偿、补偿案件中被告承担举证责任情形时，均使用举证责任这一概念。《民事诉讼法》第67条规定，当事人对自己提出的主张，有责任提供证据，未使用举证责任或者证明责任概念。

英美法系国家证据法中，证明责任（burden of proof）、举证责任（burden of production）、说服责任（burden of persuasion）是三个相关的概念，通常将证明责任分为举证责任和说服责任，因此证明责任是总概念，举证责任和说服责任是分概念。

与刑事诉讼法、行政诉讼法使用举证责任概念不同，我国学术界通常使用证明责任概念。学术界对证明责任概念的认识，与诉讼法规定的举证责任的精神是一致的。从字面理解，举证责任更容易理解为提供证据的责任，证明责任是证明待证事实的责任，因此，使用证明责任概念似乎更为科学。

我国学术界对证明责任存在不同的理解。有学者认为，证明责任就是一定的诉讼主体对其所主张、所认定的案件事实是否存在负有提出证据、运用证据加以证明的义务。[①] 还有学者认为，证明责任就是诉讼当事人在审判中向法院提供证据证明其主张之案件事实的责任。[②] 上述学者均将证明责任限定为诉讼程序中的问题，这是不科学的。证明责任是提供证据证明待证事实的责任，理解证明责任，需要把握好以下几点：

首先，证明责任不仅仅是庭审或者诉讼程序中的问题，仲裁程序、行政程序、行政复议程序中均需要分配证明责任。如《行政复议法》第 44 条规定，被申请人对其作出行政行为的合法性、适当性负有举证责任。

其次，证明责任是负有责任的人不能提供证据证明待证事实，待证事实不成立的责任。证明责任是一种否定性责任，不承担证明责任即会产生主张不成立的效果或者其他不利后果。

最后，证明责任可以分解为提供证据责任、说服责任和承担不利后果三个方面责任。提供证据责任是在法庭、行政程序、仲裁程序等提出证据的责任，说服责任是提出证据说服决定者相信其事实主张的责任，不利后果是不提供证据或者不能说服决定者导致事实不能查清时承担不利后果的责任。

在税收征收等行政程序中，纳税义务人、扣缴义务人负有向税务机关提供证据的责任，该种责任不是证明责任，是提供证据责任。纳税义务人、扣缴义务人如果不依法提供证据材料，就要承担被税务机关实施行政处罚的责任，而不承担证明责任的后果是主张不成立等否定性后果。

（二）证明责任制度的意义

规范证明责任的分配，确定证明责任承担主体的，就是证明责任制度。该制度有以下意义：

首先，明确各类主体的证明责任，有利于查清案件事实。将提供证据责任、说服责任明确到各类程序参加人，让他们知道不提供证据或者提供证据不充足面临的否定性后果，促进责任主体积极提供证据，保障最大程度查清案件事实。

其次，帮助各类主体选择恰当诉讼程序、仲裁程序等，促进当事人行为更理性。在明确证明责任后，各方主体会对自己可以提供的证据进行梳理，预判自己主张的案件事实是否能够证明，科学选择下一步行动，避免行为的盲目、低效，节约司法、行政等资源。

最后，方便决定机关在案件事实真伪不明时及时作出决定。诉讼程序、行政程序、仲裁程序均要求查明案件事实，但也存在经过各种努力无法查清案件的情况，对于无法查明的案件事实，利用证明责任分配规则确定未承担责任的主体，由其承担不能查明案件事实的责任，方便决定者及时作出决定。

（三）分配证明责任考虑的因素

证明责任分配规则最早起源于罗马法，主要有两项原则：（1）原告应举证，原告不尽举证责任时，法院作出被告胜诉的判决；原告已尽举证责任时，被告须以反证推翻原

① 陈光中主编. 证据法学. 5 版. 北京：法律出版社，2023：257.

② 何家弘，刘品新. 证据法学. 7 版. 北京：法律出版社，2022：340.

告提出的证据。原告承担证明责任的原因是其为主张权利的一方，主张权利就应当提出权利的事实依据。(2) 提出主张的人有证明责任，否定主张的人没有证明责任。这一法则来源于罗马法中的法谚："肯定者应证明，否定者不应证明。"

证明责任分配是一个世界性难题，分配证明责任应当考虑公平、所得利益、便利和平衡等因素。

首先，所得利益是分配证明责任应考虑的重要因素。当事人仅对主张有利于自己的事实承担证明责任，而对主张不利于自己的事实不负证明责任，对自己不利的事实应当由对方当事人承担证明责任。

其次，证明责任分配重在公平，证明责任分配不公，会导致决定不公，还可能影响程序效率。主张权利者，应对权利根据的事实承担证明责任；对方则应对权利妨碍的事实或权利消灭的事实承担证明责任。

再次，证明责任分配还应当考虑便利原则，根据举证的便利情况分配证明责任。对举证有便利情况的，应当优先举证，举证存在困难的，应当依法免除其证明责任。在确定证明责任分配规则时，应当考虑各方承担证明责任在时间和金钱上的花费、各方承担证明责任的难易和便利程度。

最后，分配证明责任时，要充分考虑各方当事人提供证据的地位和提供证据的处境，如举证便利情况、主张的待证事实盖然性高低的平衡。要在当事人之间平衡地分配证明责任。当事人之间地位不平衡的，分配证明责任时，要向提供证据占优势或主张的待证事实盖然性低的一方倾斜。各方举证地位、举证主张的待证事实盖然性高低完全失衡的，应当将证明责任分配给占绝对优势或主张待证事实盖然性极低的一方，而对占绝对劣势或待证事实盖然性极高的一方主张的，则应免除其证明责任。

第二节 刑事案件中的举证与证明责任

一、刑事案件中的举证

（一）刑事案件中的举证主体与方式

刑事案件公诉人、人民法院、辩护人、被告人以及自诉案件自诉人均可以向法庭举示证据。

对于提起公诉的案件，人民检察院应向人民法院全案移送证明被告人有罪、无罪、罪重、罪轻的证据材料，人民法院应当审查人民检察院是否全部随案移送证据材料，未随案移送的，应通知人民检察院在指定时间内移送。公安机关调查收集的证据、行政机关在行政执法和查办案件过程中收集的证据、监察机关依法收集的证据以及人民检察院收集的证据均由公诉人在法庭上举示。

人民法院有权向有关单位和个人收集、调取证据，法庭审理过程中，合议庭对证据有疑问的，可以宣布休庭，对证据进行调查核实，可以进行勘验、检查、查封、扣押、鉴定和查询、冻结等调查核实措施，人民法院调查收集的证据，由合议庭在庭审时出示。

辩护律师经证人或者其他有关单位和个人同意，可以向他们收集与本案有关的材料，辩护律师经人民检察院或者人民法院许可，并且经被害人或者其近亲属、被害人提供的证人同意，可以向他们收集与本案有关的材料。辩护人调查收集的证据材料，由辩护人在法庭上出示。

被告人没有证明自己有罪的义务，但被告人有权举示证明其无罪或者最轻的证据。自诉案件中自诉人的地位相当于原告，由其承担举示证据证明被告人有罪的责任。

证据材料应当庭出示，经当事人辨认及质证。证据未经当庭出示、辨认、质证等法庭调查程序查证属实，不得作为定案的根据。公诉人、辩护人应向法庭出示物证，让当事人辨认；对未到庭的证人的证言笔录、鉴定人的鉴定意见、勘验笔录和其他作为证据的文书，应当当庭宣读。审判人员应当听取公诉人、当事人和辩护人、诉讼代理人的意见。

人民检察院出示来自境外的证据材料，应说明材料来源、提供人、提取人、提取时间等。材料来源不明或者真实性无法确认的，不得作为定案的根据。当事人及其辩护人、诉讼代理人出示来自境外的证据材料的，应当经所在国公证机关证明、所在国中央外交主管机关或者其授权机关认证，并经中华人民共和国驻该国使领馆认证，或者履行中华人民共和国与该所在国订立的有关条约中规定的证明手续，但我国与该国之间有互免认证协定的除外。控辩双方举示的证据材料涉及外国语言、文字的，应当附中文译本。

控辩双方在法庭上举示证据的方式包括：向法庭出示物证、书证、视听资料、电子数据，讯问被告人，对证人、鉴定人发问，宣读未到庭证人的证言笔录、鉴定人的鉴定意见以及勘验、检查、辨认、侦查实验笔录等。

（二）刑事案件中各类证据举示的要求

物证、书证须当庭向法庭出示，并举示原件，举示原件确有困难的，可以出示书证的副本、复制件，或者出示物证的照片、录像、复制品等。经勘验、检查、搜查提取、扣押的物证、书证，须出示经调查人员或者侦查人员、物品持有人、见证人签名的笔录、清单。

证人证言的特点是主观性强，容易受客观因素和主观因素的影响、干扰而不稳定、多变，因此，英美法系国家采用交叉盘问方式审查判断证人证言。我国刑事诉讼法规定，证人证言必须在法庭上经过公诉人、被害人和被告人、辩护人双方质证并且查实以后，才能作为定案的根据。我国刑事诉讼法未规定证人必须出庭作证，而是规定未到庭的证人证言笔录应当当庭宣读，审判人员应当听取公诉人、当事人和辩护人、诉讼代理人的意见。但以下情形中证人应当出庭作证：(1) 控辩双方申请证人出庭作证，法庭认为有必要的，准许证人出庭作证；(2) 公诉人、当事人或者辩护人、诉讼代理人对证人证言有异议，且该证人证言对案件定罪量刑有重大影响，人民法院认为证人有必要出庭作证的，证人应当出庭作证。经人民法院通知，证人无正当理由不出庭作证的，人民法院可以强制其到庭；证人没有正当理由拒绝出庭或者出庭后拒绝作证的，予以训诫，情节严重的，经院长批准，处以 10 日以下的拘留。证人出庭作证的，公诉人、当事人和辩护人、诉讼代理人经审判长许可，可以对证人发问。

鉴定意见由公诉人、辩护人向法庭出示，未到庭的鉴定人的鉴定意见当庭宣读，审判人员应听取公诉人、当事人和辩护人、诉讼代理人对鉴定意见的意见。公诉人、当事人或者辩护人、诉讼代理人对鉴定意见有异议，人民法院认为鉴定人有必要出庭的，鉴定人须出庭作证，经人民法院通知，鉴定人拒不出庭作证的，鉴定意见不得作为定案的根据。公诉人、当事人和辩护人、诉讼代理人可以申请法庭通知有专门知识的人出庭，就鉴定人的鉴定意见提出意见。

对于视听资料、电子数据须举示原始存储介质或者原始载体，还应举示证据材料的说明及对绰号、暗语、俗语、方言等不易理解内容的说明等。对于采用技术调查、侦查措施收集的视听资料、电子数据，举示新的存储介质，并提供写明原始证据材料、原始存储介质的存放地点等信息的说明。举示视听资料、电子数据复制件的，提供无法调取原件的原因、复制件制作过程和原件存放地点等内容的说明。2016 年 9 月 9 日，最高人民法院、最高人民检察院、公安部发布的《关于办理刑事案件收集提取和审查判断电子数据若干问题的规定》第 21 条规定：控辩双方向法庭提交的电子数据需要展示的，可以根据电子数据的具体类型，借助多媒体设备出示、播放或者演示。必要时，可以聘请具有专门知识的人进行操作，并就相关技术问题作出说明。

二、刑事诉讼中证明责任分配规则

无罪推定原则是影响刑事诉讼证明责任分配的重要因素。《刑事诉讼法》第 12 条规定，未经人民法院依法判决，对任何人都不得确定有罪。在多个机动车驾驶员发生交通事故致人死亡案件中，检察机关认为驾驶员犯罪情节轻微，依照刑法规定不需要判处刑罚，作出不起诉决定，但依据《刑事诉讼法》第 177 条规定，向公安机关交通管理部门提出检察建议，建议依据《道路交通安全法》第 101 条关于“发生重大交通事故，构成犯罪的，依法追究刑事责任，并由公安机关交通管理部门吊销机动车驾驶证”的规定，吊销驾驶员的机动车驾驶证，此类案件检察机关不起诉决定书认定驾驶员犯罪情节轻微，在人民法院未判决驾驶员有罪的情况下，不宜认定驾驶员有罪，公安机关交通管理部门不能依据检察机关的不起诉决定书直接吊销驾驶员机动车驾驶证。实行无罪推定原则，证明责任原则上由公诉一方承担，必须向法庭证明被告人有罪，否则法庭应当宣告被告人无罪。

（一）公诉案件中由公诉机关承担证明责任

《刑事诉讼法》第 51 条规定，公诉案件中被告人有罪的举证责任由人民检察院承担。检察机关代表国家行使公诉权，负有向法庭举示证据证明被告人有罪的责任，而且要达到法定标准。被告人一方有提供证据证明自己无罪或者罪轻的权利，但不承担证明责任，无义务提供证据证明自己有罪或者无罪。

公诉案件由公诉机关承担证明责任有三个方面原因：一是遵循“谁主张，谁举证”的证明责任分配原则。公诉案件是国家主动追究犯罪，实现国家刑事权的活动，这类活动由公诉机关代表国家进行追诉，由公诉机关主张被告人有罪的事实，理应由公诉机关承担证明责任。二是无罪推定原则的要求。未被人民法院宣判，被告人被推定为无罪。公诉机关主张被告人有罪，需要推翻该项推定。公诉机关不能提供充足证明推翻该项推定的，被告人将被宣判无罪。三是公诉机关举证能力更强。由侦查机关调查收集证据，公诉机关在法庭上举示证据，且法律赋予侦查机关、公诉机关调查收集、提供证据的系列权力，他们的举证能力明显更强。被告人作为被追诉对象，可能被采取强制措施以限制人身自由，加之自身调查收集证据的能力欠缺，以及法律赋予调查收集证据材料的手段有限，被告人一方调查收集与举示证据的能力明显弱于公诉机关。

被告人一方在刑事诉讼程序中的主张是否定公诉机关指控的犯罪事实，否定案件事实一方不承担证明责任。被告人一方在诉讼程序中有权提出证据，这属于法律赋予辩方的辩护权，被告人一方可以依法行使辩护权，也可以不行使辩护权。

（二）自诉案件中由自诉人承担证明被告有罪的证明责任

刑事自诉案件，由自诉人承担证明被告人有罪的证明责任，被告人一方不承担证明责任。《刑事诉讼法》第 211 条中规定，缺乏罪证的自诉案件，如果自诉人提不出补充证据，应当说服自诉人撤回自诉，或者裁定驳回。

自诉案件由自诉人承担证明责任，符合“谁主张，谁举证”的证明责任分配规则，原因是被告人是否构成犯罪的事实，是由自诉人主张的，当然应当由其提供证据予以证明。

三、刑事诉讼中被告承担证明责任的情形

（一）证明责任转由被告承担

按照“谁主张，谁举证”的证明责任分配原则，公诉案件中由公诉机关承担证明责任，自诉案件中由自诉人承担证明责任，这是刑事诉讼证明责任分配的基本规则。部分公诉案件或者自诉案件证明责任转由被告一方承担，被称为证明责任转移。

有学者认为，实践中导致证明责任转移的辩护主张包括四类：被告人责任能力的事实主张；被告人行为合法性或正当性的事实主张；侦查人员或执法人员违法性的事实主张；被告人根本不可能实施犯罪行为的事实主张。[①]

被告人主张有精神病或者案件发生时属于精神病发病状态，或者主张案件发生时没有达到法定刑事责任年龄，并未发生证明责任转移，被告人是否有刑事责任能力，仍由公诉机关承担证明责任，被告人提供证据证明自己不具有责任能力，属于反驳证据，因被告人提供证据反驳公诉机关的主张，公诉机关举示的证据证明力减弱或者被认定为不真实。执法人员、侦查人员违法性事实，是指行政执法人员、监察人员、刑事程序侦查人员采用非法手段收集证据、刑讯逼供等事实，证明此类事实的目的是适用非法证据排除规则，国家机关工作人员行为是否合法，仍然由公诉机关承担证明责任，被告人一方提供此类证据的目的是反驳公诉机关的主张，仍属于反驳证据。被告人根本不可能实施犯罪行为的事实是不在犯罪现场、无能力实施犯罪等事实，此类事实的目的是确定定罪的疑点，证明公诉机关提供的证据不能达到排除合理怀疑的证明标准，被告人是否实施犯罪行为仍由公诉机关承担证明责任，证明责任也未转移，被告人举示证据的行为也属于提供反驳证据。

---

① 何家弘，刘品新. 证据法学. 7 版. 北京：法律出版社，2022：266.

被告人行为合法性或正当性的事实主张指被告人主张实施犯罪行为属于正当防卫、紧急避险等。我国刑法规定，为了使国家、公共利益、本人或者他人的人身、财产和其他权利免受正在进行的不法侵害，而采取的制止不法侵害的行为，对不法侵害人造成损害的，属于正当防卫，不负刑事责任。被告人认为不应被追究刑事责任或者减轻处罚，其主张自己行为属于正当防卫或者紧急避险等，当然应由其承担证明责任，证明责任转移至被告人一方，属于证明责任转移。

（二）巨额财产来源合法事实由被告承担证明责任

《刑法》第395条第1款规定，国家工作人员的财产、支出明显超过合法收入，差额巨大的，可以责令该国家工作人员说明来源，不能说明来源的，差额部分以非法所得论。该条设定了推定，国家工作人员财产、支出明显超过合法收入且差额巨大的，就推定差额部分为非法所得，认定其构成巨额财产来源不明罪。国家工作人员否认构成犯罪，须说明巨额财产的来源，说明财产来源就成为国家工作人员的责任。案件被告人，承担巨额财产来源合法的证明责任，如果不能够举示充足证据证明财产合法来源，将被认定为来源不合法。

（三）持有特定物品合法或者合理的事实由被告承担证明责任

《刑法》第128、172、348、352条等条文规定了非法持有、私藏枪支、弹药罪，持有假币罪，非法持有毒品罪，非法持有未经灭活的罂粟等毒品原植物种子或者幼苗罪等罪名。上述非法持有类犯罪，国家机关在被告人身上或者住处等查获上述特定物品，就可以认定其持有，构成非法持有罪。如果被告人否定非法持有，主张持有特定物品的合法性或者合理性，须提供证据证明持有上述特定物品的合法性或者合理性。比如，被告人主张有合法理由持有上述特定物品，或者主张他人陷害而将上述特定物品放在自己身上或者住处等，此时，被告人需对其主张的合法性、合理性事实承担证明责任。

第三节　民事案件中的举证与证明责任

一、民事案件中的举证

（一）举证的主体

当事人对自己提出的主张，有责任提供证据予以证明。民事诉讼的当事人包括民事一审程序中的原告、被告、第三人及特别程序中的申请人，还包括二审程序中的上诉人、被上诉人以及执行程序中的申请人、被申请人。原告提起诉讼，应举示符合起诉条件的相应证据，被告提出反诉，也应举示符合反诉条件的证据材料。人民法院应当向当事人说明举证的要求及不举证的法律后果，帮助和促使当事人在合理期限内积极、全面、正确、诚实地举示证据。

民事案件以当事人举证为原则，一些情形下当事人无法调查收集证据，或者考虑到保护公共利益、他人利益的需要，人民法院也可以调查收集证据材料。人民法院根据当事人申请或依职权调查收集的证据，由审判人员在法庭上出示，并对调查收集证据的情况进行说明，由当事人进行质证或者听取当事人的意见。

（二）举证的要求

当事人向人民法院提交证据须逐一分类编号，对证据材料的来源、证明对象和内容作简要说明，按照对方当事人人数提交证据材料副本。人民法院收到当事人提交的证据材料后，须出具收据，注明证据的名称、份数和页数以及收到的时间，由经办人员签名或者盖章。

证据应当在法庭上出示，并由当事人互相质证。涉及国家秘密、商业秘密及个人隐私的证据材料应当保密，需要在法庭出示的，不得在公开开庭时出示。

当事人向人民法院举示证据，应当提供原件或者原物。如需自己保存证据原件、原物或者提供原件、原物确有困难的，可以提供经人民法院核对无异的复制件或者复制品。

当事人以动产作为证据的，应将原物提交人民法院。原物不宜搬移或者不宜保存的，可以提供复制品、影像资料或者其他替代品。当事人以不动产作为证据的，应当向人民法院提供该不动产的影像资料。

当事人以视听资料作为证据的，应提供存储该视听资料的原始载体。以电子数据作为证据的，提供原件。电子数据的制作者制作的与原件一致的副本，或者直接来源于电子数据的打印件或其他可以显示、识别的输出介质，视为电子数据的原件，可以作为原件提供。

当事人提供在中华人民共和国领域外形成的公文书证，须经所在国公证机关证明，或者履行中华人民共和国与该所在国订立的有关条约中规定的证明手续。中华人民共和国领域外形成的涉及身份关系的证据，应经所在国公证机关证明并经中华人民共和国驻该国使领馆认证，或者履行中华人民共和国与该所在国订立的有关条约中规定的证明手续。当事人向人民法院提供的证据是在我国香港、澳门、台湾地区形成的，应当履行相关的证明手续。

证人有出庭作证的义务，经人民法院通知，证人应当出庭作证。

当事人对鉴定意见有异议，或人民法院认为鉴定人有必要出庭的，鉴定人应当出庭作证。鉴定人经人民法院通知不出庭作证的，鉴定意见不得作为认定事实的根据。对鉴定人的鉴定意见，当事人可以申请人民法院通知有专门知识的人出庭，就鉴定意见或者鉴定意见涉及的专业性问题提出意见。

（三）举证的期限

举证期限是当事人向人民法院提供证据的期间，当事人应当在举证期限内向人民法院提交证据材料。明确举证期限，促使当事人在期限内举示证据材料，可以提高民事诉讼效率，还可以防止当事人在庭审中搞突然袭击，导致诉讼程序不确定，避免人民法院重复开庭等情形发生。

我国民事诉讼法只规定了举证期限的最短时间，未明确规定举证期限的具体时间，举证期限由人民法院确定或者当事人协商确定。

人民法院根据当事人主张和案件审理情况，确定当事人提供证据的期限，第一审普通程序案件举证期限不得少于 15 日，当事人提供新证据的第二审案件举证期限不得少于 10 日，适用简易程序审理的案件不得超过 15 日，小额诉讼案件的举证期限一般不得超过7日。人民法院应在审理前准备阶段向当事人送达举证通知书，告知指定的举证期限以及逾期提供证据的法律后果。

举证期限也可以由当事人协商确定，并经人民法院准许。

部分情形下举证期限按照以下方式确定：(1) 当事人依法提出管辖权异议的，举证期限中止，自人民法院驳回管辖权异议的裁定生效之日起恢复计算；(2) 追加当事人、有独立请求权的第三人参加诉讼或者无独立请求权的第三人经人民法院通知参加诉讼的，人民法院为新参加诉讼的当事人确定举证期限，其他当事人适用该举证期限；(3) 发回重审的案件，一审法院可以结合案件情况和发回重审的原因，酌情确定举证期限；(4) 当事人增加、变更诉讼请求或者提起反诉的，人民法院根据案件具体情况重新确定举证期限；(5) 公告送达的，举证期限自公告期届满之次日起计算；(6) 人民法院组织证据交换进行审理前准备的，证据交换之日举证期限届满。

人民法院指定或者当事人协商确定的举证期限届满后，当事人对已经提供的证据，申请提供反驳证据或者对证据来源、形式等方面的瑕疵进行补正的，人民法院可以酌情再次确定举证期限。

当事人在举证期限内提供证据存在客观障碍，提供证据确有困难的，可以在举证期限届满前向人民法院书面申请延长举证期限。人民法院根据当事人举证能力、不能在举证期限内提供证据的原因等因素综合判断当事人提供证据是否确有困难，必要时，可以听取对方当事人的意见。当事人申请理由成立的，人民法院应当准许适当延长举证期限，并通知其他当事人。延长的举证期限适用于其他当事人。申请人申请理由不成立的，人民法院不予准许延长举证期限，并通知申请人。

当事人逾期提供证据的，应当说明逾期提供证据的理由，必要时可以要求其提供相应的证据。当事人因客观原因逾期提供证据的理由成立，或者对方当事人对逾期提供证据未提出异议的，视为提供证据未逾期。

当事人拒不说明逾期提供证据的理由或者理由不成立的，人民法院采取以下方式处理：(1) 当事人故意或者重大过失逾期提供证据的，不予采纳逾期提供的证据；(2) 当事人故意或者重大过失逾期提供的证据与案件基本事实有关，能够证明案件基本事实的，采纳该证据，对逾期提供证据的当事人予以训诫、罚款；(3) 当事人非因故意或者重大过失逾期提供证据的，应当采纳该证据，对当事人予以训诫。

当事人逾期提供证据致使其他当事人增加交通、住宿、就餐、误工、证人出庭作证等必要费用的，其他当事人可以要求其赔偿。

由此可以看出，当事人逾期提供证据，如果这些证据能够证明案件基本事实，即使是当事人故意或者重大过失逾期提供的，人民法院也应当采纳，只是需要逾期提供证据的当事人承担相应赔偿责任，或者对其实施训诫或者罚款。

二、民事诉讼中的证明责任分配规则

(一) 民事诉讼中证明责任分配的基本规则

我国民事诉讼证明责任分配的基本规则是“谁主张，谁举证”，即提出主张的当事人，有责任提供证据予以证明，否则其主张不成立。《民事诉讼法》第68条规定，当事人对自己提出的主张应当及时提供证据。2022 年《民诉解释》第 90 条规定，当事人对自己提出的诉讼请求所依据的事实或者反驳对方诉讼请求所依据的事实，应当提供证据加以证明，在人民法院作出判决前，当事人未能提供证据或者证据不足以证明其事实主张的，由负有举证责任的当事人承担不利的后果。

按照“谁主张，谁举证”证明责任分配规则，原、被告双方都有可能承担证明责任。原告对自己提出的主张应当举证，被告如果提出诉讼主张或者反驳原告诉讼主张，对其主张所依据的事实也承担证明责任，如果没有证据予以支持，其诉讼主张或者反驳主张不成立。

我国民事诉讼法规定，人民法院可以确定当事人应当提供的证据。《民事诉讼法》第 68 条规定，人民法院根据当事人的主张和案件审理情况，确定当事人应当提供的证据。2022 年《民诉解释》第 91 条规定，人民法院依照下列原则确定举证证明责任的承担：（1）主张法律关系存在的当事人，应当对产生该法律关系的基本事实承担举证证明责任；（2）主张法律关系变更、消灭或者权利受到妨害的当事人，应当对该法律关系变更、消灭或者权利受到妨害的基本事实承担举证证明责任。

（二）证明责任倒置

证明责任倒置是与“谁主张，谁举证”证明责任分配规则相反的证明责任分配规则，是指部分情形下由非主张当事人承担证明责任的规则。

我国民事诉讼法并未规定证明责任倒置，2022 年《民诉解释》在“谁主张，谁举证”证明责任分配一般规则之外，规定了“法律另有规定的除外”，也就是法律对证明责任分配另有规定的，不适用“谁主张，谁举证”证明责任分配规则。法律规定证明责任倒置主要考虑两个因素：（1）保护弱者。环境污染、高度危险作业、产品责任、动物饲养责任、道路交通安全责任等案件，致害人或者责任人一般是企业或者其他单位，具有自然优势，而受害人因环境污染等遭受了实际损失，处于弱势地位，出于公平考虑，应当将证明责任赋予优势一方。（2）提供证据的难易程度。在环境污染、产品质量责任等案件中，由污染方、产品生产方提供证据往往更容易，更能证明其尽到了注意义务、产生责任系不可抗力等事实。

证明责任倒置只能发生在有明确的法律规定的前提下，法官不能任意对证明责任加以倒置。[①]《民法典》《反不正当竞争法》《专利法》等法律对证明责任倒置作出了规定。法律规定的证明责任倒置主要有两种情形：一是法律直接规定由非主张方承担证明责任。如《民法典》第 1230 条规定，“因污染环境、破坏生态发生纠纷，行为人应当就法律规定的不承担责任或者减轻责任的情形及其行为与损害之间不存在因果关系承担举证责任”，再如 2019 年修改的《反不正当竞争法》第 32 条规定，“在侵犯商业秘密的民事审判程序中，商业秘密权利人提供初步证据，证明其已经对所主张的商业秘密采取保密措施，且合理表明商业秘密被侵犯，涉嫌侵权人应当证明权利人所主张的商业秘密不属于本法规定的商业秘密”。二是法律设定推定，要求被推定事实方承担证明责任。如《民法典》第 623 条规定，“当事人对检验期限未作约定，买受人签收的送货单、确认单

---

① 陈光中主编．证据法学．5 版．北京：法律出版社，2023：267．

等载明标的物数量、型号、规格的，推定买受人已经对数量和外观瑕疵进行检验，但是有相关证据足以推翻的除外”。

第四节　行政案件中的举证与证明责任

一、行政案件中的举证

（一）举证的主体

行政案件当事人包括原告、被告、第三人及二审程序上诉人、被上诉人等。行政诉讼原告是认为自己权利受到行政行为影响而提起诉讼的人；被告是作出行政行为的行政主体或者行政复议程序中作出维持决定的行政复议机关；第三人是与被诉行政行为有利害关系或者同案件处理结果有利害关系，没有提起诉讼，申请参加诉讼或者由人民法院通知参加诉讼的人。

行政诉讼涉及的案件事实，原则上由当事人举示证据予以证明。当事人不能提供充足证据材料证明待证事实的，按照证明责任分配规则，分别由被告、原告或者第三人承担不利后果。

被告、原告或者第三人在行政诉讼中提出自己的主张缺乏证据或者证据不足的，人民法院有权要求承担证明责任的当事人提供或者补充证据。[①] 对各方当事人无争议的事实，如果涉及国家利益、公共利益或者他人合法权益，人民法院可以责令当事人提供或者补充有关证据，被要求提供或者补充证据的当事人与是否承担证明责任无必然联系，人民法院可以要求非承担证明责任一方当事人提供或者补充证据材料，这样的制度安排是出于保护国家利益、公共利益或者其他人合法权益的需要。

原告、第三人有证据证明被告持有对原告或者第三人有利的证据的，在开庭审理前可以书面向人民法院提出申请，申请人民法院责令行政机关提交该证据材料。原告或者第三人申请理由成立的，人民法院应当责令行政机关提交。行政机关无正当理由拒不提交的，人民法院可以推定原告或者第三人基于该证据主张的事实成立。

（二）举证的要求

行政诉讼证据材料应当在法庭上出示，由各方当事人质证，但涉及国家秘密、商业秘密和个人隐私的证据，不得在公开开庭时出示。

被告在作出行政行为时，应当收集到充足证据。被告及其诉讼代理人在行政诉讼程序中不得自行向原告、第三人和证人收集证据。这就是有证在先原则。但原告或者第三人提出了其在行政程序中没有提出的理由或者证据的，经过人民法院准许，被告可以在第一审程序中补充相应的证据。

当事人向人民法院提供书证的，应提供书证的原件。当事人提供书证原件确有困难的，可以提供与原件核对无误的复印件、照片、节录本。当事人提供由有关部门保管的书证原件的复制件、影印件或者抄录件的，须注明出处，经该部门核对无异后加盖其印

① 甘文. 行政诉讼法证据司法解释之评论：理由、观点与问题. 北京：中国法制出版社，2003：48.

章。当事人提供报表、图纸、会计账册、专业技术资料、科技文献等书证的，还须附有说明材料。被告行政主体提供的被诉行政行为所依据的询问、陈述、谈话类笔录，须有行政执法人员、被询问人、陈述人、谈话人签名或者盖章。

当事人向人民法院提供物证的，应当提供原物。提供原物确有困难的，可以提供与原物核对无误的复制件或者证明该物证的照片、录像等其他证据。原物为数量较多的种类物的，可提供其中的一部分。

当事人向人民法院提供电子数据、视听资料等证据材料，应当提供电子数据、视听资料的原始载体。提供原始载体确有困难的，可以提供复制件。就所提供的电子数据、视听资料应注明制作方法、制作时间、制作人和证明对象等内容，就声音资料还应附有该声音内容的文字记录。

证人、鉴定人、勘验人应通知其到庭。证人出庭作证前应当告知其如实作证的义务以及作伪证的法律后果，证人因履行出庭作证义务而支出的交通、住宿、就餐等必要费用以及误工损失，由败诉一方当事人承担。被告在行政诉讼程序中提供其在行政程序中采用的鉴定结论，须载明委托人和委托鉴定的事项、向鉴定部门提交的相关材料、鉴定的依据和使用的科学技术手段、鉴定部门和鉴定人鉴定资格的说明，并应有鉴定人的签名和鉴定部门的盖章。被告在诉讼程序中提供的现场笔录，应当载明时间、地点和事件等内容，并有执法人员和当事人签名。

人民法院认为有必要的，可以要求当事人本人或者行政机关执法人员到庭，就案件有关事实接受询问。原告或者第三人对现场笔录的合法性或者真实性、扣押财产的品种或者数量、检验的物品取样或者保管、行政执法人员身份的合法性等有异议的，可以要求相关行政执法人员出庭作出说明，人民法院应当准许。

（三）举证的期限

为了提升行政诉讼效率，保障诉讼程序正常推进，行政诉讼法及相关司法解释对被告、原告的举证期限进行了明确规定。

人民法院向原告、被告送达受理案件通知书、应诉通知书时，应当告知其举证范围、举证期限以及逾期提供证据的法律后果，并告知原告、被告因正当事由不能按期提供证据时可以向人民法院提出延期提供证据的申请。

《行政证据规定》第 1 条规定，被告对作出的具体行政行为负有举证责任，应当在收到起诉状副本之日起 10 日内，提供据以作出被诉具体行政行为的全部证据和所依据的规范性文件。被告不提供或者无正当理由逾期提供证据的，视为被诉具体行政行为没有相应的证据。被告不提供或者无正当理由逾期提供证据材料，被告已有证据或者逾期提供的证据将被排除，不能用来证明案件事实。该制度安排体现了司法审查的特点，行政诉讼的功能之一是监督行政机关依法行政，要求行政机关在法定期限内举示证据。

被告行政主体作出行政行为时已收集证据的，在行政诉讼程序中因不可抗力或者客观上不能控制的正当事由，不能在收到起诉状副本之日起 10 日内提供证据的，须在该期限内向人民法院提出延期提供证据的书面申请。人民法院准许延期提供的，被告应在正当事由消除后 10 日内提供证据。

《行政诉讼法》及《行政证据规定》未明确规定原告、第三人举示证据的时间，但规定原告、第三人应当在开庭审理前或者人民法院指定的交换证据之日提供证据，原告、第三人逾期提供证据的，视为放弃举证权利。原告、第三人因正当事由可以申请延期提供证据，申请理由成立的，经人民法院准许，可以在法庭调查中提供。

二、行政诉讼中的证明责任分配

有学者认为，行政程序中的证明责任分配规则是“谁主张，谁举证”，行政诉讼中的证明责任分配规则也应当是“谁主张，谁举证”[①]。在行政程序中，行政机关依职权查明案件事实，即使行政程序实行“谁主张，谁举证”，除当事人提供的证据外，行政机关也大量调查收集证据，这些证据也用来证明案件事实，且在行政诉讼程序中，人民法院可依职权调取证据，原告或者第三人还可以申请人民法院调查取证，因此，行政诉讼中证明责任分配总体上应与行政程序中一致，但也应有一定区别。[②]

（一）被告的证明责任

《行政诉讼法》第 34 条第 1 款规定，被告对作出的行政行为负有举证责任，应当提供作出该行政行为的证据和所依据的规范性文件。

行政诉讼证明对象是案件事实，而不是行政行为的合法性。虽然行政诉讼法规定，被告对作出的行政行为负有举证责任，并不能说明行政诉讼证明对象就是行政行为的合法性。行政行为合法包括行政机关对案件事实认定正确和适用法律正确两个方面，作为证明对象的只能是案件事实，而不能是法律适用。

被告作出行政行为所依据的规范性文件不是证据，并不用来证明案件事实。行政诉讼法要求被告提供此类文件的目的是说明其行为有规范性文件作为依据，也方便人民法院对这些规范性文件进行附带审查。

行政诉讼中由被告行政主体承担证明责任的原因主要有三点：一是行政程序中的案件事实由行政主体认定，二是受行政有证在先原则的约束，三是被告行政机关提供证据的能力比原告强。不论是行政许可、行政确认等依申请行政行为还是行政处罚、行政强制等依职权行政行为，行政程序中的事实均由行政机关认定，并且行政机关据以作出行政行为，人民法院对行政行为实施审查，理应由行政机关提供证据证明案件事实。有证在先原则要求行政主体作出行政行为时必须收集到充足证据，缺乏证据不能作出行政行为，且受案卷排他原则的约束，证据材料必须整理形成案卷材料。因行政主体在行政程序中已收集到证据且形成案卷，由其承担证明责任成本更低。被告行政主体在人、财、物等方面的能力比原告、第三人更强，理应由其承担证明责任。

行政诉讼的证明对象是案件事实，包括实体性事实和程序性事实。行政程序、行政诉讼程序的实体性事实是一样的，均是行政相对人是否实施违法行为、申请行政许可人是否符合法定许可条件等事实，也就是说，行政程序待证事实一般就是行政诉讼中的待证事实，对于此类事实，行政程序实行“谁主张，谁举证”证明责任分配规则，行政案件进入行政诉讼程序则统一由被告行政主体承担证明责任，这是不科学的。如行政许

① 刘善春. 行政诉讼举证责任新论. 行政法学研究，2002（2）.

② 徐继敏. 行政证据通论. 北京：法律出版社，2004：250－251.

可，行政程序由申请人承担证明自己符合许可条件事实的证明责任，行政诉讼程序也应当由其证明自己符合许可条件，承担证明责任。行政诉讼法将作出行政行为所依据事实的证明责任统一赋予行政机关，混淆了主张事实与认定事实的区别，对于行政许可、行政确认等依申请行政案件，申请人主张自己符合条件，行政主体认定申请人是否符合条件，即使进入行政诉讼程序，仍然是原告或者第三人主张自己符合条件，仍然应由原告或者第三人承担证明责任。

《行政诉讼法》第 34 条第 2 款规定，被告不提供或者无正当理由逾期提供证据，视为没有相应证据，但是，被诉行政行为涉及第三人合法权益，第三人提供证据的除外。这是行政诉讼法关于第三人代替被告承担证明责任的规定，第三人为保护自己合法权益，可以提供证据支持被告行政主体认定的案件事实，代替被告承担证明责任。

（二）原告的证明责任

原告及第三人在行政诉讼程序中可以提供证据证明行政行为违法、无效等情形，原告、第三人提供的证据不成立的，不免除被告行政主体的证明责任。

原告在行政诉讼中承担证明责任有四种情形：

第一，原告向人民法院起诉时，应当提供证据证明自己符合起诉条件。《行政诉讼法》第 49 条规定，原告提起诉讼应当符合四项条件，原告须证明自己符合提起诉讼的条件，如提供证据材料证明自己与行政行为有利害关系，有提起诉讼的原告资格。

第二，依法属于行政复议前置的行政行为，证明已依法申请行政复议，行政复议机关不受理、逾期不作出复议决定或者已作出复议决定的事实。《行政诉讼法》第 44 条第 2 款规定，法律、法规规定应当先向行政机关申请复议，对复议决定不服再向人民法院提起诉讼的，依照法律、法规的规定。我国 2023 年修订《行政复议法》，将当场作出的行政处罚决定、行政机关未履行法定职责、申请政府信息公开行政机关不予公开等案件纳入行政复议前置范围。属于行政复议前置范围的行政行为，须先申请行政复议，对此类行政行为提起行政诉讼，原告须提供证据证明行政复议机关存在不受理、逾期不作出复议决定的事实或者已作出复议决定的事实。

第三，起诉被告不履行法定职责的案件，提供证据证明曾向被告提出申请的事实。行政相对人要求行政机关履行法定职责，属于依申请行政行为，行政程序由行政相对人申请行为启动，是否提出申请，应由行政相对人即原告承担证明责任。但被告应当依职权主动履行法定职责或者原告因正当理由不能提供证据的，如被告受理申请的登记制度不完备等正当事由导致原告不能提供相关证据材料，原告不承担证明责任。

第四，在行政赔偿、补偿案件中，由原告对行政行为造成的损害提供证据证明。原告应提供证据证明自己因行政行为带来的损害的范围及大小等。但因被告的原因原告无法举证的，由被告承担举证责任。如被告立即拆除原告的房屋，导致原告无法收集和保存证据，无法举示证据的，对于原告的损失由被告承担证明责任。

小 结

证据材料应当庭出示，经当事人质证，证据未经当庭出示、质证等法庭调查程序查证属实，不得作为定案的根据。举证包括出示书证、物证、视听资料、电子数据、鉴定意见、当事人陈述、现场笔录与勘验笔录，还包括询问被害人、证人、鉴定人，宣读未到庭证人证言、被害人陈述等。广义的举证包括出示证据和提供证据两类活动，出示证据是在庭前会议或者庭审程序中出示证据的活动，提供证据是当事人提起诉讼或者答辩时提供证据材料的活动。诉讼程序中举证的主体是各方当事人，也包括人民法院。

明确举证期限有利于减少诉讼时间和费用，降低诉讼成本，还可以防止诉讼程序各方当事人滥用举证权利拖延诉讼，提升诉讼效率。我国刑事诉讼采用证据随时提出主义，在刑事诉讼的任何阶段都可以提出证据，民事诉讼法、行政诉讼法则建立了举证期限制度，明确了举证的期限。民事诉讼举证期限由人民法院指定或者当事人协商确定，行政诉讼举证期限由司法解释直接确定。

公诉案件中被告人有罪的证明责任由公诉机关承担，自诉案件由自诉人承担证明被告有罪的证明责任。巨额财产合法来源事实、持有特定物品的合法性或者合理性事实等部分案件事实由被告人承担证明责任。

民事诉讼证明责任分配的基本规则是"谁主张，谁举证"，即提出主张的当事人，有责任提供证据予以证明。《民法典》《反不正当竞争法》《专利法》等法律规定了证明责任倒置，可以归纳为两种类型：一是法律直接规定由非主张方承担证明责任；二是法律设定推定，要求被推定事实方承担证明责任。

行政诉讼中原则上由被告承担证明责任，被告承担证明责任的原因主要有三点：一是行政程序中的案件事实由行政主体认定，二是受行政有证在先原则的约束，三是被告行政主体提供证据的能力比原告强。原告在四种情形下承担证明责任：向人民法院起诉时，证明自己符合起诉条件；行政复议前置行政案件，证明已依法申请行政复议，行政复议机关不受理、逾期不作出复议决定或者已作出复议决定；起诉被告不履行法定职责的案件，证明曾向被告提出过申请的事实；在行政赔偿、补偿案件中，对行政行为造成的损害承担证明责任。

思考题

1. 法律规定举证期限的意义？
2. 三大诉讼法对举示证人证言的共同要求？
3. 刑事诉讼为什么由公诉机关承担证明责任？
4. 民事诉讼证明责任分配规则的主要内容？
5. 行政诉讼证明责任分配有哪些规则？

第十章 证明标准

第一节　证明标准概述

一、证明标准的概念

证明标准，是指负担证明责任的当事人提供证据对案件事实加以证明所应达到的程度。

证明标准问题与证明责任密切相关。证明标准是当事人证明责任能否解除的分水岭，也是法官认定事实真伪不明的标准。证明标准确定后，一旦当事人提供证据的证明力总体上达到了这一标准，就意味着当事人完成了证明责任，同时也意味着待证事实的真实性已经得到证明，法官就应当认定该事实，并以该事实的存在作为裁判的依据。相反，如果当事人提供证据的证明力总体上没有达到证明标准，则意味着当事人没有完成证明责任，法官就应当认为待证事实未被证明为真实或者仍处于真伪不明的状态，当事人的主张一般将不会得到支持。

当然，对证明标准，学界还有不同认识。有的学者认为，证明标准、证明任务和证明要求含义相同。有的学者认为应当区分证明要求与证明标准。

二、证明标准的意义

证明标准对于诉讼证明活动具有重要意义，它是诉讼证明活动的方向和准绳，指导着当事人和法官实施正确的诉讼行为。具体而言，证明标准的意义主要表现在以下几个方面。

（一）证明标准对于诉讼的提起和进行具有重要影响

证明标准可以帮助当事人正确地进行判断，决定是否提起诉讼或反诉以及是否将诉讼进行下去。当事人只有充分了解证明标准，才不至于因为对证明标准估计过低而在证据明显不足时贸然提起诉讼，也不至于由于对证明标准估计过高而在证据已经具备的情况下却不敢于主张自己的权利。

（二）证明标准是当事人履行证明责任的衡量器

证明标准能够促使当事人恰当地进行举证。明确了证明标准，有利于当事人对法官可能认定的事实作出正确估计，及时提供证据证明自己的主张，或者反驳对方的主张。

凭借证明标准的衡量，当事人知道什么时候应当举证，什么时候可以暂停举证；对方当事人也可以知道什么时候应当提供相反的证据进行反驳，什么时候可以停止举证性的反驳，而等待负有证明责任的当事人继续提供证据。从这种意义上说，证明标准是当事人履行证明责任的灯塔。

（三）证明标准是法官决定对具体事实能否认定的行为准则

法官只有明确了证明标准，才能够正确把握认定案件事实需要具备何种程度的证据，才能据此衡量当事人提供的证据，判断待证事实是已经得到证明还是仍然处于真伪不明的状态，才能决定是否有必要要求当事人进一步补充证据。从这种意义上说，证明标准，是法官在诉讼中认定案件事实所要达到的证明程度，是法官判断待证事实的基准。在诉讼中，如果该待证事实的证明没有达到证明标准，该待证事实就处于真伪不明的状态。证明已达到证明标准时，法官就应当以该事实作为裁判的依据。

从以上三个方面可以看出，证明标准与当事人行使诉讼权利、法院行使审判权以及证明责任问题之间有密切的关系。

需要指出的是，在我国曾经有一种观点认为，我国三大诉讼都采取统一的证明标准，即在认定案件事实时，要达到“事实清楚，证据确实充分”程度的一元证明标准。近年来，越来越多的学者对此提出了不同观点。此外，从我国现行诉讼立法来看，也不是采一元制的证明标准。

第二节　刑事诉讼证明标准

一、外国的刑事诉讼证明标准

（一）英美法系国家的刑事诉讼证明标准

在英美法系国家中对有罪判决采用排除合理怀疑的证明标准。①

一般认为，“合理怀疑”不能是一种想象出来的怀疑，也不能是一种基于推测的怀疑。它是一种实际的和实质的怀疑，它来源于证据，来源于证据所证明的事实或情况，或者来源于公诉方的认定证据。合理怀疑是指案件的这样一种状态，即在全面比较和考虑了所有证据之后，在陪审团成员心目中留下了这样的印象，即他们不能说自己对指控事实的真实性和确信的确定性感到了有一个可容忍的定罪。排除合理怀疑并不要求对犯罪事实的证明达到绝对的确定性，或者达到数学上的确定性；也不等于要排除任何怀疑。这一证明标准的真正要求在于，裁判者可能对犯罪事实的真实性达到了“确信无疑”的程度，但他仍然知道自己有犯错误的可能性；裁判者可以基于犯罪事实的存在有极大可能性而定罪，但这种可能性必须强大到足以排除任何合理怀疑。②

（二）大陆法系国家的刑事诉讼证明标准

大陆法系国家普遍确立的定罪标准即证明被告人构成犯罪的证明标准是“内心确信”。

① 陈卫东，谢佑平主编．证据法学．上海：复旦大学出版社，2005：309.
② 陈瑞华．刑事证据法学．2版．北京：北京大学出版社，2014：299－300.

根据自由心证原则，法律不对每个证据的证明力大小强弱作出限制性规定，法律也不对裁判者形成内心确信的理由作出任何要求，对案件事实的认定完全交由法官、陪审员根据经验、理性和良心，根据其基于法庭审判过程所形成的主观印象，进行自由裁判。

除了受到疑罪从无原则的约束，内心确信的标准还要受到诸多方面的客观限制。①

二、我国的刑事诉讼证明标准

（一）“证据确实、充分”证明标准的含义

《刑事诉讼法》第55条第1款规定：“对一切案件的判处都要重证据，重调查研究，不轻信口供。只有被告人供述，没有其他证据的，不能认定被告人有罪和处以刑罚；没有被告人供述，证据确实、充分的，可以认定被告人有罪和处以刑罚。”第2款规定，“证据确实、充分，应当符合以下条件：（一）定罪量刑的事实都有证据证明；（二）据以定案的证据均经法定程序查证属实；（三）综合全案证据，对所认定事实已排除合理怀疑。”《刑事诉讼法》第55条明确我国刑事案件的证明标准是“证据确实、充分”。《刑事诉讼法》第55条的内容在2012年《刑事诉讼法》中的序号为第53条，2012年《刑事诉讼法》第53条第2款为2012年《刑事诉讼法》修改时新增加的内容。依据1996年《刑事诉讼法》第46条、第129条、第141条和第162条的规定，“证据确实、充分”是我国刑事诉讼法对侦查机关侦查终结移送起诉、检察机关提起公诉的要求，也是审判程序中人民检察院完成被告人有罪的证明责任、人民法院判决被告人有罪的证明标准。1996年《刑事诉讼法》没有对这一证明标准的具体含义作出规定，实践中学术界和司法机关存在一些不同认识。《死刑案件证据规定》对办理死刑案件“证据确实、充分”的含义进行了解释。2012年《刑事诉讼法》修改时于第53条根据实际情况和有关方面的意见，总结司法解释的规定和学术界的研究成果，增加了认定“证据确实、充分”的条件的规定，进一步明确了刑事案件的证明标准，为司法机关准确适用这一标准提供了法律依据。②

根据《刑事诉讼法》第55条第2款规定，认定“证据确实、充分”，应当符合以下三个条件：第一，定罪量刑的事实都有证据证明，即作为认定犯罪嫌疑人、被告人犯罪、犯何种罪，决定是否对其判处刑罚、判处何种刑罚的依据的事实，包括构成某种犯罪的各项要件和影响量刑的各种情节，都有办案机关经法定程序收集的证据证明。这是认定“证据确实、充分”的基础。第二，据以定案的证据均经法定程序查证属实，即经过侦查机关、人民检察院、人民法院按照法律规定程序的查证，作为定案根据的证据被认定属实，这一条件侧重于认定证据“确实”的方面。第三，综合全案证据，对所认定事实已排除合理怀疑，即办案人员在每一证据均查证属实的基础上，经过对证据的综合审查，运用法律知识和逻辑、经验进行推理、判断，对认定的案件事实达到排除合理怀疑的程度。“排除合理怀疑”是指对于认定的事实，已没有符合常理的、有根据的怀疑，

---

① 陈瑞华. 刑事证据法学. 2版. 北京：北京大学出版社，2014：301－302.

② 全国人大常委会法制工作委员会刑法室编著. 中华人民共和国刑事诉讼法解读. 北京：中国法制出版社，2012：116－117.

实际上达到确信的程度。只有对案件已经不存在合理的怀疑，形成内心确信，才能认定案件“证据确实、充分”①。

（二）“证据确实、充分”证明标准的适用对象

从《刑事诉讼法》第55条规定的字面意思看，“证据确实、充分”证明标准的适用对象是“被告人有罪和处以刑罚”的案件事实，即有罪的事实与量刑的事实。

2021年《刑诉解释》第72条第2款规定：“认定被告人有罪和对被告人从重处罚，适用证据确实、充分的证明标准。”该规定是对2012年《刑诉解释》第64条第2款②的保留。显然，2021年《刑诉解释》第72条第2款将“证据确实、充分”证明标准适用对象中的量刑事实限缩为“被告人从重处罚”的量刑事实。

审判实践中与定罪量刑相关的事实较为复杂，对所有的证明对象适用同一证明标准，既不现实，也不必要。应当区分不同的证明对象适用不同的证明标准。认定被告人有罪和对被告人从重处罚的事实，是证明的主要对象，必须明确其适用最为严格的证明标准，即对其的证明必须达到“证据确实、充分”的程度。③ 2021年《刑诉解释》第72条第2款中的“对被告人从重处罚”，既包括在法定刑幅度内从重处罚，也包括适用加重法定刑幅度。④

除了《刑事诉讼法》第55条与2021年《刑诉解释》第72条第2款明确规定对被告人有罪的事实与对被告人从重处罚的事实适用“证据确实、充分”的证明标准，关于对刑事案件的其他事实适用什么样的证明标准，存在不同的看法。有的认为，对被告人从宽处罚的事实，以及与附带民事诉讼、涉案财物处理有关的事实等，可以适当降低证明标准，适用优势证明标准。⑤ 也有的认为，对部分从轻量刑事实、逮捕和没收违法所得事实适用优势证据证明标准，对部分从轻量刑事实、拘留、其他侦查行为和立案事实适用“合理怀疑”证明标准。⑥

第三节 民事诉讼证明标准

一、关于民事诉讼证明标准的讨论

（一）民事诉讼证明标准的选择

民事诉讼证明标准要比刑事诉讼证明标准低。之所以说民事诉讼应当具有低于刑事

① 王爱立主编. 中华人民共和国刑事诉讼法释义. 北京：法律出版社，2018：118-119.

② 2012年《刑诉解释》第64条第2款规定：“认定被告人有罪和对被告人从重处罚，应当适用证据确实、充分的证明标准。”

③ 最高人民法院研究室编著.《最高人民法院关于适用〈中华人民共和国刑事诉讼法〉的解释》理解与适用. 北京：中国法制出版社，2013：46-47.

④ 《刑事诉讼法解释》起草小组编著. 最高人民法院关于适用《中华人民共和国刑事诉讼法》的解释理解与适用. 北京：人民法院出版社，2021：195.

⑤ 最高人民法院研究室编著.《最高人民法院关于适用〈中华人民共和国刑事诉讼法〉的解释》理解与适用. 北京：中国法制出版社，2013：46-47.

⑥ 马贵翔，王琦婷. 刑事诉讼非要件事实证明标准探析. 贵州民族大学学报（哲学社会科学版），2021（2）.

诉讼的证明标准，主要理由是民事诉讼在性质上不同于刑事诉讼。刑事诉讼所要解决的问题是被告人的行为是否构成犯罪和应当受到什么样的刑事处罚。在刑事诉讼中，惩罚犯罪分子与保障无罪的人不受刑事追究同等重要。一旦认定被告有罪并处以刑罚，就会带来极其严重的后果。刑事责任的严厉性和难以补救性，要求对犯罪行为的认定极为慎重，要求达到相当高的证明标准后才能认定犯罪事实。民事诉讼是为了解决当事人之间的民事权利义务纠纷，民事责任主要是财产责任，其严厉性远弱于刑事责任，即使不当追究，给当事人带来的损害也会比刑事责任带来的损害小得多，且一般是可以补救的，因此，民事诉讼证明标准可低于刑事诉讼证明标准。

（二）盖然性的民事诉讼证明标准

理论上，民事诉讼的证明标准应当是一种盖然性的证明要求。所谓盖然性，是指法官从证据材料看，待证事实具有存在与否的某种可能性。这种事实存在与否的可能性具有一定的幅度，有低的盖然性、较高的盖然性和高度的盖然性。低的盖然性是无法使法官获得认定事实的确信。较高的盖然性是指证明已经达到了使法官确信所主张的事实有较大可能性是如此的程度。高度盖然性是指证明虽然没有达到使法官对待证事实确信只能如此的程度，但已经达到相信存在极大可能或非常可能如此的程度。

民事诉讼的证明标准是高度盖然性，与刑事诉讼的证明标准有所不同，刑事诉讼的证明标准一般要求证明须达到一种使法官确信的状态或能够排除一切合理怀疑。刑事诉讼的证明标准要高于民事诉讼，这是由两种诉讼不同的性质决定的。民事诉讼中，证据一般由当事人自己收集，如果民事诉讼也要求很高的证明标准就会使民事权利很难得到维护和实现，而且民事诉讼涉及的一般是财产权利，不同于涉及人身权利的刑事诉讼。

高度盖然性证明标准可适用于民事诉讼的一般情形，即一般情形下应当满足高度盖然性的要求，但在个别情形下，对于举证特别困难的案件，为减轻当事人的举证负担，有利于权利维护，仅要求较高的盖然性即可。

由于民事诉讼证明标准低于刑事诉讼证明标准，因此在处理民事判决与刑事判决二者之间的关系时应注意以下两个方面：一方面，刑事诉讼中的有罪判决将对民事诉讼产生效力；另一方面，刑事诉讼中的无罪判决对民事诉讼不产生效力，刑事上无罪并不意味着民事上无责任。

二、高度盖然性的证明标准在我国民事诉讼法中的确立

1991 年《民事诉讼法》没有规定民事诉讼的证明标准（实际上甚至至今的《民事诉讼法》仍然没有规定证明标准）。受“客观真实”的证明要求的影响，实践中在证明某一事实的证据无法达到确凿程度，特别是在证据之间相互矛盾的情况下，如何作出判断，经常使很多审判人员感到困惑，甚至出现回避裁判、拒绝裁判的情况。2001 年《民事证据规定》根据民事诉讼的客观规律，在总结审判实践经验的基础上，借鉴了其他国家的有益经验，确立了高度盖然性的证明标准，即 2001 年《民事证据规定》第 73 条第 1 款规定：“双方当事人对同一事实分别举出相反的证据，但都没有足够的依据否定对方证据的，人民法院应当结合案件情况，判断一方提供证据的证明力是否明显大于另一方提供证据的证明力，并对证明力较大的证据予以确认。”第 2 款规定：“因证据的

证明力无法判断导致争议事实难以认定的，人民法院应当依据举证责任分配的规则作出裁判。”该规定解决了我国实践中因证明标准不明确而产生的问题，确立了我国民事诉讼的高度盖然性证明标准。①

所谓高度盖然性证明标准，是将盖然性占优势的认识手段运用于司法领域的民事审判中，在证据对待证事实的证明无法达到确实充分的情况下，如果一方当事人提出的证据已经证明该事实发生具有高度的盖然性，人民法院即可以对该事实予以确认。② 高度盖然性证明标准，是人类长期的社会实践在司法审判上的一种必然产物。它将人类生活经验及统计上的概率，适用于诉讼中待证事实处于真伪不明的情形。在事实真伪不明而当事人又无法举证时，法院认定盖然性高的事实发生，远较认定盖然性低的事实发生，更能接近真实而避免误判。③

法官对案件事实的认识是一种间接的逆向思维，他是在当事人之间的争议发生之后，来了解事实的真相。法官对案件事实的认识受到一定的条件限制：第一，是否能够收集到充分必要的证据，即占有丰富可靠的材料；第二，法官的思维加工过程即去粗存精、去伪存真的过程是否正确、科学。在民事诉讼中，由于诉讼权益的根本对立，双方当事人针对同一事实，往往都是从有利于自己的角度提供证据，对于那些不利于自己的证据尽可能不提供或故意隐瞒；也有可能当事人进行民事活动时留下的可供查阅的文字材料本身就不详尽或有歧义，又缺乏了解情况的证人。这些情况都会给法官决定证据的取舍，进而判断其证明力造成困难。在通过庭审，通过当事人的举证、质证，法官占有的据以作出判断的材料还不是那么丰富或相互矛盾的情况下，使法官的判断尽可能地减少随意性的办法就是针对其思维加工过程规定一些必须遵循的原则。2001 年《民事证据规定》第 73 条第 1 款的规定有两层含义：第一，在双方当事人对同一事实分别举出相反的证据，但都没有足够的依据否定对方的证据的情况下，法官可以借鉴现代自由心证的规则，结合案情情况对双方证据的证明力大小进行自由裁量；第二，比较双方证据证明力大小的结果一旦确定，即采信证明力较大的证据作为认定案件争议事实的依据。④

三、现行的多元证明标准

2022 年《民诉解释》第 108 条第 1 款规定：“对负有举证证明责任的当事人提供的证据，人民法院经审查并结合相关事实，确信待证事实的存在具有高度可能性的，应当认定该事实存在。”第 2 款规定：“对一方当事人为反驳负有举证证明责任的当事人所主张事实而提供的证据，人民法院经审查并结合相关事实，认为待证事实真伪不明的，应

① 李国光主编. 最高人民法院《关于民事诉讼证据的若干规定》的理解与适用. 北京：中国法制出版社，2002：462.

② 最高人民法院民事审判第一庭. 民事诉讼证据司法解释的理解与适用. 北京：中国法制出版社，2002：353.

③ 李国光主编. 最高人民法院《关于民事诉讼证据的若干规定》的理解与适用. 北京：中国法制出版社，2002：463.

④ 最高人民法院民事审判第一庭. 民事诉讼证据司法解释的理解与适用. 北京：中国法制出版社，2002：352-353.

当认定该事实不存在。”第 3 款规定：“法律对于待证事实所应达到的证明标准另有规定的，从其规定。”第 109 条规定：“当事人对欺诈、胁迫、恶意串通事实的证明，以及对口头遗嘱或者赠与事实的证明，人民法院确信该待证事实存在的可能性能够排除合理怀疑的，应当认定该事实存在。”2019 年《民事证据规定》第 86 条第 1 款规定：“当事人对于欺诈、胁迫、恶意串通事实的证明，以及对于口头遗嘱或赠与事实的证明，人民法院确信该待证事实存在的可能性能够排除合理怀疑的，应当认定该事实存在。”第 2 款规定：“与诉讼保全、回避等程序事项有关的事实，人民法院结合当事人的说明及相关证据，认为有关事实存在的可能性较大的，可以认定该事实存在。”根据上述规定，我国现行的民事诉讼证明标准有如下几种。

（一）高度可能性的证明标准

根据 2022 年《民诉解释》第 108 条第 1 款，一般本证的证明标准为“确信待证事实的存在具有高度可能性”。

本证证明活动的目的在于使法官对待证事实的存在与否形成内心确信，这种内心确信应当满足证明评价的最低要求即法定的证明标准。本证需要使法官的内心确信达到高度可能性即高度盖然性的程度才能被视为完成证明责任。

（二）排除合理怀疑的证明标准

2022 年《民诉解释》第 109 条、2019 年《民诉证据规定》第 86 条第 1 款规定，对某些特殊事实的本证，适用排除合理怀疑的证明标准。①

排除合理怀疑的证明标准，即提高的证明标准，其适用对象为对欺诈、胁迫、恶意串通事实的证明，以及对口头遗嘱或赠与事实的证明。

提高对欺诈、胁迫、恶意串通事实的证明标准，反映了实体法相关规定的目的。发生了欺诈、胁迫、恶意串通的行为，就会产生相应的实体法效果，导致现有的法律关系被撤销或为无效，所以从维护法律秩序的稳定性、保障交易安全的民商事立法目的来看，需要对这些事实的证明适用更高标准。此外，基于欺诈、胁迫、恶意串通的事实提起诉讼的，若法官对其真实性形成内心确信则判决撤销已经成立的民事法律行为或是判决其无效，被告可能面临更重的民事责任，所以应当对前述事实提出更高的证明标准。

遗嘱对于家庭的重要性不言自明，而口头遗嘱往往是立遗嘱人在危急情况下口述的，往往没有事后可感知的载体以供确认，其真实性难以确定，所以口头遗嘱事实应当适用更高的证明标准以示慎重。口头赠与事实易于捏造，不可轻易认定；并且即使口头赠与事实未被法官认定，由于赠与这种无偿单务的法律行为不需付出对价，对被赠与人来说损失的仅仅是期待利益和信赖利益，相对于赠与人来说，被赠与人的损失更容易接受。②

（三）可能性较大的证明标准

根据 2019 年《民事证据规定》第 86 条第 2 款规定，对与诉讼保全、回避等程序事

---

① 此外，《最高人民法院关于审理独立保函纠纷案件若干问题的规定》（2020 年修正）第 20 条规定：“人民法院经审理独立保函欺诈纠纷案件，能够排除合理怀疑地认定构成独立保函欺诈，并且不存在本规定第十四条第三款情形的，应当判决开立人终止支付独立保函项下被请求的款项。”

② 邵明，李海尧．我国民事诉讼多元化证明标准的适用．法律适用，2021（11）．

项有关的事实，采可能性较大的证明标准，即降低的证明标准。

2019 年《民事证据规定》第 86 条第 2 款借鉴域外的成熟经验，总结实践中的有益做法，对降低证明标准的事实范围进行了明确，即对与诉讼保全、回避等程序性事项有关的事实，确立了较大可能性的证明标准。

实务中，对当事人主张的与诉讼保全、回避等程序性事项有关的事实认定，人民法院要按照司法解释所确立的低于一般证明标准的标准为依据进行认定，依法保障当事人诉讼权利，推进诉讼程序的进行。与此同时，也要防止当事人滥用权利，推迟诉讼程序进行事件的发生。诉讼中，针对当事人主张的前述事实，人民法院应要求当事人进行说明，并提供相应的证据予以证明。如，当事人提出的回避申请，不论是采书面形式还是口头形式，均要求对需要回避的具体人员、回避的事由、证据及证据线索等进行说明。如当事人仅提出回避申请，并未对需要回避的具体人员、回避的事由、证据及证据线索等进行说明，则应认定该事实不存在。反之，在当事人针对回避申请提供了说明和相关证据后，法院应依法进行审查，而审查的标准，则应根据 2019 年《民事证据规定》第 86 条第 2 款规定所确立的证明标准降低的规定进行认定。①

（四）待证事实真伪不明的证明标准

根据 2022 年《民诉解释》第 108 条第 1 款规定，对反证适用待证事实真伪不明的证明标准。

反证的证明活动，其目的在于动摇法官对本证所形成的内心确信，使其达不到证明评价的最低要求。因此，对于反证而言，其证明的程度要求相比于本证要低，只需要使待证事实陷于真伪不明的状态即可。反证则只需要使本证对待证事实陷于真伪不明，即达到目的。②

（五）法律特别规定的证明标准

2022 年《民诉解释》第 108 条第 3 款规定："法律对于待证事实所应达到的证明标准另有规定的，从其规定。"

多元证明标准为法官在裁判活动中认定案件事实提供了更加科学的指导，也促使当事人竭尽所能提供证据以使法官获得内心确信。

第四节　行政诉讼证明标准

一、外国的行政诉讼证明标准

（一）英美法系国家的行政诉讼证明标准

在英美法系国家中并不存在独立意义上的行政诉讼制度，其实质意义上的行政诉讼

① 最高人民法院民事审判第一庭编著．最高人民法院新民事诉讼证据规定理解与适用：下．北京：人民法院出版社，2020：756.

② 最高人民法院修改后民事诉讼法贯彻实施工作领导小组编著．最高人民法院民事诉讼法司法解释理解与适用：上．北京：人民法院出版社，2015：359.

被称为司法审查（judicial review）。

美国《联邦行政程序法》第706条规定的美国联邦法院进行司法审查的一般标准包括“实质证据标准”，专断、反复无常标准，重新审理标准。这实际上是美国行政诉讼的三个证明标准，其功能在于确定行政主体的行为、裁定和结论合法或不合法和是否撤销。

英国司法审查中证明标准主要有两种：一种是重新审查标准，另一种是“无证据标准”和“错误事实根据标准”[①]。

（二）大陆法系国家的行政诉讼证明标准

德国的行政诉讼制度以严格审查为其主要标志，德国行政法院审查行政机关行政行为的权限范围非常大。德国行政诉讼的一般证明标准被称为“高度盖然性标准”。至于何谓“高度盖然性”，则存在不同的理解。

法国行政诉讼证明标准的特点是对不同类型的行政诉讼适用不同的证明标准。[②]

二、我国的行政诉讼证明标准

我国目前对行政诉讼证明标准的看法不统一，存在一元论和多元论之争，在多元论内部，又存在若干不同的看法。[③] 立法上也无明确规定。

小 结

证明标准，是指负担证明责任的当事人提供证据对案件事实加以证明所应达到的程度。证明标准对于诉讼证明活动具有重要意义，它是诉讼证明活动的方向和准绳，指导着当事人和法官实施正确的诉讼行为。《刑事诉讼法》第55条明确规定我国刑事诉讼证明标准是“证据确实、充分”。我国现行司法解释规定的民事诉讼证明标准是多元的。行政诉讼证明标准尚缺乏统一认识。

思考题

1. 谈谈对《刑事诉讼法》第55条第2款规定的认识。
2. 谈谈对我国民事诉讼多元证明标准的认识。
3. 谈谈对行政诉讼证明标准的认识。

① 范文进. 行政诉讼证明标准研究. 重庆：西南政法大学，2015：53－59.

② 范文进. 行政诉讼证明标准研究. 重庆：西南政法大学，2015：66－70.

③ 徐庭祥. 论建构我国行政诉讼的一般证明标准. 政治与法律，2019（12）；邓楚开. 行政诉讼证明标准再思考. 法治论丛，2010（3）；章剑生. 行政诉讼法修改的基本立场. 广东社会科学，2013（1）；解志勇，崔晓婧. 行政诉讼证明标准研究. 证据科学，2008（4）；高秦伟. 论行政诉讼的证明标准. 证据科学，2008（4）.

第十一章 证据的收集和提供

第一节 证据收集的主体

一、证据收集的含义

证据收集，是指在诉讼活动中，特定国家机关、诉讼当事人、辩护人或代理人，为支持己方的诉讼主张或查明特定的案件事实，通过一定的行为、采取必要的方法发现、采集、固定证据的活动。证据收集是查明案件事实、完成诉讼活动的基础，也是保护当事人合法权益的必要手段。

在刑事诉讼中，侦查机关、公诉机关收集的证据只有达到确实、充分时才能提起公诉；被告人及其辩护人对其提出的被告人有违法阻却事由的抗辩，只有提供了相应的证据才能得到法庭的支持。在民事和行政诉讼中，当事人无论是起诉还是应诉都应当对自己提出的诉讼请求所依据的事实或者反驳对方诉讼请求所依据的事实提供证据证明。为了在诉讼中处于有利地位，使自己的诉讼主张得到法院的支持、案件事实能够得到查实，包括检察机关在内的控辩双方都应当在开庭审理以前进行庭审的准备工作——收集证据。人民法院根据当事人的申请可以帮助当事人调查取证，为了核实证据、查明案情，可以依据职权调查取证。收集证据是举证、质证、认证等庭审活动的基础。

二、证据收集的特点

诉讼中的证据收集具有如下特点：

第一，收集证据的目的是完成诉讼活动。诉讼主体对其提出的诉讼主张需要提供证据加以证明。当事人收集证据的直接目的是证明自己的诉讼主张，以获取人民法院的支持与认可；人民法院自行调取证据的直接目的是查明案件事实；检察机关及公安机关收集证据是为了查明案件事实、追诉犯罪。诉讼主体实施的一切取证行为的最终目的都是完成诉讼活动。

第二，收集证据的主体是公安司法机关、当事人及其辩护人、代理人。收集证据是诉讼主体运用证据证明和认定案件事实的基础。在刑事诉讼中，公安司法机关有责任收集证据、查明案件事实。在民事诉讼中，当事人及其代理人有义务收集和提供证据证明己方的主张；对于当事人及其诉讼代理人因客观原因不能自行收集的证据，或依法律规定应当由人民法院调查收集的证据，人民法院有义务调查收集。在行政诉讼中，作为被告的行政机关有义务提供证据证明争议行政行为的合法性；人民法院则只在必要的情况下收集相关证据。根据《律师法》及刑事、民事以及行政诉讼法的规定，作为辩护人或代理人参加诉讼的律师有权依法收集和提供证据。

第三，收集的客体是与案件事实有关的证据材料。基于收集证据的目的，诉讼主体收集和提供的证据必须与案件事实有一定的关系，存在证明价值。在经过法庭质证和认证之前，取证所获得的“证据”还不具备正式的证据资格，只能被称为证据材料。只有通过法定的确认程序，确认其关联性、真实性和合法性以后，方能作为认定事实的证据。

三、证据收集的主体

诉讼中能够收集证据的主体十分广泛，主要有侦查机关、监察机关、检察机关、诉讼当事人、辩护人、诉讼代理人、审判机关。

（一）侦查机关、监察机关、检察机关

在刑事诉讼中，检察机关代表国家行使公诉权，侦查机关和监察机关为了支持公诉而收集证据。有侦查权的部门包括公安机关、国家安全机关、监狱司法部门、军队保卫部门等，它们负责在普通刑事案件中收集证据、查明案件事实。监察机关负责对所有行使公权力的公职人员进行监督，并对其中涉嫌职务犯罪的行为进行调查和收集证据。为了有效地打击犯罪，维护社会秩序，法律赋予侦查机关、监察机关的取证方法有别于赋予普通诉讼当事人的，具有多样性、强制性的特点，如它们可以采取讯问犯罪嫌疑人，询问证人和被害人，勘查案发现场，提取现场痕迹，搜查和扣押物证、书证，组织辨认等取证方法。

检察机关担负审查起诉职能，为了准备提起公诉，有权要求侦查机关、监察机关提交和补充证据，并为侦查机关、监察机关确立的侦查、调查方向提供相应的指导。必要时，检察机关还可以自行侦查。此外，作为法律监督机关，最高人民检察院对各级人民法院、上级人民检察院对下级人民法院已经发生法律效力的错误民事判决、裁定，按照审判监督程序提出抗诉时，可以调取必要的证据。

我国的侦查机关、监察机关和检察机关负有查明案件真实的义务，《刑事诉讼法》第 52 条第一句规定：“审判人员、检察人员、侦查人员必须依照法定程序，收集能够证实犯罪嫌疑人、被告人有罪或者无罪、犯罪情节轻重的各种证据。”这意味着，在侦查过程中，侦查机关和检察机关发现有证明犯罪嫌疑人无罪、罪轻、可以从轻、减轻处罚的证据材料时也应及时收集。监察机关在办理职务犯罪案件时，也应当同时收集证明被调查人无罪、罪轻，可以从轻、减轻处罚的证据材料。

（二）诉讼当事人

不具备侦查权、监察权的普通诉讼当事人包括刑事诉讼中的犯罪嫌疑人、被告人、被害人，刑事附带民事诉讼当事人，民事和行政诉讼中的双方当事人。刑事诉讼中，犯罪嫌疑人、被告人不承担证明责任，但有权收集证据对检察机关的指控进行抗辩；犯罪嫌疑人、被告人被羁押，取证能力受到限制的，可以委托辩护人收集证据。被害人可以收集证据并向法庭提供，以当事人的身份参加诉讼。刑事附带民事诉讼当事人应当就其

提出的主张收集并提供证据。当被害人因案件死亡时，其夫、妻、父、母、子、女、同胞兄弟姊妹等近亲属可以向人民法院提起刑事附带民事诉讼，要求被告人赔偿因犯罪行为造成的被害人家属的医疗费、丧葬费、被抚养人生活费等经济损失。为了支持自己的诉讼请求，附带民事诉讼原告人应当收集与经济损失有关的证据材料，包括医疗费发票、交通费发票、被抚养人户籍证明等。自诉案件中，自诉人应当针对其提起的自诉要求收集并提供证据。

在民事诉讼中，原、被告双方当事人应当自行收集证据，《民事诉讼法》第 67 条第 1 款规定："当事人对自己提出的主张，有责任提供证据。"当事人收集证据的情况直接影响判决结果，在行使处分权的范围内，当事人有权利和责任收集证据，否则就要承担败诉的风险。当事人应当在合理的期限内积极、主动、仔细、全面地收集证据。当事人收集证据的方式和手段具有开放性、广泛性，以不侵犯他人的合法权益或者违反法律的强制性规定为限，人民法院和全社会应当对当事人的取证行为给予必要保障和支持。

在行政诉讼中，原告必须收集符合起诉条件的相应证据材料；行政赔偿诉讼中，原告还应当收集能够证明被诉具体行政行为造成损害事实的证据材料。被告则应当收集证明被诉具体行政行为合法合理的证据材料，但被告的取证权在诉讼中受到一定限制，如不得自行向原告和证人收集证据，不得在具体行政行为作出后或者诉讼程序中自行收集证据。因此被告的证据收集实际上是对被告作出具体行政行为所依据的证据材料进行归纳和整理的过程。

（三）辩护人、诉讼代理人

基于当事人的授权，辩护人和诉讼代理人可以协助当事人收集证据。根据《律师法》的规定，有律师资格的辩护人或代理人可以自行调取证据，凭律师执业证书和律师事务所证明，向有关单位或者个人调查与承办法律事务有关的情况。《民事诉讼法》第 64 条第一句规定："代理诉讼的律师和其他诉讼代理人有权调查收集证据，可以查阅本案有关材料。"《行政诉讼法》第 32 条规定："代理诉讼的律师，有权按照规定查阅、复制本案有关材料，有权向有关组织和公民调查，收集与本案有关的证据。对涉及国家秘密、商业秘密和个人隐私的材料，应当依照法律规定保密。当事人和其他诉讼代理人有权按照规定查阅、复制本案庭审材料，但涉及国家秘密、商业秘密和个人隐私的内容除外。"

在刑事诉讼中，犯罪嫌疑人、被告人的人身自由受到不同程度的限制，特别是审前受到羁押的犯罪嫌疑人、被告人的收集证据的权利需要靠其辩护人来实现，其不足的取证能力必须靠辩护人来弥补。辩护人收集证据的方式包括：查阅、摘抄、复制本案的案卷材料；经证人或者其他有关单位和个人同意，直接向他们收集与本案有关的材料；申请人民检察院、人民法院收集、调取相关证据，或者申请人民法院通知证人出庭作证。辩护人认为在侦查、审查起诉期间公安机关、人民检察院收集的证明犯罪嫌疑人、被告人无罪或者罪轻的证据材料未提交的，有权申请人民检察院、人民法院调取。相对于民事、行政诉讼中的代理律师，刑事辩护律师有较强的独立性，可以单独决定调查取证的方向和手段。由于刑事诉讼将决定被告人的自由甚至生命，刑事辩护律师应当本着实事求是的态度，凭借自身法律专业知识，独立思考，缜密取证：一方面，要积极前往人民检察院、人民法院查阅、摘抄、复制涉及指控的证据材料，发现证据材料中的瑕疵和矛盾，提炼出有利于犯罪嫌疑人和被告人的证据材料；另一方面，要主动收集侦查机关未涉及的有利于犯罪嫌疑人、被告人的证据材料。

（四）审判机关

由于诉讼模式和价值观的差异，各国对于法院是否具有调查取证权的规定各不相同。在英美法系国家，受当事人主义诉讼模式影响，证据由当事人收集，法官只负责居中裁判，不得主动调查取证。在大陆法系国家，法官普遍被授予调查取证权，在一些国家，法官甚至享有同警察一样的调查权。我国受大陆法系传统影响较大，1979 年《刑事诉讼法》规定，人民法院发现人民检察院提起公诉的案件证据不足时，可以自行主动收集证据。在该法修订时，立法者吸收了当事人主义的合理因素，虽然保留了人民法院依照法定程序收集证据的权力，但对人民法院收集证据的目的和方向作出了限制，即只有在对控辩双方提交的证据材料存在疑问时才可以进行调查核实，取证的目的仅在于审核控辩双方证据材料的真实性。

在民事诉讼中，人民法院的取证权范围相对广泛，《民事诉讼法》第 67 条第 2 款规定："当事人及其诉讼代理人因客观原因不能自行收集的证据，或者人民法院认为审理案件需要的证据，人民法院应当调查收集。"根据该款的规定，人民法院调查取证的情形有两种：一是依当事人的申请调取证据。民事诉讼法在鼓励当事人平等对抗的同时，也考虑了公平、公正的实体价值，故为了追求案件真实，人民法院必须帮助取证有困难的一方当事人，弥补其取证能力的不足。根据 2022 年《民诉解释》第 94 条第 1 款的规定，"当事人及其诉讼代理人因客观原因不能自行收集的证据"包括：（1）证据由国家有关部门保存，当事人及其诉讼代理人无权查阅调取的；（2）涉及国家秘密、商业秘密或者个人隐私的；（3）当事人及其诉讼代理人因客观原因不能自行收集的其他证据。当事人及其诉讼代理人申请人民法院调取证据的时间一般为举证期限届满前，应当以书面形式提交申请，载明被调查人的姓名或者单位名称、住所地等基本情况，所要调查收集的证据的内容，需要调查收集证据的原因及其要证明的事实。二是在一定的情形下依职权主动取证。2022 年《民诉解释》第 96 条将"认为审理案件需要的"解释为如下几种情形：（1）涉及可能损害国家利益、社会公共利益的；（2）涉及身份关系的；（3）涉及《民事诉讼法》第 58 条规定诉讼的；（4）当事人有恶意串通损害他人合法权益可能的；（5）涉及依职权追加当事人、中止诉讼、终结诉讼、回避等程序性事项的。

在行政诉讼中，人民法院有权要求当事人提供或者补充证据，有权向有关行政机关以及其他组织、公民调取证据。下列情况下，原告或者第三人不能自行收集的，可以申请人民法院调取：（1）证据由国家机关保存而须由人民法院调取的；（2）证据涉及国家秘密、商业秘密和个人隐私的；（3）其他证据确因客观原因不能自行收集的。

第二节　收集证据的原则与方法

一、收集证据的原则

收集证据是重要的诉讼活动，是正确认定案件事实的基础，是合理处理案件的前提。收集证据的工作成效直接影响到案件质量，故收集证据应当遵循以下原则。

（一）合法真实

形式合法和程序合法是收集证据的基本要求，非法证据材料不能作为定案依据。我国刑事诉讼法、民事诉讼法、行政诉讼法不仅对收集证据的法定程序作出了明确规定，甚至对证据收集的具体方式也作出了规定。制定这些规则的目的是确保证据收集和提供主体能够客观、诚实地收集和提供证据，防止可能出现的偏差和错误。《刑事诉讼法》第56条第1款规定，采用刑讯逼供等非法方法收集的犯罪嫌疑人、被告人供述和采用暴力、威胁等非法方法收集的证人证言、被害人陈述，应当予以排除。收集物证、书证不符合法定程序，可能严重影响司法公正的，应当予以补正或者作出合理解释；不能补正或者作出合理解释的，对该证据应当予以排除。在民事诉讼中，对收集证据合法性的要求相对较低，但2022年《民诉解释》第106条也规定："对以严重侵害他人合法权益、违反法律禁止性规定或者严重违背公序良俗的方法形成或者获取的证据，不得作为认定案件事实的根据。"在行政诉讼中，《行政诉讼法》第43条第3款规定，以非法手段取得的证据，不得作为认定案件事实的根据。对于何谓"以非法手段取得的证据"，2018《行诉解释》第43条的解释是，有下列情形之一的，属于行政诉讼法"以非法手段取得的证据"：（1）严重违反法定程序收集的证据材料；（2）以违反法律强制性规定的手段获取且侵害他人合法权益的证据材料；（3）以利诱、欺诈、胁迫、暴力等手段获取的证据材料。另外，行政诉讼禁止被告及代理人越权调取事后证据证明具体行政行为的合法性，规避应对其违法行为所承担的法律责任。

收集证据要尊重事物的客观面貌，坚持唯物主义认识论，严禁伪造、变造证据，弄虚作假。收集证据一般要提取原件、原物，当事人无正当理由拒不提供原件、原物，又无其他证据印证，且对方当事人不予认可的证据的复制件或者复制品不能作为定案证据；经过技术处理而无法辨明真伪的证据材料不能作为定案证据；不能正确表达意志的证人提供的证言也不能作为定案证据。

（二）及时迅速

世界是运动的，证据材料也不可能永恒不变。随着时间的推移，当事人和证人的记忆会逐渐模糊，物证和书证的状态可能发生自然的和人为的改变，甚至因为意外事件而毁灭。现场监控录像、手机通信记录都有一定的保存期限，逾期没有调取，可能会被销毁、覆盖。犯罪人为了掩盖罪行，抗拒抓捕，可能会毁灭现场，转移、隐匿、变造证据。因此，调查取证必须及时迅速，证据材料取得的时间越早就会越真实，证明力也会越强。当事人因取证能力的限制不能及时取证的，可以向司法机关提出申请。

（三）全面细致

收集证据要坚持严谨的工作作风，应该客观、全面收集证据，不得主观臆断、片面取证，也不得指名问证、捏造证据。既要收集证明犯罪嫌疑人有罪、罪重的证据，也要收集证明犯罪嫌疑人无罪、罪轻，可从轻、减轻处罚的证据材料。不轻易放过任何证据线索，关注证据材料之间的联系，力争从细枝末节的材料中发现重要的证据材料。在科学技术飞速发展的今天，要注意运用现代化科学技术侦查手段。

（四）严格保密

当收集的证据材料涉及国家秘密时，司法机关以及诉讼当事人都应当保守秘密。国家秘密是关系国家的安全和利益，依照法定程序确定，在一定时间内只限一定范围的人员知悉的事项，一般分为绝密、机密、秘密三级。2024年《保守国家秘密法》第5条第2款规定："一切国家机关和武装力量、各政党和各人民团体、企业事业组织和其他社会组织以及公民都有保密的义务。"第13条第6项规定，维护国家安全活动和追查刑事犯罪中的秘密事项，泄露后可能损害国家在政治、经济、国防、外交等领域的安全和利益的，应当确定为国家秘密。诉讼中的各国家机关及当事人均有义务保守国家秘密。此外，当证据材料涉及他人商业秘密和个人隐私时，司法机关、当事人和辩护人、诉讼代理人也应当保守秘密。

二、收集证据的方法

收集证据是指以一定的方法提取证据。不同种类的证据，收集证据的方法往往亦不相同。如对证人证言一般采取询问并制作笔录或录音录像的方式；对于物证，则根据证物的不同形式采取封存、勘验并制作笔录、拍照、摄像。另外，不同取证主体，能采取的证据收集方法也不同。

（一）提取原物、原件

提取与案件相关的物品、文书、数据信息，是获取物证、书证、电子证据、视听资料等证据材料的重要方法。提取证据材料应当尽可能提取原物，因为通常情况下原物只要保存得当，提取、固定及时，往往比经过复制、传递、转换的证据材料更真实可靠。2021年《刑诉解释》第83、84条中规定，据以定案的物证、书证应当是原物、原件。第108条中规定：对视听资料的审查，应当审查该视听资料是否为原件，有无复制件及复制人数。第110条中规定，对电子数据的审查，应当审查是否移送原始存储介质，在原始存储介质无法封存、不便移动时，有无说明原因，并注明收集、提取过程及原始存储介质的存放地点或者电子数据的来源等情况。这些规定都强调了对这些证据的收集应当首先提取原物、原件。

（二）讯问

讯问是公安、司法机关要求犯罪嫌疑人、被告人如实供述自己的犯罪事实，获取犯罪嫌疑人、被告人供述的证据收集方法。讯问具有强制性，只能由公安、司法机关进行，也只适用于刑事诉讼中的犯罪嫌疑人和被告人。公安、司法机关讯问时必须进行记录，这是公安、司法机关收集犯罪嫌疑人、被告人供述和辩解的重要手段。

(1) 侦查讯问。对于刑事案件在立案侦查以前，侦查机关可以对可疑的人进行盘问和询问，但不得进行讯问。在立案侦查以后，侦查人员可以对犯罪嫌疑人进行强制性讯问。侦查人员讯问时应当将问话和犯罪嫌疑人的供述或者辩解如实记录。讯问犯罪嫌疑人时，犯罪嫌疑人可以自行书写供述，也可以按照法律的规定和案情需要进行同步录音、录像，保证犯罪嫌疑人供述和辩解的合法性。

(2) 审查讯问。检察机关在对案件审查起诉时必须对犯罪嫌疑人进行讯问。审查起诉中讯问犯罪嫌疑人的程序和要求与侦查讯问基本相同。检察机关审查讯问的重点是对侦查讯问笔录中出现的疑点和矛盾进行审查和核实，对侦查机关遗漏的、可能影响定罪量刑的案件事实进行补充讯问。

（三）询问

询问是公安、司法机关向证人、当事人，诉讼当事人向证人、对方当事人了解案件事实，获取证人证言、当事人陈述的取证方式。

民事、行政和刑事自诉案件中的询问。在民事、行政和刑事自诉案件中，询问当事人和证人是收集证据的最主要的方式之一。当事人是事件的亲历者，证人是双方纠纷的见证者，当事人陈述和证人证言是认定案件的基本证据。在多数案件中，当事人陈述和证人证言一般是直接在法庭上通过当事人相互询问、审判人员讯问当事人和证人、当事人询问证人而形成，当事人陈述、证人证言的取证和举证过程是竞合的。

刑事诉讼中的询问。查证属实的证人证言和被害人陈述在刑事诉讼中往往也具有较高的证据价值。为确保证人证言、被害人陈述的真实性，询问开始后，侦查人员应当告知证人、被害人必须如实地提供证据、证言以及有意作伪证或者隐匿罪证应负的法律责任。询问证人、被害人不得采用威胁、引诱、欺骗等非法方法。询问过程必须进行记录，询问笔录应当交给证人、被害人核对后签字，证人、被害人可以自行书写证言和陈述。

（四）勘验、检查

勘验、检查是侦查人员对与犯罪有关的场所、物品、人身、尸体进行勘查或者检验，利用技术手段，及时提取与案件有关的痕迹、物证的一种重要取证方式。勘验的对象是现场、物品和尸体，检查的对象是人的身体。根据对象的不同，勘验、检查分为现场勘查、物品检验、尸体检验、人体检查。勘验、检查的目的是提取痕迹、物证。勘验、检查由侦查人员进行，必要的时候，可以指派技术人员或者聘请其他具有专门知识的人，在侦查人员的主持下进行。案发现场是证据和线索的重要来源，在案发现场，提取犯罪嫌疑人和被害人遗留下的手印、足印、血迹等体液、人体组织、物品，记录提取的位置，是重要的固定和收集证据的方法。提取位置对案件的定罪有重要作用，如在入室盗窃案中，侦查机关从窗户下方的墙壁上提取的手印能证明犯罪嫌疑人以非正常的方式进入房间，但从房门把手上提取的手印则只能证明犯罪嫌疑人曾进入过房间。对现场提取的体液、人体组织进行鉴定往往能确定犯罪嫌疑人和被害人的身份。

勘验、检查一般应当邀请两名与案件无关的见证人在场。对重大、特别重大案件的现场勘验应当录像。为了确定被害人、犯罪嫌疑人的某些特征、伤害情况或者生理状态，可以对人身进行检查。检查妇女的身体，应当由女侦查人员或者医师进行，检查的情况应当制作笔录，由参加检查的侦查人员、检查人员和见证人签名或者盖章。

在民事诉讼中，人民法院有权勘验物证或者现场，勘验应当制作笔录，记录勘验的时间、地点、勘验人、在场人、勘验的经过、结果，并由勘验人、在场人签名或者盖章。对于绘制的现场图，应当注明绘制的时间、方位、测绘人姓名、身份等内容。

（五）侦查实验

侦查实验，是侦查机关为了查清案情借助一定的科技手段和物质条件对犯罪过程进行复制和模拟的一种方式。侦查实验的目的是对已经取得的证据材料的真伪进行甄别，对证据材料之间的矛盾进行分析。通常情况下，侦查实验的任务是确定某种事件是否可能发生，如某种条件下能否听到、看到，一定时间内能否完成某一行为，特定条件下是否能发生某种现象，某种行为与某种痕迹是否吻合，等等。在不涉及国家机密、商业秘密和个人隐私的情况下，侦查实验应当尽量邀请见证人在场。一切足以造成危险、侮辱人格或者有伤风化的侦查实验均被禁止。对侦查实验的经过和结果，应当制作侦查实验笔录，并由参加实验的侦查人员签名或者盖章。

侦查实验笔录是侦查实验获取的证据材料，是具备丰富侦查经验的专家对案情细节作出的基于科学实验的专业分析，与英美法系中的专家证言有类似之处。由于不是“第一手资料”，侦查实验笔录应当结合其他证据才能认定案件事实。

（六）调取、搜查、扣押

调取是公安司法人员依法向有关单位和个人调查并获取能够证实犯罪嫌疑人有罪或者无罪证据材料的一种取证活动。侦查机关调取书证、视听资料应当调取原件，取得原件确有困难或者因保密需要不能调取原件的，可以调取副本或者复制件。调取物证应当调取原物，原物不便搬运、保存，或者依法应当返还被害人，或者因保密工作需要不能调取原物的，可以将原物拍照、录像。调取书证、视听资料的副本、复制件和物证的照片、录像的，应当附有不能调取原件、原物的原因、制作过程和原件、原物存放地点的说明，并由制作人员和原书证、物证、视听资料持有人签名或者盖章。调取的证据材料涉及国家秘密、商业秘密和个人隐私的，应当严格保守秘密。

搜查是侦查人员为了收集犯罪证据而对犯罪嫌疑人以及可能隐藏罪犯或者犯罪证据的人的身体、物品、住处和其他有关的地方进行搜索和检查的取证方法。搜查一般由侦查人员进行，必要时可邀请有关单位协助。如果遇到阻碍，侦查人员可以强制搜查。搜查是一把双刃剑，实施时可能侵犯嫌疑人的合法权益甚至无辜公民的合法权益，因此应严格按照法律规定的程序进行，将负面影响降至最低。搜查时执行搜查的侦查人员不得少于两人，且必须向被搜查人出示“搜查证”。但当犯罪嫌疑人人身危害性大，或不立即搜查可能丧失取证的最佳时机时，也可以无证搜查。可以无证搜查的情形主要包括：(1) 被搜查人可能随身携带凶器；(2) 可能隐藏爆炸、剧毒等危险物品；(3) 被搜查人可能隐匿、毁弃、转移犯罪证据；(4) 可能隐匿其他犯罪嫌疑人的；(5) 其他突然发生的紧急情况。搜查时应当有被搜查人或者他的家属、邻居或者其他见证人在场。搜查妇女的身体，应当由女侦查人员进行。搜查的情况应当制作搜查笔录，由侦查人员、被搜查人或者家属、邻居或者其他见证人签名或者盖章，如果被搜查人或者他的家属不在现场，或者拒绝签名、盖章的，侦查人员应当在笔录上注明。

扣押是侦查人员对侦查过程中发现的可用以证明犯罪嫌疑人有罪或者无罪的各种财物、文件依法予以强行取得的取证方法。扣押时，执行扣押的侦查人员不得少于两人，并应持有有关法律文书或者侦查人员工作证件，会同在场的见证人和被扣押物品、文件的持有人进行。扣押执行人员应当对扣押的物品和文件查点清楚，当场开列扣押物品、文件清单，由侦查人员、见证人和持有人签名或者盖章。

（七）查询、冻结

查询、冻结是侦查机关对与犯罪有关的存款、汇款进行查询并予以冻结的挽损方式和取证方法。存入银行等金融机构是犯罪嫌疑人处理赃款的主要方式之一，对银行账户进行查询和冻结，既能挽回部分经济损失，又能获取犯罪证据。在一些特殊案件中，如网络赌博、毒品交易等，犯罪嫌疑人会将大额赌资和毒资存入银行或者通过银行进行资金流转，毒资、赌资的数量和流转情况是认定犯罪嫌疑人犯罪的重要证据之一，又如贪污、受贿、巨额财产来源不明等职务犯罪中，侦查机关冻结的银行存款数额是量刑的主要依据。查询、冻结犯罪嫌疑人的存款、汇款，应制作查询存款、汇款通知书或冻结存款、汇款通知书，通知银行或者其他金融机构、邮电部门执行。冻结的存款、汇款经查明确实与案件无关的，应当在 3 日以内通知原银行、其他金融机构、邮电部门解除冻结，并通知被冻结存款、汇款的所有人。根据 2020 年《刑事案件程序规定》第 243 条的规定，冻结存款的期限为 6 个月，每次续冻期限最长不超过 6 个月。

（八）鉴定

鉴定是司法机关或民事、行政诉讼当事人为了解决案件中某些专门性问题，指派、聘请具有专门的知识和技能且具备鉴定资格的人员进行鉴别和判断并提出相应意见，以印证或证明某种事实的活动。鉴定意见这种与专业知识和科学技术相关的证据来源于鉴定活动。

刑事诉讼中的鉴定主要包括刑事技术鉴定、人身伤害的医学鉴定、精神病的医学鉴定、扣押物品的价格鉴定、文物鉴定、珍稀动植物及其制品鉴定、违禁品和危险品鉴定、电子数据鉴定等。刑事鉴定可以由公安机关和检察机关刑事技术部门具有鉴定资格的专职人员负责进行，也可以委托有资质的鉴定机构进行，必要时可以聘请有专门知识的人参与。侦查机关委托鉴定机构进行鉴定的，应当为鉴定人进行鉴定提供必要的条件，及时向鉴定人送交有关检材和对比样本等原始材料，但是不得暗示或者强迫鉴定人作出某种鉴定意见。

民事诉讼中的鉴定主要包括人体伤残鉴定、文书鉴定、医学鉴定、工程质量鉴定、产品质量鉴定、会计鉴定等。鉴定一般由当事人在举证期限内提出申请。由于对需要鉴定的事项负有举证责任的当事人的原因，致使对案件争议的事实无法通过鉴定意见予以认定的，该当事人应当承担举证不能的法律后果。当事人鉴定申请经人民法院同意后，由双方当事人协商确定有鉴定资格的鉴定机构、鉴定人员，协商不成的，由人民法院指定。鉴定人员应当在不受双方当事人影响的情况下独立完成鉴定并制作鉴定文书，并由两名以上具有鉴定资格的鉴定人签名或者盖章，鉴定机关或医院还要加盖公章。

（九）辨认、指认

辨认是被害人、犯罪嫌疑人或者证人在侦查机关的组织下辨识和指出与犯罪有关的物品、文件、尸体、场所或者犯罪嫌疑人的活动。对辨认活动所作的记录是辨认笔录，是一种法定的证据种类。辨认主体是被害人、犯罪嫌疑人或者证人。为确保辨认活动真实有效和辨认笔录的证明效力，组织辨认前，侦查人员应避免辨认人见到辨认对象，并告知辨认人有意作假辨认应负的法律责任。辨认时，主持人员不得给辨认人任何暗示；几名辨认人对同一辨认对象进行辨认的，应当个别进行，以避免相互干扰和影响。辨认人不愿意公开进行时，可以在不暴露辨认人的情况下进行，侦查人员应当为其保守秘密。辨认笔录应当由侦查人员签名，辨认人、见证人签字或者盖章。

指认一般指现场指认，即在侦查机关的主持下，犯罪嫌疑人（被告人）、被害人、证人直接指出发案、藏匿、销赃等场所。指认能帮助侦查机关确定现场，进行现场勘验、检查，调取有价值的证据材料，指认形成的指认照片和指认笔录能用于证明案件现场的基本情况，或帮助排除证据之间的矛盾。指认过程中，侦查机关应当对指认现场进行拍照和录像，可同时制作指认笔录，照片和笔录都应当由侦查人员签名，指认人、见证人签字或者盖章。多人进行指认的，应分别进行。

（十）复制、摘录、录音、录像

复制、摘录是民事、行政诉讼中常用的证据收集方法。复制是运用一定的方式和设备，将不易移动或者难以保存的物质资料仿制下来，复制可以采取复印、抄写、翻拍、转录的方法进行。摘录是指有关单位制作的与案件事实相关的文件、材料由于不能整体调取，而对其中关键部分进行摘抄、引用。摘录应当注明出处，并加盖制作单位或者保管单位的印章，摘录人和其他调查人员应当在摘录件上签名或者盖章。摘录文件、材料应当保持内容相应的完整性，不得断章取义。录音、录像是用摄像、摄影的仪器和设备对案件事实经过进行录音、录像，录音、录像获取的视听资料能够直观地反映案件事实，在诉讼活动中是重要的证据材料。录音、录像应注意对象和方法，尤其是进行隐蔽拍摄需要特别慎重。在民事案件中，当事人对公民进行录音、录像一般应当经过对方的同意和认可，不得强行拍摄，侵犯他人的肖像权和隐私权。在刑事案件中，侦查机关采用秘拍秘录取证必须经过合法途径。

第三节　证据的提供

一、当事人举证

（一）当事人举证概述

举证是重要的诉讼活动，当事人提供证据对诉讼具有重要意义：

第一，为确定案件事实提供依据。举证是确定案件事实的关键步骤，通过当事人举证，可以确定案件中发生的事实，为案件的审理提供依据。

第二，为实现实体与程序正义提供基础。准确认定案件事实是实现实体正义的前提，举证是揭示案件事实真相的重要保障。从权利保障角度看，举证是当事人参与诉讼的重要权利，是当事人证明自己主张、现实合法诉求的重要方法，故举证权利的实现也是诉讼程序正义的内容之一。从程序的公正性看，举证是法定程序中不可或缺的一部分，它确保法律能够按照既定程序得到正确执行。

第三，为提高诉讼效率提供路径。举证应当依法进行，而严格依法进行的举证活动可以减少诉讼过程中的不确定性，进而提高诉讼效率。

当事人举证具有如下特点：一是举证的义务和责任主体明确。在民事诉讼中，举证义务的分配原则一般是“谁主张，谁举证”，即当事人需要对自己所主张的事实提供证据，否则其主张可能无法得到司法机关的支持。在刑事诉讼中，公诉案件中举证责任一般由公诉人承担；自诉案件中举证责任一般由自诉人承担。犯罪嫌疑人、被告人举证则应当被视为一种权利，即他们为积极维护自身的合法权益，有向公安司法机关提供证据的权利。二是举证有时限要求。举证应当及时，民事诉讼和行政诉讼中，法律均明确要求当事人应当在人民法院指定或当事人约定的举证期限内提交证据材料。这有助于确保诉讼的顺利进行，提高诉讼效率。

（二）当事人举证时限

举证时限也称举证期限，是指当事人向法院提供证据的期限，除了法定例外情形，当事人逾期举证要承担不利后果的一项证据制度。举证期限包括两层含义：一是举证期间，即法院根据当事人的主张和案件审理情况或当事人的协商确定一定的期限举证，在该期限内，当事人应向法院提交证明自己诉讼主张的证据；二是法律后果，当事人逾期举证时应承担相应的不利后果。举证制度经历了从证据法定顺序主义向证据随时提出主义，再向证据适时提出主义逐步发展的过程。证据法定顺序主义，是指当事人的举证活动必须依照法律规定的顺序进行，凡不依照法律规定的顺序提出的证据，不产生法律效力。法定顺序主义的优点是能使程序有序，并能预防证据偷袭，但缺点也十分明显，即当事人为避免失权效果的发生，往往会提出不必要的预备性的主张、抗辩，以及相关的证据，导致诉讼拖延。证据随时提出主义，又称为证据自由顺序主义，是指对当事人的诉讼行为不设任何顺序限制，在言词辩论终结前当事人可以随时主张事实并提出证据。证据随时提出主义的优点是诉讼的进程既集中紧凑，这对激活诉讼的氛围是有意义的，当事人可以随时提交诉讼资料，也有利于发现案件真实；缺点是降低了诉讼效率，并可能使当事人轻视一审，或将证据突袭作为诉讼策略，从而影响程序公正。证据适时提出主义是指设立举证期限，使当事人无正当理由不在设定的举证期限提出的证据发生失权后果。

关于我国举证期限制度的主要内容本教材第九章“举证与证明责任”已作介绍，在此不再赘述。该制度对于民事、行政诉讼具有重要价值：

（1）促进程序公正的实现。举证期限制度为双方当事人创设了平等提供证据的机会。举证期限可起到督促双方当事人在预定的期限内提出证据的作用，从而使一方当事人有机会根据另一方当事人提出的主张和证据进行充分、有效的准备，防止一方在庭审中因受到突然袭击而处于不利境地。这是平等诉讼的基本含义。

（2）促进诉讼效率的提高。举证期限制度提高诉讼效率的功能表现在：其一，通过设定举证期限和规定逾期举证可能产生的后果，督促当事人及时收集和提供证据，从而提高证据收集和提供的效率；其二，通过有效率的举证，避免不必要的程序回转甚至倒流，提高开庭效率，从而提高诉讼效率。

（3）有利于诉讼制度的完善。举证期限制度能促进举证责任制度的落实。强调负有举证责任的当事人如期举证，是举证责任制度构建的逻辑起点，因此，举证期限制度的建立和健全对于逐步落实举证责任制度具有重要意义。此外，举证期限制度有助于促进审限制度的落实。举证期限以不在既定的时间内举证即可能导致证据失权或接受处罚等后果的方式督促当事人如期提供证据，由此能有效地减少举证延迟和举证懈怠现象，促使当事人及时、认真地收集和提供证据，从而避免不必要的程序倒流和程序延误，有利于促进审限制度的落实。

（三）新的证据

从制度层面看，“新的证据”是举证期限制度的补充和延续，它降低了举证期限制度的苛度，赋予逾期举证惩戒以正当性。由于我国刑事诉讼实行证据随时提出主义，即普通程序中，当事人对于新发现的或新产生的证据可以随时提供，因此我国刑事诉讼中不存在证据失权例外意义上的“新的证据”制度。

1. 民事诉讼中“新的证据”

2001 年《民事证据规定》出台之前，刑事诉讼、民事诉讼、行政诉讼中的“新的证据”的含义基本上一致，主要指控辩双方或当事人未曾向法庭提交过的、对案件事实认定和裁判作出有重要影响的证据材料。2001 年《民事证据规定》首先确立了举证期限制度，“新的证据”作为证据失权的例外，在民事诉讼中有了特定的内涵。2007 年《民事诉讼法》将这一制度纳入，此后 2012 年至 2023 年《民事诉讼法》四次修正均规定了这一制度，只是内容有所不同。

（1）民事诉讼中“新的证据”的概念。

“新的证据”在民事诉讼中是指举证期限届满前或原审开庭审理庭审结束前，非因当事人的主观原因，或虽当事人有主观过错但该证据与案件基本事实有关，而没有向人民法院提供，未经质证或人民法院认证，对案件事实的认定和案件的裁判结果具有一定影响的事实材料或证据材料。除了具有证据的一般属性，“新的证据”还具有如下特点：

第一，内容具有崭新性，即“新的证据”是在举证期限内当事人未能出示，庭审中未经质证和未经法庭认证的事实材料或证据材料。这种崭新性还表现在，由于它的出现，原审的认定事实或裁判结果可能是错误的。

第二，形成时间具有限制性。尽管“新的证据”的提出相对于其他证据已为延迟，但其形成必须是在案件所涉及的纠纷发生之前或者纠纷发生之时。原审庭审结束后重新作出的能够推翻原结论的鉴定、勘验，尽管是原审庭审结束后作出的，但其鉴定、勘验所依据的基础事实仍然发生在纠纷发生之前或之时，因而也应当认为是在案件所涉及的纠纷发生之前或者纠纷发生之时正在形成或者已经客观存在。

第三，对案件事实的认定和裁判结果的影响具有实质性。“新的证据”之所以能作为一种正常举证程序的例外而突破举证期限，是因为其对案件事实的认定有重要影响，缺乏这些证据将对当事人的实质利益构成损害。“新的证据”的这种影响对案件事实的认定具有一定的主导性，而非辅助性。[①]

第四，延迟提供证据具有可谅解性或采纳逾期证据具有正当性。“新的证据”是当事人在法定期限或法院指定期限或约定期限之内未能出示的证据。“新的证据”之所以被接受，原因有三个：一是客观原因导致提供证据方未在举证期内举证，如举证期届满后证据才被发现；二是该证据对于准确认定案件事实或正确作出裁决具有重要意义；三是当事人可能因延迟提交该证据而受到处罚。

---

① 韦经建，李广军. 论我国民事诉讼中“新的证据”. 当代法学，2006（5）.

（2）民事诉讼中“新的证据”制度的功能。

“新的证据”制度作为民事证据制度的一个重要内容，其功能可以被概括为两个方面：一是修正举证期限制度过于偏向效率的一面，确保民事诉讼制度能更好地发现真实、实现公正。二是通过对各个程序中“新的证据”认定条件的限定，使民事诉讼中各种效率保障制度得到落实，以确保民事诉讼程序有效率进行。

在一审程序中，“新的证据”是举证期限的例外。举证期限制度的核心价值是实现效率，“新的证据”的存在赋予法官自由裁量权，法官可基于该证据与案件基本事实的相关性而决定是否采纳。这是对举证期限制度的一种调整和补充。另外，立法明确界定了“新的证据”的认定标准，也能防止实务中当事人随意提出“新的证据”而影响诉讼进程，从而影响诉讼效率。

在二审程序中，明确“新的证据”认定标准，一方面可对“新的证据”的提出加以限制，督促当事人尽量在举证期限内提供证据，可以避免一方当事人随意地提出“新的证据”，进而对另一方当事人造成不公。另一方面，在二审中允许“新的证据”的提出，对于防止终审错判，避免再审的启动，整体上提高诉讼效率有积极意义。

在再审程序中，“新的证据”的认定条件严于一、二审程序中，这是因为再审程序涉及对终审判决既判力的破坏，需要更为审慎。设定更为严格的认定“新的证据”的标准，有助于维护原审裁判的权威，保持司法裁判的稳定性，从而实现法的秩序价值。另外，对于原审庭审结束前出现的、能够影响案件基本事实认定的证据，允许在再审中提出并使用，是民事诉讼实现司法公正所要求的。

（3）民事诉讼中“新的证据”的认定标准。

根据《民事诉讼法》和2022年《民诉解释》，“新的证据”的认定标准是：

第一，证据在举证期限或者规定的其他期限内已经客观存在或虽是举证期限届满后产生的，但其产生所依据的纠纷事实在举证期限或者规定的其他期限内已经客观存在。如在人身损害赔偿案件中，有些损害后果往往过了举证期限才显现，相关证据在形式上也是新产生的，但其产生所依据的事实早已客观存在。

第二，当事人对未在举证期限或者司法解释规定的其他期限内提供证据，主观上不存在故意或者重大过失，或者尽管主观上有故意或重大过失，但该证据因与案件基本事实有关而应被采纳。

根据这一标准，一审程序中的“新的证据”包括以下几种：

1）新发现的证据。新发现的证据是指在一审举证期限届满之前便已经存在，但是在一审举证期限届满后才被发现，当事人对迟延发现无故意或者重大过失。新发现的证据又包括两种：一是新产生的证据，即在举证期限届满之前该证据客观上不存在，而在此之后才产生并被发现的；二是新发现的证据，即该证据在举证期限届满之前已经存在，但当事人无法知道其已经出现，直到举证期限届满之后才发现。这两种证据的共同点是，当事人发现的时间是在一审举证期限届满后。

2）当事人因客观原因无法在法定、指定、约定期限内提供，申请延期举证后仍然无法按时提供，但在庭审结束前提交给法院，当事人主观上对此延误无故意或重大过失的证据。具体而言即是，该证据在一审举证期限届满前便已经出现，而且当事人知道该证据已经出现，当事人尽最大努力仍然无法获取，经人民法院准许延长举证期限仍无法提供，直到一审庭审结束前才提交。[①]

3）当事人因主观过错而未能在法定、指定或约定期限内提供，但庭审结束前提交给人民法院，因其与案件基本事实有关，人民法院认为应当采纳的证据。对于此种情形，人民法院应当对当事人进行训诫、罚款。在这种情况下，当事人一方要求另一方赔偿逾期提供证据致使其增加的交通、住宿、就餐、误工、证人出庭作证等必要费用的，人民法院可予支持。

二审程序中的"新的证据"包括以下几种：

1）一审庭审结束后新发现的证据。这类证据包括两种：一是一审庭审结束前就已经存在，但在一审庭审结束后才被发现，且当事人对延迟发现主观上无故意或重大过失，二审才提出的证据；二是一审庭审结束之后才产生的证据。一审庭审结束是判断该证据是否属于二审程序中的"新的证据"的时间界限：一审庭审结束之前发现的，不属于二审中"新的证据"；只有当事人在一审庭审结束后才发现的证据，才属于二审中"新的证据"。

2）当事人在一审举证期限届满前申请人民法院调查取证未获准许，二审法院经审查认为应当准许并依当事人申请调取的证据。从程序上说，这种证据成为"新的证据"必然经历如下步骤：当事人在一审举证期限届满前已经按规定申请人民法院调查取证，一审法院否定了该申请；二审程序中当事人再次向人民法院提出调查取证的申请，二审法院经审查认为应当准许并调取证据。

再审程序中的"新的证据"包括以下几种：

1）在原审庭审结束前已经存在，因客观原因于庭审结束后才发现的证据。该证据形成于原审庭审结束前，但在原审庭审结束后才被发现，且当事人对此在主观上不存在过错。

2）在原审庭审结束前已经发现，但因客观原因无法取得或者在规定的期限内不能提供的证据。

3）在原审庭审结束后形成，无法据此另行提起诉讼的证据。从理论上说，根据证据裁判原则，裁判只能建立在既有证据的基础上，即原审裁判只能以原审庭审结束前业已存在的证据为依据，原审程序终结后新产生的证据，原则上不应用于启动再审程序，而应另行提起诉讼。这一问题涉及既判力理论中的既判力产生的标准时。裁判生效后，即发生形式上的确定力和实质上的确定力，既判力是指裁判实质上的确定力，即法院作出的终局裁判一旦生效，当事人和法院都应该受该裁判内容的拘束，当事人不得在以后的诉讼中主张与该裁判相反的内容，法院也不得在以后的诉讼中作出与该裁判冲突的裁判。既判力的时间范围又称为既判力的标准时，在德国、日本等大陆法系国家，既判力的标准时被确定在事实审的最后一次言词辩论终结之时。按照既判力的标准时，所有的能在该时刻之前被提起的事实在第二个诉讼中都被排除（因既判力而失权），所有的在此之后对已被确认的法律后果的变更不受既判力的约束。也就是说，如果事实存在于既

① 最高人民法院民事审判第一庭．民事诉讼证据司法解释的理解与适用．北京：中国法制出版社，2002：226.

判力标准时之前，当事人未在既判力标准时之前提出，则在既判力产生后，当事人就不能在新的诉讼中主张这一事实；相反，如果事实是在既判力标准时后发生的，因既判力对这样的事实无约束力，当事人就完全能够在新的诉讼中向法院主张这一事实。因为新产生的证据不受既判力的限制，故在“新的证据”出现后，当事人可以通过提起新的诉讼而不是申请再审的方式来寻求救济。[①] 但当事人以此新产生的证据提起新的诉讼被拒时，该证据可作为“新的证据”在再审程序中提出。

在原审中已经提供，原审人民法院未组织质证且未作为裁判依据的证据，但原审中当事人逾期提供证据，人民法院责令其说明理由，而其拒不说明理由或者理由不成立，人民法院不予采纳的除外。

（4）民事诉讼中“新的证据”的认定程序。

1）提出“新的证据”的时间。

一审程序中提出“新的证据”的时间：一审程序中提供“新的证据”的，应当在法庭辩论结束之前。法庭辩论结束就意味着一审举证和质证环节结束，此后提出的证据未经质证，不能作为定案的依据。

二审程序中提出“新的证据”的时间：在二审程序中提供“新的证据”的，需要开庭审理的，应当在二审开庭前或者开庭审理时；不需要开庭审理的，应当在人民法院指定的期限内。在二审程序中设置提出“新的证据”的时限，一方面要考虑第一审、第二审时间上的衔接，另一方面要考虑当事人申请人民法院调查取证的情形。

在再审程序中，由于“足以推翻原判决、裁定的新的证据”的出现是启动再审的先决条件，因此，在提请再审时，当事人即应提供“新的证据”。

2）说明逾期举证的理由。

《民事诉讼法》第 68 条第 2 款中规定：“当事人逾期提供证据的，人民法院应当责令其说明理由。”2022 年《民诉解释》第 101 条也规定：“当事人逾期提供证据的，人民法院应当责令其说明理由，必要时可以要求其提供相应的证据。”据此，在一方当事人提出“新的证据”之后，人民法院应当责令其说明逾期举证的理由，并依具体情况决定是否要求其提供逾期举证理由正当的证据。

3）对方当事人抗辩。

根据 2022 年《民诉解释》第 101 条第 2 款的规定，当事人逾期提供证据，对方当事人对逾期提供证据未提出异议的，视为未逾期。但对于一方当事人提出“新的证据”而对方当事人提出抗辩的，无论是一审、二审中还是再审中，基于平等保护双方当事人的诉讼权利的考量，人民法院应当通知对方当事人在合理期限内提出意见或者举证。这是人民法院的法定义务，是基于人民法院的诉讼指挥权所设定的。至于合理期限，由法官根据案件的具体情况自由裁量。对“新的证据”提出抗辩或反证，一般通过两种途径：一是对一方当事人提出的“新的证据”进行纯粹的防御，对该证据的形式、内容、证明力等发表意见，否定该“新的证据”的真实性、关联性和合法性；二是自己提出相

① 李浩．民事诉讼法典修改后的“新的证据”：《审监解释》对“新证据”界定的可能意义．中国法学，2009（3）．

反的证据，推翻一方当事人提出的“新的证据”所要证明的事实或者推翻“新的证据”本身。

4）承担相应的责任。

根据《民事诉讼法》、2022 年《民诉解释》的规定，当事人因故意或者重大过失逾期提供证据，但人民法院认为该证据与案件基本事实有关而决定采纳，可对当事人予以训诫、罚款；当事人非因故意或者重大过失逾期提供证据，人民法院在采纳该证据的同时，可对当事人予以训诫。据此，对于提出“新的证据”的一方当事人而言，如果逾期举证是其主观上过错（故意或重大过失）所致，则其应当接受相应的惩罚。

除此之外，根据 2022 年《民诉解释》第 102 条第 3 款，由于其自身原因当事人未能在指定期限内举证，致使案件因“新的证据”提出而被发回重审或者改判，对方当事人请求提出“新的证据”的当事人负担由此增加的交通、住宿、就餐、误工、证人出庭作证等必要费用的，人民法院应予支持。这意味着，主观上对逾期提供证据存在过错的当事人应当对对方当事人所遭受的损失承担赔偿责任。

2. 行政诉讼中“新的证据”

行政诉讼中被告对作出的具体行政行为负有举证责任，这是“先取证、后裁决”这一行政执法原则在行政诉讼中的贯彻，被诉行政机关必须在指定或法定期限内提交据以作出该具体行政行为的全部证据和所依据的规范性文件。因此，《行政诉讼法》及其相关司法解释均无被告提交“新的证据”的规定，但赋予了原告或第三人提交“新的证据”的权利。2018 年《行诉解释》第 34 条规定：被告在作出行政行为时已经收集了证据，但因不可抗力等正当事由不能提供的，可以申请延期提供证据。人民法院准许延期提供的，被告应当在正当事由消除后 15 日内提供证据。逾期提供的，视为被诉行政行为没有相应的证据。而基于正当事由经人民法院同意延期提供的证据，并非证据失权例外意义上的“新的证据”。

根据 2018 年《行诉解释》第 35 条的规定，原告或者第三人应当在开庭审理前或者人民法院指定的交换证据清单之日提供证据；逾期提出的能成为“新的证据”的必要条件是原告或第三人对于逾期提供证据主观上无过错，即提出证据的原告或第三人是基于客观原因不能在正常指定、法定的期限内提供证据。对于其在第一审程序中无正当事由未提供，而在第二审程序中才提供的证据，人民法院不予接纳。这一规定较之几经修订的《民事诉讼法》中“新的证据”的标准要严苛许多。

《行政证据规定》第 52 条规定了“新的证据”的情形，主要包括：(1) 在一审程序中应当准予延期提供而未获准许的证据；(2) 当事人在一审程序中依法申请调取而未获准许或者未取得，人民法院在第二审程序中调取的证据；(3) 原告或者第三人提供的在举证期限届满后发现的证据。

关于“新的证据”的认定程序，2018 年《行诉解释》第 35 条规定了“说明理由”程序，即：逾期提供证据的，人民法院应当责令其说明理由；拒不说明理由或者理由不成立的，视为放弃举证权利。在第二审程序中，对当事人依法提供的“新的证据”，法庭应当进行质证；当事人对第一审认定的证据仍有争议的，法庭也应当进行质证。立法中未规定当事人及第三人提出“新的证据”的时间及其他程序问题，但根据《行政诉讼法》第 101 条关于适用《民事诉讼法》的规定，行政诉讼中“新的证据”的提供时限、对方当事人及第三人抗辩，以及“新的证据”的认定等程序问题，应当适用《民事诉讼法》及其司法解释的相关规定。

二、证据交换

证据交换是原、被告双方互相交换各自持有的能够证明各自诉讼主张及案件事实的证据的活动，是当事人将证明自己主张的证据提供或展示给对方的诉讼活动。我国诉讼中的证据交换最早出现于地方法院的审判实践，是伴随民事审判方式改革出现的。1993 年最高人民法院发布的《第一审经济纠纷案件适用普通程序开庭审理的若干规定》明确规定了证据交换制度，其第 5 条规定：“开庭前，合议庭可以召集双方当事人及其诉讼代理人交换、核对证据，核算帐目。”1998 年《审判方式改革规定》对此作了较大的修改，其第 5 条第 7 款规定：“案情比较复杂、证据材料较多的案件，可以组织当事人交换证据。”2001 年《民事证据规定》第 37 条至第 40 条也规定了证据交换制度与举证时限制度相互关联、相互补充。至此，我国在民事诉讼中已经基本上确立了证据交换制度。《行政证据规定》，将证据交换制度引入行政诉讼中，其在内容上与民事诉讼中的证据交换制度并无差异。

刑事诉讼中，公诉案件中由控方负举证责任，自诉案件中由自诉人负举证责任。在公诉案件中，辩方获取控方掌握的证据的方式是到检察机关阅卷；自诉案件中，对被告方在庭前如何获取自诉人掌握的证据，立法中并未规定，实践中也未采取证据交换的形式。因此，本节所论的证据交换，仅为民事诉讼、行政诉讼中的证据交换制度。

（一）证据交换的概念

证据交换是指在开庭审理之前，在法院有关人员的主持下，双方当事人及其诉讼代理人在指定的时间和指定地点互相交换各自持有的能够证明各自诉讼主张及案件事实的证据的活动。[①] 证据交换实质上是一方当事人用自己已有的证据去交换对方所有的而自己没有的证据。当事人之所以希望进行证据交换，乃是因为他在庭审前想知道对方的证据，只有事先知道了对方的证据，本方才能有充裕的时间补充本方证据，对对方的证据提出有针对性的反驳和质疑的意见，从而在削弱对方证据证明价值的基础上强化本方证据的证明力，以获得胜诉的结果。由此可见，庭前交换证据能够真正体现诉讼对抗性的特点，可以使对方当事人避免遭受证据突袭，且有助于双方当事人突出争议焦点，使诉讼有可预测性，避免庭审过程流于形式，提高诉讼效率。

证据交换具有以下几个特征：第一，进行证据交换的主体是双方当事人或者诉讼代

---

① 关于证据交换的概念，我国学界尚存在不同的观点，各种观点主要的差异是在人民法院组织的证据交换中一方未交换的证据是否在法庭中能够提出。第一种观点认为：“所谓证据交换，是指在人民法院的组织下，当事人之间将各自持有的证据与对方进行交换。”（李国光主编. 最高人民法院《关于民事诉讼证据的若干规定》的理解与适用. 北京：中国法制出版社，2002：285.）该观点只强调了交换活动，未突出后果。第二种观点认为：“证据交换是指人民法院审理民事案件，依当事人申请或者依职权，在开庭前主持双方当事人将各自提供的证据进行交换，否则不得在法庭上提出，也不得作为定案的根据的一种诉讼制度。”（梁书文主编.《关于民事诉讼证据的若干规定》新释解. 2 版. 北京：人民法院出版社，2011：315.）该观点强调了证据交换时不提交的证据原则上不得在法庭上提出。

理人。法官一般不主动参加证据交换，即使参加到证据交换的过程中，法官的地位通常也是中立的，其作用仅仅是排除证据交换过程中出现的程序上的妨碍事由。第二，证据交换是双方当事人之间相互的诉讼行为。证据交换制度要求一方当事人在请求另一方当事人出示证据资料以前，主动出示自己掌握的证据资料。可见，证据交换对当事人而言，既是其诉讼权利也是其诉讼义务。说它是诉讼权利，指的是一方当事人有权要求另一方当事人向本方公开或出示其所有的证据；说它是诉讼义务，指的是一方当事人要求另一方当事人向自己出示证据之前必须首先向对方出示自己的证据，否则对方当事人没有出示自己证据的义务。证据交换制度是当事人诉讼地位平等原则和公平诉讼原则的要求，体现了程序的公正性。第三，进行证据交换的期间通常由法律明确规定。双方举证时间一般被限制在一审程序中的开庭审理前，最迟也不能超过一审辩论终结前，超过这一期限就可能产生证据失权的效果。第四，进行证据交换的范围一般包括所有与案件有关的证据。但为了保护国家利益和社会公共利益，法律还对证据交换的范围作了一些限制性规定。

（二）证据交换的类型①

证据交换可以不同方式进行，进而形成了不同的证据交换类型。

1. 当事人主导型证据交换和法院主导型证据交换

在不同的诉讼模式中，证据交换制度的运行机理和程序方法是不尽一致的。在当事人主义诉讼模式中，证据交换是由当事人依照民事诉讼法的规定自主进行的，法院原则上并不介入。法院只在两种情况下才予以介入：一种情况是双方当事人就证据交换问题发生了争议而无法协商解决，法院介入是根据一方当事人的申请对特定的争议加以解决。另一种情况是在双方当事人交换证据完毕后，法院召集他们举行审前会议以巩固证据交换的成果，将证据交换的结果确定下来，并借此了解和固定争议焦点。这种证据交换的形式被称为“当事人主导型证据交换”。英美法系国家的证据交换大多属于此种类型。与之相对照，大陆法系国家则通常实行“法院主导型证据交换”。比如，德、日等国实行的所谓准备书状的交换，就是通过法院由当事人相互实施的。两种证据交换模式各有利弊：当事人主导型证据交换容易导致当事人对证据交换权的滥用；法院主导型证据交换未必能够确保当事人满意或者获得当事人的信赖，也正因为如此，两种证据交换模式目前出现了相互借鉴和互相接近的趋势。我国民事诉讼法中规定的证据交换为法院主导型。根据《民事诉讼法》第136条第4项和2019年《民事证据规定》第56条、第57条，对需要开庭审理的案件，人民法院可要求当事人交换证据，明确争议焦点，证据交换应当由人民法院组织，人民法院可指定证据交换的时间，当事人协商的证据交换时间也应征得人民法院的同意。证据交换的过程和交换的内容由人民法院记录。

2. 自动型证据交换和被动型证据交换

以证据交换是否根据当事人的要求而实施为标准，可将证据交换分为自动型证据交换和被动型证据交换。所谓自动型证据交换，就是一方当事人主动按照法律的规定向另

① 王国征. 民事证据的提供和收集专题研究. 湘潭：湘潭大学出版社，2013：44－47.

一方当事人交换证据，而无须等待对方当事人提出证据交换的要求。这种证据交换是强制性的或义务性的交换，是任何诉讼中任何当事人都必须进行的。《美国联邦民事诉讼规则》第 26 条所规定的“出示义务”，所指的就是自动型证据交换。被动型证据交换是根据一方当事人的请求而进行的证据交换，比如一方当事人向对方当事人提出出示特定的书证或物证的要求，而另一方当事人根据该要求出示该证据。美国的发现程序就属于被动型证据交换。向第三人收集证据不属于证据交换的范围。一般而言，自动交换是被动交换的前提性步骤，其目的是减少被动交换的次数，缩短被动交换的过程；被动交换则是对自动交换的补充和保障，同时被动交换也为进一步自动交换提供了内容和素材。仅有自动型交换，证据交换制度是残缺不全的，其功能是有限的。

3. 申请型证据交换、裁量型证据交换和法定型证据交换

申请型证据交换尊重当事人的意志，是当事人运用程序选择权的结果，因而其具有合理性和正当性，其缺陷在于实践中当事人很难主动依一方当事人的申请就进行证据交换，缺乏可操作性。裁量型证据交换是将是否进行证据交换的权利交给法官，这有利于避免申请型证据交换所带来的不确定性，但它也会产生法官滥用职权或任意行使职权而不受监督的弊端。所谓法定型证据交换，就是由法律明文规定适用某种诉讼程序的民事案件一律实施证据交换，除非双方当事人合意排除对它的适用。

4. 一次性证据交换和分次性证据交换

证据交换本身即隐含着多次证据交换的意思，或者说，证据交换的多次进行是一个常态，因此在制度设计上必须考虑到这个特点。《美国联邦民事诉讼规则》第 26 条规定，证据交换至少分三次进行：第一次是初次交换，交换的内容是与各方在诉答文书中提出的特定争执事实有关的证据信息。第二次是专家证词的交换。专家证词一般是在当事人初次交换证据后根据需要而形成的，因此在第一次证据交换后，需要进行专家证词的专门性交换。第三次是在庭审前 30 日进行的最后一次交换。这次交换在性质上属于补充性证据交换，也就是当事人准备在庭审中使用的所有证据，如果尚未交换，应当全部交换。这三次交换是法定的最低限度的交换，如果有必要，当事人可以进行更多次数的证据交换。因此，分次性交换是证据交换模式的基本形式。我国 2019 年《民事证据规定》第 58 条规定，当事人收到对方的证据后有反驳证据需要提交的，人民法院应当再次组织证据交换。可见，在我国民事诉讼中，法院可根据证据提出的不同情形，多次组织证据交换。

5. 书面证据交换和口头证据交换

如前所述，证据交换往往是分次或多次进行的，因而它内在地需要程序的简化和灵活。也正是因为这个原因，各国均将证据交换这个必要的审判环节置于审前程序中，而不是像以往那样将其置于庭审中。从逻辑上说，证据交换的方式有两大类别：一类是面对面的证据交换，其在外观上类似于开庭而又区别于开庭；另一类是不见面的证据交换，主要的方式为书面交换，但也不限于书面形式的交换，比如电子形式、视听资料形式、双向视听传输技术手段等，均可被用来实施证据交换。并且，不同的证据需要配以不同的证据交换形式。证据交换的形式越多越好，证据交换的形式越多，就越能发挥证据交换制度的功效。两大法系的通常做法是，经过数次书面形式的交换，最后进行集中

的一次口头交换，安排在庭审前的一段时间内实施。证据交换与开庭审理之间并没有不可逾越的鸿沟，口头的证据交换可以直接转换为开庭审理。[①]

（三）证据交换制度的功能

法院作为案件的裁判者行使诉讼指挥权，居中作出裁判，双方当事人作为案件的直接利害关系人参与诉讼，这是民事诉讼和行政诉讼的基本结构。双方当事人的言词辩论行为不仅在各自实施的全部诉讼行为中居于核心地位，而且是法院裁判的基础。仅就此而论，允许所有的诉讼资料在言词辩论终结前随时进入诉讼，不受诉讼程序进展的限制，是落实辩论原则和处分权原则的必然要求。这是证据随时提出主义的思想基础。但证据随时提出主义不仅会影响法庭充分了解当事人双方提交的诉讼资料，在一定程度上也会阻碍法院充分行使案件审理指挥权，还会妨碍当事人在言词辩论以前对对方当事人占有的诉讼资料的了解，进而无法形成有效的防御和攻击，影响程序公正。此外，当事人还可以玩弄诉讼技巧、进行诉讼偷袭，使开庭审理无法集中、连续地进行，造成诉讼拖延，最终影响民事诉讼的公正与效率。

在民事诉讼程序和行政诉讼程序的言词辩论阶段之前，设立双方当事人相互交换证据材料的特定程序，即证据交换，是防止出现上述弊端的有效手段，也是许多法治国家共同的做法。证据交换要求双方当事人在言词辩论日期以前，将其占有的诉讼资料予以集中公开，这样有利于当事人双方进行充分的准备，节省司法资源，从而使诉讼程序变得高效、迅捷。具体而言，证据交换制度的功能主要体现在如下方面：

第一，防止当事人进行证据突袭，为当事人的举证权利提供程序保障。通过证据交换，给当事人及其代理律师设定一个收集证据、调查证据的方法和程序，以防止该方当事人在法庭上遭受对方的突然袭击，从而保障当事人举证权、质证权的充分行使。

第二，保全证据，防止因证据在审前灭失或毁损而致案件事实不能查清。在审前进行证据交换，客观上具有固定、保全证据的功能，从而能有效防止因意外或当事人原因、第三人原因而致部分证据灭失、毁损，使案件真实不能得到还原。

第三，明确证据、争点等关键问题，为庭审的进行确定一个范围，使法院的审判行为和当事人的诉讼行为都可以有条不紊、理性地进行。

第四，节约司法资源，提高诉讼效率。在双方当事人充分展示证据之后，双方对案件事实都有比较系统、全面的了解。在这种前提下，有些当事人更愿意和平解决纠纷。这样既能节约诉讼成本，又能使案件的最终结果更加公平和合理。

综上，庭前证据交换在增强诉讼程序的公正性和提高其透明度、保障当事人诉讼地位平等、强化诉讼程序的效率等方面，都具有不可替代的价值。

（四）我国民事、行政诉讼中的证据交换程序

2019年《民事证据规定》和《行政证据规定》都对证据交换的程序作出了规定，其中2019年《民事证据规定》对证据交换的程序的规定相对完整，所以，本教材关于我国证据交换程序的介绍将以2019年《民事证据规定》为基础。

2019年《民事证据规定》第56条至第58条对证据交换的程序作出了规定，结合

① 汤维建. 民事诉讼中证据交换制度的确立和完善. 法律科学（西北政法学院学报），2004（1）.

2022 年《民诉解释》，我国民事诉讼的证据交换程序主要包括证据交换程序的启动、证据交换程序的参与主体、证据交换的时限和证据交换后的处理方式等四方面的内容。

1. 证据交换程序的启动

根据《民事诉讼法》第 136 条和 2022 年《民诉解释》第 224 条的规定，人民法院在答辩期届满后可组织证据交换；人民法院可以根据案件具体情况，在庭前会议中组织交换证据。这是人民法院依职权启动证据交换程序。行政诉讼中的证据交换程序启动基本与民事诉讼中的一致。《行政证据规定》第 21 条规定，在行政诉讼中，对于案情比较复杂或者证据数量较多的案件，人民法院可以组织当事人在开庭前向对方出示或者交换证据，并将交换证据的情况记录在卷。这意味着，民事诉讼、行政诉讼中证据交换程序的启动均采取人民法院依职权启动模式。

2. 证据交换程序的参与主体

证据交换程序的参与主体包括：（1）审判人员。2019 年《民事证据规定》第 57 条第 1 款规定，“证据交换应当在审判人员的主持下进行”，审判人员是证据交换程序的重要参与人。在证据交换中，审判人员可以根据案件的具体情况，指定证据交换的时间，审查当事人延期举证的申请，并确定顺延的证据交换的时间。在证据交换过程中，审判人员的职责主要是主持和记录。审判人员应当将当事人无异议的事实和证据记录在卷，对有异议的证据，按照需要证明的事实分类记录在卷，并记载异议的理由，最终确定双方当事人争议的主要问题。（2）当事人。当事人是证据交换程序的主要参与者，主要是提供证据和提出异议。根据 2019 年《民事证据规定》第 56 条的规定，当事人可以协商确定证据交换的时间，帮助审判人员确定无异议事实和证据，有权对对方提出的证据提出异议。

3. 证据交换的时限

证据交换的时限包括证据交换的期日、证据交换期日的顺延及证据交换次数等三方面的内容。

第一，证据交换的期日的确定。根据 2019 年《民事证据规定》第 56 条第 2 款的规定，交换证据的时间既可由当事人协商一致并经人民法院认可，也可由人民法院指定。

第二，证据交换期日的顺延。根据 2019 年《民事证据规定》第 56 条第 1 款的规定，人民法院认为需要开庭审理，并通过组织证据交换进行审理前准备的，证据交换之日举证期限届满。当事人申请延期举证经人民法院准许的，证据交换日相应顺延。

第三，证据交换次数。2019 年《民事证据规定》并未对证据交换的次数进行限制，只在第 58 条规定，当事人收到对方的证据后有反驳证据需要提交的，人民法院应当再次组织证据交换。从该规定可知，证据交换的次数应当由审判人员根据案件的具体情况确定。

4. 证据交换后的处理方式

2019 年《民事证据规定》第 57 条第 2 款的规定明确了证据交换后的处理方式：对于当事人无异议的事实、证据应当记录在卷；对于存在异议的证据，则按照需要证明的事实分类记录在卷并同时记录异议的理由。证据交换记录既可以作为法庭质证的依据，也可以作为审判人员作出证据失权裁决或处罚逾期举证人的依据。

第四节　法院调查取证

“根据作用不同，证据调查可具体划分为形式调查和实质调查两种：前者着重（于）证据资料的收集，属于立证范围；后者着重（于）证据态度的发现，属于判断范围。”[①] 换言之，形式调查主要是指证据资料的收集，实质调查主要是指证据的审查和判断。从人民法院的诉讼职能来看，它履行的是诉讼中的审判职能，为了公平审判，人民法院除了应当依法对当事人或控辩双方提交的证据材料进行审查、判断，还应当在特定条件下为实现诉讼正义而收集证据。因此，从广义上说，法院调查取证既包括审查、判断证据的活动，又包括为审查、判断证据及案件事实而进行的证据收集活动。考虑到这一概念提出的背景和理论上的意义，本教材采取了狭义说，即法院调查取证仅指法院按照法律规定的范围和程序，收集证据和证据材料的活动。

无论是在刑事诉讼领域，还是在民事、行政诉讼领域，证据都是法庭查证案件事实、正确适用法律的根源所在。然而在现代诉讼体系下，基于司法权的中立性和消极性，法庭获取证据的途径主要是当事人双方或者控辩双方提交，其自身调查取证范围受到严格的限制。之所以出现这一情况，是因为在民事、行政诉讼中法院进行调查取证有违当事人平等对抗原则，不利于保持法庭的中立和公正，同时也会增加法院的工作负担，不利于提高诉讼效率。在刑事诉讼领域，法院的调查取证权面临有违控审分立原则的质疑，不利于实现控辩平等对抗。但是，无论是在民事、行政诉讼领域，还是在刑事诉讼领域，我国历来有重视司法权能动性的传统，因此，在坚持当事人双方和控辩双方取证、举证主导调查取证原则的前提下，立法依然认可法院调查取证在证据收集问题方面的补充作用。

人民法院调查取证最主要的价值是发现客观真实，全面发现案件事实真相。根据相关规定，人民法院调取证据的启动方式分为两种：一是依职权主动调取，二是依当事人申请调取。其基本的取向是：当事人申请调取证据为主，职权调取证据为辅。

一、民事诉讼中的法院调查取证

根据处分原则、辩论原则和平等原则，民事诉讼法要求作为裁判依据的证据原则上由当事人提出。但同时，为了弥补当事人在证据收集能力方面的缺陷，民事诉讼法又规定了人民法院在必要的情形下可以调查取证，以保障法庭查明案件事实的能力。

（一）民事诉讼中人民法院依职权主动调查取证

《民事诉讼法》第 67 条第 1、2 款规定：“当事人对自己提出的主张，有责任提供证据。当事人及其诉讼代理人因客观原因不能自行收集的证据，或者人民法院认为审理案件需要的证据，人民法院应当调查收集。”基于对当事人处分权的尊重，司法解释对“审理案件需要的证据”的范围进行了严格限制，以维护审判权的中立性和消极性。

① 陈朴生. 刑事诉讼法. 台北：三民书局，1983：331.

2022年《民诉解释》第96条第1款规定，人民法院“审理案件需要的证据”包括：(1) 涉及可能损害国家利益、社会公共利益的；(2) 涉及身份关系的；(3) 涉及《民事诉讼法》第58条规定诉讼的[①]；(4) 当事人有恶意串通损害他人合法权益可能的；(5) 涉及依职权追加当事人、中止诉讼、终结诉讼、回避等程序性事项的。从上述规定可知，人民法院依职权主动调查取证的情形，集中于对涉及社会公共利益事项和重要程序事项的保护与查证，具有鲜明的公益性和程序性。除上述情形之外，人民法院调查收集证据，应当依照当事人的申请进行。

(二) 民事诉讼中人民法院依申请调查取证

在民事诉讼中，当事人对自己提出的主张有责任提供证据。但是当事人及其诉讼代理人可能因客观原因不能自行收集，为避免诉讼有失公正，法律规定法院有义务根据当事人的申请调查取证，以发现案件真实，维护诉讼公平。关于人民法院依申请调查取证的范围，2022年《民诉解释》第94条第1款作出了规定，主要包括：(1) 证据由国家有关部门保存，当事人及其诉讼代理人无权查阅调取的；(2) 涉及国家秘密、商业秘密或者个人隐私的；(3) 当事人及其诉讼代理人因客观原因不能自行收集的其他证据。对于当事人申请调查收集的与待证事实无关联、对证明待证事实无意义或者其他无调查收集必要的证据，人民法院不予准许。

当事人申请人民法院调查取证，需要遵循下列程序规范：

(1) 提出申请的主体仅限于当事人本人或其代理人。

(2) 当事人申请人民法院调查取证应当提交申请书，申请书应当载明被调查人的姓名或者单位名称、住所地等基本情况，所要调查收集的证据的内容，需要由人民法院调查收集证据的原因以及证据要证明的事实。

(3) 符合申请提交的期限。当事人及其诉讼代理人申请人民法院调查取证，应当在举证期限届满前。

(三) 民事诉讼中人民法院调查取证的程序规范

人民法院在接到当事人及其诉讼代理人调查取证的申请后应当认真审查，决定采取调查取证措施的，应当严格遵守调查取证规范，以防止该权力被滥用，影响原、被告双方的平等地位。2022年《民诉解释》第97条规定：人民法院调查收集证据，应当由两人以上共同进行。调查材料要由调查人、被调查人、记录人签名、捺印或者盖章。

二、刑事诉讼中的法院调查取证

调查取证的目的在于发现案件事实。虽然刑事案件事实发现的推动主体在大陆法系国家和英美法系国家存在差别，但是调查取证主要由控辩、对抗双方承担这一点，在两大法系主要国家不存在实质性差别。在刑事公诉案件中，法官虽可通过检察官和警察的积极作为获得证明案件真实情况的证据，但是法官在发现案件事实上的消极性如果不伴随着辩方强大的诉讼能力，诉讼仍然可能失衡，法官过分消极，诉讼仅仅停留在形式公

① 《民事诉讼法》第58条第1款规定，对污染环境、侵害众多消费者合法权益等损害社会公共利益的行为，法律规定的机关和有关组织可以向人民法院提起诉讼。

正上会损害实质正义，因此，为实现真正意义上的控辩平等对抗，各国刑事诉讼法在规定检察机关承担证明被告人有罪的前提下，仍然会赋予法官在调取证据上的能动性，作为实现控辩平等对抗、发现案件客观事实的最后保障。与民事诉讼相同，刑事诉讼中人民法院调查取证也可以分为依职权和依申请两种情形。

（一）刑事诉讼中人民法院依职权调查取证

根据《刑事诉讼法》第196条的规定，法庭审理过程中，合议庭对证据有疑问的，可以宣布休庭，对证据进行调查核实。人民法院调查核实证据，可以采取勘验、检查、查封、扣押、鉴定和查询、冻结等庭外调查措施。对于审判人员在庭外调查核实取得的证据，应当经过当庭质证才能作为定案的根据，但是对于不影响定罪量刑的非关键证据、有利于被告人的量刑证据以及认定被告人有犯罪前科的裁判文书等证据，经庭外征求意见，控辩双方没有异议的，可直接认定。另外，2021年《刑诉解释》第251条规定，人民法院为查明案件事实、调查核实证据，也可以依职权通知证人、鉴定人、有专门知识的人、调查人员、侦查人员或者其他人员出庭，或者向人民检察院调取需要调查核实的证据材料。这些规定一方面授权人民法院在必要的时候进行调查取证，另一方面也对人民法院行使调查取证权进行了限制，这种限制不仅体现在调查范围和调查手段上，也体现在对庭外调查所取得的证据的谨慎态度上：为切实保证控辩双方的质证权，这些证据也需要在法庭上展示，接受控辩双方的质证。

在未成年人诉讼程序中，法律赋予法院在未成年人案件审理过程中对未成年犯罪嫌疑人、被告人的成长经历、犯罪原因、监护教育等情况进行调查的权力。这是法院的调查取证权在这一特殊类型案件中的新发展。

（二）刑事诉讼中人民法院依申请调查取证

刑事诉讼中作为控方的检察机关和作为辩方的犯罪嫌疑人、被告人在对抗能力上存在着“先天”的悬殊，出于平衡诉讼双方证据收集能力的考量，刑事诉讼法规定犯罪嫌疑人、被告人有申请人民法院调查取证的权利。

1. 有权申请人民法院调查取证的主体

根据《刑事诉讼法》第41条和2021年《刑诉解释》第57条的规定，辩护人认为在调查、侦查、审查起诉期间监察机关、公安机关、人民检察院收集的证明被告人无罪或者罪轻的证据材料未随案移送，申请人民法院调取的，应当以书面形式提出，并提供相关线索或者材料。人民法院接受申请后，应当向人民检察院调取。人民检察院移送相关证据材料后，人民法院应当及时通知辩护人。有权申请法院调查取证的主体除了辩护人和代理人，还包括当事人。

2. 人民法院调查取证的范围

根据《刑事诉讼法》和相关司法解释的规定，案件审理期间人民法院依申请调查取证包括以下三类：

（1）调取人民检察院没有随案移送的在侦查、审查起诉期间公安机关、人民检察院收集的证明被告人无罪或者罪轻的证据材料。

（2）辩护律师向证人或者有关单位、个人收集、调取与本案有关的证据材料，因证人或者有关单位、个人不同意，申请人民法院收集、调取，或者申请通知证人出庭作证。

（3）在庭审期间申请通知新的证人到庭，调取新的物证，申请重新鉴定或者勘验。

3. 人民法院依申请调查取证的程序

（1）辩护人认为在侦查、审查起诉期间公安机关、人民检察院收集的证明被告人无罪或者罪轻的证据材料未随案移送，申请人民法院调取的，应当以书面形式提出，并提供相关线索或者材料。人民法院接受申请后，应当向人民检察院调取。人民检察院移送相关证据材料后，人民法院应当及时通知辩护人。

（2）辩护律师直接申请人民法院向证人或者有关单位、个人收集、调取证据材料，人民法院认为确有收集、调取必要，且不宜或者不能由辩护律师收集、调取的，应当同意。人民法院收集、调取证据材料时，辩护律师可以在场。

人民法院向有关单位收集、调取的书面证据材料，必须由提供人签名，并加盖单位印章；向个人收集、调取的书面证据材料，必须由提供人签名。

人民法院对有关单位、个人提供的证据材料，应当出具收据，写明证据材料的名称，收到的时间、件数、页数以及是否为原件等，由书记员或者审判人员签名。

人民法院收集、调取证据材料后，应当及时通知辩护律师查阅、摘抄、复制，并告知人民检察院。

（3）在法庭审理过程中，当事人及其辩护人、诉讼代理人申请通知新的证人到庭，调取新的证据，申请重新鉴定或者勘验的，应当提供证人的姓名、证据的存放地点，说明拟证明的案件事实，要求重新鉴定或者勘验的理由。法庭认为有必要的，应当同意，并宣布延期审理；不同意的，应当说明理由并继续审理。

人民法院依申请调查核实证据，必要时，可以通知检察人员、辩护人、自诉人及其法定代理人到场。上述人员未到场的，应当记录在案。

人民法院调查核实证据时，发现对定罪量刑有重大影响的新的证据材料的，应当告知检察人员、辩护人、自诉人及其法定代理人；必要时，也可以直接提取并及时通知检察人员、辩护人、自诉人及其法定代理人查阅、摘抄、复制。

三、行政诉讼中的法院调查取证

虽然行政诉讼法规定行政诉讼案件的举证责任由作为被告的行政机关承担，但是由于行政诉讼所涉标的的公益性，为实现对社会公共利益和公民个人合法权益的全面保障，行政诉讼法仍然赋予人民法院一定的调查取证权，以最大限度地查明案件事实、正确作出裁判。

（一）人民法院要求当事人提供或者补充证据

《行政诉讼法》第39条规定，人民法院有权要求当事人提供或者补充证据。行政诉讼除了具有救济原告权利的功能，还具有监督行政机关依法行政，保护国家利益、公共利益的功能，因此有必要赋予人民法院直接要求当事人提供和补充证据的权力，以有效地查明案件事实。

（二）人民法院依职权调查取证

由于行政诉讼涉及公共利益，因此对案件事实的查明不能完全寄希望于诉讼双方的举证，为避免诉讼双方牺牲公共利益，需要法院在特定情形下，主动展开证据调查，查明案件真实情况。《行政诉讼法》第40条规定，人民法院有权向有关行政机关以及其他组织、公民调取证据，但是，不得为证明具体行政行为的合法性调取被告作出行政行为时未收集的证据。

（三）人民法院依原告申请调查取证

相对于被告方所拥有的强大公权力，行政诉讼的原告方处于相对弱势地位，为平衡当事人双方在证据调查收集能力方面的差异，《行政诉讼法》第41条规定，与本案有关的下列证据，原告或者第三人不能自行收集的，可以申请人民法院调取：（1）由国家机关保存而须由人民法院调取的证据；（2）涉及国家秘密、商业秘密和个人隐私的证据；（3）确因客观原因不能自行收集的其他证据。

第五节　证据保全

一、证据保全概述

（一）证据保全的概念

证据保全主要包括证据的固定和证据的保管两部分，是指为防止证据在日后的诉讼程序中灭失、被毁损、被变造或出现其他难以取得的情况，采取适当的方式和手段将已经发现或提取的证据予以固定，妥善保管，以便司法人员、执法人员、当事人和律师在诉讼活动中证明或认定案件事实时使用的诉讼活动。在我国诉讼理论上，证据保全的概念有狭义与广义之分，狭义的证据保全仅指人民法院在诉讼中，根据诉讼参与人的请求或者依职权采取的证据保全措施。广义的证据保全则包括公安机关、检察机关、审判机关、监察机关、行政机关、公证机关以及当事人、律师等在诉讼前和诉讼中所进行的各种证据固定和保管活动。刑事诉讼程序中侦查机关作为专门的调查取证机关，对侦查所获取的证据材料加以妥善固定和保管，以保全其证明价值的活动，就是广义上的证据保全。除了在附带民事诉讼中，刑事诉讼法中不存在与民事诉讼相对应的证据保全制度。本教材为保持这一概念的独特性，也为了避免与前文证据收集方法重复，仅从狭义上介绍这一制度。

证据保全具有如下特点：（1）证据保全是在证据可能灭失或以后难以取得的情况下发生的，其所追求的目标是防止证据灭失、保障诉讼顺利进行；（2）证据保全可能在诉前进行，也可在诉中进行；（3）被保全的证据并不为申请人单方所利用，双方当事人对保全的证据均可利用；（4）被保全的证据仍需经法庭质证才能作为定案的依据。①

（二）证据保全的意义

证据保全作为证据收集和证据运用之间的重要衔接环节，是诉讼活动的重要组成部分。有效的证据保全可以将通过证据收集活动获取的证据材料妥善加以保管，避免因证据载体灭失或变质而影响证据的客观性和合法性，导致此前调查取证环节的努力付之东

① 最高人民法院民事审判第一庭．民事诉讼证据司法解释的理解与适用．北京：中国法制出版社，2002：142.

流。有效的证据保全是诉讼证据运用的基本前提和重要保障，因为只有通过有效的固定和保管措施方能保证诉讼中所使用的证据材料真实地反映案件事实。

（三）证据保全的分类

根据不同的分类标准，可以将证据保全分为不同的种类。

（1）根据对象不同，可以将证据保全划分为实物证据保全和言词证据保全。其中实物证据保全的对象包括物证、书证、视听资料、电子数据等实物证据，言词证据保全的对象则包括证人证言、被害人陈述、犯罪嫌疑人/被告人供述和辩解、鉴定意见等言词证据。

（2）根据保全方法的不同，可以将证据保全划分为原物保全、复制保全、笔录保全、照相保全、录音保全、录像保全、封存保全等。所谓原物保全是指采用提取和保管原物的方法保全证据的证明价值，主要适用于体积不大的物证、书证、视听资料等证据。所谓复制保全是指采用复印、转录、制作模型等方法保全证据的证明价值，主要适用于各种痕迹物证、书证、视听资料和电子数据等证据类型。所谓笔录保全是指采用制作笔录的方法保全证据的证明价值，主要适用于证人证言、被害人陈述、犯罪嫌疑人/被告人供述和辩解等证据类型。所谓照相保全是指采用照相的方法保全证据的证明价值，主要适用于不宜提取原物的物证和不宜长期保存的书证等证据类型。所谓录音保全是指采用录制音频的方式保全证据的证明价值，主要适用于证人证言、被害人陈述、犯罪嫌疑人/被告人供述和辩解等证据类型。所谓录像保全是指采用录制视频的方式保全证据的证明价值，主要适用于言词证据及对现场勘验、搜查等取证过程的记录。所谓封存保全是指采用封存财物和冻结银行账户等方法保全证据的证明价值，主要适用于容易转移、灭失的大宗物证和与案件有关的财产等证据。

二、民事诉讼中的证据保全

民事诉讼法与行政诉讼法均规定了证据保全制度。行政诉讼的证据保全制度与民事诉讼的基本相同，具体的保全方式、保全要件和保全程序大体相同，因而，本教材在此只介绍民事诉讼中的证据保全制度。

（一）民事诉讼中证据保全的概念

《民事诉讼法》第 84 条第 1、2 款规定：在证据可能灭失或者以后难以取得的情况下，当事人可以在诉讼过程中向人民法院申请保全证据，人民法院也可以主动采取保全措施。因情况紧急，在证据可能灭失或者以后难以取得的情况下，利害关系人可以在提起诉讼或者申请仲裁前向证据所在地、被申请人住所地或者对案件有管辖权的人民法院申请保全证据。根据这一规定，民事诉讼领域内的证据保全属于狭义上的证据保全，仅指人民法院在特定情形下依申请或依职权对案件相关证据采取保全措施的活动。依据证据保全的发生时间不同，民事诉讼证据保全包括诉前证据保全和诉中证据保全两类。诉前证据保全是指在起诉前，因证据有可能灭失或者以后难以取得，根据利害关系人的申请，人民法院对有关证据所采取的提取、固定或封存措施。诉中证据保全是指在诉讼进行过程中，针对可能灭失或事后难以取得的证据所采取的保全措施。

（二）民事诉讼中证据保全的条件

民事诉讼证据保全的条件包括：（1）请求保全的证据与待证事实具有关联性，具有保全的必要性。（2）请求保全的证据可能灭失或之后难以取得，具有保全的紧急性。（3）证据保全管辖合法，具有保全的合法性。（4）保全申请的提出符合法定期限，具有保全的时效性。在诉讼过程中，当事人提出保全申请的，应当在举证期限届满之前提出。（5）申请保全证据应当提交申请书，申请书中应当载明申请保全证据的种类和内容，申请保全的证据与案件待证事实之间的关联，以及申请保全证据的理由等，具有保全的形式性。（6）缴纳证据保全的申请费及其他实际产生的费用，具有保全的可偿性。

（三）民事诉讼中证据保全的程序和措施

1. 启动程序

当事人申请证据保全的，应当向人民法院提交申请书。申请书应当载明需要保全的证据的基本情况、申请保全的理由以及采取何种保全措施等内容。人民法院在诉讼中认为确有保全证据必要的，也可以依职权主动采取证据保全措施。当事人在诉讼过程中以证据可能灭失或者以后难以取得为由申请证据保全，应当在举证期限届满前向人民法院提出。

2. 审查程序

人民法院接到当事人的证据保全申请之后，必须在 48 小时内作出裁定，认为符合证据保全条件的，作出准予证据保全的裁定书；认为不符合证据保全条件的，裁定驳回申请。证据保全可能对他人造成损失的，人民法院应当责令申请人提供相应的担保。

3. 救济程序

当事人、利害关系人对证据保全裁定不服的，可以自收到裁定书之日起 5 日内向作出裁定的法院申请复议，法院应当在收到复议申请后 10 日内审查，对于裁定正确的，驳回当事人的申请；对于裁定不当的，变更或者撤销原裁定。

4. 保全措施

人民法院对证据采取保全措施时，应当根据证据种类的不同特点采取相应的证据保全措施。对于言词证据，一般应当采取制作笔录或者录音、录像的方式。对物证的保全，可以采取勘验、鉴定、拍照、录像、封存原物等方法。对季节性商品或鲜活、易腐烂变质以及其他不宜长期保存的物品采取保全措施时，可以责令当事人及时处理，由人民法院保存价款；必要时，人民法院可予以变卖，保存价款。对书证的保全，可以采取复制、拍照等方式。

5. 民事诉讼中证据保全的解除

裁定采取保全措施后，有下列情形之一的，人民法院应当作出解除保全裁定：（1）保全错误的；（2）申请人撤回保全申请的；（3）申请人的起诉或者诉讼请求被生效裁判驳回的；（4）诉前申请证据保全，申请人在法院采取保全措施后 30 日内不依法提起诉讼或申请仲裁的；（5）人民法院认为应当解除保全的其他情形。证据保全对他人造成损失的，受害人有权获得赔偿。

第六节　证明妨碍

社会飞速发展带来的纠纷类型多样化和纠纷司法解决过程复杂化，导致既有的证明责任分配法则捉襟见肘，证明妨碍行为也无时不有、无所不在。人们愈加意识到，仅仅依靠证明责任分配法则已不能从根本上解决司法裁判的公平与正义问题，创设诉讼证明妨碍制度，并借此建立起法院与当事人之间以及当事人相互之间的新型诉讼法律关系，已经成为必然。建立证明妨碍制度已成为世界各国的通行做法。

证明妨碍制度是我国民事诉讼、行政诉讼以及刑事诉讼中共有的制度。民事诉讼中证明妨碍制度始于1998年《审判方式改革规定》，其第30条规定，法院可以对实施证明妨碍行为的当事人作出不利的裁判结果。随后，2001年《民事证据规定》第75条规定："有证据证明一方当事人持有证据无正当理由拒不提供，如果对方当事人主张该证据的内容不利于证据持有人，可以推定该主张成立。"该规定标志着我国民事诉讼证明妨碍制度的正式确立。此后，2019年《民事证据规定》也对证明妨碍问题作出了规定。行政诉讼中的证明妨碍制度起源于《行政证据规定》。刑事诉讼中证明妨碍制度的确立始于1979年《刑事诉讼法》，其第34条第3款规定，"凡是伪造证据、隐匿证据或者毁灭证据的，无论属于何方，必须受法律追究"。此后的刑事诉讼法作了相同规定。

一、证明妨碍概述

证明妨碍，又称证明妨害、证明受阻、举证妨碍等，关于它的理解有广义和狭义之分。广义上的证明妨碍是指诉讼当事人以某种原因拒绝提出或由于自己的原因而不能提出证据的行为后果。① 狭义上的证明妨碍（spoliation of evidence）是指一方当事人在诉讼前或者诉讼过程中通过其特定行为故意或过失地使另一方当事人不能公平地利用证据而导致对该另一方当事人产生不利的裁判后果。② 据研究，现代意义上的证明妨碍制度出现于1722年英国著名的Armony v. Delamirie案③，该案确立了对于实施毁灭、隐匿、拒不提交证据等妨碍对方当事人进行证明活动的当事人，课以证据法上一定的不利的后果的做法，由此证明妨碍的推定规则确立。此后，英国、美国的一系列判例进一步明确了这一推定规则，从而为现代证据法或相关立法确立证明妨碍制度奠定了基础。

证明妨碍制度具有重要的诉讼功能④：

第一，补偿救济或者恢复正义功能。证明妨碍制度的功能之一是为因证明妨碍受到损害的人提供补偿救济，补偿一方当事人因证明妨碍行为所遭受的不利益，使其重新回复到证明妨碍行为发生之前双方当事人所处的公平地位⑤，使攻防手段平衡原则真正得到体现。

---

① 江伟主编. 中国证据法草案（建议稿）及立法理由书. 北京：中国人民大学出版社，2004：389.

② 毕玉谦. 关于创设民事诉讼证明妨碍制度的基本视野. 证据科学，2010（5）.

③ 在该案中，原告为一清扫烟囱的工人，他将清扫作业中拣到的宝石戒指交给一名珠宝商人即被告，以鉴定其价值。珠宝商人的徒弟摘取了上面镶嵌的宝石，仅按戒指本身所值折价返还。原告拒绝接受这一小笔金钱，索要被摘取的宝石。但是，珠宝商拒绝归还宝石，仅仅归还了用于镶嵌宝石的底座。原告向法院起诉，要求按照宝石的价值让被告予以返还。临近庭审时，该宝石已不知去向。法院随即指示陪审团：为了确认这种损害的后果，陪审团应当根据镶嵌底座的珍贵程度，进而根据与之相适应的宝石的最高等级来确认该件宝石的价值。由此便诞生了证明妨碍的推定规则。该判例里程碑式地确立了这样一项法律原则，"所有的事实应当被推定为不利于破坏者"，从而为当今民事诉讼法上确立"证明妨碍"这一观念奠定了基础。黄国昌. 民事诉讼理论之新开展. 北京：北京大学出版社，2008：216.

④ 王国征. 民事证据的提供和收集专题研究. 湘潭：湘潭大学出版社，2013：258.

⑤ 黄国昌. 民事诉讼理论之新开展. 北京：北京大学出版社，2008：228.

第二，制裁惩罚功能。证明妨碍行为不仅给被妨碍人造成证明困境，也妨碍了审判权的公正行使，故对其依情节轻重和损害后果的严重程度进行制裁，有充分的合理性。事实上，各国证明妨碍制度均会通过一定措施进行制裁，如通过公法措施（包括罚款、拘留、刑事制裁等）直接制裁实施证明妨碍行为者，或通过证明责任转移、推定对方事实主张成立、降低举证责任方证明标准、直接作出终局判决以及排除妨碍人所提出的证据等方法，间接制裁实施证明妨碍行为者。

第三，预防功能。通过对实施证明妨碍行为实施者实施制裁，使其所承受的不利后果远远超过其通过妨碍行为所能获得的利益，来达到使其再也不敢以身试法，进而使任何潜在的妨碍行为实施者受到震慑，阻却证明妨碍现象的滋生和蔓延的目的。[①]

第四，促进案件真实的发现，提高诉讼效率。证明妨碍制度的制裁和预防功能能引导当事人依法、理性地进行证据收集，从而有利于发现真实，提高诉讼效率。

二、证明妨碍的构成要件

证明妨碍的构成要件是指各种证明妨碍行为在通常情况下共同具有的因素，只有具备这些因素，才构成证明妨碍。[②] 关于证明妨碍包括哪些构成要件，理论界存在诸多争议。[③] 本教材认为，证明妨碍是由主体要件、客体要件、主观要件和客观要件四部分构成的。

（一）主体要件

我国三大诉讼法对证明妨碍主体的规定并不完全一致。在民事诉讼中，证明妨碍的主体包括两类：一是诉讼当事人。例如，2019 年《民事证据规定》第 95 条规定：“一

① 毕玉谦. 民事诉讼证明妨碍研究. 北京：北京大学出版社，2010：13-14.

② 奚玮，余茂玉. 论民事诉讼中的证明妨碍. 河北法学，2007（3）：151.

③ 关于证明妨碍的构成要件，学者有不同认识 。我国学者关于证明妨碍构成的观点主要有三要件说、四要件说、五要件说 、六要件说等学说。三要件说认为，证明妨碍的构成要件有：存在妨碍行为、妨碍存在过错、妨碍行为与证明困难之间存在因果关系。[王学棉. 证明妨碍机理重构：着眼于内涵与构成要件//陈光中等主编. 司法理论与实践：司法理念与三大诉讼法修改：2006 年卷. 北京：北京大学出版社，2006：811.] 也有学者认为三要件应当是：负证明责任的当事人（妨碍行为实施者）就该证据负有提出义务，由于违反此项义务，对方当事人不能利用此项证据；不负证明责任的当事人（妨碍行为实施者）所实施的妨碍证明的行为具有可归责性；不负证明责任的当事人（妨碍行为实施者）所实施的妨碍证明的行为与证明不可能的状态之间存在因果关系。[占善刚. 证据协力义务之比较法研究. 北京：中国社会科学出版社，2009：277.] 四要件说认为，证明妨碍的构成要件一般包括主体要件、主观要件、客观要件、客体要件。[毕玉谦. 关于创设民事诉讼证明妨碍制度的基本视野. 证据科学，2010（5）.] 五要件说认为，证明妨碍的构成有以下五个要件：妨碍行为、过错 、诉讼中实施的行为、诉争事实真伪不明、诉争事实真伪不明与妨碍行为具有因果关系。[汤维建，许尚豪. 建立举证妨碍制度，完善证据立法//何家弘主编. 证据学论坛：第 8 卷. 北京：中国检察出版社，2004：107-109.] 六要件说认为，构成证明妨碍必须满足六个要件：主体要件是不负证明责任的一方当事人；主观要件是举证妨碍行为人具有过错；客观要件是妨碍行为；时间要件为证明妨碍行为可以发生在诉讼过程中，也可以发生在双方纠纷发生后诉讼开始前；结果要件是讼争的案件事实真伪不明；妨碍行为与讼争的案件事实真伪不明之间存在因果关系 。[张亚琼，柳鹏. 民事举证妨碍规则初探. 广西政法管理干部学院学报，2005（5）.] 我国台湾地区学者中有代表性的观点有两种。一是认为证明妨碍包括三个要件：妨碍行为实施者对证据方法负有提出义务，妨碍行为实施者对该证据方法负有作成、保管义务，妨碍行为实施者就该证据方法之不作成或者毁灭有故意或过失 。二是认为证明妨碍的构成要件分成两大部分：客观要件和主观要件。其中客观要件包括：证明妨碍之行为，待证事实之证明不可能或困难之结果，妨害行为与证明不可能或困难之结果间必须存在因果关系。主观要件是行为人存在过错。[王学棉. 证明妨碍机理重构：着眼于内涵与构成要件//陈光中等主编. 司法理论与实践：司法理念与三大诉讼法修改：2006 年卷. 北京：北京大学出版社，2006：811.]

方当事人控制证据无正当理由拒不提交，对待证事实负有举证责任的当事人主张该证据的内容不利于控制人的，人民法院可以认定该主张成立”。在民事诉讼活动中，证明妨碍的主体在具体个案当中以非负证明责任的一方当事人最为常见，但在一些特定情形下，即使负有证明责任的一方当事人也可构成证明妨碍的主体。二是其他诉讼参与人或者受当事人控制（支配）的诉讼外第三人。2019 年《民事证据规定》第 98 条第 2 款规定，“当事人或者其他诉讼参与人伪造、毁灭证据，提供假证据，阻止证人作证，指使、贿买、胁迫他人作伪证，或者对证人、鉴定人、勘验人打击报复的，依照民事诉讼法第一百一十条、第一百一十一条的规定进行处罚”。

在行政诉讼和刑事诉讼中，证明妨碍的主体较为宽泛，其指向的是不特定人，既包括诉讼参与人，也包括诉讼参与人之外的其他人。例如，《行政诉讼法》第 59 条规定，诉讼参与人或者其他人，有无故推拖、拒绝或者妨碍调查、执行；伪造、隐藏、毁灭证据或者提供虚假证明材料，妨碍人民法院审理案件；指使、贿买、胁迫他人作伪证或者威胁、阻止证人作证的等行为的，人民法院可以根据情节轻重，予以训诫、责令具结悔过或者处 1 万元以下的罚款、15 日以下的拘留；构成犯罪的，依法追究刑事责任。《刑事诉讼法》第 54 条第 4 款规定，凡是伪造证据、隐匿证据或者毁灭证据的，无论属于何方，必须受法律追究。根据这一规定，在刑事诉讼中，不论是司法人员、当事人、其他诉讼参与人还是其他与诉讼无关的人员，只要实施了前述行为，均可构成证明妨碍。

（二）主观要件①

证明妨碍的主观要件是指实施证明妨碍行为者在个案当中具体实施证明妨碍行为时的主观心理状态，也就是其妨碍行为在法律上所具备的可归责性，一般分为故意和 过失两种形式。

故意是指当事人一方明知自己的行为会使他人举证困难或举证不能，仍然希望或放任这种结果发生，因而造成他人举证困难或举证不能的后果。“当事人故意所为行为既可能指向他人的举证行为，也可能指向相关的证据；前者是对他人举证行为的干扰，后者是对证据本身证据能力的干扰。”②

证明妨碍的故意应当被理解为“双重故意”：一是妨碍行为实施者明知或意欲通过毁损证据的方法或其他手段妨碍对方当事人的证明活动；二是妨碍行为实施者知悉其毁灭、隐匿证据等妨碍行为会造成他方当事人举证困难或举证不能的结果，并且希望或放任这种结果的发生。换言之，证明妨碍的主观故意要件具有双重性：前者为行为人故意实施毁损证据等证明妨碍活动，后者为行为人明知证据对待证事实的重要性，并且知悉证明妨碍行为的后果。对后者，不必认识清晰，仅认识到证据若存在或许会被对方（或他方）使用而对己不利即为已足。③

过失作为证明妨碍的构成要件，要求当事人负有保管证据的法定或约定义务，或负

---

① 王国征. 民事证据的提供和收集专题研究. 湘潭：湘潭大学出版社，2013：242.

② 汤维建，许尚豪. 建立举证妨碍制度，完善证据立法//何家弘主编. 证据学论坛：第 8 卷. 北京：中国检察出版社，2004：108.

③ 包冰锋. 民事诉讼证明妨碍制度研究. 厦门：厦门大学出版社，2011：107.

有程序前义务，如法院将某物诉前证据保全查封等。[①] 如果没有此项义务，即使有妨碍行为，也不认为是证明妨碍行为。证明妨碍中过失的成立需要具有两个条件：其一，一方当事人必须认识到他对该证据负有法定或约定义务，或负有程序前义务，即对此义务须有认识；其二，该当事人也认识到该证据对于将来发生的诉讼可能具有的意义。[②]

（三）客观要件

在法理上，证明妨碍的客观要件主要包括以下几方面：

第一，存在某种证明协助义务。无义务则无过错，在诉讼中，是否构成证明妨碍行为，取决于各方当事人是否对保存潜在的具有关联性的证据负有相关义务。如前所述，我国三大诉讼法及相关实体法都明确规定了当事人或其他人所具有的证明协助义务及其范围。当事人或其他人违反这些规定不履行证明协助义务，才可能构成证明妨碍。

第二，存在特定的证明妨碍行为。特定的证明妨碍行为，是指负有证明协助义务的人没有正当理由拒不履行其义务的有关行为，包括作为和不作为。以民事证明妨碍制度为例：有证明协助义务的一方当事人无须通过积极的举动就能使他方当事人及时、妥当地利用有关证据或证据方法，却反其道而行之，即为特定的证明妨碍行为。如一方当事人销毁、隐匿对他方当事人的事实主张具有重要证明价值的证据材料，一方当事人指示第三人通过金钱贿买证人等。证明妨碍行为也包括不作为，即证明协助义务要求一方当事人为他方当事人完成举证协助行为作出积极的举动，但该当事人无正当理由拒绝。例如，一方当事人无正当理由拒不提供能够证明他方事实主张的会计账簿等文件证据。

第三，受妨碍的证据或者证据方法具有不可替代性。在诉讼上，当发生证明妨碍情形时，受妨碍的证据材料或者证据方法应当是对证明案件待证事实具有相当分量的证据，通常被理解为具有重要性或具有不可替代性的证据材料或者证据方法。

第四，产生了证明困难的后果。证明妨碍制度的设立，是为了处理当事人的证明妨碍行为导致案件事实无法查明的情况，以及由此产生的程序不公问题。如果案件事实没有受到妨碍行为的影响，并未陷入真伪不明的状态，也就没有适用证明妨碍规则的必要。因此，当事人的证明妨碍行为造成对方当事人证明不能或证明困难，并导致案件事实无法查明，是成立证明妨碍的结果要件。换言之，证明妨碍的构成要件中不仅应当有一方当事人的证明妨碍行为，还应当有对方当事人的证明不能或证明困难的情况。所谓证明不能，是指妨碍行为，比如文件已经被销毁导致对特定待证事实的证明已经不再可能。所谓证明困难，是指妨碍行为造成对方当事人必须付出更多的心力和劳力，才可能

① 关于是否将过失作为证明妨碍的主观构成要件是存在争议的。我国学者一般将过失作为证明妨碍的主观构成要件，理由主要有：其一，主观上的过错，无论是过失还是故意，都对另一方当事人、法院的证明活动形成了妨碍，使另一方当事人和法院无法充分利用证据澄清案件事实，影响诉讼公正的实现。两者造成的损害后果一致，对过失的证明妨碍加以制裁才能彰显公正。其二，在诉讼实务中，故意的证明妨碍往往较难得到证明，而过失的证明妨碍则证明相对容易，承认过失的证明妨碍有其适用上的实益。况且，过失的证明妨碍发生的概率也较大，如果将过失的证明妨碍排除在规制范围之外，实为舍大取小。其三，如以协助义务作为证明妨碍的法理基础，而对该实体法上或诉讼法上协助义务的违反并非以故意为限，因过失而违反协助义务也包括在内，恐怕当事人皆可因主张其是过失证明妨碍而逃脱法律的制裁。包冰锋．民事诉讼证明妨碍制度研究．厦门：厦门大学出版社，2011：108－122.

② 汤维建，许尚豪．建立举证妨碍制度，完善证据立法//何家弘主编．证据学论坛：第8卷．北京：中国检察出版社，2004：108.

证明特定待证事实。比如一方当事人拒不说明其知悉的证人的姓名，而对方当事人就此进行调查有显著困难。①

第五，特定证明妨碍行为与对方当事人的证明不能或证明困难之间具有因果关系，即证明妨碍行为作为原因，待证事实证明不能或证明困难的状态作为结果，在它们之间存在前者引起后者、后者被前者引起的客观联系。

（四）客体要件

证明妨碍行为的客体要件是指行为人对何种证据种类或证据方法实施妨碍行为才可能被认定为证明妨碍。德国、日本在其民事诉讼法中仅规定了部分种类的证据或方法可以作为证明妨碍的对象，但这显然不能满足审判实务对公正审判和程序正义的需要。为弥补立法上的不足，这些国家通常采用司法判例对证明妨碍制度适用的证据类型或证据方法加以调整和扩充，从而使证明妨碍制度适用于所有证据种类或证据方法。② 将证明妨碍制度适用于所有证据种类或证据方法已成为现代社会为保障程序正当的主流趋势。

在我国，2019 年《民事证据规定》第 98 条、《民事诉讼法》第 114 条规定的妨碍行为的客体可以是多种证据，如证人证言、鉴定意见、勘验笔录、物证、书证等。《行政诉讼法》第 59 条、《刑事诉讼法》第 54 条第 4 款的规定也未限制证明妨碍的客体。可见，我国三大诉讼法对于证据妨碍制度适用的种类或证据方法是开放的，可适用于所有的证据种类或证据方法。

三、对证明妨碍行为的法律制裁

一方当事人的证明妨碍行为导致双方当事人在证据对抗上处于不平等状态，与此同时，妨碍行为使某些待证事实缺乏证明而处于真伪不明的状态，也给法官裁判带来了困难。为了消除这种不公平的局面，并给法官裁判建立依据，各国立法上都规定了一定措施，或者授权法官根据情况对诉讼施加一定影响，以恢复到公正的诉讼状态。

各国对证明妨碍行为的法律制裁主要包括：（1）采用公法手段加以制裁。涉及诉讼活动所发生的证明妨碍行为具有可责难性和可惩罚性，因为它侵害了为正常开展诉讼活动所必需的一种公法秩序。从公法意义上看，一方当事人所从事的证明妨碍行为不仅有可能损害另一方当事人的程序性利益，更为重要的是，这种行为妨碍了审判权的正常行使，损害了司法权威，践踏了法律的尊严，因此，这种行为也构成妨碍司法秩序的行为或者藐视法庭的行为。为此，许多国家采用公法手段加以制裁，最为常见的一种方法就是对妨碍行为实施者课以一定数额的罚款。（2）使行为实施者承担独立的民事责任。美国一些州规定，对证明妨碍行为，对方当事人可以采用独立的诉的方式进行救济，具体分为三种情形：提起证明妨碍侵权之诉，提起其他侵权行为之诉，提起违约之诉。③（3）证明责任倒置。一方当事人有证明妨碍行为时，立法明确规定法官可将被阻碍举证的当事人所承担的相关证明责任转移给妨碍行为实施者，从而使妨碍行为实施者陷于败

① 包冰锋. 民事诉讼证明妨碍制度研究. 厦门：厦门大学出版社，2011：123－124.

② 毕玉谦. 关于创设民事诉讼证明妨碍制度的基本视野. 证据科学，2010（5）：593.

③ 毕玉谦. 关于创设民事诉讼证明妨碍制度的基本视野. 证据科学，2010（5）：594－595.

诉风险中，以此规制妨碍证明的行为。（4）推定待证事实成立。在出现证明妨碍行为时，立法允许法官直接推定被妨碍的证据所能证明的待证事实为真实，而不限于认定有关被妨碍的证据本身的主张为真实。（5）降低证明标准。在证明妨碍的情形下，仍然由被妨碍者承担证明责任，但法官在形成心证的过程中，可以降低证明的标准，将证明标准从“高度的盖然性”或“确信真实”减轻至“盖然性优越”。（6）司法拟制。所谓司法拟制是指当证明妨碍行为符合法律所规定的情形时，法院可根据情况作出对该妨碍行为实施者不利的推论。（7）直接作出终局判决。当证明妨碍行为导致另一方当事人因对证据的利用所承受的损失具有不可回复性时，法律赋权法院在不经正式庭审的条件下直接作出妨碍行为实施者一方败诉的判决，以作为适用证明妨碍规则的情形。（8）排除妨碍行为实施者提出的证据。排除妨碍行为实施者提出的证据这一法律效果的前提条件是，在通常情形下，负有证明责任的原告在对有关证据采取调查、收集、鉴定等方法之后，因未采取必要的保全性措施，导致该证据事后被被告一方当事人加以利用作为抗辩手段时已丧失其有效价值，或者发生遗失或者毁坏等不堪利用的情形。为了防止对被告造成一种无法回复的不公平状态，法院会以原告的行为已构成证明妨碍为由排除其所提出的证据，以便双方当事人能够在平等地利用证据的条件下进行公平对抗。①

在我国，对证明妨碍的法律制裁方式主要包括：（1）采用公法措施对证明妨碍行为进行制裁。例如《民事诉讼法》第 114 条规定，对于证明妨碍行为可进行罚款、拘留和追究刑事责任。2022 年《民诉解释》第 113 条规定，对持有书证的当事人实施的证明妨碍行为，人民法院可对其处以罚款、拘留。（2）司法拟制（推定）。2019 年《民事证据规定》第 95 条规定：“一方当事人控制证据无正当理由拒不提交，对待证事实负有举证责任的当事人主张该证据的内容不利于控制人的，人民法院可以认定该主张成立。”2022 年《民诉解释》第 112 条规定：“书证在对方当事人控制之下的，承担举证证明责任的当事人可以在举证期限届满前书面申请人民法院责令对方当事人提交。申请理由成立的，人民法院应当责令对方当事人提交，因提交书证所产生的费用，由申请人负担。对方当事人无正当理由拒不提交的，人民法院可以认定申请人所主张的书证内容为真实。”

小 结

本章主要围绕诉讼证据的收集与提供展开，同时介绍了与证据收集和提供紧密关联的证据保全和证明妨碍制度。证据的收集主要介绍了收集主体、方式和原则等，证据的提供主要讲解了举证与举证期限、证据交换、法院调查取证等。本章还介绍了证据收集和提供的保障性制度——证据保全和证明妨碍制度。

诉讼中证据收集主体包括特定国家机关、诉讼当事人、辩护人或诉讼代理人等，他们采取必要的方法发现、采集、固定证据，以支持己方的诉讼主张或查明特定的案件事实。举证一般是负有举证责任的人向司法机关提供和展示证据的活动，不负举证责任的

① 王国征. 民事证据的提供和收集专题研究. 湘潭：湘潭大学出版社，2013：252.

人也有权向法庭提供证据。民事和行政诉讼中，法律明确规定了当事人遵守举证时限的义务，否则可能承担不利后果。当然，法律也认可一定情形下“新的证据”的可接受性，以降低举证期限制度的苛度。当事人除了自行收集证据，还可通过证据交换或者向人民法院申请调查取证来获取证据，人民法院可在综合考量平等保护当事人取证权的情况下调查取证。

为保障证据的收集和提供活动的顺利进行，立法构建了证据保全制度和证明妨碍制度，防止证据在日后的诉讼程序中灭失、被毁损，或由于一方当事人的证明妨碍行为导致双方当事人在证据对抗上处于不平等状态，使某些待证事实缺乏证明而处于真伪不明的状态。

思考题

1. 比较 2001 年《民事证据规定》与《民事诉讼法》中关于举证期限的规定之异同，谈谈你对这种变化的看法。

2. 分析立法对法院的调查取证权进行限制的理由。

3. 案例分析

恒业公司因合同纠纷向人民法院起诉同庆公司。恒业公司在起诉状中声称：恒业公司与同庆公司于 2025 年 5 月签订的买卖合同是无效合同，同庆公司不能依据一份无效合同要求恒业公司履行合同义务。人民法院受理了此案件，并向被告方同庆公司送达应诉通知书。根据上述案情，请回答以下问题：

（1）原告应对哪些事实负举证责任?

（2）被告方在答辩状中声称这份合同是合法有效的，那么被告方应对哪些事实负举证责任?

（3）根据我国有关法律规定，举证时限如何确定?

（4）如果当事人在举证期限内不提交证据材料，要承担的法律后果是什么?

（5）一审结束后，原告在上诉期限内提起了上诉。在二审审理的过程中，原告方向法庭递交了新的证据，原告方在一审时已经掌握该证据，但由于担心地方保护主义，故未在一审中提交。由于新的证据的出现，二审法院裁定发回原一审法院重审。原告是否应当承担相应的法律后果?

第十二章 证据运用规则

第一节 证据规则概述

一、证据规则的含义

“证据规则”一词是对英美法中“rules of evidence”的翻译。在我国早期证据法教材中，“证据规则”一词被用于介绍英美法系国家的证据制度，如巫宇甦主编的《证据学》中有关英美法系国家自由心证的证据制度部分，认为“英美法系国家继续保留着不少形式主义的规则”，“英国的证据法……着重规定了一系列关于采用证据和判断证据的规则，以利于正确地运用证据裁判案件”，“英国的证据制度是由各种基本规则和一系列的例外规定以及附带条件等组成的”。该书认为，这些基本规则主要有关于证明责任的规则、关于证据关联性的规则以及关于传闻证据的规则等。[①] 20 世纪 90 年代以前，我国证据法学者在介绍境外证据制度时除了使用“证据规则”一词，也使用“证据原则”“证据制度”等称谓。20 世纪 90 年代以后，“证据规则”的表述逐渐成为通用表述。在英美法系国家，证据规则是指“那些在庭审中或者审理中对证据的可采性问题起支配作用的规则”[②]，经过在司法实践中的长期逐步积累，许多证据规则表现为习惯、案例或者司法解释，甚至成为普通法的组成部分。自英美法系国家法典化运动以来，也有以成文法形式表现出来的证据规则，如《美国联邦证据规则》《英国 1984 年警察与刑事证据法》等，这些成文法中均有针对证据可采性的规定。

我国立法没有对证据规则的含义作出明确规定，对证据规则的界定主要存在于学者的理论研究层面。学者从不同的视角解释证据规则，形成了证据规则的多种定义：第一，从诉讼程序的角度，有学者将证据规则理解为与证据有关的程序性规则，认为“证据规则是指在收集证据、采用证据、核实证据、运用证据时必须遵守的一系列准则”，“是在诉讼中与证据有关的具有可操作性的程序性规则”[③]。第二，从证据制度或者证据法的角度，有学者将证据规则等同于证据法或证据制度，或者将诉讼中与证据有关的所

① 巫宇甦主编. 证据学. 北京：群众出版社，1983：2223.
② 宋英辉主编. 刑事诉讼法学研究述评（1978—2008）. 北京：北京师范大学出版社，2009：589.
③ 刘善春，毕玉谦，郑旭. 诉讼证据规则研究. 北京：中国法制出版社，2000：5.

有内容都视为证据规则，认为“证据规则是指确认证据的范围、调整和约束证明行为的法律规范的总称，是证据法的集中体现”①，或者认为“证据规则是指收集和运用证据的规范与准则”②。第三，从法庭审判的角度，有学者将证据规则归纳为规范证据能力和证明力的规则，认为证据规则是指“以规范何种证据可以在法庭上出示（证据的可采性）、各种证据证明力大小（证据力）、证明责任的分配以及证明的要求等为主要内容的法律规则的总称”③。由此可见，我国对证据规则概念的界定更侧重于规范证据的运用过程。

本教材认为，证据规则是指“以规范证据能力和证明力为主的，调整和约束证明行为的法律规范的总和，是证据法的集中体现”④。从理论上说，证据的证据能力属于法律问题，应由法律预先作出明确的规定，将这些关于诉讼证明过程的价值判断与选择包含其中；证据的证明力属于事实问题，系经验、逻辑作用的领域，对于证据证明力的有无、强弱，法律不能预先作出机械的规定，但诉讼证明领域的事实认定与价值判断极为复杂，为防止认知偏见，需要人为地对某些证据的证明力加以限定。因此，证据的证据能力和证明力都属于证据规则的规范范围。同时，证据规则还包括调整证明行为的法律规范，证明行为包括制作证据、调查收集证据、审查判断证据、履行举证责任等行为。

二、证据规则的作用

证据规则具有强制的效力性、明确的指导性、显著的程序性等法律性质，在诉讼证明中具有多方面的重要作用，主要体现为以下几个方面的作用。

（一）促进案件事实的查明

在证据规则体系中有许多证据规则是为了查明案件事实而设计或规定的，如：关联性规则强调只有与待证事项具有某种联系的证据才能作为定案的根据，与案件没有关联性的证据则不能被采纳，只有运用具有关联性的证据，才能形成合理的证据链，并逐渐形成确实、唯一的结论；传闻证据是一种间接性的认识，而传闻证据排除规则将传闻证据排除在外，也是为了避免证人证言经过多次传递而发生失真的情况，进而增强定案证据的可靠性，促进客观事实的发现；最佳证据规则要求出示物证、书证的原件，使事实审理者接触到可靠性较强的原件，防止审理者受到因经过各个环节而可靠性较差的复制件的影响，从而保障案件事实的发现。

（二）促进程序的公正进行

公正是“社会制度的首要价值”，也是司法的核心追求。除通过查明案件事实确保案件判决与事实一致、实现实体公正之外，诉讼中还要追求程序正义，而诉讼活动必然会围绕证据的收集、审查判断以及运用而展开，可见，证据是确保诉讼程序公正的基础，也是实现最终裁判权威性的保障，实现程序的正当性不可忽视对证据规则的研究。

① 江伟主编. 证据法学. 北京：法律出版社，1999：173.
② 何家弘，刘品新. 证据法学. 北京：法律出版社，2019：373.
③ 陈卫东，谢佑平主编. 证据法学. 上海：复旦大学出版社，2005：70.
④ 樊崇义. 刑事证据规则体系的完善. 国家检察官学院学报，2014（1）.

如非法证据排除规则将以不符合法定程序的手段所获得的证据排除，不作为认定案件事实的根据，实际上防止了权力机关滥用权力，规范了侦查机关运用合法的手段收集证据，从而促进了侦查取证程序的正当进行。各类证据规则都将不符合公正要求、不具有合法性的证据排除在外，避免其成为最终的定案依据，这实际上提升了诉讼程序的公正性，也提升了最终裁判的公正性。

（三）维护多元价值

诉讼证明活动对于维护社会公正与秩序而言极为重要，但司法所追求的价值向来是多元的，除了追求真相，司法活动还必须考虑可能受诉讼影响的其他社会价值，并在不同价值之间进行平衡，即诉讼证明活动并不是以查明案件事实为唯一目的和价值追求，可能还存在更加重要的价值和利益需要优先保护，例如公共利益、公民权利、社会关系，等等。证据规则的确立，更好地确保了在某些情况下，让其他社会价值与客观真实相比受到更优先的保护。如在刑事司法领域中，“大义灭亲”的行为虽然有助于推进案件真实的发现，但极可能破坏家庭关系，而对作为社会基本构成单位的家庭的破坏，必然会挑战社会的基本伦理。为避免对其他社会价值的不当影响，证据规则于司法视野之外设置证据障碍，力图保护这些相关的社会价值，其中最为典型的证据规则即免证特权规则，“它基于价值平衡的基本原理，给予某些特定人士选择是否作证的权利，从而避免一味追求案件真相的查明而损害人与人之间的信任、家庭的亲情伦理以及人的内心自由等重要价值”①。

（四）提高诉讼效率

诉讼案件都有诉讼期限，同时，国家司法资源也是有限的，故应当争取以合理迅速的方式解决诉讼案件，即现代诉讼既要追求公正，也要兼顾效率，不能为了实现公正而完全忽略对效率的考量。证据规则的制定有助于控制诉讼期限，促进案件合法而迅速地终结，如关联性规则直接排斥与案件无关的事物进入诉讼，防止证据收集审查范围无限扩大，客观上使诉讼的直接成本减少，加速诉讼进程，提高诉讼效率。除此之外，“证据规则体系对司法公正的保障也可以有效降低诉讼的错误成本，即因法律实施中的错误裁判而耗费的资源，从而实现公正与效率的协调”②。

三、我国证据规则研究的重要性

在诉讼证明领域，有一个从完全无规则的神示证据制度到完全依赖规则的法定证据制度，再到自由心证证据制度等的演变和发展历程，从中可以看出诉讼中的证明活动需要由相关的规则制度进行规范。在现代法治社会中，证据规则的确立和发展也是尤为重要的。

首先，证据规则的确立和完善能够优化立法。我国目前并没有独立的证据法法典，关于证据规则的立法还不够全面和完善，相关规定主要散布在相关法律与司法解释当中，不利于司法实务部门依规操作，也给司法人员留下了过大的收集、运用证据的自

① 郑曦．证据规则体系及其中国构建．证据科学，2016（2）．

② 郑曦．证据规则体系及其中国构建．证据科学，2016（2）．

由，容易造成权力的滥用，不能保证有效地惩罚犯罪和保护当事人的权益不受侵犯。在司法实践中，个别办案人员缺乏证据思维、法律思维，运用证据不讲规则、规律，加之偶尔有其他力量干扰司法裁判，导致冤案、错案出现，在一定程度上损害了司法权威以及公平、正义。为了进一步优化立法，解决司法实践中冤案、错案等危害司法公正的问题，必须确立并逐步完善证据规则，规范证据的收集与运用，保证证据既能够证明案件事实，又能够被法庭采纳并准确适用。

其次，证据规则的确立和完善对司法实践能起到指导作用。与传统的证据理论研究不同，对证据规则的研究侧重于从证据的实践或程序的角度进行探究，从而可使诉讼证明活动中的具体操作规则更加明确。如，证据规则能够进一步明确司法实践中“排除合理怀疑”的证明标准：一方面，我国虽然在法律上明确确立了“排除合理怀疑”的证明标准，但现阶段我国法官对“合理怀疑”的把握并不完全准确，因此，有必要通过证据规则来引导法官对事实的认定，避免认证上的混乱；另一方面，完全由法官靠所谓“理性与良心”对“合理怀疑”作内心求证，势必陷入主观臆断，若对法官的自由心证不加以限制，则很可能造成法官的专横，同时也不能保证查明案件的真实情况，因此也有必要通过外部的证据规则来规范法官内心对证据的认定，而通过证据规则即可防止不具有可采性的证据进入法庭审理阶段，规范法官心证的形成过程，影响法官心证的形成，从而让法官对案件事实的心证真正做到“排除合理怀疑”①。

最后，证据规则的确立和完善有助于保障人权、实现程序正义。证据规则作为一项规范证据能力和证明力的规则，它将不具有证据能力以及可靠性极低的证据排除在外，从而引导法官将更为准确可靠的证据作为定案依据，促使其发现案件真实；同时，一系列的证据规则还能从程序上约束法官的自由裁量权，限制恣意的发生，进而保障裁判的正义性。总的来讲，证据规则使法官能够更加准确地采用证据并认定案件事实，减少了法官因与案件的当事人或其他与案件有关的人之间存在各种各样的联系，在行使裁判权时难免被个人利益左右等滥用职权的情况发生，既维护了个案中当事人的合法权益，也进一步保证了程序的正当进行。

第二节 关联性规则

一、关联性规则的概念

关联性规则又称相关性规则，是指证据必须与案件的待证事实具有逻辑关联，从而对案件的待证事实具有证明作用。《美国联邦证据规则》第401条规定，“‘相关证据’是指证据具有某种倾向，使决定某项在诉讼中待确认的争议事实的存在比没有该项证据时更有可能或更无可能”②。关联性规则是英美证据法中的一项基础性证据规则，是证据能否进入诉讼领域的第一道门槛。

---

① 樊崇义. 刑事证据规则体系的完善. 国家检察官学院学报，2014（1）.

② 美国联邦刑事诉讼规则和证据规则. 卞建林，译. 北京：中国政法大学出版社，1996：105.

关联性规则的基础性地位主要体现在：首先，关联性规则的适用范围非常广泛，适用于所有证据形式；其次，关联性是证据被采纳的前提条件，《美国联邦证据规则》第402条规定，“相关证据一般可以采纳，无相关性的证据不能采纳”①。澳大利亚联邦1955年《证据法》第56条也规定：“除本法另有规定外，诉讼程序中有关联的证据在诉讼中应予采纳。在诉讼程序中不相关的证据不得采纳。”② 由此可知，虽然具有关联性的证据并不必然具有可采性，但没有关联性的证据一定不具有可采性。

作为一项重要的证据规则，关联性规则还具备其独特的作用，主要包括两个方面的：首先，在英美法系的背景下，案件事实的认定由陪审团负责，关联性规则将不具备相关性的证据排除在陪审团的视野之外，有助于避免陪审团受到不相干证据的误导而作出错误认定；其次，关联性规则也有助于限定调查取证的范围，从而规范取证主体的取证行为。

二、国外对关联性规则的规定

在英美法系国家的证据法中，关联性规则是证据可采的最基础规则，《美国联邦证据规则》中规定：“所有具有相关性的证据均可采纳，但美国宪法、国会立法、本证据规则以及联邦最高法院根据立法授权确立的其他规则另有规定的除外。没有相关性的证据不能采纳。”从该规定可知，可采的证据必然具有关联性，但具有关联性的证据不一定都可采，因为可采的证据还必须同时满足两个条件：第一，该证据有关联性；第二，该证据未因其他任何理由被排除。因此，除了关于证据采纳的规定，关联性规则还包括了对特定关联性证据的排除与限制，如《美国联邦证据规则》第403条规定：“证据虽然具有相关性，但可能导致不公正的偏见、混淆争议或误导陪审团的危险大于该证据可能具有的价值时，或者考虑到过分拖延、浪费时间或无须出示重复证据时，也可以不采纳。”③ 除了赋予法官自由裁量权的自由裁量排除规则，法律上还明确规定了排除具体条件的法定排除规则，主要包括以下规则。

（一）品格证据规则

品格证据，是指证明某些诉讼参与人是否具有某种品格以及品格优劣，并推论其依照该品格行事的证据，例如，某被告人一贯不守信用、品行不端被用来证明在本案中犯罪成立。品格证据规则是指关于一个人的品格或品格特征的证据在证明这个人于特定环境下实施了与此品格或品格特征相一致的行为方面不具有关联性，即品格证据一般不得被采纳为诉讼中用以证明相关人依此品格或品格特征行事的证据。品格证据之所以应当被排除，主要理由如下：首先，品格证据与证明犯罪的关联性并不大，用于定罪是非常不充分的，“一日为贼”不意味着“终生为贼”；其次，不良的品格证据容易导致偏见，从而影响陪审团对案件事实的认定，破坏审判的公正性；最后，对品格证据的查明会影响庭审效率，一旦法庭允许提出品格证据，该证据的真实性就成了待证事实，使庭审变

① 美国联邦刑事诉讼规则和证据规则. 卞建林，译. 北京：中国政法大学出版社，1996：105.

② 沈达明编著. 英美证据法. 北京：中信出版社，1996：8788.

③ 美国联邦刑事诉讼规则和证据规则. 卞建林，译. 北京：中国政法大学出版社，1996：105.

得更为拖延和复杂，损及司法效率。

在英美法系证据法中，对品格证据一般都是予以排除的，但也存在例外。如，《美国联邦证据规则》第 404 条 b 项、澳大利亚联邦 1955 年《证据法》第 110 条等都规定了品格证据规则的例外。总体来说，例外规定主要有以下几种情形：其一，被告人提供的证明其具有良好品格且与案件相关联的品格证据一般不予排除；其二，若被告人主动提出关于其品格或被害人品格的证据，则控诉方有权提出其品格不良的证据，被告人一旦提出品格证据，该品格证据是否属实就已经成为案件中有待证实的事实；其三，对涉及普通证人可信性的品格证据不予排除，即当事人可以提出该证人能否如实陈述的品格证据。

（二）类似事实证据规则

类似事实证据是指当事人在诉讼中提出的旨在表明对方实施过的、与当前被指控行为相类似的行为的证据。类似事实证据规则是指某人曾实施的某一相似行为与他当前实施的行为没有关联性，不能因其实施过类似行为而用类似事实证据证明其在本案中也实施了此类行为。由此可见，类似事实证据也包含着“一日为贼，终生为贼”的逻辑，因而对于类似事实证据原则上应当予以排除。

鉴于将绝大多数类似事实证据均予排除在实践中易导致一些案件无法认定，部分英美法系国家对类似事实证据规则作出了限制。英国 2003 年的《刑事审判法》降低了类似事实证据的采纳标准，即类似事实证据只要与本案指控的罪行性质相同或类型相同，即可以作为证明被告人具有犯罪倾向的证据。《美国联邦证据规则》第 404 条 b 项规定：“关于犯罪、不法行为和其他行为的证据，不可采纳来证明某人的品性，以表明该人在特定场合的行为与该品性具有一致性。但是这一证据可以为其他目的而采纳，例如证明动机、机会、意图、准备、计划、知识、身份、无错误或者无意外事件。”① 由此可见，英美法系国家的证据法中并不完全禁止采纳类似事实证据，而是限制对其的引用与采纳。

三、我国对证据关联性的规定

我国诉讼法中并未明确规定证据的关联性问题，但有相关的法律及司法解释在一定程度上体现了关联性规则的精神。关联性规则要求采用的证据应当与案件事实具有关联，《刑事诉讼法》第 50 条第 1 款规定：“可以用于证明案件事实的材料，都是证据。”第 120 条第 1 款规定：“侦查人员在讯问犯罪嫌疑人的时候，应当首先讯问犯罪嫌疑人是否有犯罪行为，让他陈述有罪的情节或者无罪的辩解，然后向他提出问题。犯罪嫌疑人对侦查人员的提问，应当如实回答。但是对与本案无关的问题，有拒绝回答的权利。”《民事诉讼法》第 78 条第 1 款规定：“人民法院对当事人的陈述，应当结合本案的其他证据，审查确定能否作为认定事实的根据。”以上法律规定均体现出其包含了证据应当与案件事实之间存在联系的内容。除此之外，2021 年《刑诉解释》第 262 条规定：“控辩双方的讯问、发问方式不当或者内容与本案无关的，对方可以提出异议，申请审判长制止，审判长应当判明情况予以支持或者驳回；对方未提出异议的，审判长也可以根据

① 王进喜. 美国《联邦证据规则》条解. 2 版. 北京：中国法制出版社，2023：87.

情况予以制止。”第 247 条规定：“控辩双方申请证人出庭作证，出示证据，应当说明证据的名称、来源和拟证明的事实。法庭认为有必要的，应当准许；对方提出异议，认为有关证据与案件无关或者明显重复、不必要，法庭经审查异议成立的，可以不予准许。”这些规定也表明，控辩双方应当提交与案件有关联的证据，对于与案件无关的证据，法庭可以不予采纳。2019 年《民事证据规定》第 85 条第 2 款规定：“审判人员应当依照法定程序，全面、客观地审核证据，依据法律的规定，遵循法官职业道德，运用逻辑推理和日常生活经验，对证据有无证明力和证明力大小独立进行判断，并公开判断的理由和结果。”该条款对证据应当具有关联性也给予了正面的肯定。

总而言之，虽然我国诉讼法中没有明确规定关联性规则，但法律中已经涉及了关联性规则的内容，理论界也对“证据必须具有关联性”达成了共识，关联性被认为是证据的基本特征之一。传统证据理论认为，证据的关联性由案件事实决定，证据与案件事实之间存在着本质的、内在的联系，这样证据才具有关联性。现在学者与司法人员对关联性的理解也吸收了英美法系关联性概念中的某些因素，如有学者认为，“证据的关联性又称相关性，指的是作为证据内容的事实与案件的待证事实之间存在某种客观的联系，因此具有对案件事实加以证明的实际能力”。另有学者认为，“诉讼证据的关联性是指诉讼证据与案件的待证事实之间有客观的联系，这种关联性，要求诉讼证据应该是能够全部或一部分地证明案件的有关事实是存在还是不存在”[①]。可见，关联性规则在我国诉讼法中已成为一项不言自明的标准，不具有关联性的证据不应当被采纳。

第三节　非法证据排除规则

一、非法证据排除规则的概念

非法证据，即违反法律规定收集或提取的证据。非法证据的内涵有广义和狭义之分：“广义的非法证据是合法证据的对称，凡是包含违法因素的证据就是非法证据，主要包括三类：（1）主体不合法的证据，即不具备法定主体资格的人提取或提供的证据；（2）形式不合法的证据，即不具备或不符合法定形式的证据；（3）程序或手段不合法的证据，即通过不符合或违反法律规定的程序或手段取得的证据。狭义的非法证据主要是指第三种情况。”[②] 在我国，《刑事诉讼法》第 52 条规定：“审判人员、检察人员、侦查人员必须依照法定程序，收集能够证实犯罪嫌疑人、被告人有罪或者无罪、犯罪情节轻重的各种证据。严禁刑讯逼供和以威胁、引诱、欺骗以及其他非法方法收集证据，不得强迫任何人证实自己有罪。必须保证一切与案件有关或者了解案情的公民，有客观地充分地提供证据的条件，除特殊情况外，可以吸收他们协助调查。”由此可知，刑事诉讼法对非法证据的界定是以违反法定程序、侵犯相对人合法权利、严重影响司法公正的手段收集的证据。不仅如此，民事诉讼以及行政诉讼中同样存在非法证据排除规则，2022

① 江伟主编. 证据法学. 北京：法律出版社，1999：210.

② 何家弘，姚永吉. 两大法系证据制度比较论. 比较法研究，2003（4）.

年《民诉解释》第 106 条规定："对以严重侵害他人合法权益、违反法律禁止性规定或者严重违背公序良俗的方法形成或者获取的证据，不得作为认定案件事实的根据。"《行政诉讼法》第 43 条第 3 款规定："以非法手段取得的证据，不得作为认定案件事实的根据。"

非法证据排除规则是指经非法程序或使用非法方法取得的证据应当予以排除，即除非法律另有规定，司法机关不得采纳非法证据，将其作为定案的依据。它是从反面进行规定的证据采纳规则，是对证据合法性规则的补充，是现代法治国家普遍采纳的一项证据规则。非法证据排除包括两种类别：一是非法言词类证据的排除，主要是指只有在被追诉人自愿基础上作出的供述才能被采用，而通过刑讯逼供等非法手段收集的供述不再被采用；二是非法实物类证据的排除，主要是指取得证据的手段违反了法律规定，如违反搜查、扣押规定所取得的证据应当排除。

二、非法证据排除规则的价值功能

（一）权利保障

非法证据排除规则不允许将非法取得的证据作为定案的依据，其中就包括侦查人员通过刑讯逼供等非法手段或违反法律规定的程序所获得的证据。侦查人员的违法取证行为通常会破坏国家法律所确立的秩序，并损害相关诉讼参与人的合法权益。因此，将非法获得的证据排除有助于规范相关公安司法人员的行为，促使其合法地进行各类证据收集活动，切实保证诉讼参与人的合法权益不受侵犯。

（二）促进司法公正

从实体公正的角度看，非法证据排除规则虽然有可能放纵罪犯，但从另一方面看该规则有助于减少证据收集过程中的非法行为，从而减少冤假错案的发生，进一步保证判决的准确性，促进实体公正的实现；从程序公正的角度看，非法证据排除规则可以规范公安司法人员的取证行为，减少诉讼程序中的非法因素，有助于诉讼程序的正当进行，促进程序公正的实现。同时，实体公正与程序公正互相依存、互相联系，正当程序有利于保障实体公正的实现，实体公正又是程序公正的结果和最终目的，非法证据排除规则在一定程度上保证了程序的正当性以及裁判的准确性，有助于实现司法公正的价值。

（三）限制公权力的滥用

非法证据排除规则使只有经过合法程序或以合法手段取得的证据才能被采用，如此一来，公安司法人员在收集证据的过程中就会有所忌惮，在滥用权力实施非法手段之前就会想到其后果，从而促使其主动依法收集证据，进而降低证据被排除的风险，保证其调查取证工作受到最终的肯定。由此可见，非法证据排除规则有助于制止司法人员的非法取证行为，使其在实施非法行为前就知道法律后果，是对其调查取证工作最后的管控，从而督促司法机关依法取证、依法办案，规范公权力的行使。

（四）维护社会秩序

非法证据排除规则的适用，可以相对地减少冤假错案的数量，保障无辜者的基本权利，促使个案中的实体正义得到实现。在无辜者的权益受到保障的同时，侦查人员也能够及时改变侦查方向，发现真正应当受到追诉的人，从而真正实现惩罚犯罪、保障人权的目的，发挥促进司法公正、维护社会秩序的作用。

三、境外关于非法证据排除规则的规定

（一）英美法系的非法证据排除规则

美国是非法证据排除规则的起源地。在重视个人权利的维护、限制政府权力等价值观的影响下，美国开始倡导并建立了非法证据排除规则。非法言词证据最初是指违反美国宪法第五修正案规定的“任何人不得在任何刑事案件中被迫自证其罪”原则而取得的被告人的有罪供述。在1897年布拉姆案（Bram v. United States）中，美国联邦最高法院明确表示排除自白应当考虑自白的作出实际上是否在自由意志下完成的，进而强化了非法言词证据排除的法律效力。20世纪40年代以后，对非法言词证据由排除“非任意性自白”逐渐转为排除“程序性违法供述”。1966年，米兰达诉亚利桑那州案（Miranda v. Arizona）轰动一时，并且创立了著名的“米兰达规则”，该规则明确要求警察在讯问犯罪嫌疑人时应当告知其享有的沉默权、律师帮助权、律师在场权等权利。该规则在保障犯罪嫌疑人的合法权益的同时，还保障了不被强迫自证其罪原则的贯彻和执行，使非法言词证据的排除力度进一步加大。

非法实物证据排除主要是指违反美国宪法第四修正案所规定的程序进行非法搜查、扣押而取得的证据。该修正案规定：“个人的人身、住宅、文件和财产不受不合理搜查和扣押的权利不得侵犯，而且，不得签发令状，但存在合理根据，以宣誓或代誓宣言保证，并具体说明搜查的地点和扣押的人或物的除外。”① 该规定要求政府以正当、合法的程序进行搜查、扣押，如果以非法手段取得证据，那么该非法实物证据就不能被法院采纳。

“毒树之果”是指非法证据的衍生证据，即侦查人员在实施非法搜查、扣押、逮捕或者讯问过程中所派生的相关证据。这些证据是通过非法的行为或手段得到的，遭到了污染，因此在这个比喻中，非法行为是“毒树”，派生证据则是“果实”。在1920年西尔弗索恩案（Silverthorne Lumber Co. v. United States）中，美国联邦最高法院明确表示：“禁止以某种方式取得证据的实质，并非仅指该项证据不得为本院所采取，而是在根本上就不得加以利用。”由此，美国确立了“毒树之果”的排除规则。同时，美国对于“毒树之果”的排除规则也存在限制，在一般情况下，“毒树之果”应当予以排除，但为了更好地控制犯罪，出现了一些例外规则，如，污染中断规则、独立来源规则、必然发现规则等，对以通过非法搜查、扣押、逮捕获得的口供为依据而获得的实物证据这一类“毒果”的态度更为谨慎，是否不食“毒果”根据具体的案情而定。②

英国证据法明确规定了非法言词证据应当排除，且法官不享有任何自由裁量权，被

① ［美］约书亚·德雷斯勒，艾伦·C.迈克尔斯．美国刑事诉讼法精解：第1卷·刑事侦查．吴宏耀，译．北京：北京大学出版社，2009：51.

② 沈志先．刑事证据规则研究．2版．北京：法律出版社，2014：184.

告人口供的取得一旦违反法律规定的原则①，该口供就会被认为是非法言词证据并且被排除，而排除该口供是法官的责任，其无权自由裁量。至于对非法实物证据的排除，法官则享有一定的自由裁量权，法官在考虑是否排除控方所举证据时主要应当权衡证据搜集过程的合法性以及采纳该证据对诉讼公正性的影响②，并最终作出是否排除该证据的决定。在对“毒树之果”的态度上，英国选择了“砍倒毒树”但“享用毒果”的实用主义态度，即对于从被排除的被告人供述中发现的任何证据和事实，只要具备关联性和其他条件，可采纳为定案的依据。这一点与美国“砍树弃果”的做法不同。

（二）大陆法系的非法证据排除规则

大陆法系国家传统上奉行职权主义诉讼模式，重视对案件事实真相的寻求，因此通常不太愿意排除非法的证据。但随着两大法系诉讼模式的相互融合，大陆法系国家也渐渐建立起了非法证据排除规则，并形成了自己的特色。

德国是大陆法系中最具代表性的国家，基于其宪法关于“人的尊严不可侵犯”和“人有自由发展其人格的权利”的规定，德国的刑事诉讼一直以惩罚犯罪为目标，对人权保障的追求处于次要目标。在这样的背景下，德国的非法证据排除规则逐步确立。德国的非法证据排除规则的规定主要体现在宪法和刑事诉讼法典中，因此其非法证据排除规则的根据可以分为两类：以宪法性原则为根据和以刑事诉讼法典中的有关规定为根据。

德国对非法言词证据的排除主要体现在刑事诉讼法典中，《德国刑事诉讼法》第136条规定：“对被指控人决定与确认自己意思活动之自由，不得以虐待、疲劳、侵害身体、利诱、苛责、欺骗或催眠术之方法予以影响，只允许在刑事诉讼的范围内予以强制；禁止以刑事诉讼法之规定所不许可的处分相恐吓或法律上所未规定之利益相引诱；不准采取对被告人回忆能力或判断能力予以不利影响的处分。”这以明确列举的方式规定了以非法手段获取言词证据的情形，由此获得的证据则应被认定为非法证据并被排除。

大陆法系国家重视实体真实，以追求客观真实为价值取向。在非法实物证据排除方面，德国采用权衡原则，即并未要求必须排除非法实物证据，而是要求法官根据法律原则和违法后果的严重程度进行权衡。德国传统上有“证据禁用”的概念，但是基于各种利益比较而禁用某些证据的，并不单纯禁用以非法手段获取的实物证据。二战之后，人权保障在德国立法和司法实践中逐渐成为一种重要的指导思想。自20世纪60年代起，德国联邦法院通过两个排除秘密录音和日记作为有罪证据的判例，强调了“人的尊严”和“人格自由发展”的观念，并宣示“无论如何，所谓必须寻求真实，绝不是刑事诉讼的原则”。由此可见，德国在证据禁用理由中增加了人权保障的比重，从此，对于非法取得的实物证据，德国往往通过利益权衡的原则进行处理。③

关于“毒树之果”的处理，德国理论界持不同意见，但其司法系统对“毒树之果”并不采取绝对排除的态度。在司法实践中，“毒树之果”是否能作为定罪量刑的依据，标准只是该证据是否具有证明力并与案件相关。可见“毒树之果”规则在德国的影响比较小。

① 《英国1984年警察与刑事证据法》第76条。
② 《英国1984年警察与刑事证据法》第78条。
③ 黄利. 两大法系非法证据排除规则比较研究. 河北法学，2005（10）.

综合来看，德国作为大陆法系的典型代表，在刑事诉讼中比较注重实体真实，不会将所有的非法证据一并排除，同时还给予法官较大的自由裁量权，除了法律明确排除的严重违法取得的言词证据，其他非法证据是否排除，由法官在具体案件情形中进行自由裁量。

日本最高法院在1978年大阪病毒案件中开始确立非法证据排除规则。其非法证据排除规则的适用需要满足“重大违法”和“抑制违法侦查”双重标准，“权衡的要素包括：违反程序的程度、状况；是否存在故意；是否经常违反程序；违反程序与证据之间的因果关系；证据的重要性；案件的严重性”[①]。

四、我国关于非法证据排除的规定

（一）我国非法证据排除规则的建立

我国《宪法》对公民的基本权利进行了明确的规定，如《宪法》第13条第1款、第2款规定：“公民的合法的私有财产不受侵犯。国家依照法律规定保护公民的私有财产权和继承权。”第37条规定：“中华人民共和国公民的人身自由不受侵犯。任何公民，非经人民检察院批准或者决定或者人民法院决定，并由公安机关执行，不受逮捕。禁止非法拘禁和以其他方法非法剥夺或者限制公民的人身自由，禁止非法搜查公民的身体。”第39条规定：“中华人民共和国公民的住宅不受侵犯。禁止非法搜查或者非法侵入公民的住宅。”第40条规定：“中华人民共和国公民的通信自由和通信秘密受法律的保护。除因国家安全或者追查刑事犯罪的需要，由公安机关或者检察机关依照法律规定的程序对通信进行检查外，任何组织或者个人不得以任何理由侵犯公民的通信自由和通信秘密。”由宪法的以上规定可看出，非法证据排除规则虽未明确被规定在宪法层面，但反对违法取证的精神是蕴含在宪法规定中的，因此，以上规定也是我国构建非法证据排除规则的宪法基础和根据。

1. 刑事非法证据排除规则的建立

1979年《刑事诉讼法》第32条规定，刑事诉讼专门机关的工作人员应当遵守法定程序进行取证，这在一定程度上体现了非法证据排除的精神。1996年《刑事诉讼法》未对此作出大改动，其第43条中规定：“审判人员、检察人员、侦查人员必须依照法定程序，收集能够证实犯罪嫌疑人、被告人有罪或者无罪、犯罪情节轻重的各种证据。严禁刑讯逼供和以威胁、引诱、欺骗以及其他非法的方法收集证据。”1998年《刑诉解释》第61条明确规定：“严禁以非法的方法收集证据。凡经查证确实属于采用刑讯逼供或者威胁、引诱、欺骗等非法方法取得的证人证言、被害人陈述、被告人供述，不能作为定案的根据。”该条规定填补了我国有关法律中没有非法证据排除规则的空白。至此，我国初步形成了非法证据排除规则的框架。

2010年，“两个证据规定”出台，非法证据排除从一项笼统的要求转变成了一套具体的程序规则。“两个证据规定”将“保障办案质量”的实体价值与非法证据排除关联起来，规定了各类证据的收集和审查运用，扩大了非法证据规则的排除范围，明确了证

① 陈光中主编．证据法学．4版．北京：法律出版社，2019：239．

明原则和责任，等等。非法证据排除规则第一次在中国通过司法解释确立。2012 年《刑事诉讼法》在“两个证据规定”的基础上进行完善，非法证据排除规则正式上升为立法，成为我国刑事诉讼法典的一部分。

2017 年，最高人民法院、最高人民检察院、公安部、国家安全部、司法部在对过往司法解释和规范性文件进行系统性梳理和归纳后，再次联合颁布了《严格排除非法证据规定》。这一规定使非法证据排除规则的适用范围进一步得到扩张，同时还确定了重复性供述的排除规则，赋予了检方在审判前对排除非法证据的主导权，强化了律师的辩护权等，进一步细化、完善了我国非法证据排除规则。2018 年《刑事诉讼法》对非法证据排除规则并未作出突破性规定，大致延续了之前的规定。2021 年《刑诉解释》第 123 条明确规定了非法证据排除规则：“采用下列非法方法收集的被告人供述，应当予以排除：（一）采用殴打、违法使用戒具等暴力方法或者变相肉刑的恶劣手段，使被告人遭受难以忍受的痛苦而违背意愿作出的供述；（二）采用以暴力或者严重损害本人及其近亲属合法权益等相威胁的方法，使被告人遭受难以忍受的痛苦而违背意愿作出的供述；（三）采用非法拘禁等非法限制人身自由的方法收集的被告人供述。”

2. 民事非法证据排除规则的建立

由于民事诉讼中的证据并非由国家机关统一获取，我国在民事非法证据的运用上持宽松态度。1995 年《最高人民法院关于未经对方当事人同意私自录制其谈话取得的资料不能作为证据使用问题的批复》中认为“只有经过合法途径取得的证据才能作为定案的根据”；2001 年《民事证据规定》第 68 条明确规定，“以侵害他人合法权益或者违反法律禁止性规定的方法取得的证据，不能作为认定案件事实的依据”。直至 2015 年《民诉解释》第 106 条才正式确立了非法证据排除规则。[①] 尽管该规则并未规定于我国民事诉讼法中，但在相关司法解释中的确立仍然体现了我国民事领域对该规则的重视。

3. 行政非法证据排除规则的建立

2000 年《行诉解释》第 30 条的规定是行政诉讼非法证据排除规则的开端。[②]《行政证据规定》进一步明确了该规则，其第 57 条[③]列举了不能作为定案依据的证据，第 58 条[④]则排除了以违反法律禁止性规定或者侵犯他人合法权益的方法取得的证据。《行政诉讼法》总结并吸收了《行政证据规定》中关于非法证据排除的成功经验，将其升格为

① 2015 年《民诉解释》第 106 条规定：“对以严重侵害他人合法权益、违反法律禁止性规定或者严重违背公序良俗的方法形成或者获取的证据，不得作为认定案件事实的根据。”

② 2000 年《行诉解释》第 30 条规定：“下列证据不能作为认定被诉具体行政行为合法的根据：（一）被告及其诉讼代理人在作出具体行政行为后自行收集的证据；（二）被告严重违反法定程序收集的其他证据。”

③ 《行政证据规定》第 57 条规定，下列证据材料不能作为定案依据：（1）严重违反法定程序收集的证据材料；（2）以偷拍、偷录、窃听等手段获取侵害他人合法权益的证据材料；（3）以利诱、欺诈、胁迫、暴力等不正当手段获取的证据材料；（4）当事人无正当事由超出举证期限提供的证据材料；（5）在中华人民共和国领域以外或者在中华人民共和国香港特别行政区、澳门特别行政区和台湾地区形成的未办理法定证明手续的证据材料；（6）当事人无正当理由拒不提供原件、原物，又无其他证据印证，且对方当事人不予认可的证据的复制件或者复制品；（7）被当事人或者他人进行技术处理而无法辨明真伪的证据材料；（8）不能正确表达意志的证人提供的证言；（9）不具备合法性和真实性的其他证据材料。

④ 《行政证据规定》第 58 条规定：以违反法律禁止性规定或者侵犯他人合法权益的方法取得的证据，不能作为认定案件事实的依据。

法律[①]，其第 43 条第 3 款规定："以非法手段取得的证据，不得作为认定案件事实的根据。"2018 年《行诉解释》进一步明确了哪些属于"以非法手段取得的证据"[②]。

从我国三大诉讼领域中非法证据排除规则的立法演变过程来看，非法证据排除规则从初步形成框架到最终确立、完善，不仅是为了顺应世界证据法发展的潮流，更是因为其有前述重要的价值功能，体现了我国司法机关依法办事、弥补法律漏洞、保障人权的决心。

（二）我国非法证据排除规则的主要内容

1. 非法证据排除规则的适用范围

在刑事诉讼领域，我国的非法证据包括非法的言词证据和非法的实物证据，《刑事诉讼法》第 56 条第 1 款规定："采用刑讯逼供等非法方法收集的犯罪嫌疑人、被告人供述和采用暴力、威胁等非法方法收集的证人证言、被害人陈述，应当予以排除。收集物证、书证不符合法定程序，可能严重影响司法公正的，应当予以补正或者作出合理解释；不能补正或者作出合理解释的，对该证据应当予以排除。"这确立了犯罪嫌疑人、被告人供述，证人证言，被害人陈述，物证和书证五类应当适用非法证据排除规则的证据。

对于非法的言词证据适用绝对排除的原则，这是因为被追诉人相对于司法机关来说处于弱势地位，必须通过设置一定的程序规则对公权力予以制约，以防止司法人员为获取证据定罪量刑而不择手段，进而保证控辩双方合理、平等地对抗，同时也是因为这种破坏法治的非法行为侵害了国民最基本的人权，必须排除。

对于非法的实物证据则适用相对排除的原则，只有在其取得方法违反法定程序，可能严重影响司法公正并且不能补正或作出合理解释时才将物证、书证予以排除。2021 年《刑诉解释》第 126 条规定："收集物证、书证不符合法定程序，可能严重影响司法公正的，应当予以补正或者作出合理解释；不能补正或者作出合理解释的，对该证据应当予以排除。认定'可能严重影响司法公正'，应当综合考虑收集证据违反法定程序以及所造成后果的严重程度等情况。"这样规定是因为目前取得实物证据的手段还不够完备，再加上实物证据一般具有唯一性，且其客观性强，被伪造的可能性较低。

在民事诉讼领域，不具有合法性的证据材料主要有以下情形：第一，主体不合法；第二，形式不合法；第三，程序不合法。实践中较为常见的非法取证包含以下几种：一是陷阱取证，主要是诱惑他人进行侵权而收集的证据。二是私人侦探取证。此种取证方式多发生于婚姻纠纷中，用于调查配偶与第三者之间的关系。三是以偷录、偷拍等秘密手段取证，是指民事主体在他人未知情形或未取得他人同意情形下运用针孔摄像头等设备进行录制。四是以"违反法律禁止性规定"手段获取的证据，如采取绑架、抢劫等方式收集的证据。

对于是否排除，2022 年《民诉解释》第 106 条规定，对于以"侵权""违背公序良

---

① 江必新，邵长茂，方颉琳编著. 行政诉讼法修改资料汇纂. 北京：中国法制出版社，2015：112.

② 2018 年《行诉解释》第 43 条规定：有下列情形之一的，属于《行政诉讼法》第 43 条第 3 款规定的"以非法手段取得的证据"：(1) 严重违反法定程序收集的证据材料；(2) 以违反法律强制性规定的手段获取且侵害他人合法权益的证据材料；(3) 以利诱、欺诈、胁迫、暴力等手段获取的证据材料。

俗”的方式收集的证据需达到严重程度才能予以排除，而以“违反禁止性规定”的方法收集的相关证据则必须予以排除，前两者属于相对排除事由，而“违反禁止性规定”则属于绝对排除事由。

在行政诉讼中，根据2018年《行诉解释》第43条的规定可知，非法证据排除规则适用范围包括：第一，严重违反法定程序收集的证据材料。此处需要正确区分“严重违反”和“轻微违反”，“严重违反”是指违反了基本的正当性程序收集证据，如在作出裁决后收集的证据，只有一名执法人员收集的证据等。而法定程序则可以理解为行政机关调查取证时所必须遵守的，防止调查权恣意行使侵犯基本人权，由相关法律、行政法规及部门规章等所规定的程序。[①] 第二，以违反法律强制性规定的手段获取且侵害他人合法权益的证据材料。该条同时明确了“违反法律强制性规定”和“侵害他人合法权益”两个条件：前者是指违反行政法上的实体性规定，后者中“合法权益”不仅包含了人身权、财产权，还包括了人格权、住宅权、隐私权等权利。对此处的“权益”应当从宽理解。第三，以利诱、欺诈、胁迫、暴力等手段获取的证据材料。“利诱”是指利用利益来骗取，如实践中的“钓鱼执法”；“欺诈”是指当事人故意虚构事实、隐瞒真实情况，使他人产生错误的认识；“胁迫”是指威胁、强迫，使他人陷入恐惧；“暴力”是指采用激烈的强制方法，如殴打等。对于上述非法证据，《行政诉讼法》明确规定不得作为认定案件事实的根据。

2. 排除非法证据的诉讼阶段

在刑事诉讼中，为了进一步规范侦查机关的取证行为，规范检察机关提起公诉的行为，《刑事诉讼法》第56条第2款规定：“在侦查、审查起诉、审判时发现有应当排除的证据的，应当依法予以排除，不得作为起诉意见、起诉决定和判决的依据。”《严格排除非法证据规定》第17条也规定了人民检察院在审查逮捕、审查起诉期间对犯罪嫌疑人提出的非法取证线索或者材料应当予以调查核实，同时对审查认定的非法证据应当予以排除，不得作为批准或者决定逮捕、提起公诉的依据。由此可见，在整个诉讼的过程中，在侦查、审查起诉、审判的各个阶段均可以排除非法证据。这也是我国刑事非法证据排除规则的一个重要特征。

在民事诉讼中，非法证据排除发生于审判阶段，原因在于：其一，民事涉及私人事务，是存在于私权利之间的碰撞，公权力不应过多干涉。其二，若在审判前对民事证据取得的手段进行限制，则不利于私权利主体证据的收集。行政诉讼同民事诉讼一样，其排除非法证据的诉讼阶段亦发生于审判阶段。《行政证据规定》第21条规定：“对于案情比较复杂或者证据数量较多的案件，人民法院可以组织当事人在开庭前向对方出示或者交换证据，并将交换证据的情况记录在卷。”第35条第1款明确了“证据应当在法庭上出示，并经庭审质证。未经庭审质证的证据，不能作为定案的依据”。结合上述法条可知，如若法庭组织了庭前证据交换，当事人对于非法证据的异议应在此阶段提出，否则在庭审时提出。

---

① 最高人民法院行政审判庭编著．最高人民法院行政诉讼法司法解释理解与适用：上．北京：人民法院出版社，2018：237.

3. 排除非法证据的程序

《刑事诉讼法》及相关法律法规对在审判程序中排除非法证据的有关操作流程作出了规定：（1）程序的启动。《刑事诉讼法》第 58 条规定："法庭审理过程中，审判人员认为可能存在本法第五十六条规定的以非法方法收集证据情形的，应当对证据收集的合法性进行法庭调查。当事人及其辩护人、诉讼代理人有权申请人民法院对以非法方法收集的证据依法予以排除。申请排除以非法方法收集的证据的，应当提供相关线索或者材料。"因此，非法证据排除程序的启动模式包括两种：一是由审判人员依职权主动启动非法证据排除的调查程序，二是由当事人及其辩护人、诉讼代理人向法院申请启动非法证据排除的调查程序。《刑事诉讼法》第 187 条第 2 款规定："在开庭以前，审判人员可以召集公诉人、当事人和辩护人、诉讼代理人，对回避、出庭证人名单、非法证据排除等与审判相关的问题，了解情况，听取意见。"《严格排除非法证据规定》第 23 条第 2 款规定："被告人及其辩护人申请排除非法证据，应当在开庭审理前提出，但在庭审期间发现相关线索或者材料等情形除外。人民法院应当在开庭审理前将申请书和相关线索或者材料的复制件送交人民检察院。"根据以上规定，申请人应当在开庭审理前提出非法证据排除的请求。除此之外，在庭审期间发现相关线索或材料的，也可以在庭审中申请非法证据排除。因此，非法证据排除程序的启动既可以在开庭前，也可以在开庭中。（2）法庭审查及法庭调查。在非法证据排除程序启动后，法庭应当进行当庭调查，由公诉人对证据收集的合法性加以证明，被告人及其辩护人可以出示相关线索或材料，控辩双方可以对证据收集的合法性进行质证、辩论。（3）法庭处理结果。对于法庭处理的决定时间，《严格排除非法证据规定》第 33 条规定："法庭对证据收集的合法性进行调查后，应当当庭作出是否排除有关证据的决定。必要时，可以宣布休庭，由合议庭评议或者提交审判委员会讨论，再次开庭时宣布决定。在法庭作出是否排除有关证据的决定前，不得对有关证据宣读、质证。"

尽管 2022 年《民诉解释》规定了非法证据排除的范围和标准，但对于排除非法证据的程序性问题失之阙如。一般认为，非法证据排除规则的目的是"保护受非法取证行为侵害的人的权益"①，在民事诉讼中应当采取当事人依申请审查的模式，由当事人启动非法证据排除。具体而言，第一，尊重当事人的处分权。基于民事诉讼处分原则，允许民事主体放弃权利，若当事人不申请非法证据排除则可视为其放弃该权益。第二，法院的中立性。不同于刑事诉讼中，民事主体在诉讼程序中处于相对的平衡地位，若法院依职权启动排非程序无疑破坏了诉讼程序的公正性。第三，符合"谁主张谁举证"原则。当事人对其主张承担相应的后果，其对于不利的证据应当有理性的认识。

在行政诉讼领域，非法证据排除主要是指行政执法机关通过非法手段、违反法定程序，非合法主体及其他违反程序规则所取得的证据材料。② 因此，行政诉讼中非法证据排除的申请主体主要为原告以及与案件的处理结果存在利害关系的第三人。《行政证据规定》第 62 条规定："……原告或者第三人提出证据证明有下列情形之一的，人民法院

① 李浩. 民事诉讼非法证据的排除. 法学研究. 2006（3）.

② 李浩主编. 证据法学. 3 版. 北京：高等教育出版社，2023：320.

不予采纳：（一）鉴定人不具备鉴定资格；（二）鉴定程序严重违法；（三）鉴定结论错误、不明确或者内容不完整。”

4. 非法证据的证明责任和证明标准

非法证据排除采用举证责任倒置规则，检察机关需要提供证据证明证据收集的合法性，并且需要达到最高证明标准，即：（1）经法庭审理确认存在非法取证情形；（2）不能排除非法取证。《刑事诉讼法》第 58 条第 2 款规定：“当事人及其辩护人、诉讼代理人有权申请人民法院对以非法方法收集的证据依法予以排除。申请排除以非法方法收集的证据的，应当提供相关线索或者材料。”2024 年《排除非法证据规程》第 8 条规定：“犯罪嫌疑人、被告人及其辩护人申请排除非法证据，应当提供相关线索或者材料。‘线索’是指内容具体、指向明确的涉嫌非法取证的人员、时间、地点、方式等。‘材料’是指能够反映非法取证的伤情照片、体检记录、医院病历、讯问笔录、讯问录音录像或者同监室人员的证言等。”据此，申请人申请非法证据排除时负有提供相关线索或材料的初步证明责任，不过这种证明责任只需达到“对合法性有疑问”的程度。《刑事诉讼法》第 59 条第 1 款规定：“在对证据收集的合法性进行法庭调查的过程中，人民检察院应当对证据收集的合法性加以证明。”检察机关对控诉证据的合法性承担证明责任，这种证明需要达到确实、充分的标准，否则法院将认定该证据不合法并予以排除。《刑事诉讼法》第 60 条规定：“对于经过法庭审理，确认或者不能排除存在本法第五十六条规定的以非法方法收集证据情形的，对有关证据应当予以排除。”据此，经过法庭审理能够确认为非法证据的，应当予以排除；对于不能排除存在以非法方法收集证据情形的，即对该证据的合法性控方不能提供证据加以证明，或已提供的证据不够确实、充分的，对该证据也应当排除，且依法予以排除的证据不得再作为判决的依据。由此可见，控方如果不举证或已提供的证据不够确实、充分，就应承担不能以该证据证明指控的犯罪事实的法律后果。另外，《刑事诉讼法》第 59 条第 2 款中规定：“现有证据材料不能证明证据收集的合法性的，人民检察院可以提请人民法院通知有关侦查人员或者其他人员出庭说明情况；人民法院可以通知有关侦查人员或者其他人员出庭说明情况。”据此，侦查人员或其他人员出庭作证是控方在现有证据材料无法证明时的补充证明方式。除此之外，2019 年《高检规则》第 74 条规定：“人民检察院认为可能存在以刑讯逼供等非法方法收集证据情形的，可以书面要求监察机关或者公安机关对证据收集的合法性作出说明。说明应当加盖单位公章，并由调查人员或者侦查人员签名。”据此，检察机关在对案件证据进行审查时，可以向监察机关或公安机关提出要求，此时监察机关或公安机关负有对证据收集合法的说明义务。

刑事非法证据排除规则在我国从无到有，从简单到丰富，对于防止和减少冤假错案的发生起到很大的作用，推动了审判的现代化和法治化。

《民事诉讼法》明确规定“当事人对自己提出的主张，有责任提供证据”，即“谁主张，谁举证”。基于该原则，申请排除非法证据的当事人，应当证明对方取得的证据过程非法，由此确立异议方承担存在证据非法的证明责任。同时，异议方的证明责任需达到高度盖然性的程度。在证据评价层面，根据《民诉解释》第 106 条规定可知，非法证据包含以下三个判断标准，即是否严重侵害他人合法权益，是否违反法律禁止性规定，是否严重违背公序良俗。但法律规定过于原则性，因此在“严重”标准上，法官具有一定的自由裁量权。总之，若“有证据证明非法取证的可能性明显大于合法取得的可能性，法官形成的证据很可能是非法取得的内心确信，就应当认定为非法证据，并通过利益衡量来决定是否予以排除。”①

在行政诉讼中，与行政主体相比，原告以及第三人收集证据相对处于劣势，《行政诉讼法》第 34 条确立了由被告承担证明责任的一般原则，《行政证据规定》第 6 条规定：“原告可以提供证明被诉具体行政行为违法的证据。原告提供的证据不成立的，不免除被告对被诉具体行政行为合法性的举证责任。”因此，对非法证据的证明责任仍由被告承担，即被告应当对作出的行政行为的合法性承担举证责任。至于证明标准，行政诉讼证明标准具有多元性，对于非法证据应根据案件不同性质、非法行为类型等综合确定证明标准。

第四节　传闻证据排除规则

一、传闻证据排除规则的含义

传闻证据排除规则又称传闻法则，是指除非法律另有规定，传闻证据一般不具有可采性。美国证据法学家华尔兹教授认为，在最为广义的普通法中“传闻证据的定义是：在审判或讯问时作证的证人以外的人所表达或作出的，被作为证据提出以证实其包含的事实是真实的，一种口头或书面的意思表示或有意无意地带有某种意思表示的非语言行为”②。英国证据法学家克罗斯认为，“传闻证据是指一项事实陈述，不是一个人在诉讼程序中使用口头形式作出的，并把它作为其所主张的事实的证据”③。而依据《美国联邦证据规则》第 801 条的规定，传闻是指不是由陈述者在审判或听证中作证时作出的陈述，在证据上用它来证明主张事项的真相。适用传闻证据排除规则的前提是法官能够判断某个证据是否属于传闻证据。实践中判断和识别传闻证据是相当复杂的事情，而且立法与理论对传闻证据的界定有很大的不同。

根据英美法系传闻证据排除法则，在法庭审理过程中，当事人不能向法庭提交传闻证据进行调查和质证。如果一方当事人已经在法庭出示传闻证据，不得提交陪审团作为评议的依据，另一方当事人有权对此提出异议。传闻证据包括两种形式：一是指亲身感受了案件事实的证人在庭审期日以外所作的书面证人证言以及司法人员所作的询问笔录，二是指他人在庭审期日以证人亲身感知的事实向法庭所作的转述。《美国联邦证据规则》第 801 条规定，所谓传闻证据，是指在审判外所作的用于在法庭上证明所断定事项之真实性的陈述或叙述性动作。④ 根据这一规定，一项陈述是否属于传闻，应当从以下三个方面判断：一是该陈述是否包含断定的内容，二是该陈述是否在法庭外作出，三

① 李浩主编. 证据法学. 2 版. 北京：高等教育出版社，2014：320.

② ［美］华尔兹. 刑事证据大全. 何家弘，等译. 北京：中国人民公安大学出版社，1993：81.

③ 齐树洁主编. 英国证据法. 厦门：厦门大学出版社，2002：451.

④ Fed. R. Evid. , Rule 801 (a) (3).

是该陈述是否用于证明陈述中断定的内容。兹分述如下。

1. 陈述应当包含断定的内容

传闻证据形式多样，可以口头形式、书面形式以及非语言行为即动作表现出来。通常来说，一个完整的陈述总是包含断定的内容。但是，一方面，并非所有从人口中发出的声音都构成一个陈述，例如“嗯”“啊”等含义不清的语词，并不包含断定的内容。因此，只有那些包含断定内容的陈述，才可能会构成传闻。另一方面，人们除用口头语言进行交流以外，也可以用肢体语言如动作等进行交流。如果一个动作本质上构成一个包含断定内容的陈述，则同样可构成传闻。因此，可能构成传闻的除了人们通常理解的陈述，还包括具有陈述性质的动作。

2. 并非陈述人在本庭作证时作出

传闻的最基本特征，就是它是陈述人并非在当下的法庭上作证时作出的陈述，即它至少涉及两个陈述主体和两个陈述环节：一是传闻的作出者，二是在法庭上转述传闻的证人。《美国联邦证据规则》对“传闻的作出者”和“证人”这两个概念进行了区分：“传闻的作出者”就是作出陈述的人，“证人”则是指在法庭上出庭作证的人。[①] 在大多数情况下，传闻的作出者是不在法庭上作证的。

3. 用于证明所述断定事项的真实性

构成传闻的第三个要素，是该审判外的陈述被用于证明该陈述中所包含的断定。摩根教授指出，《美国联邦证据规则》中关于传闻的定义典型地体现了威格摩尔教授的观点，而且这一界定早在《模范证据法典》中就已有体现：传闻所禁止的就是“用一项审判外的陈述来证明该陈述中包含的断定”。

二、传闻证据排除规则的形成及理论基础

传闻证据排除规则形成于英国普通法时代，其形成过程实际上是英国法在发展过程中对许多传闻证据在例外情形下可以作为定案依据的归纳、总结过程。在这一过程中，通过列举法和排除法，法律确认了许多传闻证据的例外情况，规定凡出现这些情况便不作为传闻证据排除。传闻证据排除规则的发展主要依赖美国证据法律制度的完善，《美国联邦证据规则》第 801 条 c 项规定，传闻证据是指陈述者不在审判或听证中的陈述，被诉讼当事人作为证明待证事实或案件真相的证据。传闻证据通常被认为是陈述的一种情形，是一种不能被质证的陈述。

排除传闻证据的理由有三：一是法庭外未经宣誓的陈述通常不可靠；二是陈述者未在法庭上经受交叉询问，因此其陈述中的漏洞未能被发现；三是陪审团可能对传闻给予过高的评价。[②] 因此，传闻证据排除规则的根本目标在于保证证言的真实性和完整性，其功能首先在于保证证人所述的确实是其亲身感知的事实；其次在于保证证人对其感知到的事实保持了准确的印象；最后就是保证证人准确地表达了他记忆中的印象。[③]

① Fed. R. Evid. , Rule 801 (a) (1).

② Michael L. Seigel. Rationalizing Hearsay : A Proposal for a Best Evidence Hearsay Rule. Boston University Law Review , 1992 (72).

③ Wm. Garth Snider. The Linguistic Hearsay Rule : A Jurisprudential Tool. Gonzaga Law Review , 1997 (32).

依据美国联邦法院判例，一名证人向法庭作证必须同时具备四个条件：一是具有观察和感知外部事件的感知能力，二是具备将观察到的事件储存于大脑的记忆能力，三是具备将记忆中的事件向法庭清晰地陈述的交流能力，四是具备对如实作证义务的理解能力。[①]

英美法系国家的诉讼制度采取了各种办法，以保证证人向法庭陈述的真实性。其中第一种是要求证人宣誓或具结，以庄严肃穆的方式，唤醒证人对法庭如实作证的良心意识；第二种是要求证人亲自出现在法庭上，通过对证人的察言观色，发现其证言中不实的成分；第三种是通过交叉询问，来检验证人证言的可信度。[②] 证人如出庭作证，其证言中是否有虚假的成分，通常可以通过交叉询问的方式获得检验。

但是传闻证据在可靠性方面存在着双重的危险：一是传闻在传递过程中失真的可能性增加了，二是因传闻的陈述者不能出庭而无法对其进行交叉询问，从而无法检验其陈述的真伪。

在英美证据法中，可以基于两种原因之一排除传闻证据：缺少证明价值或者证明力以外的政策。笼统地讲，传闻证据之所以被排除，是因为在口头陈述的情况下，证人复述他所听到的话时存在不准确报告的危险，也就是说，由于传闻一般来说是不可靠的，因此将其排除对于确保定罪的准确性以及防止对无辜者定罪来说是必要的。政策原因经常微妙且复杂，而且涉及程序价值理论。其中最主要的理由就是，采纳传闻证据将通过不让被告人交叉询问陈述者而剥夺他有效参与对其提起的诉讼的机会。有人认为，即使交叉询问无法有效地检验证人的可靠性，剥夺被告人交叉询问的机会也是不对的，但是传闻证据排除规则主要考虑的是证明力。

检验供述真实性的方法有两种：（1）英美法的观点，根据当事人的反询问来验证；（2）大陆法的观点，由法官直接检验。英美证据法中排除传闻是因为当事人被剥夺了反询问的机会，而在大陆法系与传闻证据排除规则具有类似功能的制度是直接言词原则。

直接言词原则与传闻证据排除规则分别隶属两大法系，分别存在于职权主义和当事人主义诉讼模式之中。二者的差异主要有以下几个方面：一是二者的适用范围不同。前者主要是规范法官的审判行为，要求法官的行为必须符合直接、言词的要求；后者主要是禁止传闻证据进入法庭审理程序。二是两者发挥作用的方式不同。前者无须当事人提出，法官必须依职权贯彻；后者则以对方当事人提出为前提，法官不得主动排除。三是对证据效力的影响不同。前者要求证据在法官面前以言词的方式提出才具有证据能力，后者要求证据必须经过当事人的反询问或同意方具有可采性。[③]

传闻证据排除规则与直接言词原则的功能是相同的，只是适用的程序不同而已，两者保护的侧重点也有所不同。我国台湾地区学者黄东雄指出："在程序方面，直接审理主义与传闻法则有所不同。因直接审理主义乃属职权主义下之原理，故其所着重者，原证人必须到庭在审判官面前做供述，而不得以传闻作为证据。而传闻法则因属当事人主义下之原

① Fed. R. Evid. , Rule 602 ; State v. Young , 477 S. W. 2d114 , 116 , Mo. 1972.

② Fed. R. Evid. , Rule 801 , advisory committee's note.

③ 陈光中主编. 刑事诉讼法. 4 版. 北京：北京大学出版社，2002：208//宋英辉，李哲. 直接、言词原则与传闻证据规则之比较. 比较法研究，2003（5）.

理，故其所着重者，乃当事人与证据之关系。亦即，因人的证据未经过推敲，其可靠性无保障，故为避免误判起见，传闻法则乃要求审判时，原证人必须到庭在审判官面前由当事人来对其做反对询问。凡是未给予对方反对询问机会之供述证据，原则上，不得作为证据。于实体方面，直接审理主义与传闻法则系相同；此两者只不过在程序方面有差异而已，亦即，在程序方面，传闻法则多了当事人之反对询问权，而直接审理主义则无当事人之反对询问权之问题。此以另一种表述言之，则直接审理主义加反对询问权即变成传闻法则。"①

三、传闻证据排除规则的例外

传闻证据排除规则适用于三种情形：（1）口头陈述，即转述他人告知的事项不能作为证据；（2）书面陈述，即诉讼中的任何一方如果依靠文书所表述的事实内容，则必须传唤文书的制作者；（3）用行为表明的暗示，即在诉讼中重复、模仿的知情者的行为也不得作为证据，但是只有当举出该证据的目的是证明所称事实的真实性时，才能依传闻证据排除规则排除这项证据。

判断陈述可采性的原则为，审查陈述属于传闻还是非传闻：如果属于非传闻，则可以采纳；如果属于传闻，则须进一步审查它是否属于传闻证据排除规则的例外情形，如果属于例外情形，则仍然可以采纳。

由于"书面的传闻证据和供述的传闻证据的结构相同，也不能对原供述者提出反询问"，因此原则上传闻证据排除规则也适用于书面传闻证据。但是与供述证据相比，书面传闻证据的可靠性较高，因此书面传闻证据经常作为传闻证据排除规则的例外情形而被采纳。

尽管传闻证据排除规则的基本原则是排除而不是采纳，但是从各国的立法和司法实践来看，在有些情况下也可以为一定目的而采纳传闻证据。这是因为传闻证据在特定情况下仍然具有一定的证据价值和程序价值，有必要为传闻证据排除规则设置某些例外。

英国证据法上传闻证据排除规则的例外按照其法律渊源可以分为普通法中的例外和制定法中的例外。

1. 普通法中的例外

普通法曾为传闻证据排除规则发展了许多例外，但其中有一些已不再适用，而且自从《英国 1995 年民事证据法》废除了民事诉讼中的传闻证据排除规则之后，普通法中的例外现在只在刑事诉讼中还有意义。随着时代发展，传闻证据排除规则的适用趋于宽松，普通法中的例外已经逐渐被制定法的例外取代。以下几种是主要的普通法中的例外：附属事项原则、濒死者的陈述以及公共文件中包含的陈述。

（1）附属事项原则。在许多事实或事件中，伴随陈述或同步陈述是其必不可少的组成部分，以至于如果不提到这些陈述，对事实或事件的叙述就会含糊不清、没有意义或者容易产生歧义，或者没有该陈述就无法完整地描述某一待证事实或事件。

① 黄东雄. 谈传闻法则. 军法专刊，35（1）：17－18//黄朝义. 论刑事证据法上之传闻规则. 东海法学研究，1998（12）：167.

（2）濒死者的陈述。如果在陈述与审判之间有死亡发生，适用传闻证据排除规则显然不合适。普通法中发展起来的与死者陈述有关的规则反映了如下真理，即如果没有这种例外，将无法证明许多非常重要的事实，这些事实发生在较长时间以前，而且没有任何可采的记录供参考。普通法认为，可以采纳死者陈述以证明其陈述中的事实。但是，并非所有的死者陈述都可以成为传闻证据排除规则的例外。要想具有可采性，死者陈述要具有以下情况之一：1）公众关心的事物，如果死者陈述是为了证明习俗、约定俗成的权利、公共权力、血统等事项，则是可采的；2）不利陈述，当采纳的陈述不利于陈述者时，普通法对传闻证据可能伪造的担心就会减弱，因此，该陈述就可以作为证明它所陈述事实的证据予以采纳；3）在履行职责过程中所作的陈述，死者陈述如果包括有特定记录职责的行为，且该行为确实是由其记录的，则这种陈述是可采的；4）谋杀案件中的陈述，在涉及谋杀或者过失杀人的指控中，被害人临死前的陈述对于证明死亡原因和当时的情况是可采的。

（3）公共文件中包含的陈述。普通法中公共文件中包含的陈述作为证明其中所包含事实的表面证据可以被采纳。其具体条件为：文件必须是为了供公众使用而制作并保存，并且必须包含涉公共利益的事项；文件必须对公众开放，可随时查询；要证明的内容必须是在事件发生后记录的；要证明的内容必须是由本身具有调查职责并且确信所记录的事实是真的人记录的。

2. 制定法中的例外

由于普通法中的传闻证据排除规则的例外无法满足现代诉讼的需要，制定法规定某些书面传闻具有可采性。

在英国的刑事诉讼中，治安法院使用书面证言和庭外陈述的做法早已得到承认。1976 年《刑事审判法》允许在移送审判程序和庭审中更多地使用证人陈述，但前提是没有人提出异议。1988 年《刑事审判法》为刑事诉讼中传闻证据的可采性作出了迄今为止最广泛的规定，其中第 23 条首次引入一条一般规则，即在有确实保障的情况下，如果书面传闻制作者无法提供证言或者传唤其出庭作证毫无意义，则第一手书面传闻在刑事诉讼中是可采的；第 24 条通过允许采纳商业、贸易、其他职业活动或者办公过程中产生的文书增强了书面传闻的可采性。

在美国，传闻证据被认为是一种非常不可靠的证据类型，因此其整套排除规则都与传闻有关。美国证据制度吸收了普通法确立的许多传闻证据排除规则的例外情况，并通过立法加以明确。根据《美国联邦证据规则》的规定，传闻证据排除规则的例外主要分为两大类：一类例外是陈述者能否作证无关紧要，另一类例外是陈述者不能出庭作证。法律如此规定的第一个基础就是可靠性原理。传闻的危险因素通常包括感知错误、记忆错误、陈述错误、诚实性缺乏保障等。但是在特定情形下，这些危险可能会被降低，从而使传闻具备了可采性，例如，一个人在受惊的情况下大脑转个弯再撒个谎的可能性大大降低。《美国联邦证据规则》第 803 条规定的许多例外都建立在间接证据可以加强传闻的可靠性这一基础上。第二个基础是必要性原理，《美国联邦证据规则》第 804 条体现的就是这一原理。在第 804 条规定的规则下，这些例外的存在是因为传闻的陈述者已经找不到了。另外，在商业文书等证据方面，传闻有时候是用于帮助证人找回自己的记忆。

在德国，《德国刑事诉讼法》第 250 条“询问本人原则”规定，对事实的证明如果是建立在个人的感觉之上，要在审判中对他询问，询问不允许以宣读以前的询问笔录或者书面证言代替。该规定是德国法中直接审理原则的要求，其功能类似于英美法系的传闻证据排除规则。德国法不仅有排除传闻证据的原则性规定，还设置了若干可以宣读证言笔录的例外情形。《德国刑事诉讼法》第 251 条“宣读笔录”规定，（1）有下列情形之一时，允许以宣读以前的法官询问笔录代替询问证人、鉴定人或者共同被指控人：一是证人、鉴定人或者共同被指控人已经发生精神病或者其居所不能查明；二是因患病、虚弱或者其他不能排除的障碍，证人、鉴定人或者共同被指控人在较长时间或者不定时间内不能参加法庭审判；三是因路途十分遥远，考虑到其证词意义，认为不能要求证人、鉴定人到庭；四是检察官、辩护人和被告人同意宣读。（2）被告人有辩护人的时候，如果检察官、辩护人和被告人对此同意，可以以宣读另一次讯问或者宣读包含被指控人书面陈述的证言来替代讯问证人、鉴定人或者共同被指控人。除此之外，只有在证人、鉴定人或者共同被指控人已经死亡，或者出于其他原因在近期内法院不能对他予以讯问的情况下，才准许宣读。（3）如果不直接与作出判决有关，而是为了其他目的，特别是为了对是否传唤、询问某人的裁定做准备的时候，也允许宣读讯问笔录、证言及其他作为证据的文书。（4）在情形（1）（2）中，由法庭决定是否命令宣读。对宣读理由要宣布。宣读法官讯问笔录时，要确定是否曾要求被讯问人宣誓。法院认为有宣誓必要并可以实施的时候，可以进行补充宣誓。

四、我国传闻证据排除规则的移植与适用

从目前的形势来看，学术界比较一致的观点是引入传闻证据排除规则。学者主张引入传闻证据排除规则的理由大概有以下几点：一是传闻证据排除规则可以促使证人出庭作证，从而增强审判的直接言词性；二是传闻证据排除规则为证据的准入提供了具有可操作性的规则；三是传闻证据排除规则通过对证据的过滤可以促进事实真相的发现；四是传闻证据排除规则可以增强法庭的对抗性，使交叉询问落到实处。① 在有关证据立法的学者建议稿中，几乎无一例外地主张引入传闻证据排除规则。②

但也有学者认为，传闻证据排除规则在一定程度上或许有助于解决上述学者所试图解决的问题，但是传闻证据排除规则并非解决这些问题的不二之选。③ 确立传闻证据排

---

① 吴丹红，黄士元．传闻证据规则研究．国家检察官学院学报，2004（1）．

② 陈光中主编．中华人民共和国刑事证据法专家拟制稿：条文、释义与论证．北京：中国法制出版社，2004：214；江伟主编．中国证据法草案（建议稿）及立法理由书．北京：中国人民大学出版社，2004：485；樊崇义，杨宇冠．论传闻证据规则．国家检察官学院学报，2001（4）（该文认为，“为了解决我国刑事诉讼中证人出庭作证难问题，有必要考虑确立符合我国情况的传闻证据规则”）；尹晓莉．论传闻证据规则．贵州工业大学学报（社会科学版），2002（3）；宋英辉，李哲．直接、言词原则与传闻证据规则之比较．比较法研究，2003（5）（该文认为，“立法应当明确规定，法院不得采纳传闻证据”）；吴丹红，黄士元．传闻证据规则研究．国家检察官学院学报，2004（1）（该文认为，应当以现实性和合理性为基础建构我国的传闻证据排除规则）；江显和，等．变革与借鉴：传闻证据规则引论．中国法学，2005（5）（该文认为刑事诉讼法应当在原则上排除传闻证据，但允许适当的例外，并规定传闻证据排除规则的配套措施）．

③ 易延友．证据法的体系与精神：以英美法为特别参照．北京：北京大学出版社，2010：249．

除规则的最主要目的是解决证人出庭作证的问题，虽然传闻证据排除规则能够提供一些具有可操作性的证据规则，促进事实真相的发现，但是仔细审视后将不难发现，解决证人出庭问题仍是学者期望确立传闻证据排除规则的真正原因。一方面，排除传闻不一定有助于真实的发现，因为很多情况下，传闻的真实性与非传闻的真实性是难以评定的；另一方面，建立传闻证据排除规则可以加强法庭的对抗性和使交叉询问落到实处等观点都是欠缺说服力的。

不仅如此，传闻证据排除规则本身的内涵与外延较难把握，且例外极多，使其适用极为复杂，加之我国没有陪审团审判这一传闻证据排除规则的适用土壤，因此，在我国建立源于英美法系的传闻证据排除规则极为困难。但是，传闻证据排除规则强调证人在法庭上当面作证，保障当事人的对质权的精神，仍有值得我国借鉴之处。[①]

也有学者指出：问题的关键是法律的移植。任何一项制度在移植的问题上都会表现出其复杂性，何况传闻证据排除规则这样复杂的规则。对于一项生长于英美法系之土壤的制度，中国的学者首先需要对其历史、规则、例外、理论基础等预先作全面的考察，对与该制度有关的规则及判例作广泛的阅览，以求对该制度有全面、深入的了解。[②]

第五节　意见证据规则

一、意见证据规则概述

意见证据并非事实本身，是证人依其亲身感受的事实作出的推断或评价，而推断是从已被证明了的事实中推出其与待证事实之间的合理联系。判断证人的陈述是否是“意见”，并不看证人是否使用了“我认为”“我相信”这类表述，而是看该证词的内容，看其属于证人个人的观察还是从中作出的推断或评价。

英美法系对外行证人（lay witness）与专家证人（expert witness）加以区分。其普通法要求，外行证人只能陈述他们所知道的第一手资料，并且只能就事实提供证言，而不得提供意见、推断或者评价，但是专家证人则可以提供意见证据。大陆法系对证人和鉴定人（相当于英美法系的“专家证人”）明确予以区别。对于证人，要求其根据自己所了解的事实提供证言，对于其根据自己所体验的事实进行一些必要的分析、判断或者推测一般并无明确的禁止。鉴定人的意见则是一种独立的证据，不属于证人证言。可见两大法系就普通证人的意见是否可以作为证据的问题，存在不同的观点。

外行证人的意见证据原则上不具有可采性，其法理依据有如下几点。

第一，证人职能与裁判职能的区分。英美证据法理论将证人视为一种证据方法，认为其职能在于将亲身体验的事实如实提供于法庭。而依据一定的证据材料作出推断或结论，则属于裁判职能，应当由陪审团或者法官行使。虽然在理论上事实裁判者可以自由地排斥、抵制意见陈述，但事实上仍然难免受到影响。在证人将其运用感官观察到的信

① 陈光中主编. 证据法学. 3 版. 北京：法律出版社，2015：262.

② 易延友. 证据法的体系与精神：以英美法为特别参照. 北京：北京大学出版社，2010：255.

息告知事实裁判者之后，后者便不再需要前者用推理方式予以协助。同时，对意见证据难以进行交叉询问，证人无法承担伪证责任。

第二，外行证人的意见陈述存在影响公正认定事实的危险。意见并非证人所亲身体验，如果允许证人提供意见，其陈述的客观事实中混杂有个人见解，有误导事实裁判者的危险，甚至可能导致事实裁判者错误地认定案件事实。

第三，外行证人陈述事实时不需要专业知识即可得出结论，故其不具有证明价值。证人作为案件事实的耳闻目睹者，其推理判断难以具有准确性和可信性，排除意见陈述有利于防止不具有可采性的证据进入诉讼。

二、意见证据规则的例外

在英美法系证据法中，并非证人的所有意见证据都不具有可采性。在英美法系，证人的意见证据在下列两种情况下具有可采性。

1. 普通证人在某些特殊情况下发表的意见

依据《美国联邦证据规则》第 701 条的规定，如果证人不是以专家证人的身份作证，其意见或推论形式的证言具备以下条件之一时具有可采性：（1）合理地基于该证人的感知；（2）有助于清楚地了解该证人证言或者决定争点事实。但是，上述条件以不是基于《美国联邦证据规则》第 702 条所规定的科学、技术或者其他专门知识为限。在判例中，如果普通证人的意见陈述的内容，或者与事实陈述无异，或者对某种特别事项的意见陈述与专家证人的意见无异，如同时觉察的事实、持续察觉的事实、总括式的陈述、印象之陈述，视同专家的意见陈述、品格的意见陈述等，也是具备可采性的。[①]

2. 专家证人的意见

例如，依据《美国联邦证据规则》第 702 条的规定，如果科学、技术或其他专门知识有助于事实裁判者了解证据或决定争议事实，因其知识、技术、经验、训练或教育而具有专家资格的证人，在下列情形下，可以以意见或者其他方式进行作证：（1）该证言是基于充分的事实或者资料。（2）该证言是由可靠的原理或者方法推论而来的。（3）该证人已将这些原理或者方法可靠地适用于案件事实。例如，根据华尔兹教授的阐述，具有类似病理学或者弹道学知识的专家证人，如果遇到以下四种情况，可以提出意见证言：（1）该意见、推论或结论是依靠专门性的知识、技能或培训作出而不是依靠陪审团的普通经验作出；（2）该证人必须出示自己作为真正的专家在该专门性领域内所具有的经验并被证明合格；（3）该证人必须对自己的意见、推论或结论作出合理的肯定（很可能）程度的证明；（4）专家证人必须首先叙述自己对该证据（事实）的意见、推论或结论是有根据的，必须对依事实提出的假设性问题作出回答。[②] 值得注意的是，在英美法系国家，专家证人并非仅仅局限于那些受过专门训练而具有专门知识或者特殊技能的专家，原则上，证人只要能够在某些特定的领域凭借自己的知识、技能或者实践经验，帮助事实裁判者发现案件事实的真相，就可以提供专家证言。也就是说，问题的关键不在

---

① 刘善春，毕玉谦，郑旭．诉讼证据规则研究．北京：中国法制出版社，2000：164－165．

② ［美］乔恩・R．华尔兹．刑事证据大全．2 版．何家弘，等译，北京：中国人民公安大学出版社，2004：430．

于该证人在这一领域中是否比其他的专家更有资格，而是该证人是否比陪审团和法官更有能力从事实中作出推论。但是无论如何，一个证人的意见是否能作为专家意见，以及他提供的意见是否属于需要专家鉴定的事项，都需要经过法官的审查，因此，法官对专家证人的资格审查是决定证人的意见证据是否具备可采性的关键程序。

在大陆法系国家，尽管其证据法也要求证人根据自己所感知的事实提供证言，但由于大陆法系国家的事实裁判者通常是训练有素的职业法官，能够对证人的意见作出适当的评判，因此大陆法系国家的证据法一般允许证人根据其所体验的事实作出一些必要的分析、判断和推测。与英美法系国家不同，大陆法系国家的证人概念的范围比较狭窄，并不包括英美法系国家所说的专家证人，而是普遍将专家证人的意见或者结论即鉴定意见从证人证言中分离出来，将英美法系中的专家证人专门称为鉴定人。因此，在大陆法系国家，尽管鉴定人可以根据案件事实情况出具鉴定意见或者对案件事实发表意见，但这并不属于意见证据规则的调整范围，而是鉴定制度所要规范的事项。

三、意见证据在我国的发展与适用

《刑事诉讼法》第 62 条第 1 款规定，“凡是知道案件情况的人，都有作证的义务”。2021 年《刑诉解释》第 88 条第 2 款明确规定了意见证据规则：“证人的猜测性、评论性、推断性的证言，不得作为证据使用，但根据一般生活经验判断符合事实的除外。”如果证人在作证的过程中说出带有猜测性、评论性、推断性的言论，那么受到不利影响的一方可以向法庭提出异议，要求法庭禁止将这些言论作为证据。另外值得注意的是，《刑事诉讼法》所规定的专家辅助人的意见不适用上述意见证据规则，因为公诉人、当事人和辩护人、诉讼代理人依法向法庭申请具有专门知识的人出庭的目的本来就是对鉴定人作出的鉴定意见提出意见，而不是像普通证人那样直接就其知道的案件情况出庭作证。

同时，2019 年《民事证据规定》第 72 条第 1 款规定“证人应当客观陈述其亲身感知的事实，作证时不得使用猜测、推断或者评论性语言”。《行政证据规定》第 46 条规定：“证人应当陈述其亲历的具体事实。证人根据其经历所作的判断、推测或者评论，不能作为定案的依据。”由此可见，在我国证人证言的内容被限定为证人对其亲身经历的事实所作的陈述，与案件无关的事实或者证人对案件的事实、情节所作的主观判断不能作为证言的内容，且绝对排除外行意见作为证据使用。

从上述法律和司法解释来看，我国已初步确立起意见证据排除规则。这些规定有利于规范证人如实提供他们所感知的案件事实的证明活动，避免将证人自己的猜测、评价、推断作为其感知的事实，从而对案件事实作出错误判断。这些规定借鉴了西方国家证据法的经验，为意见证据作了定性，并从可采性的角度将意见证据置于排除的范围之中，通过禁止普通证人对案件事实作出推测性意见，避免在诉讼证明活动中将证人的猜测、评价、推断与其所感知的事实混为一谈，从而保障案件事实的客观认定，也促进了证人作证过程的规范化。但是，我国的意见证据排除规则还是较为简单、笼统。例如，我国法律虽然已明确作出排除普通证人意见的原则性规定，但是对于“事实”与“意见”各自的性质以及相互关系没有作出清晰的界定，在实践中我们很难将事实与意见截然区分开来，证人证言中包含一定的推测、判断因素也是难以避免的，甚至这些推测与判断对于查明案件真相也可能具有意义。《死刑案件证据规定》第 12 条第 3 款设置了“根据一般生活经验判断符合事实”的例外就是这个道理。在此基础上，应当进一步明确规定意见证据可采的条件。

第六节 最佳证据规则

一、最佳证据规则的概念

最佳证据规则（best evidence rules），有时候亦称“原始文书规则”（original document rule），是当事人主义的一项重要原则。最佳证据规则是指只有可获得的最好的证据才可以被采纳。如果可以取得更好的证据，那么非最好的证据将被排除。该规则不仅要求保证所有的证据材料具有相关性，而且要求证据真实，追求案件真实以防止错误地认定案件事实，保障审判的公平。

二、最佳证据规则的起源与发展

最佳证据规则起源于 18 世纪英国的一项古老的证据规则。英国证据法学家认为，“最佳证据”一词最早出现于 1700 年首席大法官霍尔特（Holt）的论述中——“仅仅需要事物本身所能具有的最佳证据”。在中世纪时期，英国法庭接受的唯一的证据形式是证言，文书被认为是传闻证据而不被采信，因此此时的最佳证据即证人证言。随着社会发展，以书面形式保存业务记录越来越普遍，因此在熟悉相关记录的雇员无法出庭提供证人证言时，各组织机构要求以相应的业务记录代替证人证言的观点被法院采纳，“业务记录成为传闻证据的例外，这也使对最佳证据规则的传统适用予以变通成了必须”①。

最佳证据规则的法理基础在于：首先，复制件相对于原件更容易出现错误。其次，原件不仅可靠度更高，而且通常还包括很多副本中不包含的内容，比如笔迹的特征、原本所用的纸张等，这些内容往往能为对方当事人就关于文书的意见进行反驳和评判提供重要的依据。② 最后，当证明对象为文书的内容时，与建立在记忆基础上的口头证据比较起来，文书更加可靠，也较少存在记忆错误造成的缺陷。③

最佳证据规则主要适用于对文书内容的证明，要求文书本身具有真实性。文书的提出方式分为第一位证据和第二位证据。第一位证据通常是指文书的原件，即原始证据（primary evidence），其最能够反映签订文书时当事人约定的权利义务内容，因此应作为最佳证据。第二位证据，也称次级证据，应当被排除。但是也存在例外情况，在有合

---

① 胡萌. 英国最佳证据规则的兴衰. 人民法院报，2019（6）.

② John Henry Wigmore. E℃ideinceinTrialsatcommonLaw. revised by Peter Tillers. Vol. Ⅳ. Little Brown and Company，Boston，1983，p. 417.

③ John Henry Wigmore，E℃idenceinTrialsatcomonLaw，revised by Peter Tillers. Vol. Ⅳ. Little Brown and Company，Boston，1983，p. 417.

理理由无法提供文书原件时，可以采纳第二手资料。[①] 因此，最佳证据规则主要是为了确保法庭收到未经修改的原始证据。如果收到的并非原始证据而为相关人员抄录的复制件，则很容易出现虚假或者不真实的内容，由此会对当事人的权利义务产生重大影响。

相较英美法系国家，大陆法系国家对最佳证据规则的重视程度较低，在刑事诉讼法中较少对此作出规定，而在民事诉讼法中略有体现。[②] 在我国，2021 年《刑诉解释》第 83 条第 1 款规定："据以定案的物证应当是原物。"第 84 条第 1 款规定："据以定案的书证应当是原件。取得原件确有困难的，可以使用副本、复制件。"

三、境外最佳证据规则的适用范围及例外

（一）最佳证据规则的适用范围

现代最佳证据规则是一项关于文书证据的可采性规则，因此，一般认为该规则仅适用于文字材料。英美法系国家的最佳证据规则适用范围较广，包括书面证据材料、电传、录音、照片、底片和 X 光片，甚至包括徽章、墓碑、刻字的戒指和带有序号的发动机等具有思想内容的物品。《美国法学会法典》第 1 条对"文书"进行了定义：凡是"手写、打字、印刷、影印、照相及每一种其他记录之方法，如记录于任何可触知之事物，任何通信或表示之方法，包括信函、文字、图画、声音或符号或其他结合物"，均属于文书。

最佳证据规则仅适用于与案件重大问题相关的文字材料，而不适用于仅具有附属或者表面意义的文字材料。判断一份文字材料是否属于仅具有附属或者表面意义的证据的标准通常有：（1）从表面上看起来它是否为案件中重大问题的核心；（2）与它相关部分的复杂状况；（3）对有关的内容是否真正存在争议。[③]

（二）最佳证据规则的适用例外

根据加拿大法律改革委员会的意见，"最佳证据规则并非一个排他的唯一证据规则，它不过是作为可供人们选择的其中一个证据规则而已。它旨在要求那些试图证实书面文件、录音或者图像的真实内容的人必须提交原本，除非他能够就为何不能提交作出令人满意的解释。该规则的意旨在于，防止欺诈和确保这类证据不会受到由于搜集过程中的过失行为和复制上的不甚精确所造成的窜改或者变动"。因此，从最佳证据规则的目的来看，只要提供的文书副本的准确性、真实性能够得到保证，那么副本也能够被采纳作为证据。

再者，在实践中，如果将最佳证据规则的适用范围限定得过于狭窄会产生诸多问题，因此又存在例外情况，可以采用次级证据。

（1）原件显然已经损毁灭失，则允许采纳次级证据来证明文书的内容，如曾经见过该文书的人可以作为证人进行陈述。虽然这种次级证据的证明力可能不如文书原件，以之完全替代文书原件可能会对被告人产生不公，但是在举证者证明他已经进行仔细的寻

---

① 刘善春，等. 诉讼证据规则. 北京：中国法制出版社，2000：158－159.

② 马贵翔，等. 刑事证据规则研究. 上海：复旦大学出版社，2009：195.

③ 华尔兹. 刑事证据大全. 何家弘，等译. 北京：中国人民公安大学出版社，1993：336.

找，法庭相信举证者已经尽到应有的注意的前提下，举证者可以免于提交文书原件。

（2）文书的载体如碑文等，不能移动或者不容易移动，可以以其他方法证明。例如当原文件是铭刻在墓碑或者墙上的铭文，或者是由外国法院报关的文件，或者法定必须永久固定于某处的告示时，法院可以采纳次级证据。此外，在文书的数量过大，或者是与公共利益有关的业务，须连续作业而循环进行，否则将产生不当的妨碍的情况下不可能出示文书正本，也可以以次级证据代替文书正本来证明文书相关内容。

（3）文书被对方当事人持有，经要求提供而被拒绝，或者文书被第三人持有而该第三人依法有权拒绝提供文书。第三人拒绝出示文书正本的正当理由包括：他享有保存该正本的特权，或者他不在法庭的司法管辖范围内。如果第三人以不合法的原因拒绝提供文书，则文书的副本不得作为证据。在此种情况下，第三人可能由于藐视法庭罪而承担责任或者承担由此造成的任何损失。①

（4）依照次级证据所表明的文书原件的内容，已经为对方当事人所承认。

（5）所需要提供的文书是公文书或者其他特殊文书，已经依法提供抄件。当举证人出示的文书证据为公共记录时，可以用经过证明或者盖有印鉴的副本来证明文书的内容。在以上情形中，为了避免因无法提供原始证据而产生的现实困难，不要求提供原始证据。

在采纳次级证据时还应当注意以下三个方面：一是证明原件在某个时候确实曾经存在，二是证明原件是真实的，三是提出不能提供原件的合理理由。如果次级证据具有可采性，那么可以以任何方式提交，不论是通过副本、副本的副本，还是通过对原始文书内容的口头陈述或者其他方式。通常认为，只要不是原始证据，无论证据中间经过多少次复制，其可采性均不受到影响。

此外，采纳次级证据之前应当首先确认副本是对文书原件的真实复制②，并且该次级证据没有违反传闻证据排除规则。

对此，《英国 1995 年民事证据法》第 8 条第 1 款也作出规定："文书中包含的陈述可以采纳为民事诉讼的证据时，可以通过下列方式证明，并以法庭许可的方式认证：(a) 提供该文书，或者 (b) 不论该文书是否依然存在，提供该文书的副本或者该文书的关键部分。"此条的第 2 款也规定："就本条而言，文书的原件和副本之间差异的多少并不重要。"由此可见，英国成文法中已经不再作出对文书原件的强制性要求，因为若严格遵守最佳证据规则而不使用文书的复制件将不利于司法实践中对案件事实的认定。因此，虽然在现代英美证据法中，诉讼当事人依然应当提供原始文书作为证据，但是在司法实践中也经常出现法庭采用当事人提供的复印件或者复制文书作为证据的情形。据此可知，最佳证据规则已经不再具有最初的重要地位和作用。

四、我国法律中的最佳证据规则

《民事诉讼法》第 73 条明确规定了最佳证据规则："书证应当提交原件。物证应当

① R v. Llanfaethly (Inhabitants) (1853) 2 E1 & B1940

② R. v. Collins (CCA) (1960) 44 Cr App. R. 170.

提交原物。提交原件或者原物确有困难的，可以提交复制品、照片、副本、节录本。提交外文书证，必须附有中文译本。”我国有关文书的规则主要集中在2022年《民诉解释》、2019年《民事证据规定》、《死刑案件证据规定》、2021年《刑诉解释》、《行政证据规定》等法律文件中。

2022年《民诉解释》第111条规定：“民事诉讼法第七十三条规定的提交书证原件确有困难，包括下列情形：（一）书证原件遗失、灭失或者毁损的；（二）原件在对方当事人控制之下，经合法通知提交而拒不提交的；（三）原件在他人控制之下，而其有权不提交的；（四）原件因篇幅或者体积过大而不便提交的；（五）承担举证证明责任的当事人通过申请人民法院调查收集或者其他方式无法获得书证原件的。前款规定情形，人民法院应当结合其他证据和案件具体情况，审查判断书证复制品等能否作为认定案件事实的根据。”2019年《民事证据规定》第11条规定：“当事人向人民法院提供证据，应当提供原件或者原物。如需自己保存证据原件、原物或者提供原件、原物确有困难的，可以提供经人民法院核对无异的复制件或者复制品。”从这一规定来看，最佳证据规则在我国不仅适用于文书证据，还适用于物证。同时，经法院核对无异的复制件或者复制品同原件或原物具有同等的证据资格。另外，对于视听资料和电子数据，2019年《民事证据规定》第15条规定：“当事人以视听资料作为证据的，应当提供存储该视听资料的原始载体。当事人以电子数据作为证据的，应当提供原件。电子数据的制作者制作的与原件一致的副本，或者直接来源于电子数据的打印件或其他可以显示、识别的输出介质，视为电子数据的原件。”此外，2019年《民事证据规定》第12条第1款规定：“以动产作为证据的，应当将原物提交人民法院。原物不宜搬移或者不宜保存的，当事人可以提供复制品、影像资料或者其他替代品。”2019年《民事证据规定》第13条第1款规定：“当事人以不动产作为证据的，应当向人民法院提供该不动产的影像资料。”

刑事诉讼中的最佳证据规则与民事诉讼中的基本类似。2021年《刑诉解释》第83条规定：“据以定案的物证应当是原物。原物不便搬运、不易保存、依法应当返还或者依法应当由有关部门保管、处理的，可以拍摄、制作足以反映原物外形和特征的照片、录像、复制品。必要时，审判人员可以前往保管场所查看原物。物证的照片、录像、复制品，不能反映原物的外形和特征的，不得作为定案的根据。物证的照片、录像、复制品，经与原物核对无误、经鉴定或者以其他方式确认真实的，可以作为定案的根据。”第84条规定：“据以定案的书证应当是原件。取得原件确有困难的，可以使用副本、复制件。对书证的更改或者更改迹象不能作出合理解释，或者书证的副本、复制件不能反映原件及其内容的，不得作为定案的根据。书证的副本、复制件，经与原件核对无误、经鉴定或者以其他方式确认真实的，可以作为定案的根据。”对于视听资料，刑事诉讼法采取了与书证相同的规定。《死刑案件证据规定》第27、28条中规定：对于视听资料应当着重审查是否为原件；视听资料经审查或者鉴定无法确定真伪的，或者对视听资料的制作和取得的时间、地点、方式等有异议，不能作出合理解释或者提供必要证明的，不能作为定案依据。

至于行政诉讼中的最佳证据规则，《行政证据规定》第10条中规定，“根据行政诉讼法第三十一条第一款第（一）项的规定，当事人向人民法院提供书证的，应当符合下列要求：（一）提供书证的原件，原本、正本和副本均属于书证的原件。提供原件确有困难的，可以提供与原件核对无误的复印件、照片、节录本；（二）提供由有关部门保管的书证原件的复制件、影印件或者抄录件的，应当注明出处，经该部门核对无异后加盖其印章”。第12条中规定，“根据行政诉讼法第三十一条第一款第（三）项的规定，当事人向人民法院提供计算机数据或者录音、录像等视听资料的，应当符合下列要求：（一）提供有关资料的原始载体。提供原始载体确有困难的，可以提供复制件”。第40条规定：“对书证、物证和视听资料进行质证时，当事人应当出示证据的原件或者原物。但有下列情况之一的除外：（一）出示原件或者原物确有困难并经法庭准许可以出示复制件或者复制品；（二）原件或者原物已不存在，可以出示证明复制件、复制品与原件、原物一致的其他证据。视听资料应当当庭播放或者显示，并由当事人进行质证。”第71条规定“下列证据不能单独作为定案依据：……（五）无法与原件、原物核对的复制件或者复制品……”

关于最佳证据规则的例外情形，2019年《民事证据规定》第61条规定：“对书证、物证、视听资料进行质证时，当事人应当出示证据的原件或者原物。但有下列情形之一的除外：（一）出示原件或者原物确有困难并经人民法院准许出示复制件或者复制品的；（二）原件或者原物已不存在，但有证据证明复制件、复制品与原件或者原物一致的。”该规定的第1项赋予人民法院在复制件或者复制品的证据资格方面的自由裁量权。第2项的规定类似于前述英美法系最佳证据规则中“原件已经损毁灭失”的例外情形，但是在此基础上增加了限制性规定，即有证据证明复制件、复制品与原件或者原物一致。另外，《死刑案件证据规定》规定：对于物证应当提交原物，但是原物不便搬运、不便保存等情况除外；对于书证原则上应当提交原件，但是取得原件存在困难时除外。该规定没有对“取得原件确有困难”进行明确界定，但是，可以按照英美法系中的“经合理努力”仍然无法取得进行理解。[①]

我国法律中的最佳证据规则有关于物证、书证可采性的一般规则，原件、原本要求的例外，证明力的优先性等。其适用范围还包括并非以内容起证明作用的物证，这是其特色。

第七节　补强证据规则

一、补强证据规则的概念

补强证据规则是指对某些特定证据，由于其证明力不够，必须补充其他证据方能定案的规则。该规则的宗旨在于从法律上明确要求法官在运用某些证据证明案件事实时必须存在其他证据补强其证明力。因此，补强证据规则并不属于可采性规则，而是一项限定证据证明力的规则。[②] 补强证据规则的意义在于，需要补强的证据虽然在一定程度上

① 易延友．最佳证据规则．比较法研究，2011（6）．

② 廖永安，李蓉主编．证据法学．厦门：厦门大学出版社，2012：171．

能够证明案件事实，但是由于其缺乏完全的证明力，因此无法单独作为认定案件事实的依据，而只有在存在其他证据补强其证明力的情况下，才能够作为案件的定案依据。英美、日本都有关于补强证据规则的规定。在刑事诉讼与民事诉讼中，该规则具有不同的含义。

二、英美两国的补强证据规则

（一）英、美两国补强证据规则的形成与发展

绝大多数学者认为补强证据规则形成于17、18世纪的英国，起源于1661年一起三名共同被告人被执行死刑后被害人“亡者归来”的谋杀案，该案促使英国人对当时的制度设计进行反思。[①] 18世纪40年代的补强证据规则并非现代诉讼法学中通常认为的证明力规则，而是以排除规则的形式发挥作用。直至18世纪80年代，补强证据规则发生变化，成为提醒陪审团的警告规则。但是此时补强证据规则依然仅被视为法官的自由裁量事项，而尚未上升为制定法。20世纪之后，随着补强证据规则体系的逐步完善，该规则以制定法的形式呈现出来，典型代表为英国1956年《性犯罪法》中的规定：“被控以威胁、恐吓等手段与女性进行非法性交，或利用药物达成性交之目的，或强制妇女卖淫，或与21周岁以下女性进行非法性交之被告，不能仅仅根据未经补强之证人证言定罪。”除制定法之外，司法实践也不断强化补强证据规则。英国的补强证据规则于20世纪80年代基本定型，主要适用于性犯罪、共犯以及特殊类型的叛国、伪证及超速驾驶等案件中。[②] 然而，随着司法实践的发展，补强证据规则的规定遭到越来越多的批评。英国1988年《刑事司法法》第34条之二和1994年《刑事司法与公共秩序法》第32条废除了补强证据规则。

补强证据规则在美国一直处于流变状态。补强证据规则在美国的发展与在英国的发展不同，英国将补强证据规则上升为了制定法，而美国绝大多数州以及《美国联邦证据规则》并未认可和接受补强证据规则。因此在美国主流证据法学家看来，补强证据规则依然难以占据一席之地。美国学者对补强证据规则的批判从未中断。对此，最早可以追溯到威格摩尔时代，威格摩尔认为根本不需要补强证据规则，补强证据规则掌握在不择手段的律师手中已经成为“正义的阻碍”。此观点得到了众多学者的认同。但也有观点认为，补强证据能够在一定程度上检验出司法程序中的错误，但作为一种可靠性检验方法效力太过微弱，难以实现人们对它的期待。[③] 尽管如此，该规则在司法实践中依然保持了适用性。[④]

（二）英、美两国补强证据规则的主要内容

在英美两国的刑事诉讼法中，依照制定法或者惯例，补强证据规则主要体现在以下几个方面。

---

① 李训虎．变迁中的英美补强规则．环球法律评论，2017（5）．

② 李训虎．变迁中的英美补强规则．环球法律评论，2017（5）．

③ ［美］拉里·劳丹．错案的哲学．李昌盛，译．北京：北京大学出版社，2015：196．

④ 李训虎．变迁中的英美补强规则．环球法律评论，2017（5）．

（1）关于叛国案件，须有法定依据。如《美国宪法》第3条第3项规定，叛国罪的成立需要有2名证人证实其叛国行为，或者经过被告在公开的法庭上自白。

（2）告在法庭外的自白，经他人提出法庭作证者，须另有补强证据才可以作为考虑的证据。

（3）关于伪证案件，仅凭一名证人的指证不足以为案，因为如果这样做就是认为一个人的宣誓证言可以推翻另一个人的宣誓证言。《英国1911年伪证罪法》规定，任何其他同类罪行的起诉中，如果只有一个证人证明某人作了伪证，不能依此证言判处某人犯伪证罪，因为不能用誓言去反对誓言。在对每个证据的虚假性加以证明时，进行这种证明的证人证言必须有其他证据予以补强。

（4）对妇女儿童犯风化罪如强奸等性犯罪的事件中，仅凭一名证人的证言是不足以定罪的。因为这样的指证如果只是出于被害人之口，没有其他佐证，其证明力有限。除非该证言在某些实质的细节上有其他控诉证据补强其证明力，否则不能认定被告人犯有此种罪行。即使在那些法律未要求必须有补强证据的性犯罪案件中，依照惯例，法官也应当提醒陪审团在接受未经补强证据证明的证据时应当慎重。如果法官没有作出此类提醒，由此得出的有罪判决可能在上诉时被撤销。

（5）幼年人作为证人时提供的不经宣誓的证言的可信度也存在限制。如英国1983年《青少年法》虽然允许不了解宣誓意义的幼年人提供证言，但是该证言仍然需要其他证据来补强其证明力。

（6）共犯的证言。根据某一共犯的证言对另一个共犯定罪时，若没有补强证据，依照惯例，英国法律认为法官应当告知陪审团注意共犯的证言是否有充分的证明力，并在必要时需要证据补强证明力。该补强证据并非证实证人证言中的任何实质性细节，而是应当证明与被告人存在直接联系的某些特定细节。“如果法官没有告知，即构成撤销陪审团裁决的理由。”①

（7）依据《英国1960年道路交通法》进行补强证据。《英国1960年道路交通法》规定：某些车辆在公路上超速行驶会构成犯罪。但是不得仅依据一位证人认为司机超速行驶的证言而判处司机有罪。假如证人所讲述的不是自己的看法，而是其通过记秒表和测量的距离确定出来的事实，则不需要补强证据。

（三）关于被告人自白的证明力问题

被告人自白的证明力在英美法系国家和大陆法系国家有所不同。在英美法系国家中，只要被告人在法庭上自愿作出有罪供述，则无须进行调查其他证据的审判程序。只要被告人的供述是在“明知且理智”的情形下自愿作出，构成有罪答辩，则对案件将不再进行开庭审理，而直接进入量刑阶段。相反，在大陆法系国家，犯罪嫌疑人、被告人不利于己的陈述，甚至对被指控犯罪的全盘承认，仅仅是证据的一种。如在日本，当被告人的自白是对被告人不利的唯一证据时，不得认定该被告人有罪；若要认定该被告人有罪，则在被告人自白之外还需要其他补强证据。自白的补强证据必须是具有证据能力并且是被告人自白之外的证据。但是，被告人的日记、笔记、备忘录等，如果并不是因

① 樊崇义主编．证据法学．6版．北京：法律出版社，2017：120.

预料到侦查、公审而记载的，则可以成为被告人自白的补强证据。

三、我国的补强证据规则

在我国，刑事诉讼中的补强证据规则的主要表现形式为口供、物证、书证、讯问笔录、勘验检查笔录、视听资料的补强规则。《刑事诉讼法》第55条第1款第二句规定："只有被告人供述，没有其他证据的，不能认定被告人有罪和处以刑罚；没有被告人供述，证据确实、充分的，可以认定被告人有罪和处以刑罚。"犯罪嫌疑人、被告人作为被追诉的对象，其提供虚假供述的可能性较大，因此如果在仅有犯罪嫌疑人、被告人供述而不存在其他证据的情况下，不得认定被告人有罪。在将被告人供述作为定案依据时，必须存在其他证据进行补强。在刑事诉讼中，口供补强规则具有重要的功能和作用，该规则旨在保障口供的真实性并准确地认定案件事实，防止误判发生。同时，口供补强规则也有利于防止当今司法实践中过于偏重口供，甚至形成"口供中心主义"的现实倾向。口供补强规则能够通过限制口供证明力来降低削弱警方以非法手段获取犯罪嫌疑人、被告人口供的可能性，在一定程度上有助于防范刑讯逼供。《死刑案件证据规定》第9、21、26、28条等分别对物证、书证、讯问笔录、勘验和检查笔录、视听资料的补正作了规定。

民事诉讼领域中也存在补强证据规则的内容。2019年《民事证据规定》第90条规定："下列证据不能单独作为认定案件事实的根据：（一）当事人的陈述；（二）无民事行为能力人或者限制民事行为能力人所作的与其年龄、智力状况或者精神健康状况不相当的证言；（三）与一方当事人或者其代理人有利害关系的证人陈述的证言；（四）存有疑点的视听资料、电子数据；（五）无法与原件、原物核对的复制件、复制品。"由于以上证据无法单独作为认定案件事实的根据，因此若要充分发挥以上证据在案件中的证明作用，必须对以上证据的证明力进行补强。

在行政诉讼中，对补强证据也作出了最基础的要求。《行政证据规定》第71条规定："下列证据不能单独作为定案依据：（一）未成年人所作的与其年龄和智力状况不相适应的证言；（二）与一方当事人有亲属关系或者其他密切关系的证人所作的对该当事人有利的证言，或者与一方当事人有不利关系的证人所作的对该当事人不利的证言；（三）应当出庭作证而无正当理由不出庭作证的证人证言；（四）难以识别是否经过修改的视听资料；（五）无法与原件、原物核对的复制件或者复制品；（六）经一方当事人或者他人改动，对方当事人不予认可的证据材料；（七）其他不能单独作为定案依据的证据材料。"因此，若没有证据对上述证据的证明力加以补强，则其无法单独作为定案依据。

小 结

证据规则是证据法的集中体现，具有促进查明案件事实、体现程序公正、维护多元价值以及提高诉讼效率等重大价值。证据规则的发展历程，鲜明地勾画出司法乃至人类文明的进步轨迹。学科完备的证据规则，能够有效强化证据裁判意识、优化法律体系、引导司法实践、促进人权保障。在当前我国实施依法治国战略以及推进以审判为中心的诉讼制度改革等背景下，不断加强非法证据排除规则等证据规则的完善与实施，对于保证案件得到公正高效权威处理，进而实现“让人民群众在每一个案件中感受到公平正义”的目标，具有十分重大的意义。

思考题

1. 什么是证据的关联性?
2. 简述品格证据的含义及例外情形。
3. 如何理解非法证据排除规则中的“非法”? 瑕疵证据与非法证据有什么区别?
4. 普通证人与专家证人的证言有什么不同?
5. 口供补强规则的必要性和限度是什么?

第十三章
质　证

第一节　质证概述

一、质证的概念和构成要素

（一）质证的概念

我国诉讼立法长期对质证制度重视不够。在1979年《刑事诉讼法》中，“质证”一词仅出现一次。1979年《刑事诉讼法》第36条规定：“证人证言必须在法庭上经过公诉人、被害人和被告人、辩护人双方讯问、质证，听取各方证人的证言并经过查实以后，才能作为定案的根据。法庭查明证人有意作伪证或者隐匿罪证时，应当依法处理。”按照字面理解，似乎只有证人证言才需要进行质证。而在1982年《民事诉讼法（试行）》和1989年《行政诉讼法》中均未出现“质证”字样。直到1991年《民事诉讼法》才规定了质证制度。1991年《民事诉讼法》第66条规定：“证据应当在法庭上出示，并由当事人互相质证。对涉及国家秘密、商业秘密和个人隐私的证据应当保密，需要在法庭出示的，不得在公开开庭时出示。”

在理论上对于何谓质证，存在不同的理解。本教材认为，对质证进行定义，涉及对质证构成要素的理解。对质证构成要素的理解不同，自然对质证的定义就不同。结合我国有关立法及司法解释，质证是质证主体在庭审过程中在法官的主持下，围绕法庭上出示的所有证据材料的真实性、关联性、合法性，就其是否具有证明能力和证明力大小进行质疑、说明与辩驳的程序。

（二）质证的构成要素

质证的构成要素包括质证的主体、质证的对象和质证的内容。

1. 质证的主体

关于质证主体的范围，存在争议的主要涉及法院是否为质证的主体。对此，存在肯定与否定两种主张。[①] 本教材认为，法院为质证的组织者、中立裁判者而非质证的主体。哪些诉讼参与人属于质证的主体，应依具体的法律规定来确定。《民事诉讼法》第71条规定：“证据应当在法庭上出示，并由当事人互相质证。对涉及国家秘密、商业秘

① 何家弘，刘品新. 证据法学. 7版. 北京：法律出版社，2022：280.

密和个人隐私的证据应当保密，需要在法庭出示的，不得在公开开庭时出示。”据此，当事人是我国民事诉讼质证的主体。另外，根据2022年《民诉解释》第123条，专家辅助人也是质证的主体。

2. 质证的对象

质证的对象，亦称质证客体，是指质证行为所指向的证据材料。无论是言词证据还是实物证据，均属于质证的对象。需要注意的是，法院调查取得的证据材料，也属于质证的对象。

3. 质证的内容

质证的内容是指质证主体对证据材料进行质证时所涉及的范围。质证程序的设置，其直接目的在于就证据材料的真实性、关联性和合法性等提出质疑和辩驳，从而最终确认证据材料的证据能力和证明力。对此，2022年《民诉解释》第104条第1款规定：“人民法院应当组织当事人围绕证据的真实性、合法性以及与待证事实的关联性进行质证，并针对证据有无证明力和证明力大小进行说明和辩论。”

二、质证的功能

（一）质证是当事人的诉讼权利，是实现程序公正的保障

质证是当事人的一项重要诉讼权利，也是其在审判中为实现诉讼主张并维护其实体权利而采取的一种必要手段。保障当事人有充分的机会并富有意义地参与到法庭裁判的过程，并能以自己的行为对裁判结果的形成发挥积极、有效的影响和作用是程序公正的内在要求。在诉讼中，当事人通过对证据材料的真实性、关联性、合法性的相互质辩，防止法官仅凭个人好恶或从某种利益观念出发，对证据进行取舍认定，为法院判断证据材料是否具有证据能力及证明力大小提供了依据，使裁判中的事实认定建立在当事人质证的基础上，确保当事人真正参与到程序中来，体现了程序公正的基本要求。

（二）质证有利于法院发现案件事实真相

在诉讼过程中，当事人收集、提供的证据材料，难免鱼龙混杂、真假难辨。法院要作出准确判断，往往别无他法，只有充分发挥当事人在庭审中的质证作用，才能做到“兼听则明”，去伪存真，查明事实，作出正确的裁判。质证起到了过滤器的作用，保证了进入法官感知范围的证据材料有了更大的中立性可能。①

（三）质证有助于诉讼程序的正常高效运行

在取证、举证、质证、认证这四个环节中，质证是举证的后续环节，是认证的前提环节，质证在当事人举证与法官认证、裁判之间架起了桥梁。质证给当事人对证据材料充分发表意见的机会，不仅在程序上使法官的认证和裁判获得了正当性，也有利于当事人对法官行为的认可和接受，从而保证程序的稳定。②

---

① 肖建华主编. 民事证据法理念与实践. 北京：法律出版社，2005：334；程春华主编. 民事证据法专论. 厦门：厦门大学出版社，2002：144.

② 韩象乾主编. 民事证据理论新探. 北京：中国人民公安大学出版社，2006：465；何家弘. 从应然到实然：证据法学探究. 北京：中国法制出版社，2008：214.

三、质证的保障性规则

（一）公开质证

所谓公开质证，就是说，质证活动应当在开庭审判时公开进行。公开质证是公开审判的组成环节，因此要遵循公开审判的有关规定。除依法应当保密的证据外，任何证据都必须在公开审判过程中公开进行质证。对于涉及国家机密、商业秘密或个人隐私的证据，则应当在无人旁听的情况下进行质证。①

（二）当庭质证

所谓当庭质证规则，是指所有质证活动都必须在法庭审判中当庭进行。当庭质证的要求，通俗地说就是“有证举在庭上，有理讲在庭上”。根据当庭质证规则，书证应当当庭宣读；物证应当当庭展示；视听资料应当当庭播放；勘验笔录应当当庭宣读，并由有关专业人员进行必要的说明；证人应当出庭作证，接受当事人的质询；鉴定人应当出庭接受当事人的质询。②

（三）直接质证

直接质证，是指一切证据都必须经过当事人在法庭上的直接质疑和质问，才能作为定案的根据。直接质证规则是与当庭质证规则相辅相成的，也是保障质证效果的一条重要规则。

就言词证据而言，直接质证就是由对方直接对提供言词证据的证人、当事人等进行质证。对实物证据的直接质证包括两层含义：第一，直接对物证、书证、视听资料等进行检验和审查；第二，直接对实物证据的勘验、检查、鉴定人员进行直接的质问。③

（四）言词审理

言词审理，也称口头审理，是相对于书面审理而言的，是指法院进行的证据调查程序和双方当事人的辩论程序必须以口头方式进行，否则，相关证据不得作为判决的基础。言词审理原则要求赋予双方当事人以言词辩论方式对证据进行质证的机会，法庭只有以口头、直接的方式对案件进行调查和辩论，所作出的裁判才具有法律上的效力。

言词审理的意义在于任何一方当事人都有与对方在法庭上质证、反驳的机会，这能够促使法官避免预断与偏见，平等对待各方当事人，从而有助于法官查明事实，作出公正的裁判。④

第二节　刑事诉讼的质证

一、刑事诉讼程序中质证的一般规定

就一般意义上的证据材料质证而言，现行《刑事诉讼法》的规定与 1979 年《刑事

① 何家弘. 从应然到实然：证据法学探究. 北京：中国法制出版社，2008：218.

② 沈志先主编. 民事证据规则应用. 北京：法律出版社，2010：297.

③ 何家弘. 从应然到实然：证据法学探究. 北京：中国法制出版社，2008：216－217.

④ 江伟主编. 民事证据法学. 北京：中国人民大学出版社，2011：230.

诉讼法》第 36 条并无本质不同。《刑事诉讼法》第 61 条规定："证人证言必须在法庭上经过公诉人、被害人和被告人、辩护人双方质证并且查实以后，才能作为定案的根据。法庭查明证人有意作伪证或者隐匿罪证的时候，应当依法处理。""质证"一词在现行《刑事诉讼法》中出现的频率与 1979 年《刑事诉讼法》中相同，均为一次；且出现的场景均针对证人证言。

1998 年《六机关规定》第 18 条将质证的对象扩大至"省级人民政府指定的医院作出的鉴定结论"。

1998 年《刑诉解释》第 58 条规定："证据必须经过当庭出示、辨认、质证等法庭调查程序查证属实，否则不能作为定案的根据。对于出庭作证的证人，必须在法庭上经过公诉人、被害人和被告人、辩护人等双方询问、质证，其证言经过审查确实的，才能作为定案的根据；未出庭证人的证言宣读后经当庭查证属实的，可以作为定案的根据。法庭查明证人有意作伪证或者隐匿罪证时，应当依法处理。"该规定明确将质证的对象扩大至所有的证据材料。

1999 年《最高人民法院关于严格执行公开审判制度的若干规定》第 1 条规定："人民法院进行审判活动，必须坚持依法公开审判制度，做到公开开庭，公开举证、质证，公开宣判。"第 5 条第 2 款规定："证明案件事实的证据未在法庭公开举证、质证，不能进行认证，但无需举证的事实除外。缺席审理的案件，法庭可以结合其他事实和证据进行认证。"

《死刑案件证据规定》第 4 条规定："经过当庭出示、辨认、质证等法庭调查程序查证属实的证据，才能作为定罪量刑的根据。"就死刑案件而言，所有的证据材料均需要经过质证。

2012 年《刑诉解释》第 63 条规定："证据未经当庭出示、辨认、质证等法庭调查程序查证属实，不得作为定案的根据，但法律和本解释另有规定的除外。"其明确所有类型刑事案件中的证据材料原则上都必须经过质证才能作为定案的根据。庭审质证原则的例外情形大致有两种：一是采取侦查措施收集的证据材料，二是 2012 年《刑诉解释》第 220 条第 2 款规定①的情形。②

2021 年《刑诉解释》第 71 条规定："证据未经当庭出示、辨认、质证等法庭调查程序查证属实，不得作为定案的根据。"其删除了 2012 年《刑诉解释》第 63 条中的但书，明确刑事诉讼程序中所有的证据材料只有经过质证，才能作为定案的根据。

此外，2021 年《刑诉解释》第 267 条规定："举证方当庭出示证据后，由对方发表质证意见。"第 268 条第 1 款规定："对可能影响定罪量刑的关键证据和控辩双方存在争议的证据，一般应当单独举证、质证，充分听取质证意见。"二者均进一步强调对证据材料的质证。

---

① 2012 年《刑诉解释》第 220 条第 2 款规定："对公诉人、当事人及其法定代理人、辩护人、诉讼代理人补充的和法庭庭外调查核实取得的证据，应当经过当庭质证才能作为定案的根据。但是，经庭外征求意见，控辩双方没有异议的除外。"

② 最高人民法院研究室编著.《最高人民法院关于适用〈中华人民共和国刑事诉讼法〉的解释》理解与适用.北京：中国法制出版社，2013：43.

二、特别刑事诉讼程序中质证的特殊规定

（一）简易程序中质证的特殊规定

2021年《刑诉解释》第365条第1款第3项规定，适用简易程序审理案件，“对控辩双方无异议的证据，可以仅就证据的名称及所证明的事项作出说明；对控辩双方有异议或者法庭认为有必要调查核实的证据，应当出示，并进行质证”。

（二）未成年人刑事案件诉讼程序中质证的特殊规定

2021年《刑诉解释》第558条规定：“开庭审理涉及未成年人的刑事案件，未成年被害人、证人一般不出庭作证；必须出庭的，应当采取保护其隐私的技术手段和心理干预等保护措施。”

（三）犯罪嫌疑人、被告人逃匿、死亡案件违法所得没收程序中质证的特殊规定

2021年《刑诉解释》第620条规定：开庭审理申请没收违法所得案件的程序之一为，法庭应当依次就犯罪嫌疑人、被告人是否实施了贪污贿赂犯罪、恐怖活动犯罪等重大犯罪并已经通缉1年不能到案，或者是否已经死亡，以及申请没收的财产是否依法应当追缴进行调查；调查时，先由检察员出示证据，后由利害关系人、诉讼代理人出示证据，并进行质证。

（四）依法不负刑事责任的精神病人强制医疗程序中质证的特殊规定

依2021年《刑诉解释》第636条，开庭审理申请强制医疗案件的程序之一是，法庭依次就被申请人是否实施了危害公共安全或者严重危害公民人身安全的暴力行为、是否属于依法不负刑事责任的精神病人、是否有继续危害社会的可能进行调查。调查时，先由检察员出示证据，后由被申请人的法定代理人、诉讼代理人出示证据，并进行质证；必要时，可以通知鉴定人出庭对鉴定意见作出说明。

三、庭审质证原则的例外

（一）对侦查证据材料的庭外核实

《刑事诉讼法》第154条规定：“依照本节规定采取侦查措施收集的材料在刑事诉讼中可以作为证据使用。如果使用该证据可能危及有关人员的人身安全，或者可能产生其他严重后果的，应当采取不暴露有关人员身份、技术方法等保护措施，必要的时候，可以由审判人员在庭外对证据进行核实。”由于技术侦查措施收集证据材料的特殊性，对其质证宜采取特殊的方式，包括采取相关保护措施后进行质证，甚至由审判人员在庭外对证据进行核实。

2021年《刑诉解释》第120条规定：“采取技术调查、侦查措施收集的证据材料，应当经过当庭出示、辨认、质证等法庭调查程序查证。当庭调查技术调查、侦查证据材料可能危及有关人员的人身安全，或者可能产生其他严重后果的，法庭应当采取不暴露有关人员身份和技术调查、侦查措施使用的技术设备、技术方法等保护措施。必要时，审判人员可以在庭外对证据进行核实。”

（二）证人可以不出庭的情形

2021年《刑诉解释》第253条规定，证人具有下列情形之一，无法出庭作证的，人民法院可以准许其不出庭：（1）庭审期间身患严重疾病或者行动极为不便的；（2）居所远离开庭地点且交通极为不便的；（3）身处国外短期无法回国的；（4）有其他客观原因，确实无法出庭的。具有前款规定情形的，可以通过视频等方式作证。

（三）对某些补充证据和庭外调查核实取得的证据庭外征求意见

2021年《刑诉解释》第271条规定：法庭对证据有疑问的，可以告知公诉人、当事人及其法定代理人、辩护人、诉讼代理人补充证据或者作出说明；必要时，可以宣布休庭，对证据进行调查核实。对公诉人、当事人及其法定代理人、辩护人、诉讼代理人补充的和审判人员庭外调查核实取得的证据，应当经过当庭质证才能作为定案的根据。但是，对不影响定罪量刑的非关键证据、有利于被告人的量刑证据以及认定被告人有犯罪前科的裁判文书等证据，经庭外征求意见，控辩双方没有异议的除外。有关情况，应当记录在案。

第三节 民事诉讼的质证

一、我国民事诉讼质证制度的发展

一般认为，1991年《民事诉讼法》第66条①确立了我国民事诉讼中的质证制度，它强调了证据须经双方当事人在法庭上相互质证，才能被认定，从而肯定了质证在诉讼中的地位。② 但是，一项制度，应当有具体的程序、规则，否则也会因不具有可操作性而形同虚设。而该条规定除了提及“质证”两字，对与质证有关的方式、程序、规则以及质证权的行使、质证在程序上的效力等均未加以规定。综观民事诉讼法的其他部分，也未找到相关规定。

1992年《民诉意见》第72条规定：“证据应当在法庭上出示，并经过庭审辩论、质证。依法应当保密的证据，人民法院可视具体情况决定是否在开庭时出示，需要出示的，也不得在公开开庭时出示。”该规定与1991年《民事诉讼法》第66条相比，增加规定了保密证据材料的质证问题。

1993年《最高人民法院关于第一审经济纠纷案件适用普通程序开庭审理的若干规定》第24条至第26条规定了在经济纠纷案件中对几种证据的具体质证方式。

1998年《审判方式改革规定》第8条中规定：原告出示证据，被告进行质证；被告出示证据，原告进行质证；原、被告对第三人出示的证据进行质证；第三人对原告或者被告出示的证据进行质证；审判人员出示人民法院调查收集的证据，原告、被告和第

① 该内容在2023年《民事诉讼法》中序号为第71条。

② 需要指出的是，尽管1982年《民事诉讼法（试行）》中没有出现“质证”一词，但《最高人民法院关于贯彻执行〈民事诉讼法（试行）〉若干问题的意见》（1984年8月30日最高人民法院审判委员会第203次会议通过）第30条规定：“作为定案依据的主要证据，应当庭出示或宣读，允许双方当事人辩论和质证。”

三人进行质证；经审判长许可，当事人可以向证人发问，当事人可以互相发问。第 9 条规定："案件有两个以上独立存在的事实或者诉讼请求的，可以要求当事人逐项陈述事实和理由，逐个出示证据并分别进行调查和质证。对当事人无争议的事实，无需举证、质证。"第 12 条规定："经过庭审质证的证据，能够当即认定的，应当当即认定；当即不能认定的，可以休庭合议后再予以认定；合议之后认为需要继续举证或者进行鉴定、勘验等工作的，可以在下次开庭质证后认定。未经庭审质证的证据，不能作为定案的根据。"该司法解释对庭审质证作了原则性的规定，明确了质证在法庭调查中的顺序和质证的基本程序，尤其是明确规定，"未经庭审质证的证据，不能作为定案的根据"。这在一定程度上充实和完善了质证制度，使其向制度的科学化和规范化迈进了一步。

2001 年《民事证据规定》第四部分即第 47 条至第 62 条对民事诉讼中的质证作了专门的较为全面的规定。

2007 年、2012 年、2017 年、2021 年、2023 年《民事诉讼法》修改均未专门涉及质证问题。

2022 年《民诉解释》第 103 条第 1 款规定："证据应当在法庭上出示，由当事人互相质证。未经当事人质证的证据，不得作为认定案件事实的根据。"第 2 款规定："当事人在审理前的准备阶段认可的证据，经审判人员在庭审中说明后，视为质证过的证据。"第 3 款规定："涉及国家秘密、商业秘密、个人隐私或者法律规定应当保密的证据，不得公开质证。"第 104 条第 1 款规定："人民法院应当组织当事人围绕证据的真实性、合法性以及与待证事实的关联性进行质证，并针对证据有无证明力和证明力大小进行说明和辩论。"第 2 款规定："能够反映案件真实情况、与待证事实相关联、来源和形式符合法律规定的证据，应当作为认定案件事实的根据。"

二、民事诉讼质证制度的内容

（一）质证方式

根据当庭质证规则与言词审理原则，质证应当在法庭辩论时以口头的方式进行。2019 年《民事证据规定》规定了两种特殊的质证方式。2019 年《民事证据规定》第 60 条第 1 款规定："当事人在审理前的准备阶段或者人民法院调查、询问过程中发表过质证意见的证据，视为质证过的证据。"第 2 款规定："当事人要求以书面方式发表质证意见，人民法院在听取对方当事人意见后认为有必要的，可以准许。人民法院应当及时将书面质证意见送交对方当事人。"

1. 视为质证

在案件审理过程中，有些事实的查明不需要通过开庭审理的方式，可通过调查、询问的方式进行。审理前的准备阶段和人民法院调查、询问过程中的质证，均是在双方当事人在场的情况下出示证据，并由当事人发表意见，虽然这些证据没有在庭审过程中质证，但实质上已完成了质证过程，因此可以视为质证过的证据。

值得注意的是，对这一问题，2019 年《民事证据规定》与 2015 年《民诉解释》的规定并不完全相同。2015 年《民诉解释》第 103 条将"视为当事人质证过的证据"限定为"当事人在审理前的准备阶段认可的证据"，实际上限缩了"视为质证过的证据"

的范围。审判实践中，当事人对出示的证据发表意见，内容可能是对证据的真实性、关联性、合法性均予以认可，也可能是仅认可证据三性中的某一性，甚至对证据的三性均不认可。当事人对证据不认可并不等于当事人未发表过质证意见，而只要是当事人发表过质证意见的证据就应被视为质证过的证据。因此，2019 年《民事证据规定》第 60 条第 1 款将“当事人在审理前的准备阶段认可的证据”修改为“发表过质证意见的证据”，即只要当事人对证据发表过质证意见，无论其是否认可该证据，均可视为当事人质证过的证据。[①]

2. 书面质证

实践中存在当事人要求以书面方式发表质证意见的情形，特别是针对某一特定证据的质证。如果一概要求当庭质证，会造成诉讼成本过高。因此，2019 年《民事证据规定》第 60 条第 2 款增加书面质证，对书面发表质证意见的条件和程序进行规定，即设定书面质证的条件为当事人请求、人民法院认为确有必要的情况下可以准许，并规定人民法院应当将书面质证意见及时送交对方当事人。[②]

（二）质证顺序

2019 年《民事证据规定》第 62 条第 1 款规定：“质证一般按下列顺序进行：（一）原告出示证据，被告、第三人与原告进行质证；（二）被告出示证据，原告、第三人与被告进行质证；（三）第三人出示证据，原告、被告与第三人进行质证。”

2019 年《民事证据规定》第 62 条第 1 款依照主体确定质证顺序，并将人民法院排除在质证主体之外，既体现了当事人诉讼地位平等原则，又体现了法官中立原则。

（三）对各类证据的质证

1. 对法院调查取得证据的质证

民事诉讼中需要进行质证的证据材料，不仅包括当事人提供的证据材料，还包括法院调查取得的证据材料。对此，2019 年《民事证据规定》第 62 条第 2 款规定：“人民法院根据当事人申请调查收集的证据，审判人员对调查收集证据的情况进行说明后，由提出申请的当事人与对方当事人、第三人进行质证。”第 3 款规定：“人民法院依职权调查收集的证据，由审判人员对调查收集证据的情况进行说明后，听取当事人的意见。”该规定来源于 2001 年《民事证据规定》第 51 条第 2 款、第 3 款。[③] 法院调查取证包括法院依申请调查取证和依职权调查取证，2019 年《民事证据规定》第 62 条第 2 款、第 3 款分别规定了法院两种调查取证所取得的证据材料的质证。

人民法院依申请调查收集的证据，实质上属于提出申请一方当事人提出的支持其诉讼主张的证据，但由于是人民法院调查收集的证据，因而需要审判人员对调查收集证据

① 最高人民法院民事审判第一庭编著. 最高人民法院新民事诉讼证据规定理解与适用：下. 北京：人民法院出版社，2020：558.

② 最高人民法院民事审判第一庭编著. 最高人民法院新民事诉讼证据规定理解与适用：下. 北京：人民法院出版社，2020：558－559.

③ 2001 年《民事证据规定》第 51 条第 2 款规定：“人民法院依照当事人申请调查收集的证据，作为提出申请的一方当事人提供的证据。”第 3 款规定：“人民法院依照职权调查收集的证据应当在庭审时出示，听取当事人意见，并可就调查收集该证据的情况予以说明。”

的来源、调查收集证据的过程、证据的内容等进行说明，然后由提出申请的当事人与对方当事人、第三人按照顺序进行质证。法院依职权调查收集的证据主要涉及国家利益、社会公共利益、身份关系、他人合法权益以及程序性事项，当事人对该证据的证明力及相关情况往往不够了解，难以对该证据作出充分的说明，而法院对该证据的证明力等相关情况比较了解，也有能力对该证据作出说明；同时，法院依职权调取的证据，并没有体现当事人的意思表示，而是体现法院的意思表示。因此，法院依职权主动调取的证据，应当由法院在庭审时出示并就证据的调取过程和内容加以必要的说明，然后由当事人相互之间进行质疑和辩驳。当然，法官在庭上出示证据并作出说明不等于质证，法院不是质证的主体，不应当同当事人进行辩论，法官应处于中立、听证的地位，质证仍然在当事人之间展开。强调法官要“听取当事人的意见”主要用意在于，表明法院（法官）不是质证的主体，质证应当在当事人之间进行。① 当然，法官应当在认真听取双方当事人互相质证意见的基础上，就调查收集该证据的情况予以说明，以便对是否采纳证据及其证明力的大小作出正确的判断。

2. 对实物证据的质证

根据原始证据优先规则，质证时物证应当提供原件、原物或者原始载体。对此，《民事诉讼法》第 73 条第 1 款规定：“书证应当提交原件。物证应当提交原物。提交原件或者原物确有困难的，可以提交复制品、照片、副本、节录本。”2019 年《民事证据规定》第 61 条规定：“对书证、物证、视听资料进行质证时，当事人应当出示证据的原件或者原物。但有下列情形之一的除外：（一）出示原件或者原物确有困难并经人民法院准许出示复制件或者复制品的；（二）原件或者原物已不存在，但有证据证明复制件、复制品与原件或者原物一致的。”

根据 2019 年《民事证据规定》第 61 条规定，当事人在以下两种情况下，可以出示书证、物证和视听资料的复制件或者复制品：（1）出示原件或者原物确有困难并经人民法院准许出示复制件或者复制品的。在出示原件或者原物确有困难的情况下，经人民法院准许，当事人才可以出示与原件或原物核对无误的复制件或复制品。人民法院是否准许当事人出示复制件或复制品，取决于当事人出示原件或原物是否确有困难。“出示原件和原物确有困难”一般包括以下几种情形：由国家机关、社会团体归档、保存的证据，不能由当事人随意提取、支配；应当提交的证据体积庞大、无法移动；属于鲜活产品等不易保存。在上述情形下，当事人可以出示复制件或复制品。“确有困难”不是一个法定标准，而是一个酌定标准，由合议庭根据具体情况酌情裁量。（2）原件或者原物已不存在，但有证据证明复制件、复制品与原件或原物一致的。所谓“已不存在”是指原件或者原物已经灭失或者毁损。在这种情况下，可以允许用复制件或复制品来代替，但当事人在出示复制件或复制品的同时，应当出示证明复制件、复制品与原件、原物一致的其他证据。②

---

① 梁书文主编.《关于民事诉讼证据的若干规定》新释解.北京：人民法院出版社，2011：403.

② 梁书文主编.《关于民事诉讼证据的若干规定》新释解.北京：人民法院出版社，2011：395－396；最高人民法院民事审判第一庭编著.最高人民法院新民事诉讼证据规定理解与适用：下.北京：人民法院出版社，2020：567.

3. 对言词证据的质证

（1）当庭质证规则。

其一，证人出庭作证。证人是就其亲身感知的事实向法院作客观陈述的人，具有不可选择性和不可替代性。[①] 证人只有出席法庭审理才能对影响证人证言证明力的各种因素予以查明；否则，法官和当事人无法对证人进行询问，证人证言的真实性和证明力无法判断。[②] 证人只有出庭，才能对证人证言进行质证。《民事诉讼法》第 76 条规定："经人民法院通知，证人应当出庭作证。有下列情形之一的，经人民法院许可，可以通过书面证言、视听传输技术或者视听资料等方式作证：（一）因健康原因不能出庭的；（二）因路途遥远，交通不便不能出庭的；（三）因自然灾害等不可抗力不能出庭的；（四）其他有正当理由不能出庭的。"2019 年《民事证据规定》第 68 条第 1 款规定："人民法院应当要求证人出庭作证，接受审判人员和当事人的询问。证人在审理前的准备阶段或者人民法院调查、询问等双方当事人在场时陈述证言的，视为出庭作证。"第 2 款规定："双方当事人同意证人以其他方式作证并经人民法院准许的，证人可以不出庭作证。"第 3 款规定："无正当理由未出庭的证人以书面等方式提供的证言，不得作为认定案件事实的根据。"

其二，鉴定人出庭作证。鉴定意见属于言词证据，其常常受到陈述者主观和客观因素的影响。只有鉴定人出庭，才能对鉴定意见进行质证。鉴定人出庭作证，接受当事人的发问，回答有关鉴定争议的问题，并说明鉴定的过程、依据等，是保证鉴定意见真实性、合法性和证明力的重要形式[③]；否则，对鉴定意见无法进行质证，其证据能力、证明力也无法确定。关于鉴定人出庭作证，《民事诉讼法》第 81 条规定："当事人对鉴定意见有异议或者人民法院认为鉴定人有必要出庭的，鉴定人应当出庭作证。经人民法院通知，鉴定人拒不出庭作证的，鉴定意见不得作为认定事实的根据；支付鉴定费用的当事人可以要求返还鉴定费用。"该内容在 2012 年《民事诉讼法》中的序号为第 78 条，是 2012 年《民事诉讼法》修订时新增加的内容。2007 年《民事诉讼法》修订时对鉴定人出庭作证规定得过于原则，导致在理论上和司法实务的操作中有很多分歧。司法实践中鉴定人出庭作证的比例不高，不少法官只是当庭宣读鉴定意见而很少通知鉴定人出庭。另外，即使鉴定人接到出庭通知，也往往拒绝或推诿，法官也没有措施可以促使鉴定人出庭作证。鉴定人不出庭作证的情况具有一定的普遍性，由此造成了对鉴定意见基本上无法通过正当程序进行质证，严重地影响了鉴定意见作为认定案件事实的合法性基础。这种现象也对实践中多头鉴定、重复鉴定现象的产生起到了推波助澜的作用。因此 2012 年修改后的《民事诉讼法》针对鉴定人出庭作证问题专门增加了第 78 条。[④] 2019 年《民事证据规定》第 80 条第 1 款规定："鉴定人应当就鉴定事项如实答复当事人的异议和审判人员的询问。当庭答复确有困难的，经人民法院准许，可以在庭审结束后书面

① 王胜明主编. 中华人民共和国民事诉讼法释义. 最新修正版. 北京：法律出版社，2012：163.

② 最高人民法院民事审判第一庭. 民事诉讼证据司法解释的理解与适用. 北京：中国法制出版社，2002：275.

③ 王胜明主编. 中华人民共和国民事诉讼法释义. 最新修正版. 北京：法律出版社，2012：173.

④ 全国人大常委会法制工作委员会民法室编著. 2012 民事诉讼法修改决定条文释解. 北京：中国法制出版社，2012：105－106.

答复。”第 2 款规定：“人民法院应当及时将书面答复送交当事人，并听取当事人的意见。必要时，可以再次组织质证。”第 81 条第 1 款规定：“鉴定人拒不出庭作证的，鉴定意见不得作为认定案件事实的根据。人民法院应当建议有关主管部门或者组织对拒不出庭作证的鉴定人予以处罚。”

其三，勘验人出庭作证。只有勘验人出庭作证，才能对勘验笔录进行有效的质证。《民事诉讼法》第 142 条第 2 款、2019 年《民事证据规定》第 82 条均规定了勘验人出庭作证。

（2）询问证人规则。

询问证人规则或者对证人分别询问规则，是指同一案件中有若干个证人在同一日期需要询问时，除需要证人对质外，应当在其他证人不在场的情况下，个别进行询问，未被询问的证人不得在场，已经被询问的证人应禁止同未被询问过的证人谈论案件情况，同时证人也不得旁听法庭审理。① 有学者称之为隔离对质规则，所谓隔离包含两层含义：一是证人与法庭审理隔离，即证人不得旁听法庭审理；二是证人之间互相隔离，即一名证人作证时，其他证人不得旁听。② 隔离对质规则，主要是考虑保证证人证言的真实性和可信性。如果证人在作证之前能够与其他证人进行交流或者能够听到其他证人的证言，容易对其证言产生潜在的影响，或者根据他人的证言对自己亲身感知具体事实所需要表达的证言进行剪裁和取舍，从而影响证人证言的真实性和可信性，不利于案件事实的查明。因此，各国一般都规定对于隔离对质规则。③ 2019《民事证据规定》第 74 条规定：“审判人员可以对证人进行询问。当事人及其诉讼代理人经审判人员许可后可以询问证人。询问证人时其他证人不得在场。人民法院认为有必要的，可以要求证人之间进行对质。”所谓对质，是在审判人员依照法定程序组织和指挥下，由两个或者两个以上的人，对特定的案件事实或者证据事实进行相互询问、反驳和辩驳，以查明案件事实的方法。对质包括证人与证人之间的对质、当事人与当事人之间的对质、证人与当事人之间的对质。证人之间的对质，是对证人进行询问的一种特殊形式，一般是在证人证言相互矛盾时才进行对质。

第四节　行政诉讼的质证

一、对一般证据材料的质证

（一）行政诉讼质证的范围

《行政诉讼法》第 43 条第 1 款规定：“证据应当在法庭上出示，并由当事人互相质证。对涉及国家秘密、商业秘密和个人隐私的证据，不得在公开开庭时出示。”此为

① 梁书文主编.《关于民事诉讼证据的若干规定》新释解. 北京：人民法院出版社，2011：424.

② 沈志先主编. 民事证据规则应用. 北京：法律出版社，2010：317，

③ 梁书文主编.《关于民事诉讼证据的若干规定》新释解. 北京：人民法院出版社，2011：395－424；最高人民法院民事审判第一庭. 民事诉讼证据司法解释的理解与适用. 北京：中国法制出版社，2002：286.

2014 年《行政诉讼法》新增加内容，与 1991 年《民事诉讼法》第 66 条规定相同。《行政证据规定》第 35 条第 1 款规定："证据应当在法庭上出示，并经庭审质证。未经庭审质证的证据，不能作为定案的依据。"第 2 款规定："当事人在庭前证据交换过程中没有争议并记录在卷的证据，经审判人员在庭审中说明后，可以作为认定案件事实的依据。"第 36 条规定："经合法传唤，因被告无正当理由拒不到庭而需要依法缺席判决的，被告提供的证据不能作为定案的依据，但当事人在庭前交换证据中没有争议的证据除外。"2018 年《行诉解释》第 38 条第 2 款规定："当事人在庭前证据交换过程中没有争议并记录在卷的证据，经审判人员在庭审中说明后，可以作为认定案件事实的依据。"

根据上述规定，行政诉讼中的所有证据材料均需要进行质证，未经质证的证据材料不得作为认定案件事实的依据。"但如果在庭前证据交换中当事人对证据没有异议的，可视为该证据已经过了质证。"[①] 经过证据交换的证据材料可视为经过质证需要同时具备两个条件：一是当事人在庭前证据交换中对该证据材料没有争议并记录在卷；二是在庭审中经审判人员说明后，当事人对该证据材料仍没有争议。

（二）行政诉讼质证的内容和方式

《行政证据规定》第 39 条第 1 款规定："当事人应当围绕证据的关联性、合法性和真实性，针对证据有无证明效力以及证明效力大小，进行质证。"第 2 款规定："经法庭准许，当事人及其代理人可以就证据问题相互发问，也可以向证人、鉴定人或者勘验人发问。"第 3 款规定："当事人及其代理人相互发问，或者向证人、鉴定人、勘验人发问时，发问的内容应当与案件事实有关联，不得采用引诱、威胁、侮辱等语言或者方式。"

《行政证据规定》第 39 条第 1 款规定了行政诉讼质证的内容，第 2 款和第 3 款规定了行政诉讼质证的方式。根据《行政证据规定》第 39 条第 2 款和第 3 款的规定，行政诉讼质证的方式为交叉询问方式。[②]

二、对法院调查取得的证据的质证

《行政证据规定》第 38 条第 1 款规定："当事人申请人民法院调取的证据，由申请调取证据的当事人在庭审中出示，并由当事人质证。"第 2 款规定："人民法院依职权调取的证据，由法庭出示，并可就调取该证据的情况进行说明，听取当事人意见。"该规定类似于 2019 年《民事证据规定》第 62 条第 2 款、第 3 款对民事诉讼中法院调查所取得证据材料质证的规定。

三、对实物证据的质证

根据原始证据优先规则，行政诉讼质证时物证也应当提供原件、原物或者原始载体。对此，《行政证据规定》第 40 条第 1 款规定："对书证、物证和视听资料进行质证时，当事人应当出示证据的原件或者原物。但有下列情况之一的除外：（一）出示原件

① 最高人民法院行政审判庭编著. 最高人民法院行政诉讼法司法解释理解与适用：上. 北京：人民法院出版社，2018：211.

② 蔡小雪. 行政诉讼证据规则及运用. 北京：人民法院出版社，2006：144－145.

或者原物确有困难并经法庭准许可以出示复制件或者复制品；（二）原件或者原物已不存在，可以出示证明复制件、复制品与原件、原物一致的其他证据。”第2款规定：“视听资料应当当庭播放或者显示，并由当事人进行质证。”

四、对言词证据的质证

根据当庭质证规则，行政诉讼中的证人和鉴定人应当出庭作证或接受询问，只有在特殊情况下符合法定条件才可不出庭。

（一）对证人证言的质证

《行政证据规定》第41条规定：“凡是知道案件事实的人，都有出庭作证的义务。有下列情形之一的，经人民法院准许，当事人可以提交书面证言：（一）当事人在行政程序或者庭前证据交换中对证人证言无异议的；（二）证人因年迈体弱或者行动不便无法出庭的；（三）证人因路途遥远、交通不便无法出庭的；（四）证人因自然灾害等不可抗力或者其他意外事件无法出庭的；（五）证人因其他特殊原因确实无法出庭的。”

（二）对鉴定意见的质证

《行政证据规定》第47条第1款规定：“当事人要求鉴定人出庭接受询问的，鉴定人应当出庭。鉴定人因正当事由不能出庭的，经法庭准许，可以不出庭，由当事人对其书面鉴定结论进行质证。”第2款规定：“鉴定人不能出庭的正当事由，参照本规定第四十一条的规定。”第3款规定：“对于出庭接受询问的鉴定人，法庭应当核实其身份、与当事人及案件的关系，并告知鉴定人如实说明鉴定情况的法律义务和故意作虚假说明的法律责任。”

（三）相关行政执法人员出庭说明

2018年《行诉解释》第41条规定：“有下列情形之一，原告或者第三人要求相关行政执法人员出庭说明的，人民法院可以准许：（一）对现场笔录的合法性或者真实性有异议的；（二）对扣押财产的品种或者数量有异议的；（三）对检验的物品取样或者保管有异议的；（四）对行政执法人员身份的合法性有异议的；（五）需要出庭说明的其他情形。”出庭说明的相关行政执法人员并不限于被告的行政执法人员。行政执法人员出庭说明，属于当事人陈述。①

小　结

质证是质证主体在庭审过程中在法官的主持下，围绕法庭上出示的所有证据材料的真实性、关联性、合法性，就其是否具有证明能力和证明力大小进行质疑、说明与辩驳的程序。质证是证据提供收集程序的终点，是联系证据提供收集程序与下一个程序的纽带。质证的保障性规则有公开质证、当庭质证、直接质证和言词审理。刑事诉讼中存在庭审质证原则例外的情形。民事诉讼中有视为质证和书面质证两种特殊的质证方式。行

① 最高人民法院行政审判庭编著．最高人民法院行政诉讼法司法解释理解与适用：上．北京：人民法院出版社，2018：225－228.

政诉讼中存在证据材料可视为经过质证的情形。

思考题

1. 谈谈对质证构成要素的认识。
2. 谈谈刑事诉讼中对侦查证据材料特殊质证方式的认识。
3. 谈谈对民事诉讼质证方式的认识。
4. 行政诉讼中证据材料可视为经过质证应具备哪些条件?

第十四章

证据的审核认定

第一节　证据的审核认定概述

一、证据审核认定的概念

证据的审核认定，又称为证据评价、证据的审查判断，是指事实审理者对经过质证的证据材料进行审查判断，以确定其证据能力之有无和证明力强弱的诉讼活动。[①]

二、证据审核认定的特点

证据审核认定具有以下特点。

（一）证据审核认定的主体是事实审理者

有观点认为，当事人及其辩护人或者诉讼代理人也是证据审核认定的主体。[②] 应当说，只有案件事实的审理者才能作为证据审核认定的主体，其他任何人都无权对证据进行认定。事实审理者在我国就是审判人员，包括审判员和人民陪审员。

（二）证据审核认定对象是经过质证的证据材料

质证是证据审核认定的前提，证据审核认定只能是经过质证的证据材料，未经质证的证据材料，不存在审核认定问题。[③]

（三）证据审核认定的内容

证据审核认定的内容是对经过质证的证据材料进行审查、核实、判断，以确定其真实性、合法性、关联性，确定其是否具有证据能力以及证明力的大小。

（四）证据审核认定本质上是一种思维活动

证据审核认定是事实审理者通过大脑，运用概念、判断和推理进行的思维活动。[④]

---

① 陈卫东，谢佑平主编. 证据法学. 上海：复旦大学出版社，2005：380；张保生，等. 证据法学. 北京：高等教育出版社，2013：424.

② 卞建林，谭世贵主编. 证据法学. 4版. 北京：中国政法大学出版社，2019：328.

③ 张保生，等. 证据法学. 北京：高等教育出版社，2013：424.

④ 卞建林，谭世贵主编. 证据法学. 4版. 北京：中国政法大学出版社，2019：329.

第二节　刑事诉讼证据的审核认定

一、刑事诉讼证据审核认定的内容

刑事诉讼证据的审核认定内容，是证据材料的合法性、真实性和关联性。

关于刑事诉讼证据合法性的判断，刑事诉讼法规定了非法证据排除规则，2021 年《刑诉解释》第四章第九节又作了具体规定。

关于刑事诉讼证据真实性的判断，2021 年《刑诉解释》第 139 条第 1 款规定："对证据的真实性，应当综合全案证据进行审查。"该规定是对 2012 年《刑诉解释》第 104 条第 1 款的保留。

关于刑事诉讼证据关联性的判断，2021 年《刑诉解释》第 139 条第 2 款规定："对证据的证明力，应当根据具体情况，从证据与案件事实的关联程度、证据之间的联系等方面进行审查判断。"该规定是对 2012 年《刑诉解释》第 104 条第 2 款的保留。其中的"证据与案件事实的关联程度"即为证据的关联性。

对于符合真实性、合法性和关联性的证据材料，应当予以认定。2021 年《刑诉解释》第四章第二节至第八节共计 41 个条文分别规定了对"物证、书证""证人证言、被害人陈述""被告人供述和辩解""鉴定意见""勘验、检查、辨认、侦查实验等笔录""视听资料、电子数据""技术调查、侦查证据"的审查与认定。

二、间接证据的审核认定

2021 年《刑诉解释》第 140 条规定："没有直接证据，但间接证据同时符合下列条件的，可以认定被告人有罪：（一）证据已经查证属实；（二）证据之间相互印证，不存在无法排除的矛盾和无法解释的疑问；（三）全案证据形成完整的证据链；（四）根据证据认定案件事实足以排除合理怀疑，结论具有唯一性；（五）运用证据进行的推理符合逻辑和经验。"该规定仅对 2012 年《刑诉解释》第 105 条[①]第 3 项的表述作了微调。[②]

刑事案件的情况非常复杂，在部分案件中在未能收集到直接证据的情况下，就需要通过间接证据来判断、认定犯罪行为是否系被告人实施的，对被告人作出其行为是否构成犯罪的认定。完全依靠间接证据认定案件事实是一个复杂的推理过程，必然要遵循一定的规则，以确保定案的准确。在长期司法实践的基础上，吸收有关理论研究成果，司法解释对间接证据定案规则作出了规定。具体而言，没有直接证据，但间接证据同时符合下列条件的，可以认定被告人有罪：（1）证据已经查证属实。证据必须经过查证属

① 2012 年《刑诉解释》第 105 条规定："没有直接证据，但间接证据同时符合下列条件的，可以认定被告人有罪：（一）证据已经查证属实；（二）证据之间相互印证，不存在无法排除的矛盾和无法解释的疑问；（三）全案证据已经形成完整的证明体系；（四）根据证据认定案件事实足以排除合理怀疑，结论具有唯一性；（五）运用证据进行的推理符合逻辑和经验。"

② 《刑事诉讼法解释》起草小组编著. 最高人民法院关于适用《中华人民共和国刑事诉讼法》的解释理解与适用. 北京：人民法院出版社，2021：251.

实，才能作为定案的根据。特别是在依靠间接证据定案的过程中，如果某项间接证据未经查证属实，会影响到整个证据体系的可靠性，进而导致对案件事实的认定出现错误。（2）证据之间相互印证，不存在无法排除的矛盾和无法解释的疑问。在对每项据以定案的间接证据查证属实的基础上，要进一步审查各项间接证据之间的内在联系，审查其是否相互印证、是否存在无法排除的矛盾或者无法解释疑问。当发现间接证据之间存在矛盾时，需要进一步判断矛盾是否可以排除，排除掉虚假的证据。而发现间接证据之间存在疑问，通过公安机关、检察机关的合理解释排除疑问的，可以采信，否则不得作为定案的根据。（3）全案证据形成完整的证据链。证据链作为一个法律术语，最早出现在2018年《监察法》第40条第1款[①]，在目前我国诉讼法的法律规范中，仅在2021年《刑诉解释》第140条中看到。有学者通过对相关案例分析认为，在司法实践中对证据链的认识较为混乱。[②]（4）根据证据认定案件事实足以排除合理怀疑，结论具有唯一性。依靠各项间接证据形成的完整证据链，得出的只能是犯罪行为系被告人实施的唯一结论，且足以排除合理怀疑，这是对证明标准在依靠间接证据定案过程中的进一步强调。（5）运用证据进行的推理符合逻辑和经验。运用间接证据进行的推理要求既要符合逻辑规则，还要符合经验判断。如果运用间接证据形成的证据链不符合通常的思维过程与客观规律，则得出的结论不可用于定案。[③]

三、口供的审核认定

2021年《刑诉解释》第141条规定：“根据被告人的供述、指认提取到了隐蔽性很强的物证、书证，且被告人的供述与其他证明犯罪事实发生的证据相互印证，并排除串供、逼供、诱供等可能性的，可以认定被告人有罪。”该规定是对2012年《刑诉解释》第106条的保留，系对口供审核认定规则的规定。

四、特殊言词证据的审核认定

2021年《刑诉解释》第143条规定：“下列证据应当慎重使用，有其他证据印证的，可以采信：（一）生理上、精神上有缺陷，对案件事实的认知和表达存在一定困难，但尚未丧失正确认知、表达能力的被害人、证人和被告人所作的陈述、证言和供述；（二）与被告人有亲属关系或者其他密切关系的证人所作的有利于被告人的证言，或者与被告人有利害冲突的证人所作的不利于被告人的证言。”该规定是对2012年《刑诉解释》第109条的保留，系特殊言词证据的审核认定的规定。

言词证据容易受到作证主体自身因素的影响，容易发生变化，甚至出现虚假的情

---

① 2018年《监察法》第40条第1款规定：“监察机关对职务违法和职务犯罪案件，应当进行调查，收集被调查人有无违法犯罪以及情节轻重的证据，查明违法犯罪事实，形成相互印证、完整稳定的证据链。”2024年12月25日第十四届全国人民代表大会常务委员会第十三次会议通过的《关于修改〈中华人民共和国监察法〉的决定》不涉及该内容，该内容在2024年《监察法》中的序号为第43条第1款。

② 马国洋. 证据链的反思与重塑. 中外法学，2023（6）.

③ 最高人民法院研究室编著.《最高人民法院关于适用〈中华人民共和国刑事诉讼法〉的解释》理解与适用. 北京：中国法制出版社，2013：110－112.

况，因此，对言词证据的审查需要根据其特点认真进行，对特殊作证主体出具的言词证据，更是应当慎重使用：（1）作证主体的能力存在特殊性的言词证据的采信。根据《刑事诉讼法》第62条第2款的规定，生理上、精神上有缺陷，但尚未丧失辨别是非、正确表达能力的人，仍然可以作为证人。尽管这类人尚未丧失正确认知、表达能力，但由于生理上、精神上有缺陷，在对案件事实的认知和表达上存在一定困难，其所作证言的真实性容易受到影响，容易出现失真的情形，故需谨慎审查和使用。（2）作证主体与被告人有特殊关系的言词证据的采信。这包括与被告人有亲属关系或者其他密切关系的证人所作的有利于被告人的证言（如被告人的父亲所作的案发时被告人在家睡觉、未在案发现场的证言），或者与被告人有利害冲突的证人所作的不利于被告人的证言。显然，这类证言也需谨慎使用。因此，在实践中，应当重视审查证人与本案当事人有无亲属或者其他利害关系。①

五、法定量刑证据材料的审核认定

（一）自首、坦白、立功的证据材料的审核认定

2021年《刑诉解释》第144条第1款规定："证明被告人自首、坦白、立功的证据材料，没有加盖接受被告人投案、坦白、检举揭发等的单位的印章，或者接受人员没有签名的，不得作为定案的根据。"第2款规定："对被告人及其辩护人提出有自首、坦白、立功的事实和理由，有关机关未予认定，或者有关机关提出被告人有自首、坦白、立功表现，但证据材料不全的，人民法院应当要求有关机关提供证明材料，或者要求有关人员作证，并结合其他证据作出认定。"该规定仅对2012年《刑诉解释》第110条的表达方式作了修改，将2012年《刑诉解释》第110条第2款中的"相关人员"改为"有关人员"。

证明被告人自首、坦白、立功的证据材料，没有加盖接受被告人投案、坦白、检举揭发等的单位的印章，或者接受人员没有签名的，不得作为定案的根据。根据刑法和相关规定，自首必须向有关单位自动投案，坦白虽不具有自首情节，也必须向有关单位如实供述自己的罪行，而立功也必须是向有关单位揭发或者提供侦破其他案件的线索，因此，实践中往往是由接受被告人投案、坦白、检举揭发的单位出具相关证据材料。实践中有的单位出具的自首、坦白、立功的证据材料，没有接受被告人投案、坦白、检举揭发单位的盖章，或者没有接受人的签名，导致上述证据材料的真实性缺乏保障。

被告人自首、坦白、立功的证据材料的补充查证问题。司法实践中，部分自首、坦白、立功的证据材料需要进一步补充查证，方能作为证据使用，从而准确判断自首、坦白、立功是否成立。具体而言：（1）被告人及其辩护人提出有自首、坦白、立功的事实和理由，有关机关未予认定，人民法院应当要求有关机关提供证明材料，或者要求有关人员作证，并结合其他证据作出认定。自首、坦白是对被告人有利的量刑情节，为贯彻刑事诉讼的人权保障原则，司法解释规定，对于有关机关未予认定被告方提出的构成自

① 《刑事诉讼法解释》起草小组编著．最高人民法院关于适用《中华人民共和国刑事诉讼法》的解释理解与适用．北京：人民法院出版社，2021：252－253.

首、坦白、立功的辩护主张和理由，人民法院应当要求有关机关（通常是公安机关、检察机关）提供证明材料予以证明或者要求有关人员作证，以突出对被告人的保护。对于有关机关提供的相关证明材料或者有关人员的作证，需要结合在案其他证据经综合审查判断，最终判断自首、坦白、立功是否成立。（2）有关机关提出被告人有自首、坦白、立功表现，但证据材料不全的，人民法院应当要求有关机关提供证明材料，或者要求有关人员作证，并结合其他证据作出认定。这里强调的是对证据材料不全的情形的补证。[①]

（二）累犯、毒品再犯证据材料的审核认定

2021 年《刑诉解释》第 145 条规定："证明被告人具有累犯、毒品再犯情节等的证据材料，应当包括前罪的裁判文书、释放证明等材料；材料不全的，应当通知人民检察院提供。"该规定来源于 2012 年《刑诉解释》第 111 条[②]，将"证明被告人构成累犯、毒品再犯的证据材料"适度扩展为所有与从重处罚情节相关的证据材料，并将此类材料不全情形下"要求有关机关提供"修改为"通知人民检察院提供"[③]。

根据刑法规定，无论是累犯还是毒品再犯，都是指被判处一定刑罚的犯罪分子，在刑罚执行完毕或者赦免后，在一定时间内再犯特定之罪的情节。相应地，首先，应当有前罪的裁判文书证明被告人所犯的前罪为何种罪名、被判处刑罚的情况，以确定是否符合累罪所要求的前罪条件。其次，应当有释放证明，以证明被告人刑罚执行完毕的时间，从而审查判断被告人是否处于前罪刑罚执行完毕的特定时间内实施后罪。此外，还应当提供其他相关的证明被告人构成累犯的证据材料，如被告人的前罪是赦免的，则应当提供相关材料。[④] 与从重处罚情节相关的材料应当明确由检察机关提供，以防止相关部门推诿。检察机关是指控被告人构成累犯、毒品再犯的公诉方，负有提供完整的证据材料的责任。当证据材料不全时，应当由检察机关进行收集补充，而不宜由法院直接向制作前罪裁判文书或者释放证明等材料的机关收集。基于此，2021 年《刑诉解释》第 145 条将 2012 年《刑诉解释》第 111 条中的"有关机关"调整为"人民检察院"[⑤]。

六、被告人年龄证据材料的审核认定

2021 年《刑诉解释》第 146 条第 1 款规定："审查被告人实施被指控的犯罪时或者审判时是否达到相应法定责任年龄，应当根据户籍证明、出生证明文件、学籍卡、人口普查登记、无利害关系人的证言等证据综合判断。"第 2 款规定："证明被告人已满十二

---

① 最高人民法院研究室编著.《最高人民法院关于适用〈中华人民共和国刑事诉讼法〉的解释》理解与适用.北京：中国法制出版社，2013：127-129.

② 2012 年《刑诉解释》第 111 条规定："证明被告人构成累犯、毒品再犯的证据材料，应当包括前罪的裁判文书、释放证明等材料；材料不全的，应当要求有关机关提供。"

③ 《刑事诉讼法解释》起草小组编著.最高人民法院关于适用《中华人民共和国刑事诉讼法》的解释理解与适用.北京：人民法院出版社，2021：254.

④ 最高人民法院研究室编著.《最高人民法院关于适用〈中华人民共和国刑事诉讼法〉的解释》理解与适用.北京：中国法制出版社，2013：129.

⑤ 《刑事诉讼法解释》起草小组编著.最高人民法院关于适用《中华人民共和国刑事诉讼法》的解释理解与适用.北京：人民法院出版社，2021：254.

周岁、十四周岁、十六周岁、十八周岁或者不满七十五周岁的证据不足的，应当作出有利于被告人的认定。”该条是根据《刑法修正案（十一）》对2012年《刑诉解释》第112条的规定[①]修改完善而来的，以使年龄认定包括“已满十二周岁的情形”[②]。

在办理刑事案件过程中，查明被告人的法定责任年龄，对于确定行为人的刑事责任年龄阶段，从而正确认定行为人是否需要负刑事责任和准确定罪量刑，具有十分关键的作用。基于此，司法解释对被告人年龄的证据材料的审核认定作出专门规定。[③]

第三节　民事诉讼证据的审核认定

一、法官依法独立审查判断证据的原则

《民事诉讼法》第67条第3款规定：“人民法院应当按照法定程序，全面地、客观地审查核实证据。”此为民事诉讼中证据认定的基本原则规定。

2001年《民事证据规定》第64条规定：“审判人员应当依照法定程序，全面、客观地审核证据，依据法律规定，遵循法官职业道德，运用逻辑推理和日常生活经验，对证据有无证明力和证明力大小独立进行判断，并公开判断的理由和结果。”该规定将“人民法院应当按照法定程序，全面地、客观地审查核实证据”具体化为具有中国特色的法官依法独立审查判断证据的原则。法官依法独立审查判断证据的原则强调法官审查判断证据应当遵循法定程序、依据法律的规定（法律精神），也强调法官应依据法官职业道德（良知）和推理及日常生活经验（理性）对证据进行独立（自由）的判断，并公开判断的理由和结果。[④] 法官依法独立审查判断证据原则一方面吸收了自由心证证据制度的合理因素，注重裁判者主观能动性的发挥，赋予裁判者根据生活经验等对证据的证明能力、证明力独立判断的权力；另一方面也对裁判者的证据评价和事实认定活动设置了合理的限制，体现了合理性原则和法定证据制度的合理因素。

2022年《民诉解释》第105条规定：“人民法院应当按照法定程序，全面、客观地审核证据，依照法律规定，运用逻辑推理和日常生活经验法则，对证据有无证明力和证明力大小进行判断，并公开判断的理由和结果。”2019年《民事证据规定》第85条第2款规定：“审判人员应当依照法定程序，全面、客观地审核证据，依据法律的规定，遵循法官职业道德，运用逻辑推理和日常生活经验，对证据有无证明力和证明力大小独立

---

① 2012年《刑诉解释》第112条第1款规定：“审查被告人实施被指控的犯罪时或者审判时是否达到相应法定责任年龄，应当根据户籍证明、出生证明文件、学籍卡、人口普查登记、无利害关系人的证言等证据综合判断。”第2款规定：“证明被告人已满十四周岁、十六周岁、十八周岁或者不满七十五周岁的证据不足的，应当认定被告人不满十四周岁、不满十六周岁、不满十八周岁或者已满七十五周岁。”

② 《刑事诉讼法解释》起草小组编著.最高人民法院关于适用《中华人民共和国刑事诉讼法》的解释理解与适用 北京：人民法院出版社，2021：254.

③ 最高人民法院研究室编著.《最高人民法院关于适用〈中华人民共和国刑事诉讼法〉的解释》理解与适用.北京：中国法制出版社，2013：130-131.

④ 李国光主编.最高人民法院《关于民事诉讼证据的若干规定》的理解与适用.北京：中国法制出版社，2002：416.

进行判断，并公开判断的理由和结果。”2022年《民诉解释》第105条、2019年《民诉证据规定》第85条第2款仅对2001年《民事证据规定》第64条作了文字修改，承继了2001年《民事证据规定》第64条所规定的法官依法独立审查判断证据的原则。

能够反映案件真实情况、与待证事实相关联、来源和形式符合法律规定的证据，应当作为认定案件事实的根据（2022年《民诉解释》第104条第2款）。

人民法院应当在裁判文书中阐明证据是否采纳的理由。对当事人无争议的证据是否采纳的理由，可以不在裁判文书中表述（2019年《民事证据规定》第97条）。

二、对单一证据的审核认定

2019年《民事证据规定》第87条规定：“审判人员对单一证据可以从下列方面进行审核认定：（一）证据是否为原件、原物，复制件、复制品与原件、原物是否相符；（二）证据与本案事实是否相关；（三）证据的形式、来源是否符合法律规定；（四）证据的内容是否真实；（五）证人或者提供证据的人与当事人有无利害关系。”该规定对2001年《民事证据规定》第65条进行了两处非实质修改：一是将第1项中的“复印件”修改为“复制品”；二是将第5项“证人或者提供证据的人，与当事人有无利害关系”修改为“证人或者提供证据的人与当事人有无利害关系”，删除了一个逗号。

认定证据是建立在对单一证据进行审核认定的基础上的。对单一证据如何审查认定，是人民法院认定案件事实的前提和基础。从证据的基本属性出发，对单一证据的审核认定，实际上可从证据的真实性、关联性、合法性等三个角度展开。

（一）单一证据的真实性认定

2019年《民事证据规定》第87条规定的5种情形中有3项属于对单一证据真实性的认定，即第1项、第4项和第5项。

从形式要求看，复制件、复制品属于传来证据或者派生证据，传来证据是从原始证据中派生出的，其可靠性较弱。实务中，当事人依据法律规定，基于证据的特殊情况，提交复制件、复制品的情况较为常见。为此，对当事人提交的证据首先查验其是否为原件、原物；如是复制件、复制品，则应将其与原件、原物进行比对，查验是否相符。

从内容要求上看，对单一证据的审核认定要求证据内容为案件事实的客观记载和反映，而非主观臆断的事实。对证据内容是否真实的审核认定，则是较为复杂的工作。该判断需审判人员根据逻辑规律、日常生活经验考察证据所反映的事实信息是否合理，是否符合逻辑规律、自然规律、定理、定律等，从而判断证据的内容是否存在矛盾、可疑之处。

证人或者证据提供者与当事人之间的利害关系的审查认定，对证据真实性的审核认定，也具有直接的影响。证人、证据提供者向人民法院提供证据虽为法定义务，但基于其与当事人之间存在某种利害关系，则难免在提供证言或者其他证据时带有某种偏见、爱好。因此，对证人或者提供证据的人与当事人之间是否具有利害关系的审核，对单一证据的真实性认定尤为必要，审判人员对此证据进行审核认定时应特别注意。

（二）单一证据的关联性认定

对单一证据的关联性认定，通常可从证据的证明性和证据的实质性两个角度进行。

关于证据的证明性判断，通常而言，当事人提出的证据如果使其欲证明的事实主张的成立更有可能或者更无可能，则该证据具有证明性。证据证明性的判断，需审判人员根据日常生活经验等因素，并结合当事人的诉讼请求进行审查。针对当事人诉讼请求的不同，证据的证明性亦有所不同。

证据实质性的判断，则取决于证据所证明的对象是否为待证事实。如果当事人所提供证据的证明对象不是待证事实或争议事实，则该证据不具备实质性。判断某项证据是否具有实质性，主要就是考察当事人提出该证据的证明目的，考察该证明目的是否有助于证明本案中的待证事实。如果特定证据的证明目的并非指向本案的待证事实，则该证据不具有实质性，也就没有关联性。

（三）单一证据的合法性认定

证据合法性，是指证据的收集和提供必须符合法定程序，不为法律所禁止。单一证据合法性的认定，主要涉及证据形成的合法性、证据表现形式的合法性以及证据认定的合法性。①

三、当事人认可的证据的审核认定

2019 年《民事证据规定》第 89 条第 1 款规定："当事人在诉讼过程中认可的证据，人民法院应当予以确认。但法律、司法解释另有规定的除外。"第 2 款规定："当事人对认可的证据反悔的，参照《最高人民法院关于适用〈中华人民共和国民事诉讼法〉的解释》第二百二十九条的规定处理。"

根据 2019 年《民事证据规定》第 89 条第 1 款第一句规定，对当事人认可的证据，法院应当确认其效力。对此，有学者指出，对证据的认可与对案件事实的自认不同，司法解释的规定限制了法官对相关证据的审核认定，造成当事人的处分权范围由事实提出延伸至法官的证明评价环节。②

四、不能单独作为认定案件事实的根据的证据

2019 年《民事证据规定》第 90 条规定："下列证据不能单独作为认定案件事实的根据：（一）当事人的陈述；（二）无民事行为能力人或者限制民事行为能力人所作的与其年龄、智力状况或者精神健康状况不相当的证言；（三）与一方当事人或者其代理人有利害关系的证人陈述的证言；（四）存有疑点的视听资料、电子数据；（五）无法与原件、原物核对的复制件、复制品。"

2019 年《民事证据规定》第 90 条是关于瑕疵证据的补强规则的规定，其来源于 2001 年《民事证据规定》第 69 条。③

① 最高人民法院民事审判第一庭编著．最高人民法院新民事诉讼证据规定理解与适用：下．北京：人民法院出版社，2020：758-763.

② 马家曦．论证据认可的心证意义及失权作用．甘肃政法大学学报，2021（4）.

③ 2001 年《民事证据规定》第 69 条规定："下列证据不能单独作为认定案件事实的依据：（一）未成年人所作的与其年龄和智力状况不相当的证言；（二）与一方当事人或者其代理人有利害关系的证人出具的证言；（三）存有疑点的视听资料；（四）无法与原件、原物核对的复印件、复制品；（五）无正当理由未出庭作证的证人证言。"

五、对全部证据的审核认定

2019 年《民事证据规定》第 88 条规定："审判人员对案件的全部证据，应当从各证据与案件事实的关联程度、各证据之间的联系等方面进行综合审查判断。"该规定沿袭了 2001 年《民事证据规定》第 66 条的规定。

审判人员首先要对案件的全部证据中各证据与案件事实的关联程度即证明力有无及证明力大小进行审核认定。不同种类的证据对案件事实的证明力或者与案件事实的关联程度是存在差异的。对证据与案件事实的关联程度的判断，在由审判人员按照良知、理性、经验法则进行的同时，也需遵循法律、司法解释的相关规定。

从逻辑上讲，作为认定案件事实的证据，在目标指向上具有一致性，也即证据之间要协调一致，不能相互矛盾。证据相互印证规则为一项重要证据规则，该规则强调证据之间的联系，强调证据之间应相互印证，并要求对待证事实的证明需达到高度可能性要求和标准。为此，根据证据相互印证规则的要求，对各证据之间的联系的审查判断，需注意证据与证据之间是否指向同一事实，证据与证据之间是否存在矛盾。①

第四节　行政诉讼证据的审核认定

一、行政诉讼证据认定原则

《行政诉讼法》第 43 条第 2 款规定："人民法院应当按照法定程序，全面、客观地审查核实证据。对未采纳的证据应当在裁判文书中说明理由。"

《行政证据规定》第 53 条规定："人民法院裁判行政案件，应当以证据证明的案件事实为依据。"第 54 条规定："法庭应当对经过庭审质证的证据和无需质证的证据进行逐一审查和对全部证据综合审查，遵循法官职业道德，运用逻辑推理和生活经验，进行全面、客观和公正地分析判断，确定证据材料与案件事实之间的证明关系，排除不具有关联性的证据材料，准确认定案件事实。"该规定确立了具有中国特色的自由心证规则。②

二、对证据材料合法性和真实性的审查判断

（一）对证据材料合法性的审查判断

证据材料要作为认定案件事实的依据，必须具有合法性。《行政诉讼法》第 43 条第 3 款明确规定了行政诉讼非法证据排除规则。

证据合法性的要求并不限于非法证据排除，《行政证据规定》第 55 条规定："法庭应当根据案件的具体情况，从以下方面审查证据的合法性：（一）证据是否符合法定形

---

① 最高人民法院民事审判第一庭编著. 最高人民法院新民事诉讼证据规定理解与适用：下. 北京：人民法院出版社，2020：768－769.

② 孔祥俊. 最高人民法院《关于行政诉讼证据若干问题的规定》的理解与适用. 北京：中国人民公安大学出版社，2002：89.

式；（二）证据的取得是否符合法律、法规、司法解释和规章的要求；（三）是否有影响证据效力的其他违法情形。”

（二）对证据材料真实性的审查判断

法庭应当根据案件的具体情况，从以下方面审查证据的真实性：（1）证据形成的原因；（2）发现证据时的客观环境；（3）证据是否为原件、原物，复制件、复制品与原件、原物是否相符；（4）提供证据的人或者证人与当事人是否具有利害关系；（5）影响证据真实性的其他因素（《行政证据规定》第56条）。

下列证据材料的真实性无法确定，故不能作为定案依据：（1）在中华人民共和国领域以外或者在中华人民共和国香港特别行政区、澳门特别行政区和台湾地区形成的未办理法定证明手续的证据材料；（2）当事人无正当理由拒不提供原件、原物，又无其他证据印证，且对方当事人不予认可的证据的复制件或者复制品；（3）被当事人或者他人进行技术处理而无法辨明真伪的证据材料；（4）不能正确表达意志的证人提供的证言（《行政证据规定》第57条）。

三、不予采纳的证据材料

（一）不予采纳的原告提供的证据材料

被告在行政程序中依照法定程序要求原告提供证据，原告依法应当提供而拒不提供，在诉讼程序中提供的证据，人民法院一般不予采纳（《行政证据规定》第59条）。

（二）不予采纳的被告提供的证据材料

下列证据不能作为认定被诉行政行为合法的依据：（1）被告及其诉讼代理人在作出行政行为后或者在诉讼程序中自行收集的证据；（2）被告在行政程序中非法剥夺公民、法人或者其他组织依法享有的陈述、申辩或者听证权利所采用的证据；（3）原告或者第三人在诉讼程序中提供的、被告在行政程序中未作为行政行为依据的证据（《行政证据规定》第60条）。

复议机关在复议程序中收集和补充的证据，或者作出原行政行为的行政机关在复议程序中未向复议机关提交的证据，不能作为人民法院认定原行政行为合法的依据（《行政证据规定》第61条）。

对被告在行政程序中采纳的鉴定意见，原告或者第三人提出证据证明有下列情形之一的，人民法院不予采纳：（1）鉴定人不具备鉴定资格；（2）鉴定程序严重违法；（3）鉴定意见错误、不明确或者内容不完整（《行政证据规定》第62条）。

四、不同证据证明力认定规则

证明同一事实的数个证据，其证明效力一般可以按照下列情形分别认定：（1）国家机关以及其他职能部门依职权制作的公文文书优于其他书证；（2）鉴定意见、现场笔录、勘验笔录、档案材料以及经过公证或者登记的书证优于其他书证、视听资料和证人证言；（3）原件、原物优于复制件、复制品；（4）法定鉴定部门的鉴定意见优于其他鉴定部门的鉴定意见；（5）法庭主持勘验所制作的勘验笔录优于其他部门主持勘验所制作的勘验笔录；（6）原始证据优于传来证据；（7）其他证人证言优于与当事人有亲属关系或者其他密切关系的证人提供的对该当事人有利的证言；（8）出庭作证的证人证言优于未出庭作证的证人证言；（9）数个种类不同、内容一致的证据优于一个孤立的证据（《行政证据规定》第63条）。

五、不能单独作为定案依据的证据材料

下列证据不能单独作为定案依据：（1）未成年人所作的与其年龄和智力状况不相适应的证言；（2）与一方当事人有亲属关系或者其他密切关系的证人所作的对该当事人有利的证言，或者与一方当事人有不利关系的证人所作的对该当事人不利的证言；（3）应当出庭作证而无正当理由不出庭作证的证人证言；（4）难以识别是否经过修改的视听资料；（5）无法与原件、原物核对的复制件或者复制品；（6）经一方当事人或者他人改动，对方当事人不予认可的证据材料；（7）其他不能单独作为定案依据的证据材料（《行政证据规定》第71条）。

六、采信

在不受外力影响的情况下，一方当事人提供的证据，对方当事人明确表示认可的，可以认定该证据的证明效力；对方当事人予以否认，但不能提供充分的证据进行反驳的，可以综合全案情况审查认定该证据的证明效力（《行政证据规定》第67条）。

庭审中经过质证的证据，能够当庭认定的，应当当庭认定；不能当庭认定的，应当在合议庭合议时认定。人民法院应当在裁判文书中阐明证据是否采纳的理由（《行政证据规定》第72条）。

法庭发现当庭认定的证据有误，可以按照下列方式纠正：（1）庭审结束前发现错误的，应当重新进行认定；（2）庭审结束后宣判前发现错误的，在裁判文书中予以更正并说明理由，也可以再次开庭予以认定；（3）有新的证据材料可能推翻已认定的证据的，应当再次开庭予以认定（《行政证据规定》第73条）。

小　结

证据的审核认定与证据提供收集、质证密切相关。可以说，证据提供收集与质证，都是为证据的审核认定做准备的。证据的审核认定，是指事实审理者对经过质证的证据材料进行审查判断，以确定其证据能力之有无和证明力强弱的诉讼活动。司法解释，尤其是2021年《刑诉解释》规定了刑事诉讼中证据审核认定的规则。司法解释规定了民事诉讼中法官依法独立审查判断证据原则和行政诉讼中具有中国特色的自由心证规则。

思考题

1. 证据审核认定具有哪些特点？
2. 请你谈谈对2021年《刑诉解释》第140条的认识。
3. 请你谈谈对民事诉讼中法官依法独立审查判断证据原则的认识。
4. 请你谈谈对《行政证据规定》第71条的认识。

图书在版编目（CIP）数据

证据法学：第三版 / 廖永安主编. --2 版.
北京：中国人民大学出版社，2025.7. --（21 世纪普通高等教育法学系列教材）. --ISBN 978-7-300-34190-3
Ⅰ. D925.113.1
中国国家版本馆 CIP 数据核字第 2025WV2849 号

普通高等教育“十一五”国家级规划教材
21 世纪普通高等教育法学系列教材
证据法学（第三版）
主　编　廖永安
副主编　李训虎　李　蓉
Zhengju Faxue

出版发行	中国人民大学出版社		
社　　址	北京中关村大街 31 号	**邮政编码**	100080
电　　话	010－62511242（总编室）		010－62511770（质管部）
	010－82501766（邮购部）		010－62514148（门市部）
	010－62511173（发行公司）		010－62515275（盗版举报）
网　　址	http：//www.crup.com.cn		
经　　销	新华书店		
印　　刷	北京市鑫霸印务有限公司	**版　　次**	2021 年 11 月第 1 版
开　　本	787 mm×1092 mm　1/16		2025 年 7 月第 2 版
印　　张	17 插页 1	**印　　次**	2025 年 7 月第 1 次印刷
字　　数	383 000	**定　　价**	48.00 元

《　　　　　　》※任课教师调查问卷

为了能更好地为您提供优秀的教材及良好的服务，也为了进一步提高我社法学教材出版的质量，希望您能协助我们完成本次小问卷，完成后您可以在我社网站中选择与您教学相关的 1 本教材作为今后的备选教材，我们会及时为您邮寄送达！如果您不方便邮寄，也可以申请加入我社的**法学教师 QQ 群：436438859（申请时请注明法学教师）**，然后下载本问卷填写，并发往我们指定的邮箱（cruplaw@163. com）。

邮寄地址：北京市海淀区中关村大街 59 号文化大厦中国人民大学出版社 1202 室收

邮　　编：100872

再次感谢您在百忙中抽出时间为我们填写这份调查问卷，您的举手之劳，将使我们获益匪浅！

基本信息及联系方式：※

姓名：________ 性别：________ 课程：________

任教学校：________ 院系（所）：________

邮寄地址：________ 邮编：________

电话（办公）：________ 手机：________ 电子邮件：________

调查问卷：※

1. 您认为图书的哪类特性对您选用教材最有影响力？（　　）（可多选，按重要性排序）
   A. 各级规划教材、获奖教材　　B. 知名作者教材
   C. 完善的配套资源　　D. 自编教材
   E. 行政命令
2. 在教材配套资源中，您最需要哪些？（　　）（可多选，按重要性排序）
   A. 电子教案　　B. 教学案例
   C. 教学视频　　D. 配套习题、模拟试卷
3. 您对于本书的评价如何？（　　）
   A. 该书目前仍符合教学要求，表现不错将继续采用
   B. 该书的配套资源需要改进，才会继续使用
   C. 该书需要在内容或实例更新再版后才能满足我的教学，才会继续使用
   D. 该书与同类教材差距很大，不准备继续采用了
4. 从您的教学出发，谈谈对本书的改进建议：________

____

____

选题征集：如果您有好的选题或出版需求，欢迎您联系我们：

联系人：黄　强　联系电话：010-62515955

索取样书：书名：________

书号：________

备注：※ 为必填项。